国际金融规则

现状、挑战与演进

乔依德 等著

中国出版集团
中译出版社

图书在版编目（CIP）数据

国际金融规则：现状、挑战与演进 / 乔依德等著. -- 北京：中译出版社，2023.6
　ISBN 978-7-5001-7413-4

　Ⅰ.①国… Ⅱ.①乔… Ⅲ.①国际金融管理—研究 Ⅳ.① F831.2

中国国家版本馆 CIP 数据核字（2023）第 079503 号

国际金融规则：现状、挑战与演进
GUOJI JINRONG GUIZE: XIANZHUANG、TIAOZHAN YU YANJIN

著　　者：乔依德　等
策划编辑：于　宇　薛　宇
责任编辑：于　宇
文字编辑：薛　宇　华楠楠
营销编辑：马　萱　钟筏童
出版发行：中译出版社
地　　址：北京市西城区新街口外大街 28 号 102 号楼 4 层
电　　话：（010）68002494（编辑部）
邮　　编：100088
电子邮箱：book@ctph.com.cn
网　　址：http://www.ctph.com.cn

印　　刷：固安华明印业有限公司
经　　销：新华书店
规　　格：710 mm × 1000 mm　1/16
印　　张：30
字　　数：410 千字
版　　次：2023 年 06 月第 1 版
印　　次：2023 年 06 月第 1 次印刷

ISBN 978-7-5001-7413-4　　　　定价：89.00 元

版权所有　侵权必究
中　译　出　版　社

编委会

主任：

乔依德　上海发展研究基金会副会长兼秘书长

成员：

文春艳　上海发展研究基金会研究员
郭爱军　上海长江开发促进会会长、上海发展研究基金会特约研究员
余　洋　上海发展研究基金会研究员
阚明昉　上海发展研究基金会研究员
沈　明　上海发展研究基金会特约研究员

序　言

国际金融规则是参与国际金融活动各主体所遵循的行为准则和制度安排，目的是规范各方的行为，使国际金融活动能够建立在充分信任的基础上，以降低交易成本，实现资金有效配置。

在全球化的今天，大到国家，小到企业和个人，都或多或少地受到国际金融规则的影响。我长期从事与国际金融规则协调与制定相关的工作，对国际金融规则的广泛性和复杂性深有感触。这本由乔依德先生牵头编著的《国际金融规则：现状、挑战与演进》，汇集了当前全球范围内最重要和最前沿的国际金融规则，比较详细地探讨了这些规则的发展历史、主要功能和性质特点，提出了中国未来参与国际金融规则协调和制定的政策建议，对我们深入理解和有效利用国际金融规则非常有价值。

现有国际金融规则是国际经济秩序的重要组成部分。第二次世界大战（以下简称"二战"）以后，布雷顿森林体系机构——国际货币基金组织（IMF）、世界银行（IBRD，以下简称"世行"）和世界贸易组织（WTO，前身是"关税贸易总协定"）构成了战后国际经济秩序的"硬件"。由它们主导以及以后各种国际金融组织参与所形成的正式和非正式的金融规则，大量半官方和非官方规则以及双边协定等构成了国际金融的"软件"。这为世界各国积极参与国际金融活动提供了依据，为经济全球化提供了有益的公共产品。

推动国际金融规则形成和变迁的因素很多，我认为主要是四个方面：一是经济因素。特别是在二战后国际贸易快速发展的带动下，跨境金融活动从基础性的货币汇兑、支付和结算逐步扩展到可以引导资源配置的各类复杂的金融交易，甚至出现了独立的金融全球化趋势，客观上大大促进了国际金融规则的发展。二是政治因素。在国际金融活动中，主权国家一方面需要按国际金融规则办事，另一方面需要通过相关规则的制定和协调保护自身国家利益。目前，大多数正式的国际金融规则以及国际金融机构均依托政府间协议，最典型的就是国际货币基金组织，其章程的核心内容就是确定储备货币发行规则，防止国家间进行汇率倾销。三是技术因素。例如，近年来计算机技术、通信技术和数字技术的快速发展，不仅提升了跨境金融活动的效率，更催生了许多新的金融载体和工具，包括目前全球范围内热烈讨论的加密货币和数字金融等。四是国际议程因素。目前，国际金融活动及其规则与国际议程结合得越来越紧密，其中最重要的有两个领域：第一个是解决发展外部性，涉及发展融资、普惠金融、气变融资和绿色金融等；第二个是促进经济安全，包括金融危机防范与救助、反恐融资、数据治理等。

国际金融规则是多种因素共同作用、多方相互博弈的结果。从历史上来看，发达国家总体上主导了大多数国际金融规则的制定、协调和实施，把控了大部分国际金融机构。相比而言，包括中国在内的发展中国家在融入世界经济过程中，经历了从一开始的被动接受和接轨国际金融规则，逐步到现在开始积极参与相关规则完善和制定。但应该看到，国际金融规则一旦被确定下来就会有很强的黏性，短时间内进行实质性调整的难度非常大，即使发展中国家在全球经济格局中的地位显著提高，其代表性和发展利益也没有在国际金融规则制定以及国际金融机构治理和运作中得到充分体现。这一相对固化的局面不仅导致各方利益失衡，也阻碍了国际金融规则更好地吸收发展中国家一些好的做法，不利于金融资源的有效配置。

随之而来的一个重要课题就是，发展中国家如何更有效地参与国际金融规则制定，推动完善全球经济治理。我非常赞成本书中提出的进行存量和增量改革的路子，即对传统领域的国际金融规则进行保留、修正、补充或扬弃，而对于新兴金融领域则采取积极参与。同时，在做好国内相关改革和政策接轨的基础上，利用二十国集团（G20）、金砖国家合作机制等多边平台加强南南和南北沟通合作，在国际金融规则制定和协调中反映发展中国家意见和建议，推动形成公正合理、稳定有效的国际金融规则和安排。

由中国倡议成立的亚洲基础设施投资银行（以下简称"亚投行"）可以看作是存量加增量改革的一个例子。一方面，亚投行广泛学习、借鉴了已有世界银行和区域多边开发机构的经验，包括采纳了大致相同的组织结构、功能设置、基本政策框架以及机构管理方面的通行做法和良好实践；另一方面，亚投行作为21世纪新型多边开发机构，并非简单照搬传统的多边机构，而是按照国际性、规范性、高标准原则在许多方面进行了创新。

在股份结构上，虽然发展中国家的股比占大多数，但西方成员的总股比超过了25%，在需要75%特别多数的重大事项决策上与中国一样拥有否决权。这一安排在一定程度上防止了一家独大，使各方在亚投行重大问题上的讨论更加平衡、理性和富有建设性。

在治理结构上，亚投行按通行做法设立了完备的理事会、董事会、管理层三层管理架构，但不设常驻董事会，而是根据透明、公开、独立、问责的原则建立了有效的监督和问责机制，通过行长与董事会之间的合理分工以及开展行长履职年度评价等制度和机制，建立互信、推动高效决策、杜绝官僚作风。同时，《亚洲基础设施投资银行协定》明文规定管理层遴选应遵循"公开、透明、择优"的原则，这是一个区别于现有主要多边开发银行章程的创新之举。

在业务导向上，与世界银行和亚洲开发银行等以扶贫为目标的传统做法不同，亚投行致力于推动可持续基础设施建设和生产性行业发展，突出绿色发展和基础设施互联互通，强调广泛动员包括私人部门资本在内的各类资金，加强与世界银行等其他多边开发机构的伙伴关系，项目招标采购面向世界所有国家。这些做法充分吸收了发展中国家的发展理念和经验，也体现了发展融资的新模式。

在运营管理上,亚投行始终着眼于打造专业、高效、廉洁的21世纪新型多边开发机构。包括建立了"精干、廉洁和绿色"的核心价值观和以包容尊重、开放沟通、透明问责为主要内容的机构文化,对腐败零容忍;通过高标准的人才遴选机制,打造了一支来自65个国家和地区、以500个专业人员为核心骨干的高素质员工队伍,未来将根据亚投行业务的发展,继续稳步有序地吸收更多的优秀人才。得益于亚投行良好的业务发展和管理、审慎的风险控制、高标准的内部治理和管理,三大国际评级机构始终给予亚投行AAA级最高信用评级。

作为二战后第一个由发展中国家倡议成立的重要国际机构,亚投行运营7年来在各成员国的齐心努力下取得了一个又一个具有里程碑意义的成绩,实现了高起点上快速发展,以实际行动和丰硕成果表明发展中国家能够在改革全球经济治理、完善国际金融规则方面发挥重要作用。与此同时,我们也必须看到,市场、技术、人才等国际金融活动的"硬件"仍在发达国家手中,发展中国家作为一个整体在平等和有效参与国际金融规则制定、协调和实施方面还有很长一段路要走,需要不断摸索,从而提升自身能力水平。

在这里,我期待有更多类似乔依德先生《国际金融规则:现状、挑战与演进》这样扎实、客观、前瞻的研究成果,为发展中国家更好地参与全球经济治理提供理论指导,也希望各界能够支持亚投行,使其行稳致远,将亚投行打造为南南合作和南北平等合作的有效平台。

金立群

亚洲基础设施投资银行

行长兼董事会主席

前　言

中共中央关于"十四五"规划的建议第四十一条为"积极参与全球经济治理体系改革",该条款进一步指出"推动完善更加公正合理的全球经济治理体系""推动新兴领域经济治理规则制定,提高参与国际金融治理能力"。由此可见,中央将我国参与和改革全球经济治理提高到一个具有战略意义的地位,同时也强调了推动经济治理规则制定的重要性。我国领导人在各种不同场合,针对不同领域提出了参与相关规则制定的要求,如习近平主席在G20罗马峰会上说:"可以共同探讨制定反映各方意愿,尊重各方利益的数字治理国际规则。"他在《求是》杂志上的文章写道,要"积极参与数字领域国际规则和标准制定"。本书根据上述论述的精神,聚焦涉及国际金融领域的各方面规则,对其演变、现状及未来进行分析梳理,并在此基础上对如何参与这些规则的制定提出我们的看法。

一、国际金融规则和全球金融治理

积极参与国际金融规则的制定是推动全球金融治理的题中之意,这是由以下重要因素决定的。

第一,由国际金融规则在全球金融治理中的重要性决定。一方面,包括金融规则在内的规则是计划(理念)与政策实施之间的连接,规则是一个连接体,是将概念或政策变成现实的关键;另一方面,国际金融规则是国际金融体系重要的组成部分。金融规则或任何规则都有三个特点:一是一致性,即其内容要保持一致，不以实施主体或对象的改变而改变；二是固定性，固定性并不是说不能修改，而是规则在没有修改以前保持相对固定，不能随意否定或不承认；三是强制性，一旦参与"游戏"，便必须遵守规则。金融规则的这三种特性，使其成为国际金融体系中重要的一部分。因而，参与国际金融规则的修改或制定，相应成为我国参加全球金融治理必不可少的组成部分。当然也有参加全球金融治理的其他途径，比如组建新的机构，如金砖银行、亚洲基础设施投资银行等，但是参与国际金融规则制定是一个重要的途径，因为国际金融规则与国际货币体系、国际金融组织一起构成了全球金融体系缺一不可的三大支柱。

第二，由改善国际金融规则目前状况的迫切要求决定。应该承认，现有的国际金融规则是在长期的实践中逐步形成的，为全球金融治理提供了有益的公共品。但同时也应看到，其中一部分已经不适用当前全球经济金融格局的变化。二战刚结束的时候，发达国家特别是美国处于一种主导的地位，而很多发展中国家还处于殖民地半殖民地的状况。随着时间的推移，后者获得了独立，并在全球经济格局当中呈现一种越来越上升的态势。这种经济的格局变化又导致金融格局的变化，包括中国在内的发展中国家，在全球金融格局中的地位有了前所未有的上升。以前的国际金融规则是发达国家制定的，主要是从它们的利益角度考虑。因此现在需要改善或修改一部分现存领域的国际金融规则。与此同时，迅速演进的经济变化和技术进步催生了新的金融领域。这些新领域，比如科技金融、绿色金融、数字经济、数字货币等，都是差不多近十年以来产生的新的领域，基本上没有公认的国际金融规则来规范、引导和制约它们。这也是为什么我们要积极参与国际金融规则制定的一个迫切的原因。

第三，由我国高水平金融开放、提高国际金融治理能力的必然要求决定。我国进一步高水平的金融开放，不只是允许各类外国金融机构进入国内金融市场开展业务，更重要的是制度开放。也就是说，在金融市场、机构和产品等方面都要与国际金融规则衔接,只有规则衔接,我国金融市场才能融入全球金融市场,才能充分享受经济全球化带来的益处。当然,衔接不等于照搬,也需要进行扬弃,也需要根据我国的实际情况灵活运用。在这个过程中,我国金融机构和从业人员必须了解、研究各类金融规则,提高对国际金融规则的理解,提高参与制定国际规则的能力,而这种能力是推动全球金融治理所必需的。

二、关于国际金融规则的一些基本概念

国际金融规则的定义、实质和主要构成是什么?国际金融规则是指在国际金融领域内有关各方共同遵守的行为规范,实质上反映国际金融规则制定的主导方和参与方共同的利益诉求。规则凝聚了参与方所希望的最大公约数,当然主导方的利益会得到更大保障,或者说规则更倾向于体现它们的利益。作为参与方要进入这个游戏,进入这个活动,就必须要遵循规则,这是共同的诉求。国际金融规则主要有五种类型:第一是多边官方规则,比如战后的布雷顿森林体系,包括世界银行和国际货币基金组织,它们的章程及其他条款所确定的金融规则就是明白无疑的多边官方规则;第二是半官方规则,它介于民间和官方之间。最明显的例子就是有关主权债务重组的规则,发展中国家由于疫情无法偿还债务,国际上有一些基本的规则对此进行处理,但是这些规则不完全是官方的,是民间和官方一起参与制定的;第三是非官方的国际规则,如国际资本市场协会(ICMA)的《绿色债券原则》、气候债券倡议组织(CBI)的《气候债券标准》等,主要是由行业性协会发起制定的,但在国际范围内有较为广泛的影响力;第四是双边规则,由一个国家和另一个国家签订,这种规则具有局限性,但可能会有外溢效应,其他国家可能会参照这些规则;第五是单边规则,最明显的就是美国的长臂管辖,一旦交易使用的货币是美元,则必须由美国的机构进行清算,美国就可以利用它特别的地位来管辖,各国对长臂管辖很有意见,但是在目前大多数的情况下也只能被迫遵循。

三、形成制定国际金融规则的主要因素

国际金融规则的制定主要是由以下三方面的因素决定。

第一,国际经济是国际金融规则制定的基础性因素。从国际经济的角度来说,贸易结算、贸易融资等国际金融行为随着国际贸易的出现而产生,所以国际贸易的变化对于金融规则的制定特别重要。自布雷顿森林体系垮台以来,跨境资本流动加速,市场需要必要的金融规则来规范、监察。另外,技术进步也很重要。很多规则的制定和实施离不开技术手段,比如国际汇款以前效率非常低,而现代信息技术则完全改变了这些局面,并逐渐形成了新的规则。上述国际经济活动的不断演变,是国际金融规则制定的基础性因素,即金融规则往往是为了应对金融新变化而生的。

第二,拥有强大金融实力的一个或几个国家,主导了国际金融规则的制定。金融实力强大的国家,其国内金融市场的宽度、厚度和深度足够大,既能吸引全球金融机构纷至沓来,同时本国的金融机构也能够开展跨境业务,对其他国家经济金融发展产生影响,规则也在这一来一往的交互中传导出去。当然,国际储备货币发行国具有天然的优势,特别是国际主要储备货币。现在美元是国际主要储备货币,这给了美国在制定国际金融规则方面很大的话语权。同时,美国对全球有影响力的金融基础设施具有绝对掌控力,如环球同业银行金融电讯协会(SWIFT),也使全球范围内的金融机构被动遵循美国制定的基础性规则,如货币跨境交易规则、会计准则、上市标准等。

第三,金融理论、观念、知识在国际金融规则制定中发挥了先导作用。国际金融规则是金融理论、金融观念在实践中的具体体现,一种新的金融理论或观念往往会影响金融规则,进而会影响整个金融市场的变化。例如,20世纪80—90年代,美国出现了一个新的金融理论——有效市场理论。该理论认为股票市场的价格本身已经充分反映了各种信息,政府不需要干预,因为市场本身就是有效的。虽然当前看该理论是存在问题的,但在当时颇为流

行，西方尤其是美国的金融市场弥漫着政府监管越少越好的气氛。20世纪经济大危机后，美国通过了《格拉斯－斯蒂格尔法案》，该法案将投资银行业务与商业银行业务严格隔开，禁止银行包销和经营公司的证券，从而使商业银行避免证券业的风险。通俗地说，这是在这两种不同的金融业务中间设立了一堵"防火墙"。但是，到了20世纪90年代末，这个法案被取消了，"防火墙"被拆除了，取而代之的是《金融服务现代化法案》，允许金融业混业经营，让商业银行本应保守经营的资金去进行风险大的业务，这就造成了金融动荡的风险隐患，这也是引发全球金融危机的原因之一。全球金融危机后，2010年，美国通过了《多德－弗兰克法案》，再次扭转了过分自由化的倾向。从这曲折的过程中，我们可以看到金融理论、观念、知识这些要素对于制定金融规则是多么重要。

四、对国际金融规则框架的梳理

下面对当前国际金融规则的框架进行一个梳理（见图0-1）。

国际金融规则可以分为两大类。第一类是现存领域的规则。什么叫现存领域？比如汇率、跨境资本流动、主权债务重组和金融监管这些领域，以往一直在。由于经济格局、金融格局和技术的变化，这些领域的金融规则也可以分门别类地进行梳理和取舍，即抛弃不好的，修改或者增补一部分，同时保留一部分好的。例如，对发展中国家采取共同而有差别的原则应该要坚持。又如减排，虽然发展中国家也有义务，但是也要有差别。第二类是一些新兴领域的规则，包括绿色金融、金融科技、数据治理和数字货币等领域正在形成的一些规则。在这些新兴领域，各个国家都会根据本国的情况制定各种规则。有的规则适用于本国，但是在经济全球化的时代，要素的跨境流动意味着单纯管好自己国家的事情是不切实际的。比如绿色金融领域，仅管好自己国家而不管其他国家，就无法应对全球气候变化。

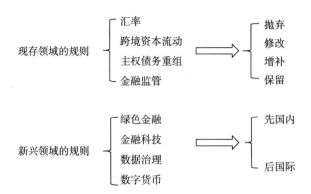

图 0-1 国际金融规则的框架

资料来源：上海发展研究基金会。

这里想举几个例子说明我们是如何对某个领域的规则进行梳理的。例如，数据不是一个独立的生产要素，几乎涉及经济、社会、政治、外交等人类生活的各个方面。在国际金融领域，跨境资金支付、交易、科技金融公司的跨境业务等都涉及数据的收集、传输和利用。正是基于这样的角度，本书也将数据治理作为一个方面进行了梳理。我们首先分析国外的情况，发现走在前面的是欧盟，它们对数据治理规则的研究比较早，前几年已经制定了《通用数据保护法》，在国际上有较大的影响。现在我们国家对数据治理和数字经济也有很多立法，和欧盟比较接近。美国是联邦制国家，比较松散，很多规则都是州政府制定，往往是以案例来制定法律，并不能匹配国际上的很多情况。当然，对我国来说，挑战也是很大的，特别是现在，西方国家在意识形态方面对我们防范和打压。由此，我们抓住分歧的关键点，即数据的跨境流动进行分析。数据和劳动、资本、技术一样，都是重要的生产要素，它涉及一系列的法律问题，比如所有权、经营权的归属等。在国内我们可以自己管理数据，但是在经济全球化的情况下，如何管理跨境数据是一个很有挑战的问题。比如，没有得到中国有关当局批准到美国上市的中概股，因为涉及数据的跨境流动，如果未经审核，有可能损害国家安全。这主要是和审计底稿有关。上市公司在赴美国上市以前，会计师事务所要进行审计，并且要拿到相关原

前　言

始数据的证明，这便是审计底稿，如果不加审核就交出去，有可能损害国家利益。2021年，美国通过了《外国公司问责法》，需要在三年之内看到上市公司的审计底稿，否则必须退市。中国证监会已经表态可以进一步协商和沟通，但是结果怎么样，难以确定，希望能找到双方都能接受的办法。总之，这说明管理数据跨境流动是一个很复杂的问题，既要维护国家的安全，又要与国际规则衔接，避免金融脱钩，从而维护我国金融开放的根本利益。

下面再来看看我们是如何对金融科技规则进行梳理的。金融科技涉及的范围很广，我们通过三个维度来梳理这些规则（见图0-2）。

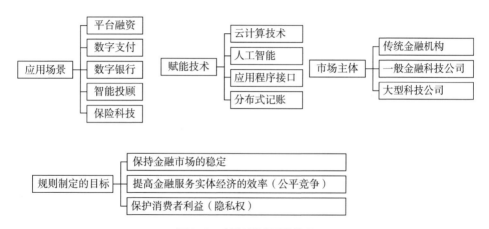

图 0-2　金融科技规则的梳理

资料来源：上海发展研究基金会。

第一个维度是应用场景，这些金融科技应用主要是在平台融资、数字支付、数字银行、智能投顾、保险科技五个方面，每个应用场景都会有针对性的规则。第二个维度是赋能技术，金融科技有很多技术，比如云计算技术、人工智能、分布式记账和应用程序接口，这些技术也会涉及一些规则。第三个维度是市场主体，对传统金融机构、一般金融科技公司和大型科技公司等主体都有一些规则。对一般金融科技小公司，基本的规则是鼓励它们发展。对大型科技公司，现在全世界包括中国在内监管比较严格。因为它们的规模

011

很大,涉及各种数据。单纯从公司本身来说,效率当然很高,但是这些业务交叉隐藏了很多风险,必须设立一定的"防火墙"。大型科技公司拥有强大的资金实力,可以通过资金购买有竞争力的公司(但是并不打算发展它们)形成一种垄断,这跟鼓励市场经济竞争是不相符的,所以针对这方面有很多规则,这些规则既注重防止大型科技企业的形成,又注意保持科技企业的创新能力。对于金融科技制定规则的目标,可以归纳为三条:第一条是要保持金融市场的稳定,这是基础;第二条是要提高金融服务实体经济的效率,就是要有公平竞争;第三条是要保护消费者的利益,包括隐私权,不能让消费者吃亏。

五、如何积极参与国际金融规则的制定

如前所述,制定国际金融规则的话语权由诸多因素决定。我国是参与经济全球化的后来者,在这方面存在着不少短板,面临不少挑战,但仍应迎难而上、积极参与,为此,我们必须做到以下几方面。

首先,要推动全球金融治理的改革。参与国际金融规则制定与推动全球金融治理,二者是互相影响、互相推进的。前文集中阐述了前者如何推动后者,现在则分析后者如何推动前者。全球金融体系除了国际金融规则之外,还有国际货币体系和国际金融组织两个组成部分。我们可以从存量改革和增量改革两个角度来分析如何推动上述两个组成部分的改革。在国际货币体系方面,美元占主导地位的局面在短期内不会改变,因而可以做的就是要求美联储与各大经济体进行宏观政策协调,减少其货币政策外溢效应带来的负面影响。对于未来,则应实现多元储备货币体系,美元、欧元、人民币三足鼎立。要有意识地支持欧元,当欧盟发行纾困债券时,可以适时、适度购买。在国际金融组织方面,一方面,推进世行和IMF改革,具体地说要继续推动按期完成IMF第十六轮份额检查,推动份额改革,支持世行下属的国际开发协会启动第二十轮增资谈判,进行投票权改革。另一方面,推动亚投行、新

开发银行在稳健开展业务的同时,扩充其成员,使其成为新兴的国际金融组织,与传统的国际金融组织取长补短,并行共存。

其次,要积极推动人民币国际化。如果人民币是全球储备货币,我国在国际金融规则制定中的话语权就会比较大,也会有助于多元储备体系的建立,这是显而易见的。这里的关键问题是我国资本账户开放的速度和程度。如果没有资本账户的进一步开放,人民币国际化很难走得很远。这个矛盾在于,如果资本账户完全开放,资金有可能大量外流,从根本上动摇国内金融市场的稳定。那么,既要保持国内市场的稳定,又要进一步(即使不完全)开放资本账户,这个平衡点在哪里?关于这个问题的答案,只能通过试点来摸索。我们有合格境内机构投资者(QDII)、沪港通、深港通等管道式开放,但这远远不够。现在中央下发的文件允许上海浦东临港新区、深圳前海、珠海横琴以及海南自由港进行离岸金融的试点,应该以此为契机,对这些境内离岸金融的试点,统一规则、设定统一的标准,以吸引更多的境外人民币回流,有限地让人民币跨境流动,让人民币实质性地在国际化道路上迈进一步。

再次,要进一步提高金融开放的水平。我们需要制度性的开放,还需要双向开放,不但要吸引国外金融机构来我国开展业务,国内的金融机构也要"走出去",这个难度比较大。现在"走出去"的金融机构主要还是银行,并且这些银行开展的很多业务还是跟国内的企业有关。各类金融机构还是应该根据实体经济的需要,因时因地"走出去",只有这样才能提高我国的国际金融治理能力,为积极参与国际金融规则的制定奠定坚实的基础。

最后,需要多层次、多方位地参与。第一,要加强官方的国际金融合作,这能达到事半功倍的效果。如几年前,中国人民银行与英格兰银行共同发起成立G20绿色金融工作小组,2021年又与美国财政部联合牵头G20可持续金融工作组,制定首个关于可持续金融的框架性文件《可持续金融线路图》,这就是很好的例子。第二,要鼓励非官方组织积极参与,这方面我国做得很不够。国际金融协会是一个在国际金融领域影响较大的非官方国际组织,我国金融机构参与其活动的积极性不足。第三，要培养有国际影响力的金融媒体，类似美国《华尔街日报》、英国的《金融时报》等媒体品牌。第四，要鼓励创建有中国特色的金融理论。第五，要培养高水平的金融人才，需要在体制上进行改革，要创建培养国际金融人才的体制。

最后强调几点。第一，国际金融规则的制定，专业性非常强，涉及面广，不仅涉及金融，也涉及法律、国际政治。很多规则涉及方方面面的利益，因而必须与各方多协商，平衡各方面的利益。第二，金融规则的制定不仅需要理论，而且需要大量的实践，只有通过大量的实践才能出真知，才能有好的想法。我们国家在这方面是后来者，态度要积极，步伐要稳健。

总之，国际金融规则的制定不可能一蹴而就，而是一个渐进且漫长的过程，需要各方多讨论、多研究。本书算是在这方面开了个头，迈出了一步，希望以此就教于各方，以便共同努力，共同推进。

目 录

第一章 国际金融规则：定义、形成和演进方向

  第一节 国际金融规则的定义和主要类别 / 003

  第二节 国际金融的秩序演变和规则实施 / 006

  第三节 国际金融规则的主导权 / 018

  第四节 国际金融规则的演进方向：参与、平衡、通用性 / 022

第二章 汇率规则

  第一节 牙买加体系下多边官方汇率规则：权利、义务和监督制度 / 027

  第二节 美国试图强化对汇率的监控 / 034

  第三节 现行汇率规则对我国的影响及应对之策 / 041

第三章 跨境资本流动规则

  第一节 跨境资本流动规则的历史演进 / 049

  第二节 IMF 关于跨境资本流动的现行规则 / 052

  第三节 OECD 的现行规则 / 058

  第四节 对我国资本账户管理的启示 / 062

第四章　主权债务处置规则

第一节　现行主权债务处置规则 / 069

第二节　当前主权债务处置规则的主要特征和不足 / 093

第三节　我国对外主权债权特征、处置方式和政策建议 / 096

第五章　金融业监管规则

第一节　国际金融监管：内涵和基本原则 / 113

第二节　现行国际金融监管规则 / 117

第三节　当前国际金融监管规则的不足与缺陷 / 138

第四节　改善国际金融监管规则的建议 / 142

第六章　绿色金融规则

第一节　全球绿色金融规则现状 / 151

第二节　当前全球绿色金融规则的特征及演进方向 / 197

第三节　绿色金融规则的功能 / 205

第七章　金融科技规则

第一节　关于应用场景的规则 / 217

第二节　关于赋能技术的规则 / 254

第三节　关于市场主体的规则 / 267

第八章　数据治理规则

第一节　数据治理规则的含义及其针对的主要问题 / 283

第二节 全球主要经济体的数据治理法律规则体系 / 288

第三节 国家安全数据与商业数据治理规则 / 293

第四节 个人数据域内治理规则 / 296

第五节 个人数据跨境流动治理规则 / 310

第六节 数据治理规则的发展趋势与当前存在的缺陷 / 331

第七节 政策建议 / 336

第九章 数字货币规则

第一节 数字货币及其规则概述 / 353

第二节 虚拟货币规则 / 357

第三节 稳定币规则 / 376

第四节 CBDC 规则 / 385

第五节 现行数字货币规则的主要特征 / 402

第六节 私人数字货币规则面临的挑战 / 411

第七节 政策建议 / 416

结　语

第一节 现行国际金融规则的总体特征 / 423

第二节 面临的挑战 / 426

第三节 在国际金融规则重构中强化中国话语权 / 429

致　谢

参考文献（按字母顺序排列）

第一章

国际金融规则:定义、形成和演进方向

第一节　国际金融规则的定义和主要类别

一、国际金融规则的定义

国际金融规则是国际金融活动中参与方普遍遵循的一种行为准则，体现了国际金融的普遍需求，也体现了规则制定主体和参与主体的利益需求。国际金融法规通常包括概念、法律、法规、条约、协定惯例以及与之相关的思考方法。这可以是成文的条例，也可以是"非正式的、不成文的默契和协作"，可以是国际组织或大国的磋商产生的，也可以是秘密的领导者的行为，甚至是"隐性规则"（例如"美元的优势地位"）。在具体分类上，目前的国际金融规则有五大类：多边官方规则、半官方规则、非官方规则、双边协议规则和单边规则。

二、国际金融规则的主要类别

（一）多边官方规则

多边正式规则主要是指政府间的多边协议和由政府间协议所设立的国际组织所制定的规则，如国际货币基金组织（IMF）本身的《国际货币基金协定》、1976年《牙买加协定》（《国际货币基金协定》修订版），以及IMF就成员国汇率进行监管的规则（包括1977年《关于汇率政策监督的决定》和2007年《对成员国政策双边监督的决定》）。

国际货币制度的制定与实施，其目标是维持现行的国际货币制度，从客观上讲，也就是维持世界主要货币的地位。1944年布雷顿森林体系的建立奠定了美元在国际上的主导地位，而1976年《牙买加协定》则使它成为一种更稳固的储备货币。

（二）半官方规则

巴塞尔银行监管委员会（BCBS）、国际证监会组织（IOSCO）、国际保险监督官协会（IAIS）等非法定权限的国际组织（包括巴塞尔银行业监督管理委员会）制定的一系列法规（见表1-1），尽管没有法律约束力，但因其权威性和前瞻性而为行业普遍认可，成为各国（地区）共同采纳的标准。一些国家根据上述机构颁布的法规指导建立了自己的规范，有些则是通过本国的立法直接对其进行了法律上的规定。

表1-1 国际上主要的半官方金融规则

组织机构	出台的主要规则
巴塞尔银行监管委员会	1975年9月《对银行国外机构的监管报告》 1988年7月《关于统一国际银行资本衡量和资本标准的协议》（《巴塞尔协议Ⅰ》） 2004年6月《资本计量和资本标准的国际协议：修订框架》（《巴塞尔协议Ⅱ》）
国际证监会组织	1998年《证券监管的目标与原则》 2002年《关于磋商、合作和信息交流多边谅解备忘录》 2003年《关于执行IOSCO〈证券监管的目标与原则〉的评估方法》
国际保险监督官协会	2002年10月《保险监管目标和原则》 2010年6月《国际保险集团监管共同框架》
金融行动特别工作组（FATF）	1990年2月《关于反洗钱的40项建议》 2001年《40+8项建议》 2004年《40+9项建议》

资料来源：上海发展研究基金会。

在半官方规则中，BCBS制定的《巴塞尔协议》影响最大。它通过对资本充足率这一重要指标进行了优化，确立了银行监管的三大支柱，并确立了全球银行业的最低资本要求，从而有效地解决了本国和东道国之间的协调问题。《证券监管的目标与原则》是我国证券监督管理委员会颁布国内规则的一项重要参考依据。与此同时，《关于磋商、合作和信息交流多边谅解备忘录》为跨国证券监管和信息交换提供了推动力。IAIS制定了旨在统一全球保险法规的《保险监管目标和原则》，而《国际保险集团监管共同框架》旨在为国家主管部门制定保险集团结构,为业务、内部交易、整体风险和整体活动提供一个综合框架。随着 FATF 的不断努力,有关反洗钱的国际法规也逐渐形成,为反洗钱工作的有效开展提供了理论上的指导。

(三)非官方规则

国际惯例通常是由国际行业协会制定,多数是国际金融机构普遍遵循的商业标准,如 1973 年由国际掉期与衍生工具协会(ISDA)制定的与衍生品相关的主要协议。根据实际需求,ISDA 对上述协议进行改进,如 1987 年提出《ISDA 利率和货币兑换协议》;1992 年提出《ISDA 主要协议》(《ISDA 货币跨境主协议》和《ISDA 当地货币单一管辖主协议》);从 1929—2007 年,ISDA 对上述协议共进行了 7 次修改。国际会计准则理事会(IASB)制定的国际财务报告准则(IFRS)是一项被广泛认可的国际会计准则,相关国家通常采用国内法律实施,但美国实行的是美国通用会计标准。

(四)双边协定

在国际金融中处于支配地位的国家(区域)与其他国家(区域)签署的双边协定,对签署国具有法律约束力,主要是各国和区域间就市场准入和持续的管制合作达成的协定和备忘录。

(五)单边规则

单边规则指美国的证券法、美国的会计标准、美国的外国银行的规则等。例如,美国颁布的《公众公司会计改革和投资者保护法案》(简称《萨班斯-奥克斯利法案》),对在美国上市公司的会计工作提出了很高的要求,特别是要求公司的主管人员必须对财务报告的真实性负责,这一规定不仅适用于在美国上市的国内企业,也适用于在美国上市的外资企业,这使许多外资企业不敢在美国上市。

第二节　国际金融的秩序演变和规则实施

国际金融法规着重于一套有关金融问题的规则。从其基本构成逻辑上来看，国际金融制度在历史与法律上都有其特殊性。所谓历史性，就是全球金融管理的历史背景，它是指"冷战"后一个真正的国际制度建立，其伴随着全球化的加剧、各国之间的联系与依赖加深，以及全球性问题的出现。法律是指对金融法规的可实施和强制实施的考虑。这两种属性，自然不会有任何的冲突，但却会同时出现，并且互相缠绕。

一、二战后现代国际金融规则渐次生成

从国际金融学的视角来看，二战后的全球金融秩序至少有以下五个阶段。

（一）建立布雷顿森林体系：重新构建国际货币系统（20世纪40年代中期）

二战以后，世界形势变得清晰起来，无论是美国，还是那些在战争中濒临破产的国家，都迫切地需要一个和平的环境，一个能够帮助它们重建经济的国际金融系统。英国与美国在建立战后国际金融系统时，曾进行过激烈的竞争，并先后推出了"凯恩斯方案"和"怀特计划"。1944年，美国新罕布什尔州布雷顿森林小镇举行的一次联合国货币金融会议终于在《国际货币基金协定》《国际复兴开发银行协定》（以下简称《协定》）的基础上建立了一个以美元为核心的国际金融系统（布雷顿森林体系），此后许多金融法规都是基于《协定》而制定的。

布雷顿森林体系在那时改变了世界的金融结构。首先，建立了"双挂钩"的国际货币体系，即以美元为基础。这样的体制设计，消除了以往国家"以邻为壑"的货币竞争策略，避免了汇率剧烈波动所带来的全球性金融风险，并有效地解决了由于黄金生产的限制而导致的货币供应短缺问题。其次，IMF等永

久性国际金融机构的成立，对落实《协定》的原则以及各国政府的财政政策进行了监测和协调。二战结束后，多数成员国出现了不同程度的资金短缺，IMF根据《协定》向各成员国发放短期贷款，以解决国际收支失衡并且向各成员国发放中期和长期贷款，以便恢复其经济发展。最后，美国拥有IMF的一票否决权，且美国人是世界银行的总裁。美国有权阻止任何一个不符合有关规则的国家，并让这个国家不能得到它所需的贷款。

但在1950年之后，美国陷入了贸易和金融双重逆差，黄金储备不断外泄。美国之外，特别是欧洲，大量的美元资产被集中起来；再加上美国在越南战争中大量使用美元，引起了国际上对美元的怀疑，导致了对美元的信任危机。在1971年的第7次美元危机之后，由于无法应付大规模的美元兑换，美国宣布不再按照规定的汇率来交换美元。在那一年的12月，联邦储备委员会拒绝把黄金卖给外国政府和央行，导致美元与黄金脱钩的连锁反应。西欧各国在1973年采用了本币兑美元的浮动汇率。至此，布雷顿森林体系的"双挂钩"制度就彻底瓦解了。

（二）牙买加体系：无中心阶段（20世纪80年代早期）

布雷顿森林体系在最后的崩溃中，实际上是没有系统的。1976年1月，国际货币基金组织临时委员会在牙买加金斯顿举行了一次会议，就国际货币体制改革问题达成了一个新的协定，这在历史上被称为《牙买加协定》。这项协定从1978年4月1日开始正式实施。

《牙买加协定》的主要内容有三个：第一，废除各国之间的货币平价和以美元为核心的汇率，承认浮动汇率的合法性，并让各成员国自由选择汇率体系；第二，将黄金非货币化，废除黄金的官方价格；第三，提高特别提款权（SDR）的国际储备地位，各成员国之间可以自由进行SDR交易，而不必征得IMF的同意。前两条是布雷顿森林体系的基本要素，《牙买加协定》废除了以黄金为基础的国际货币，让所有国家的货币都以实际的信用为基准。牙买加体系下制定的汇率等规则至今仍在使用。

牙买加体系相对于以前的国际货币系统来说，通常被视为"无中心"，并且在思想上比布雷顿森林体系更加包容。一是牙买加体系内的国际货币缺乏法律上的价值基准。IMF 成员国的央行能够根据市场价格自由买卖黄金，消除了成员国和 IMF 之间用黄金来清偿债务的要求。二是没有法律上的唯一规定。在拥有一定力量的情况下，国家可以是规则的需要方，也可以是规则的提供者。牙买加体系没有任何法定货币中心，但是却有一个现实的货币中心（美国）和周边国家。三是外汇储备在总量增长的同时，也越来越多样化。四是调整国际收支不平衡的机制，包括汇率调整、财政政策、货币政策、直接管制、外汇储备使用、国际经济与金融合作等。

（三）新自由主义与"华盛顿共识"（20 世纪 80 年代后期）

布雷顿森林体系崩溃后，世界货币与利率剧烈波动，以及各种金融风险爆发，联邦德国的赫斯塔特银行和美国的富兰克林国民银行在 1974 年相继倒闭。拉丁美洲也在 20 世纪 70 年代后期发生了一系列金融危机。美国领导下的新自由主义、东亚发展模式、拉美的传统模式，是国际社会应对危机的三大策略。

美国里根执政期间所倡导的新自由主义，其主要体现在对金融的放松监管和混合经营上，这种模式使美国的经济获得了巨大的成功。美国和它所领导的国际组织所掌握的关于国际问题的渠道，让新自由主义在与其他国家的竞争中轻易获胜。这些沟通途径的范围很广，涵盖了体系性、制度性、观念性和关联性。

系统性的通道主要是指 20 世纪 70 年代中期的全球金融系统不稳定以及拉丁美洲国家大规模的债务和经济危机。这些系统性的冲击使拉丁美洲传统的发展模式面临挑战，并为其进入新的发展提供了机会与空间。体制机制主要是指美国领导的布雷顿森林体系、IMF 和世界银行，七国集团（G7）也在追求新自由主义的发展模式。思想通路是指在美国社会中，随着政治意识形态的对峙逐步减弱，为经济思想的国际传播创造了条件。关系途径主要有：

美国和拉丁美洲的学术交流与共鸣；西方经济学理论通过教育对拉美地区新一代领导人的作用；20世纪80年代后期，新自由主义经济发展理念得到了制度化。1989年，"华盛顿共识"的进一步发展，体现在金融方面就是金融自由化和放松管制。国际货币基金组织和世界银行各种借贷条款体现了这一点。

（四）"新国际金融体系"（20世纪90年代后期）

新自由主义的经济理念在世界范围内蔓延，在金融全球化的背景下，金融自由化与金融稳定的矛盾日益凸显。新自由主义的经济理念和传统的国际金融体系都受到了指责和怀疑，而"华盛顿共识"更是直接造成了这种危机。面对金融全球化与金融创新的浪潮，如何在保持金融自由化与活力的同时强化金融监管来提高金融的安全性？法国、德国、加拿大等国纷纷出台了相关的改革政策，美国财政部、IMF大力推行的"新国际金融体系"也逐渐成为一个全球性的话题。

"新国际金融体系"具有直接和间接的含义。它的直接含义是由政府间协议和国际金融监督体系构成的网络；间接的含义是新自由主义的意识形态和政策逻辑。其目标是，在保持金融自由与活力的前提下，加强国际金融的规范。

美国和G7继续采用该体制，通过机构和联系的方式将此传达给世界。系统性通道是指20世纪90年代出现的一系列地区和国家层面的金融危机。在此期间，体制机制是制定国际议程的重要途径，特别是在1995—1999年的G7首脑会议上。所谓"关系式通道"，就是美国和G7成员国之间的正式联系，比如美国和英国联合提出的"巴塞尔协定+金融自由化思想"。在此基础上，"新的国际金融体系"得以建立，并在全球范围内建立起一个完整的金融管理网络。这一点体现在：金融自由化的理念一直持续到2008年金融危机的爆发；G20部长级会议和金融稳定论坛（FSF）的建立，以及主要的新兴经济体加入了全球金融管理系统；银行、证券、保险、会计等国际金融法规的制定和修改。

目前，国际议程的制定仍由西方主要国家主导，但各国集团（例如 G7）的角色日益凸显。之前，我国正处在全面改革开放的早期，并没有参加这一国际问题的提议、博弈和宣传。但是，在这一问题的国际制度化的过程中，我国参与的次数开始增加。比如，我国已经开始积极参与到 G20 的"新国际金融体系"之中，我国作为国际金融组织、国际会计准则理事会等国际金融管理组织的成员，也在不断地了解和遵守国际金融法规。但我国在"新国际金融体系"这一新自由主义理念的层面上，尤其是汇率浮动、资本账户开放、利率市场化等方面，仍然保持着审慎的态度。特别是在亚洲金融危机之后，我国开始对新自由主义的金融自由化和金融开放进行思考。

（五）2008 年之后的宏观审慎监管

在 2008 年世界金融危机之后，以 G20 为首的世界各国都在大力倡导宏观审慎的金融监管。亚洲金融危机并没有真正影响到欧美国家，而发生在美国的 2008 年金融危机，使国际社会对全球金融管理制度的缺陷进行了认真的思考。因此，G20 的部长级会议变成了 G20 首脑会议，FSF 被提升为金融稳定委员会（FSB）。世界各国纷纷呼吁对全球金融管理体制进行改革，而如何强化国际金融管制，从而防止发生此类金融危机，已成为国际社会高度关切的议题。

"宏观审慎"这一概念在 2009 年的匹兹堡 G20 会议中得到了官方的认可。这种办法也通过各种交流途径，被纳入了国际议事日程，并且将之制度化。在这些机制中，诸如国际货币基金组织、国际清算银行（BIS）等正规组织和 G20 这样的半官方平台都起到了重要的促进作用。2010 年，G20 首尔首脑会议呼喊 FSB；IMF 和 BIS 也在行动。自此之后，世界各大金融管理机构都在积极地研究制定一系列宏观审慎的政策框架。比如，FSB、IMF 和 BIS 共同发表了《宏观审慎性政策工具和框架》，而 IMF 也几乎在同一时间发表了《宏观审慎性政策——一个组织框架》。本节从宏观审慎监管的概念、内在逻辑、政策工具和制度设计三个方面对我国的宏观审慎监管提出了建议。目前，宏观审慎的概念已经被世界各国普遍认可,并在政策框架内引入了宏观审慎的工具。

在这个时期,虽然我国也没有主宰国际议程的设置,但是我国在国际议程的国际化、制度化方面也是非常活跃的,甚至在某些方面还发挥了引领作用。从宏观上看,主动引导是我国从"韬光养晦"走向改变的过程。在政策规划方面,"十二五""十三五"五年规划均提出了建立逆周期金融监管体系。在标准制定和执行方面,《巴塞尔协议》的中国版、中国的风险导向偿付能力制度、《证券公司风险控制指标管理办法》等,都把宏观审慎理念引入了银行、保险、证券等行业。中国人民银行率先建立了"宏观审慎评价制度"。相比以往,我国在国际金融治理中的参与度更高,态度也更积极。

(六)小结

国际金融规则的形成和变化与国际金融秩序的演化息息相关。尽管世界上的货币制度发生了数次变化,但是美元仍然是世界主导货币。然而应该指出,在2008年金融危机后,以宏观审慎为基础的新的金融秩序模式逐渐形成,美国的绝对影响力逐渐减弱,我国和欧盟等国家的影响力也逐渐增强。在宏观审慎监管阶段,我国虽然不占主导地位,但其主动参与也对审慎监管体系的制定和执行产生了一定的影响。我国金融力量的不断增强,必将成为全球金融体系的一个重要组成部分。

二、以硬法与软法区分国际金融规则的可执行性

从法理角度看,目前的全球金融管理制度,包括两大法系:一是国际金融硬法,二是国际金融软法。因其内容、功能、法源、表现形式等各有不同,因此,在执行全球金融协理规则时,其动机与机制也各有不同。而且,金融法规执行的价值也会随着执行主体和执行环境的改变而改变。

(一)国际金融硬法的执行机制

国际金融硬法是一种具有普遍国际法特征的法律,它的执行动机源于各

国的自愿性和国际法的强制性。通常是由国际法主体之间的协议来实现，这一制度可以包含执行的程序问题、执行的特定权利义务、协议机关的监督责任、违反义务的补救办法和在纠正失败的情况下解决纠纷的办法。国际金融硬法的执行方式与一般国际法执行方式一样，其执行方式主要是"纳入""转化"。当然，国际法也可以"借用本国法庭"来实现。但是，由于其具体的法律渊源和内容，各国的金融法律在具体的执行机制上也有一些差别。

1.《国际货币基金协定》

《国际货币基金协定》（以下简称《协定》）是世界上为数不多的几项国际金融硬法，也是世界上最大的多边贸易公约，它在国际货币与金融方面具有重要的地位。

《协定》对成员国履行义务做出了规定。履行义务有两个方面：一是各成员国承担与IMF的合作责任；二是各成员国承担起相互协作的责任。这两个责任既要赋予IMF一定的监管权力，又要各成员国在制定本国财政政策时，要共同协作，防止以不当的方式获得竞争优势。

IMF有监督各成员国货币政策的权力，一旦发现有与《协定》规定的义务相违背的情况，IMF可以请求协商。磋商通常分为定期磋商、不定期磋商和特别磋商，其中包括提前商定磋商和加快磋商机制，主要是通过交流信息和实地考察来分析有关成员国的经济状况，以确定其履行《协定》的义务。

如果经研究，IMF执行委员会发现各成员国所实施的财政政策与其应尽的《协定》义务不符，IMF将会介入成员国。干涉的方式有两种：一是对成员国的财政政策提出意见或建议；二是如果成员国的财政政策要求国际货币基金组织批准，比如它是《协定》第8条规定的义务国家，国际货币基金组织可以拒绝。如果国际货币基金组织通过了一个具有法律约束力的反对决议，那么该决议将会对成员国产生消极的影响。

2.世界贸易组织的自由贸易协定

世界贸易组织的重点是贸易方面的问题，但同时也涉及金融方面的问题，如 WTO《服务贸易总协定》、金融服务附录等。在执行这项规则时，除遵守协商和监督程序外，还必须在介入过程中应用争端解决程序。WTO 金融服务贸易制度是将国际贸易法律基本原理与国际金融法律特别原则相结合的，因此，如果成员之间发生了金融服务贸易纠纷，应当采用 WTO 的仲裁机制。如成员国未能遵守仲裁机构的决定，则双方有权采取法律手段进行维权。

3.习惯国际法和一般国际法原则

在适用习惯国际法和一般国际法原则时，通常是在特定情况下进行的，它的执行主要体现在以下两方面：一方面，是作为争端国家所引用的支持或反对有关要求的证据；另一方面，如果法庭承认并根据这些原则做出裁决，则具有国际法上的强制性效力，缔约国必须予以执行。

（二）国际金融软法

与国际金融硬法相比，国际金融软法通常被视为没有强制执行能力，也就是说，它并不是一种狭义的法律。国际金融软法的执行，很大程度上取决于各国和行动者的自愿，而国际社会、媒体舆论或业界的评估，若不执行国际金融软法，就有可能被国际社会、媒体舆论或产业评估所否定。消极评价可能对国家和行动者造成某种市场或道德上的压力，并促使他们对不履行的行为进行矫正。国际金融软法的具体执行方式有三种：一是直接执行；二是将国际金融软法的主要精神引入、借鉴或吸收，进而间接执行；三是将国际金融软法转换成具有法律约束力的国际条约或国际习惯，进而转化为国际金融硬法。

对国际金融软法执行的理解并不一致，通常将执行没有强制约束力但能够调整国际金融关系准则的行为纳入国际金融法律的执行范围。从形式上讲，国际金融软法的实施也遵循了国际法实施的基本特征，即直接实施、纳入和转化，但是仔细观察现行的国际金融软法的实施方式和实施效果却存在着明显的差别。

在实际操作中，国际金融软法的执行大致分为四个层面，各个层面既相互独立，又可能相互重叠。

1. 第一层：执行 G20 有关决策

G20 是当前世界金融治理的核心机制，是对 G7 传统治理机制的不足进行反思的结果。G20 首脑会议的决议体现了世界上最强大的 20 个经济体的共同意愿，因此，G20 的职能定位与"立法"相似。G20 峰会决议的执行是全球金融软法实施的中心和驱动力量，其实施效果是第一级。从国际上看，G20 会议决议的执行有三条途径。

一是 G20 成员国的自动实施。由于各国领导人在本国政坛有着举足轻重的影响，G20 成员国将尽力在本国实现其共识。

二是专门的机构进行具体的转换。在这些机构中，FSB 是一个非常关键的机构，它负责监督 G20 峰会决策的制定和执行。在会议决议和 FSB 的协调下，各级专门组织制定了具体的执行细则和计划，以便为国际社会提供借鉴和应用。

三是其他国家和国际机构的跟进。尽管一些国家和国际机构没有参加 G20，但是由于其在国际上的影响力，以及其代表着世界金融市场和金融管理的发展方向和发展趋势，因此，没有参加会议的各国和国际组织也有可能在本国或有关方面做出相应的调整。

2. 第二层：执行 FSB 有关规定

FSB 的前身为 FSF，它继承了 FSF 的主要功能，包括对影响国际金融系统的脆弱因素进行评估，识别并监督采取行动，并加强管制部门之间的合作和信息交换。在实施国际金融软法时，FSB 具有"上下转承"的执行协调与监督作用，是执行的二级层面。FSB 的执行包括以下四个部分。

一是制定国际金融准则。FSB 负责按照首脑会议的举措或愿景，编制一个比较统一的全球金融监管标准手册，以处理混乱、复杂和难以执行的问题。它制定了许多具体的执行准则和主要的执行准则，为专业机构制定具体的规范提供了指导。

二是专业的报道。FSB 发表了《当前和近期有关稳健金融体系的工作报告》和《解决金融系统顺周期性报告》等专业报告，以解决影响国际金融体系脆弱性的各种风险因素。

三是对国家执行的监管。FSB 颁布了《加强遵守国际准则框架》《促进全球遵守国际合作和信息交换标准》，其监督和执行措施主要有：各成员国必须致力于执行国际金融标准；接受 IMF 或世界银行的金融部门评估规划（FSAP）；举办主题评价和国家评价；区别、识别和鼓励不合作区域。

四是区域协作。按照《金融稳定理事会宪章》，FSB 设立了美洲组、亚洲组、独联体组、欧洲组、中东和北非组以及撒哈拉以南的非洲组。FSB 将成员国和非成员国之间的地区协调组连接在一起，事实上，FSB 的规则扩展到了非成员国地区。各地区协调组通常一年进行两次会晤，就金融系统的脆弱程度和加强金融稳定的措施进行磋商。在执行方面，6 个磋商小组将成员国与超过 70 个其他区域连接在一起，这对全球金融管制政策的执行起到了促进作用。

3. 第三层：执行专门机构或组织

专门从事金融监管和金融合作的机构或组织，例如 BCBS、IOSCO、IAIS 等是国际金融软法的重要缔造者，是 G20 会议决议和 FSB 规则的主要执行者。在全球范围内，专业机构的实施将直接影响到全球金融治理的成效。本节将专业机构的执行分为三个层面，以区别实施软法的先后次序，并没有明确各国在全球财务管理中的地位。BCBS、IOSCO、IAIS 等国际组织制定了一系列的国际金融准则和国际法律法规，设立了专门的研究组和委员会，通过集体讨论和会议协商的方式，鼓励、协调和监督国家的具体执行。虽然 BCBS、IOSCO、IAIS 等组织和机构在执行和执行的内容上存在差异，甚至有很大的差异，但这些都是国际金融管理的客观特征。

4. 第四层：执行国家法律

各国对国际金融软法的实施在国际法意义上是最后一级实施，涉及特定的金融事务中的权利和义务。从商业交易规则的确定性角度看，上述三个层面的执行均属于间接执行，只有在国内法中才能实行，即上述三个层面的执行最终都将转变为国家规制，从而对个人形成法律约束。在我国法律中，国际金融软法的实施主要是通过直接适用、纳入和转化来实现，各国的实施方式也不尽相同。从法律性质上讲，我国的法律执行是以国内法为主，在某些方面还带有一些涉外成分，在国际上会有一些影响。

（三）国际金融规则在法律层面的实践

1. 现行的国际金融规则在法律上的缺陷

虽然当前已有了一个基本的国际金融规则体系，但无论是硬法的规定，如条约、习惯法或普通法原则，或是宣言、监管标准等软法准则，都在不断地扩展，从而导致了国际金融规则体系的规模不断扩大。然而，治理规则的数量和影响范围的扩大，并不能表明现行国际金融规则具有更高的效率和公平性；或者说，它已形成了一个自动封闭的运行机制。与此形成鲜明对比的是，在国际金融实务中，规则制定主体混乱，规则间缺少内在的联系与协调，条块性不强，表现出"碎片化"的趋势，使得其在执行过程中产生了价值变化和更多的执法冲突。

从宏观角度来看，现行的国际金融规则体系存在着诸多问题：一是国际金融规则的制定不够客观，程序不民主、不透明，不能真实地反映当前的国际形势和国际金融治理的规律；二是其自身存在不足，如内容不科学、规则过于原则化、条文欠缺操作性等；三是制定主体缺乏沟通与协调，规则相互重叠或冲突，立、改、废工作滞后，导致实施成本过高，影响实施的积极性。其中，在规则"碎片化"的大趋势下，执法冲突尤其多，如法规冲突、司法管辖冲突、监管冲突、效果冲突、目标冲突、方法冲突等。因此，在今后的全球金融规则制定、执行和实施的各个环节，需要进行相应的改革，特别是需要确立其法律效力等级体系。

2. 必须确立国际金融规则清晰的法律位阶

法律位阶是国内法中的概念，它反映了同一司法领域中不同的法律来源之间的层级关系。在国内法中，法律地位的设定主要是为了解决法律效果的矛盾。国际法理论之所以很少重视国际法的地位，是因为国际社会属于平等权利社会，不能对国际法律的效力层次进行划分。但是，国际强制法、国际犯罪等新的国际法准则的出现，在客观上造成了国际法层次的划分。1969年《维也纳条约法公约》第53条指出，国际法中的其他准则通常不会与国际强制法发生冲突，而且国际法的效力比普通条约义务要高。

国际强制法的有效性比国际金融硬法更具优势。国际金融硬法是一种普遍的国际法理论，它包括多边条约、双边条约、习惯国际法以及国际法的一般原理。因此，《维也纳条约法公约》第53条、第64条对国际强制法的效力不能"损抑"。在国际金融硬法和国际强制法发生冲突的时候，国际金融硬法就会失效。

国际金融硬法的有效性高于国际金融软法。虽然关于"软法"和"硬法"的存在和区别争议，但是，就其法律意义上的强制力而言，硬法是一种有效的强制手段，而国际金融软法却缺少"共同意志"。在理论上，在国际金融硬法和国际金融软法发生冲突时，其有效性要比国际金融软法更高。但是在国际上，按照弗朗西斯·施耐德（Francis Snyder）的说法，"硬法和软法之间的区别并非总是有效的""具体的规则会随着责任、明确性、授权性三个维度而改变"，因此，就其社会效应来看，国际金融硬法与国际金融软法之间的效力级别并不明确。当然，在法律实施的明确、强制的基础上，在硬法与软法发生矛盾时，应当尊重硬法的共同意志。

全球性多边国际金融软法在全球范围内的作用要好于区域性国际金融软法。鉴于现行的金融法律体系以国际金融软法为主体，对其进行有效级别划分是十分必要的。总体上，全球的多边金融软法效果要好于区域性的，区域性的金融软法效果要好于双边的，双边的金融软法的效力要好于国内的，因为"软法的角色依赖于政治和法制"。根据国际软法的形成，越来越多的国家被强制实施，它的合法性就会被证明是合理的，而在一定程度上，它的法律价值也就会被充分地反映出来。归根到底，国际金融软法的执行，或反映了参与国的默认同意，受到许多国家的"软实力"的影响，因此，接受的国家越多，越能证明其合法性。

总体上看，国际金融软法优于国内金融法。国际金融法律与国内金融法律之间的关系是一个复杂的问题。首先，从一般国际法的角度，它既是国际法和国家法的关系，也是国际软法是否为"法"的问题。其次，国内法可以划分为国内硬法与国内软法，由此产生了国际软法与国内硬法、国际软法与国内软法的效力关系等问题。把国际软法视为"法"，并能强制实施，就可以按照"一元论"或者"二元论"来解释国际法和国内法的关系。因此，国际软法和国内硬法、国内软法之间存在着一定的法律效力关系。但不论采用何种方式，国际软法有效性都要比国内的法律更具优势。

第三节　国际金融规则的主导权

国际金融规则的支配地位是由国际贸易与金融系统演变而来的，它是一个国家或多个国家在国际金融中起着领导作用、协调国际金融事务、维持国际金融秩序的重要力量。各国在国际金融体系中占据优势地位，因而一直是各大国竞争的主要对象。然而，形成、获得和认可的国际金融规则的主导地位有其内在的逻辑。

一、形成国际金融规则主导地位的必要条件及能力需求

要想在国际金融体系中获得主导地位，必须具备规则的形成和建立规则的能力。首先，国际金融与国际经济一体化的发展，是形成国际金融制度的必要条件。当西方扩张到国外的时候，首先要面对的就是商品交换、定价、

结算等方面的问题。在这个过程中，以金融为辅助工具，形成了一套简单的规则。随着国际金融体系的日益复杂，它已经不再只是一种简单的交易手段，而是一种独立的金融业务，在融资、汇兑、结算等领域也逐渐形成了自己的规则。在整合和实施金融法规时，荷兰阿姆斯特丹、英国伦敦、美国纽约等都扮演着积极的角色。其次，一国货币在国际上的影响及其对国际金融机构的控制，是其成功制定规则的重要标志。在这些指标中，一个国家的货币国际化水平是影响金融法规制定的重要因素，它决定着金融法规的深度和广度。国际金融机构是制定、实施和监督金融法规的核心力量，美国在国际货币基金组织和世界银行中有着举足轻重的地位，是其对国际金融制度产生影响的重要手段。

二、国际金融规则主导地位意味着对制定方利益的保护

规则总是遵循着规则制定方的意愿，维护着他们的利益。国际金融规则的建立与演变必然伴随着规则制定者的利益诉求。

举例来说，美国和 IASB 是两个平行的系统，美国对此一向置之不理，但最近几年美国的态度有所改变，两种标准逐渐趋于统一。美国的态度为何如此不同？这是由于美国在 2001 年美国会计标准委员会建立之前并没有发言权，以前 IASB 一直属于欧洲，但 IASB 建立之后，美国成了主要发言人，因此对 IASB 的态度有所改变。美国从安然公司的经验中吸取了经验，采用了以目标为导向的会计标准，从而使其在一定程度上更接近于基于原则的准则。同时，在美国的影响下重组了 IASB 的治理结构，以及美式的规则制定过程，这都为二者的融合打下了良好的基础。另外，2004 年《巴塞尔协议Ⅱ》终于通过，但是美国是这个世界上最大的金融强国，为了维护自己大型银行的利益，直到 2009 年，美国次级抵押贷款危机爆发，并发展为一场全球性的金融风暴，《巴塞尔协议Ⅱ》才得以实施。总体来说，《巴塞尔协议Ⅱ》也是一个折中的结果，尤其是在我国，因为受这场金融危机的影响较小；受到金融危机影响

较大的英国和美国,虽然表现得比较低调,但是它们的反应更积极,德国、法国、日本,还有欧洲的一些国家,都觉得条件可以放宽一些。我国最初提议5%,德国提议4%,日本和法国同意,最后达成了4.5%的折中方案。

三、历史与制度惰性限制了金融规则主导权的转变

国际金融规则并非一成不变,但它的转变并非一朝一夕之功,它有其自身的历史与体制的惰性。一方面,由于体制的惰性,导致了转型的费用问题。体制一旦成型,就会产生一种惰性,很难改变,就算改革的体制比以前好,也要付出很大的代价。不是所有国家都想要承担这样的代价,所以,旧的制度会有一个相对稳定的持续时间。比如,美元成为国际货币。作为一种结算货币,几十年来,人们对美元的依赖性越来越强,特别是在国际贸易和主权债券市场上,美元是最受欢迎的。另一方面,金融规则制定的主导力量常常扩散到其他层次,使得话语能力较弱的国家很难获得与之抗衡的资本和机遇。近几年,美国"优先主义"的思想越来越强烈,为了压制和限制我国的发展,他们把财政权力和对法律的控制放在了地缘政治上。比如,美国财政部海外资产控制办公室(OFAC)[①]就经常采用金融制裁措施和财政制裁手段,对我国的实体和个人实施所谓的冻结资产、限制入境、暂停交易等制裁。一些在美国上市或者与美国有业务往来的公司,一旦被制裁,其股价、市值等往往会遭受重大不利影响。

四、利用国际媒体可以扩大国际金融规则主导权的支配地位

金融政策制定者们在构建和强化国际金融规则时,也在不断地传播着自己的话语系统。美国对此有直接的影响。

一是利用财经专业传媒的报道和评论,构建一个模拟的金融世界。现在,

---

① OFAC主要有六大类金融制裁名单,分别是特别制定国民名单、行业制裁识别名单、海外逃避制裁者名单、巴勒斯坦立法会名单、非SDN涉伊朗制裁法案名单、外国金融机构第561条款名单。

汤森路透、道琼斯、彭博新闻占据了全球金融信息市场的大部分份额。

二是以普及和渗透的方式，强化规则主导国家的价值观念。二战结束后，美国以其雄厚的实力吸引、聚集了世界上最杰出的科学家、学者，建立了其在经济、财政、理论等领域的先进性和权威性，并以学术平台为媒介，对各种思想、理论进行权威的论证和阐释。比如，截至2021年，已有87个人（有些是联合的）获此殊荣，其中有61名美国学者，占总人数的70.1%。另外，美国还提供了大量经济学和金融学的经典入门教科书，这些教科书几乎覆盖了经济学的各个方面。

三是在金融行业中，舆论领袖的介入和培育有潜力的舆论领导者，使企业的话语权得到了巩固。比如，美国沃伦·E.巴菲特（Warren E.Buffett）和乔治·索罗斯（George Soros）都是国际金融领域的领军人物，他们比政府和媒体更有影响力，政府可以让他们更好地了解国际投资的动向，并追随他们的脚步。美国也有很多著名的商学院，学生都是来自世界各地的精英，在未来的几年里，他们都会成为全球金融领域的领军人物。他们回国之后，必然会将美国的价值观念带入自己的生活中，从而在无形中强化了美国在金融领域的霸主地位。

四是以英语为母语的国家在制定财政法规、进行话语表述等方面具有象征意义。在许多国际公约中，常用的文字大多是英文。所以，在规则建构过程中，非英语国家明显地遇到了语言转换问题。就拿我国来说，如果我们用英语和以英语为母语的人交流，就会受到思维的局限，很难发现其中的奥妙，把中文改为英语的时候，会有一些意思上的偏差，甚至导致一些意思的缺失。美国在表达规则和传达观念上有自己的优势，美国人说英语，可以在制定规则时，将自己的观点和想法直接表达出来，而不用担心语言的变化会改变其意义。

第四节　国际金融规则的演进方向：参与、平衡、通用性

一、新兴及发展中国家在国际金融规则制定中的参与度将提高

随着新兴市场及其他发展中国家的不断深入，国际金融规则的制定和实施也日益依赖于新兴市场和其他发展中国家的参与。近年来，FSB、IMF、巴塞尔银行监管委员会、国际证监会组织、国际保险监督官协会等官方和半官方国际组织都在积极要求新兴市场和发展中国家有更多的实质性参与，制定的规则应当更加注重全球金融业的共同发展、共同繁荣和共同防范风险，同时兼顾发达国家和发展中国家的需求。在这一趋势下，国际金融组织制定的国际金融法规将会更加广泛、系统更加完备、技术更加完备和具有远见。

二、规则将更加注重创新和防范金融风险之间的平衡

金融风险与金融创新，历来都是一个"两面性"问题。20世纪90年代，全球金融创新加速，尤其是期权、期货、掉期等金融衍生品的出现，对金融监管与风险管理提出了更高的要求。2008年的全球金融危机使金融过度创新的后果完全暴露出来，而世界范围内的金融监管也开始了严格的管理。目前各国所采用的宏观审慎监管理念，也是为了保证金融系统的安全和稳定，避免金融体系对整个经济体系产生负面的外在影响。然而，在严监管的整体趋势下，国际社会仍十分关注金融创新的重要性。比如，在主权债务规则方面，IMF、世界银行等国际金融机构一直在持续地强调借贷国的债务可持续性，并鼓励其在主权债券市场上的运用，比如政府或有债务工具。金融技术、新技术的涌现，为金融创新提供了广阔的空间。另外，在宏观调控大势所趋下，国际上对金融创新的重视程度依然很高。近年来，大型科技公司通过金融创

新，丰富了大量的生产和消费场景，同时也在不断地积累风险。通常情况下，金融监管往往落后于金融创新，这也是过去各国对大型科技企业缺乏有效监管的重要原因。但是，由于监管者对新技术应用的逻辑性有了更深的了解，并且在地方范围内出现了金融风险，监管的力度也随之加大。

三、规则的通用性将增强，非官方组织将与官方、半官方组织加强合作

国际金融规则的普遍性将会得到加强，而单方面的规则会逐步趋向于多边。例如，在2008年金融危机之后，国际会计准则理事会和美国会计准则委员会都在修改它们的准则，其中包括：金融工具的确认和计量标准、衍生品的确认和计量标准、套期交易和计量、公允价值计量、公允价值披露准则等。在全球金融市场一体化进程中，会计标准趋同已成为一种必然，美国获得了IASB的主讲人身份，两种标准的趋同程度明显降低，而美国的认可标准对IASB的影响也随之增加，非正式组织则将进一步与相关机构合作，因为它们与行业有着密切的关系，对特定的业务活动非常了解，而非正式组织将在制定规则时与正式的半官方机构合作。

第二章

汇率规则

汇率领域国际金融规则的表现形式主要由多边官方规则（如《国际货币基金协定》）和《2012年协议》中关于汇率的规则、双边或区域协定（如《中美经济贸易协议》《美墨加协定》中涉及汇率的条款）、单边规则（如美国财政部关于汇率操纵国的各种规则）组成。其中，《国际货币基金协定》和《2012年协议》中关于汇率的规则是现行国际金融规则的基石，具有稳健、适用广泛且约束力强的特点，大部分半官方规则、双边或区域协定以及单边规则都是在此基础上制定的。本部分内容首先梳理了现行多边官方汇率规则，其次描述了美国用各种手段试图强化汇率监控的情况，最后着重分析了该现象对我国的影响及我国应该如何应对。

第一节 牙买加体系下多边官方汇率规则：权利、义务和监督制度

从国际法角度来看，汇率领域的法律准绳主要就是现行的国际货币制度——牙买加体系下的多边汇率规则，即《国际货币基金协定》第4条。从规则发展的时间线来看，牙买加体系是在1973年布雷顿森林体系的固定汇率彻底崩溃后重新构建的新国际货币制度。1976年1月，IMF下设的国际货币制度临时委员会在牙买加首都金斯敦召开会议，并达成《牙买加协定》。依照该协议，IMF执行董事会于1976年3月完成了《国际货币基金协定》约文的修订案，同年4月IMF理事会通过了《国际货币基金协定》第二次修正案。1978年4月1日，对《国际货币基金协定》的第二次修改达到生效条件并正式生效，形成了沿用至今的新的国际货币制度——牙买加体系，这次修正案构建了国际公认的多边汇率规则框架。该协定在1990年6月28日、1997年9月23日、2008年4月28日和同年5月5日、2010年12月15日又经历了五次修正。2008年全球金融危机后，IMF再次对汇率监督规则做出了重大调整，即2012年IMF执行董事会通过的《双边和多边监督的决议》（Decision on Bilateral and Multilateral Surveillance，以下简称《2012年决议》），在原有汇率权利和汇率义务的基础上，进一步明确了对成员国的汇率监督制度。

一、IMF 成员国的汇率权利

牙买加体系下成员国的汇率权利规定在《国际货币基金协定》第4条第2款"总的汇兑安排"（General Exchange Arrangement）中。

按照《国际货币基金协定》第 4 条第 2 款（b）项[①]规定，IMF 的成员国在选择汇率制度或汇兑安排具有相当大的自由。成员国可以将本国货币钉住特别提款权，可以钉住另一种定值标准，如将本国货币币值钉住美元或其他特定国家的货币；或者采取"合作安排"，即将本国货币价值维持在相对于另一国或一组货币的货币价值上。此外，成员国可以选择其他汇兑安排。综上，牙买加体系的汇率制度可以称为"自由汇率制"。据此，选择和决定采取什么样的汇兑安排是经过第二次修改后的《国际货币基金协定》所承认和规定的成员国的货币和汇率权利。

从实践来看，各国都根据自身状况自主选择汇率制度和汇兑政策。根据 IMF 分类，世界各国共有 8 种汇率制度，按照汇率弹性从小到大分别为：没有本国法定货币的汇率安排、货币发行局制度、传统的钉住汇率安排、平行钉住、爬行钉住、爬行区间浮动、无区间的有管理浮动和自由浮动。通常前 6 类归为固定汇率制度，后两类划入浮动汇率制度。

二、IMF 成员国的汇率义务

牙买加体系规定的成员国汇率义务，体现在《国际货币基金协定》第 4 条第 1 款和《国际货币基金协定》第 4 条第 2 款（a）项。

《国际货币基金协定》第 4 条第 1 款中为成员国的一般义务。从该节的结构来看，其包括两大部分：一般合作义务[②]与四项具体义务。

四项具体义务与一般合作义务有着密切的逻辑关系。如果成员国违反了四项中某项具体义务，就会违反一般合作义务，因为此四项具体义务是一般

[①] 汇兑率安排可以包括：（1）一成员国可以采用特别提款权或由其选定的除黄金之外的其他标准来维持本国货币的价值；（2）通过合作安排，成员国使本国货币同其他成员国的货币保持比价关系；（3）成员国选择的其他汇兑率安排。

[②] 一般合作义务的内容是：各成员国应承诺与 IMF 和其他成员国合作，以保证有序的汇兑安排，并促进形成一个稳定的汇率制度。这项一般合作义务的目的在于保持汇率制度的稳定，从而助力形成一个稳健的国际货币体系，以提供一个促进国与国之间货物、服务和资本的交换以及保持经济健康增长的框架，并且确保金融和经济稳定所必要的有序基础条件得以持续发展。

合作义务的组成部分（虽然不是全部）。同时，由于一般合作义务要多于四项具体义务，遵守这些具体义务并不意味着成员国遵守了一般合作义务。具体而言，这四项具体义务包括以下四个方面。

一是努力使各自的经济和金融政策实现在保持合理价格稳定的情况下促进有序经济增长的目标，同时适当顾及自身国情。这一规定将成员国的义务扩展到国内经济和金融政策，同时也把 IMF 的权限扩展到国内政策。然而，需要强调的是，该项义务具有很大的"柔性"，成员国仅被要求"努力"将国内政策引向有助于经济有序增长的目标上来，并且要"适当照顾成员国自身的状况"，原因就是这一规定涉及成员国对国内政策的主权这一敏感问题。

二是寻求能创造有序的经济和金融条件以及不经常造成动荡的货币制度，以此促进稳定。这项义务背后的逻辑是，成员国通过创造国内有序的基本经济及金融条件和稳定的货币体系，寻求国内政策和局势的稳定，有助于保障有序的汇兑安排和汇率体系的稳定。

三是避免操纵汇率或国际货币制度来阻碍国际收支的有效调整或取得对其他成员国不公平的竞争优势。这项义务具有三个特点。第一，从"避免"这个措辞可以发现这里第 3 项义务和前面第 1 和第 2 项义务相比具有"刚性"。第二，应避免的行为包括"操纵汇率"或"操纵国际货币制度"。第三，明确指出有关行为仅有妨碍国际收支有效调整或取得对其他成员国不公平竞争优势的效果是不够的，第 4 条第 1 款第 3 项规定使用"为了"（in order to）这一措辞就意味着还需要确定意图。如果成员国出现操纵汇率或国际货币制度的情况，IMF 会要求成员国解释其行为背后的动机。IMF 将给予成员国陈述行为动机的机会，并且在陈述合理时不做出不利于成员国的判定。但 IMF 成员国是否具有阻碍国际收支的有效调整或取得对其他成员国不公平的竞争优势的动机，最终还要由 IMF 通过综合考虑与成员国汇率估算并独立地做出决定。

四是实行同本款各项保证一致的汇率政策。从第 4 项义务的措辞看，这项义务也具有"刚性"，但在所有 4 项具体义务中这是最不具体的一项义务，其含义就有一定的不确定性，这种不确定性主要体现在两个层面。

第一，是"汇兑政策"的含义。由于此项规定中的"汇兑政策"不同于同条第3款对汇兑安排的监督中的第2项规定中的"汇率政策"。"汇兑政策"是较"汇率政策"涵盖更宽泛的一类对外政策，包含了资本流动管理等其他汇兑政策。

第二，"刚性"的第4项义务与"柔性"的第1和第2项义务的关系。有一种解释是，成员国采取的汇兑政策应当支持其根据第4条第1款第1、第2项国内义务规定所包含的国内政策。这种解释很可能会使国内政策优先，而将汇率体系的稳定屈从于国内政策。比如，第4条第1款第4项可能会被解释为诸如要求成员国采取促进国内价格稳定的汇率政策，即使该汇率被高估，也不应当怀疑国内政策的适当性与正当性。另一种解释是，当一国基本状况、国际收支状况或国际货币体系状况，需要与IMF和其他成员国进行合作采取汇率行动时，该国所选择的汇兑安排不得与之矛盾。总之，IMF成员国应采取与所承担义务相一致的汇兑政策的确切含义，仍然有待在研究和实践中进行澄清。

另外，《国际货币基金协定》第4条第2款还规定，IMF成员国应将其汇兑安排以及对汇兑安排的修改准确地通知IMF。据此，IMF成员国承担了将汇兑安排及其修改向IMF通知的义务。不过，这种通知是为了向IMF提供信息。无论IMF成员国选择汇兑安排，还是后来改变汇兑安排，都无须IMF的同意。成员国对汇兑安排的改变必须"迅速"通知，执行董事会对此的解释是在改变之后3日内通知。

三、IMF汇率监督制度

《国际货币基金协定》第4条第3款第1条为：IMF应监督国际货币制度，以保证其有效实施，并监督各成员国是否履行了第4条第1款规定的义务。这一规定为IMF的多边监督活动提供了法源和基础。从监督的范围来看，IMF一般性的监督规定不仅适用于一般合作义务，而且也适用于第4条第1款第 1 项到第 4 项列明的所有具体义务，包括关于国内政策的义务。

协定的第 4 条第 3 款第 2 项指出，为了履行 IMF 汇率监督职能，IMF 应对各成员国的汇率政策进行严格的监督，并制定出具体原则，就汇率政策向各成员国提供指导。各成员国应向 IMF 提供监督所必需的资料，并且，在 IMF 提出要求时，应就本国的汇率政策问题与 IMF 进行磋商。IMF 制定的原则应符合各成员国维持本国货币对其他成员国货币比价而采用的合作安排，并符合成员国根据 IMF 的宗旨和本条第 1 款规定选择的其他形式的汇兑安排。这些原则应尊重各成员国国内的社会和政治政策，在执行这些原则时，IMF 应当对各成员国的国情给予应有的注意。

根据《国际货币基金协定》第 4 条第 3 款第 2 项的要求和授权，IMF 的执行董事会于 1977 年、2007 年和 2012 年对汇率监督规则做出一系列调整，形成了现行的决议，即《对成员国政策双边和多边监督的决议》（Decision on Bilateral and Multilateral Surveillance），又称《合并监督决议》（Integrated Surveillance Decision，ISD）。根据最新的《2012 年决议》，IMF 的监督应当既关注单个国家也关注全球层面的经济和金融稳定，《国际货币基金协定》第 4 条"磋商"既适用于双边监督也适用于多边监督。具体地说，双边监督集中可能导致国内不稳定，进而削弱系统性稳定的政策；多边监督则集中于"可能影响国际货币体系有效运行的事项"，其中就包括成员国的"汇兑政策——汇率以及有关资本流动政策"所造成的可能危及全球稳定的外溢效应，即便这些政策并未危及该成员国的国内稳定。

从内容上看，《2012 年决议》对四个核心概念做了更清晰的阐述，这使 IMF 的汇率监督制度能够落地，强化其约束性、执行力和实施效果。

第一，明确了"外部稳定"的概念，指出所谓"外部稳定"不会或不太可能导致破坏性汇率变动的国际收支状况。具体而言，这要求基本经常账户（剔除周期性波动、临时冲击、调整时滞等暂时性因素后的经常账户）大体保持平衡。在这种情况下，一国净对外资产头寸的变化与该国经济结构和基本面相一致。这还要求资本和金融账户不造成资本流动急剧变化的风险，这种风险可能因融资约束而产生，也可能通过积累或维持脆弱的对外资产负债结构而产生。换言之，基本经常账户与资本和金融账户都可能会造成外部不稳定。基本经常账户的不平衡对外部稳定影响极大。这种不平衡既可能是汇率政策导致的，也可能是不可持续的国内政策或市场不完善等因素造成的。如果基本经常账户处于不平衡状态，汇率就发生了"严重偏差"。汇率严重偏差是指实际有效汇率偏离均衡水平，而均衡水平是指符合经济基本面的经常账户所对应的汇率水平。汇率严重偏差是外部不稳定的重要指标。

第二，明确了"汇率操纵"要具备的主客观要件和判定原则。客观而言，要存在汇率操纵行为，即通过实施旨在影响汇率水平并且实际影响了汇率水平的政策造成汇率严重偏差，既可能造成汇率变动，也可能阻止这种变动。此外，操纵必须具有规定的主观意图，即成员国通过实施旨在影响汇率水平并且实际影响了汇率水平的政策，造成汇率低估的严重偏差；并且造成这种偏差的目的在于扩大净出口。就判定原则来讲，IMF 对汇率操纵进行评估要依据证据，并在存在合理怀疑的情况下不做出不利于成员国的判定，即实行"疑罪从无"的原则（刘旭，2013）。为了更好地评估各国的经常账户和汇率水平是否存在严重偏差，IMF 成立了汇率问题咨询组（Consultative Group on Exchange Rate Issues，CGER）。CGER 于 2006 年 10 月提出一套评估汇率偏差的方法，这套方法由以下互为补充的三种方法组成：宏观经济平衡法（Macroeconomic Balance Approach）、简约均衡实际汇率法（Reduced-form Equilibrium Real Exchange Rate Approach）、外部可持续性法（External Sustainability Approach）。虽然 CGER 宣称，将此三种方法结合在一起，并结合各国的其他具体情况，有助于形成对中期的实际汇率和经常账户差额的较充分的判断，但也承认模型本身有局限性。针对旧模型的缺陷，IMF 研究部在 2013 年推出了汇率评估的新方法——外部平衡评估（External Balance Assessment，EBA），该模型不仅引入了人口、外部头寸和宏观经济政策变量

（包括外汇干预和超额信贷的数据），而且还引入了结构性政策和贸易政策作为解释变量，评估这些政策对于经常账户不平衡的影响，以此辅助IMF对时机汇率和经常账户的评估。

第三，明确了对成员国需要审查和商讨的七种情形。一是在外汇市场进行持续、大规模的单向干预；二是以国际收支为目的的不可持续的或带来过高流动性风险的官方或准官方借款，或过度的、长时间的官方或准官方外国资产积累；三是出于国际收支目的，实行或大幅强化或长期维持对经常交易、支付的限制性或鼓励性措施；出于国际收支目的，实行或大幅修改对资本流入或流出的限制性或鼓励性措施；四是出于国际收支目的，实行非正常鼓励或阻止资本流动的货币和其他国内金融政策；五是汇率严重偏差；六是大量和持续的经常账户逆差或顺差；七是私人资本流动导致的对外部门显著脆弱性，包括流动性风险。

第四，明确了多边监督的三种形式。一是双边磋商，即第四条款磋商。评估成员国遵守第四条第1款义务情况及其汇率政策、国内经济金融政策的溢出效应，与成员国讨论政策对国际货币体系的影响。二是定期报告。包括IMF定期发布的《世界经济展望》《全球金融稳定报告》《财政监测报告》以及于2008年全球金融危机后试点推出的《溢出效应报告》[1]和《对外部门报告》[2]，其中和汇率监督关系最紧密的是《溢出效应报告》和《对外部门报告》。这两份报告的出炉使IMF可以更好地评估成员国政策的溢出效应对全球稳定可能造成的影响，更全面地监督成员国对外部门。三是多边磋商。当成员国出现问题而严重影响国际货币体系的有效运行时，由总裁提请执董会开展多边磋商。多边磋商由IMF工作人员与成员国进行讨论，并促成成员国之间的讨论；同时，IMF向成员国提出政策调整建议，并鼓励成员国同意调整国内政策以促进国际货币体系的有效运行。

---

[1] 《溢出效应报告》于2011年试点推出，主要分析世界上五大经济体（中国、欧元区、日本、美国和英国）的经济政策对其伙伴经济体的影响。

[2] 《对外部门报告》于2012年发布，主要对全球29个最大经济体（28个国家和欧元区）的对外部门进行广泛和多边一致性分析。

第二节　美国试图强化对汇率的监控

近年来,美国用各种手段试图不断强化其对汇率的监控,具体有两条主要路径:一是不断更新由其单独制定的汇率规则,先由美国财政部的评估来对国际汇率进行监督,然后对那些被认定为汇率操纵国的对象进行双边谈判与沟通,敦促对象国解决汇率问题,若没有解决,则会通过总统下令由商务部实施一系列制裁;二是通过其主导的区域贸易法律制度——《美墨加协定》(USMCA)施加压力。

具体而言,美国用各种手段试图强化对汇率的监控,具体体现在以下四个方面:一是显著强化缔约方透明度和报告义务;二是加强对汇率实践的监督机制;三是引入争端解决机制;四是打破美国财政部自己制定的量化标准——一度认定我国为汇率操纵国。

一、显著强化缔约方透明度和报告义务

显著强化缔约方透明度和报告义务出现在2018年11月30日美国、墨西哥和加拿大三国签署的《美墨加协定》第33章第5条[①],该协定已经于2020年7月1日生效。尽管从法律角度分析这份由美国主导的区域自由贸易协定

---

① 第33章第5条透明度和报告义务:1.各方公开披露以下数据:(1)每月结束后不迟于30天,按照IMF关于国际储备和外币流动性的数据模板,公布每月外汇储备和远期头寸数据;(2)每月结束后不迟于7天,公布每月即期和远期外汇市场干预情况;(3)每季结束后不迟于90天,公布每季度国际收支中证券投资资本流动数据;(4)每季结束后不迟于90天,公布每季度货物和服务进出口情况。2.各方同意IMF公开披露以下信息:(1)在IMF执董会议后4周内,公布IMF关于本方的《第四条款磋商工作人员报告》,包括对本方汇率的评估情况;(2)确认加入IMF官方外汇储备货币构成调查(COFER)数据库。3.如果IMF未公开如本条第2项所述信息,未被公开的一方应主动要求IMF予以公开披露。

仅对签约国有法定约束力，但由于这代表了在国际金融领域占主导地位国家的立场，我们判断这类规则有较强的外溢性，有可能被吸收到其他类型的国际规则中。从2020年1月15日签署的第一阶段《中美经济贸易协议》来看，强化缔约方透明度义务已经被部分吸收到这份双边协议中。不过，与USMCA相比，中美签署的协定的具体义务中不需要公布即期和远期外汇市场的月度干预情况，这保留了缔约国对汇率事项进行宏观审慎管理的权利。

与《国际货币基金协定》法律框架下缔约国自愿披露本国的外汇储备构成等信息不同，USMCA中缔约方被要求及时地公开披露与外汇市场活动相关的信息[①]。

同时，USMCA将缔约方的披露义务延伸到了《国际货币基金协定》法律框架下，即缔约方应同意IMF及时公开披露《第四条磋商工作人员报告》，具体的截止日期为在IMF执行委员会讨论后4周内。此外，缔约方必须参加IMF官方外汇储备货币构成数据库的调查（Currency Composition of Foreign Exchange Reserves Database，COFER Database）。即使IMF未公开披露《第四条磋商工作人员报告》和该国官方外汇储备情况，该缔约方也应当要求IMF向缔约方公开披露这些信息。

这些具体的措施在实质上显著强化了缔约方的报告和透明度义务，使与缔约方外汇市场活动相关的信息披露成为缔约方的一项有法定约束力的义务。相比之下，在《国际货币基金协定》法律框架下，成员国享有自由选择的权利，可自主决定是否向IMF披露本国的官方外汇储备等信息，IMF就透明度和披露问题不能向成员国施加任何国际法义务。

---

① 包括：（1）缔约方根据IMF的国际储备和外币流动性数据模板在月底数据采集后30日内公布其月度外汇储备数据和远期头寸；（2）在月底数据采集后7日内公布即期和远期外汇市场的月度干预情况；（3）在季度数据采集后90日内公布季度证券组合资本流动情况；（4）在季度数据采集后90日内公布季度出口和进口情况。

二、加强监督机制

加强监督机制出现在《美墨加协定》第 33 章第 6 条和第 7 条，我们认为上述条款有较强的外溢性，有可能被吸收到其他类型的国际规则中。从实践来看，磋商机制已经被第一阶段《中美经济贸易协议》吸收到这份双边协议中。

与《国际货币基金协定》相比，《美墨加协定》在第 33 章第 6 和第 7 条加强了对汇率实践的监督机制，完善了对汇率操纵问题的预警机制，避免操纵汇率或国际货币制度来阻碍国际收支的有效调整或取得对其他成员国不公平的竞争优势。然而《美墨加协定》对同类机制的具体规定进行了细化并强化了缔约方的义务。具体而言，主要体现在以下两个方面。

（一）设立宏观经济委员会进行监督

在《美墨加协定》的第 33 章第 6 条中设立由缔约方代表组成的宏观经济委员会[①]（Macroeconomic Committee），由该委员会专门负责监督实施缔约方所应承担的义务。除非缔约方另有决定，宏观经济委员会应至少每年召开一次会议。宏观经济委员会应在每次年会上考虑：每一缔约方的宏观经济和汇率政策及其对各种宏观经济变量包括国内需求、外部需求和经常账户余额的影响；为增强透明度或报告方面能力的问题、挑战或努力；宏观经济委员会可以决定的其他活动。

为适应货币政策和金融市场发展变化的需要，保证适当的灵活性，

---

① 宏观经济委员会：1.特此设立由各缔约方主要代表组成的宏观经济委员会。第 30.2.2(b) 条（委员会的职能）不适用于宏观经济委员会。2.宏观经济委员会应监督本章的实施及对本章内容进行进一步的阐述。3.宏观经济委员会应在本协定生效之日起一年内举行会议，此后至少每年举行一次会议，除非缔约双方另有决定。4.宏观经济委员会应在每次年度会议上审议以下内容：（1）各缔约方的宏观经济和汇率政策，及上述政策对各种宏观经济变量的影响，包括国内需求、外部需求和经常账户余额；（2）关于透明度或报告的重要事项、挑战或努力；（3）宏观经济委员会可能决定的其他活动。5.每年例会或在必要时，宏观经济委员会可以考虑是否应修改本章的任何规定，或应对本章的任何规定加以解释，以反映货币政策和金融市场的变化，但第 33 章第 3 条除外。宏观经济委员会以协商一致方式决定修正本章的某一条款，应视为经委员会以协商一致方式做出修正该条款的决定。修正案应按第 34 章第 3 条的规定生效。根据宏观经济委员会以协商一致方式做出的决定和解释，应被视为根据委员会一致决定发布的解释。6.除第五款另有规定，委员会不得做出任何修改或解释本章规定的决定。

USMCA 赋予宏观经济委员会解释或者修订货币条款的权利，即允许宏观经济委员会在每次年会上或在其认为必要时，可以决定是否修订或者解释宏观经济和汇率章节除其范围条款之外的任何条款。宏观经济委员会采取协商一致的方式做出决定，宏观经济委员会协商一致做出的关于 USMCA 第 33 章的修正案、协商一致发布的解释性文件与自由贸易委员会（由各方部长级政府代表或其指定人员组成）的决定具有同等效力。

（二）强化主要代表磋商机制

在 USMCA 第 33 章第 7 条[①]中，强化了主要代表磋商（Principal Representative Consultations）机制，该机制借鉴了 2013 年 2 月 G7 协议的做法。但是，G7 就外汇市场的行动进行密切磋商包括事先磋商，而 USMCA 规定，只有当一缔约方采取干预汇率的政策或措施时（如与竞争性贬值相关的行为、为竞争目的设定汇率、透明度和报告承诺的履行出现问题）或者当缔约方有任何其他关于 USMCA 第 33 章第 4 条汇率实践或 USMCA 第 33 章第 5 条透明度和报告条款有疑问的，其他缔约一方的主要代表都有权提出磋商请求。请求方与被请求方应就被请求方的政策或措施进行快速双边磋商。同时，参与双边磋商的缔约一方，无论是请求方还是被请求方均可以邀请缔约第三方（缔约方中没有处于争端地位的一方）参与磋商，第三方有权提出意见。其中，当缔约方的主要代表就透明度和报告承诺的履行进行双边磋商时，为达成双

[①] 主要代表磋商机制：1.一缔约方的主要代表可以要求与另一缔约方的主要代表就另一缔约关于下述情况相关的政策与措施展开快速双边磋商。这些领域包括请求缔约方的主要代表认为与竞争性贬值、以竞争为目的设定目标汇率、透明度和报告条款中关于承诺的履行或就第 33 章第 4 条（汇率惯例）或第 33 章第 5 条（透明度和报告）相关的任何其他问题。参加双边磋商的缔约方可邀请未参加这些磋商的缔约方参加并提供适当的意见。2. 如果一缔约方的主要代表要求进行双边磋商，磋商缔约方的主要代表（或其指定代表）应在提出请求后 30 天内举行会议，并在首次磋商后 60 天内就该事项达成双方满意的解决办法。3. 如果一缔约方的主要代表要求就另一缔约方履行第 33 条第 5 款中的透明度和报告承诺问题而进行双边磋商，在磋商中应考虑另一缔约方公开披露该条所列项目的实际能力是否受到干扰，磋商的目的是达成双方都满意的解决办法。4. 如果在本条之下的任何磋商中未能达成双方满意的解决方案，磋商双方可请求国际货币基金组织在其职权范围内：(1) 对被请求方的宏观经济和汇率政策以及数据透明度和报告政策进行严格监督；或 (2) 发起正式磋商并酌情提供适当的意见。

方满意的解决方案，在磋商过程中应考虑情势是否破坏了另一缔约方公开披露所列项目的实际能力。

如果缔约一方的主要代表要求进行双边磋商，则参与磋商的主要代表（或被委任者）应在请求方提出要求后 30 天内举行会议，以便在初次会议后 60 天内达成双方满意的解决方案。如果在磋商中未能达成双方满意的解决方案，参与磋商的缔约方可请求 IMF 介入，根据其授权，要求 IMF 严格监督被请求方的宏观经济和汇率政策以及数据透明度和报告政策；或者酌情开展正式磋商并提供意见。

磋商的目的在于促使缔约方避免采取干预汇率的相关政策或措施，提高透明度，履行其定期公开披露外汇储备、即期和远期外汇市场等与外汇市场活动相关信息的义务。

在《国际货币基金协定》的基础上，USMCA 设立宏观经济委员会进行监督和强化主要代表磋商机制加强了对汇率实践的监督，致力于避免操纵汇率或国际货币制度来阻碍国际收支的有效调整或取得对其他成员国不公平的竞争优势（左海聪和胡弘志，2020）。

三、引入争端解决机制

这个机制出现在《美墨加协定》第 33 章第 8 条[①]，与《国际货币基金协定》

---

① 争端解决机制：1.缔约一方可以根据第 31 章诉诸争端解决机制，具体的机制按照本条执行，即仅限于缔约方未能以反复或持续的方式履行第 33 章第 5 条规定的义务，并且违约方在根据第 33 章第 7 条的磋商期间未纠正其不当行为时，缔约一方可以诉诸争端解决机制。2. 根据第 31 章第 9 条争议各方选择专家组成员时需要符合以下条件：（a）曾担任一缔约方或国际货币基金组织汇率或财政或货币当局的高级官员；并且（b）符合第 31 章第 8 条（专家组成员的名册和资格）第（2）(b) 至（2）(d) 款规定的资格。3. 根据第 31 章第 6 条设立的一个专家组，以确定缔约一方是否以反复或持续的方式履行第 33 章第 5 条规定的义务，在根据第 33 章第 7 条进行磋商期间没有对该不当行为做出补救，并再次召集一个专门小组就是否要采取暂停利益措施进行讨论，根据第 31 章第 19 条（未执行——暂停利益），可根据第 31 章第 15 条（专家的作用）征求国际货币基金组织的意见。4. 专家组认定某一缔约方未能以反复或持续的方式履行第 33 条第 5 款项下的义务，并且在根据第 33 条第 7 条磋商期间未对不正当行为做出补救，申诉方采取暂停利益措施的力度不得超过受到违约方所造成影响利益的大小。根据第 31 章第 19 条，申诉方只能就违约方未能履行第 33 章第 5 条规定的义务而采取暂停利益的措施，不能就违约方任何其他行动或声称的未履行义务采取措施。

缺乏汇率争端解决机制不同，USMCA 不仅明确了争端解决机构的事项范围和条件，而且提出了最终报告执行异议后的救济机制。尽管目前争端解决机制的适用范围很窄，仅仅适用于 USMCA 第 33 章第 5 条的透明度和报告义务，但是这是争端解决机制首次被引入与汇率相关的国际规则中（Ducasse、Somda、Pavot，2022）。因此，这个情况值得关注。从实践来看，争端解决机制已经被第一阶段《中美经济贸易协议》吸收到这份双边协议中。具体的新变化体现在以下两个方面。

一是明确争端解决机构的事项范围和条件。只有当缔约方未以反复或者持续的方式履行其在外汇市场活动相关信息的透明度和报告义务，并且违约方在磋商期间未纠正这一不当行为时，缔约一方才可诉诸争端解决机制。

二是提出最终报告执行异议的救济机制。如果专家组裁定被诉方存在违约行为，争议双方在收到最终报告后 45 天内无法就最终报告实施中的解决方案达成一致，申诉方可以暂停给予被诉方的利益。但是，对于这种暂停利益的幅度应坚持公平原则，即暂停的利益相当于丧失或者损害、不得超过受到违约方所造成影响的利益。申诉方暂停利益的一般原则是：在考虑暂停何种利益时，申诉方应该首先寻求暂停与受该措施或其他争议事项影响的相同部门的利益。并且，当申诉方认为暂停相同部门利益是不切实际的或者无效时，申诉方可以暂停其他部门的利益，除非本协定的其他部分另有规定。

如果被诉方对暂停利益存在异议，认为申诉方提议暂停的利益水平明显过高，或者被诉方已经消除了专家组裁定存在的不符、丧失或减损，或者两者兼而有之，被诉方可以要求重新召集专家组审议这种异议。对此，被诉方应该以书面形式向申诉方提出请求。在请求提出后应该尽快重新召集专家组，专家组应该在规定的时间内审查被诉方的请求，向争端方做出裁定。如果专家组裁定申诉方提议暂停的利益水平明显过高，专家组应该就其认为相当效果的利益水平提出意见。如果专家组裁定被诉方还没有消除不符措施或丧失或减损，申诉方可以将利益暂停至先前专家组已经确定的水平。重新召集的专家组，对暂停利益问题做出裁决时，可以向 IMF 征求意见。

四、打破美国财政部自己制定的量化标准

美国作为国际货币美元的发行国，滥用美元强权地位制定了认定"汇率操纵国"的单边规则，迫使其他国家遵守这一规则。根据美国现行的法律，即 2016 年实施的《2015 年贸易便捷与贸易促进法案》（以下简称《法案》），其中第 701 条是美国判定一国为"汇率操纵国"的法律依据。根据该法第 701 条（a）（2）（A）（ii）条款，当一国同时满足以下三个标准时会被认定为"汇率操纵国"：（1）存在对美国货物贸易顺差；（2）存在大量的经常账户盈余；并且（3）在外汇市场持续进行单向干预。在 2016 年 4 月 29 日美国财政部发布的报告中，首次明确了《法案》中三个标准的量化门槛，即对美国货物贸易顺差大于 200 亿美元、经常账户盈余占本国 GDP 的 3% 并且 12 个月内单边干预汇率市场的总量占本国 GDP 的 2%。

按照上述规则，我国并不应该被贴上"汇率操纵国"的标签，而且 2019 年 5 月美国财政部的报告没有认定我国为"汇率操纵国"，然而 2019 年 8 月 5 日，美国财政部公然打破自己制定的量化标准将我国列为"汇率操纵国"。这种严重破坏规则的行为受到了种种压力。在压力下，2020 年 1 月 13 日，美国财政部宣布取消对中国"汇率操纵国"的认定。美国这一极具单边主义和保护主义色彩的行为，不仅违背了《国际货币基金协定》，也违背了美国国内法律标准。这种滥用美元强权地位的做法凸显出现行国际金融规则的不平等缺陷。

第三节 现行汇率规则对我国的影响及应对之策

一、对我国的影响

美国试图强化对汇率的监督，这对我国影响比较复杂。具体而言，美国财政部打破自己制定的量化标准，一度认定我国为汇率操纵国的情况给我国带来了负面影响，这种行为显著增加了政策的不确定性。涉及 USMCA 中的三个方面对我国的影响可以说是在挑战中蕴藏着机遇，下文将着重分析这三个方面的影响。

（一）显著强化透明度和报告义务对我国影响较为复杂

从短期视角分析，鉴于我国宏观经济数据统计的透明度、可靠性和国际可比性已经处于较高水平，显著加强透明度和报告义务对我国的基本影响为中性，但有两条规则可能会对我国产生不利的影响。

具体而言，对我国影响中性的细则包括 USMCA 第 33 章第 5 条透明度和报告规则中的四项：（1）要求缔约方根据 IMF 的国际储备和外币流动性数据模板在月底数据采集后 30 日内公布其月度汇兑储备数据和远期头寸；（2）在季度数据采集后 90 日内公布季度证券组合资本流动情况；（3）在季度数据采集后 90 日内公布季度出口和进口情况；（4）缔约方必须参加 IMF 官方外汇储备货币构成数据库的调查。之所以这四项细则对我国的影响为中性，是因为我国为推动人民币加入特别提款权货币篮子，已经在 2015 年 10 月 7 日正式采纳了 IMF 数据公布特殊标准（Special Data Dissemination System，SDDS）并且参加了 IMF 外汇储备货币构成调查。因此，我国已经能满足细则中对公布数据内容和及时性的要求。

对我国可能产生不利影响的两项细则分别是：（1）在月底数据采集后 7 日

内公布即期和远期外汇市场的月度干预情况；（2）同意 IMF 及时公开披露《第四条磋商工作人员报告》，具体的时间为在 IMF 执行委员会讨论后 4 周内缔约方应披露报告。即使 IMF 未公开披露《第四条磋商工作人员报告》，该缔约方也应当要求 IMF 向缔约方公开披露这些信息。具体的分析如下。

如果在月底数据采集后 7 日内公布我国外汇干预情况这个细则施加到我国，在一定程度上会限制我国货币主权。首先，我国的汇兑安排是建立一个以市场供求为基础的、有管理的浮动汇率制度，这符合《国际货币基金协定》现行牙买加体系下多边汇率规则——《国际货币基金协定》第 4 条第 2 款。其次，在我国实行以市场供求为基础的、有管理的浮动汇率制度下，为维持汇率稳定或维护市场稳定会出手干预外汇市场，这种干预行为正是我国履行《国际货币基金协定》第 4 条第 1 节的一般义务条款中的一项具体义务——努力使各自的经济和金融政策实现在保持合理价格稳定的情况下促进经济有序增长的目标，同时适当顾及自身国情，因此，我国干预外汇市场的行为本身无可厚非。最后，不公开主权国家干预外汇市场可以增加干预的灵活性和有效性，从而降低维护市场稳定的成本。因此，如果必须及时公布我国外汇干预情况，那么实际上这限制了我国干预外汇市场的正当权利，而且掣肘了我国实施宏观审慎政策的效率，将对我国维护汇率稳定带来一些不利影响。

如果对于及时公开披露《第四条磋商工作人员报告》以及即使 IMF 未公开披露报告，缔约方也应当要求 IMF 向缔约方公开披露，这个细则施加到我国，可能对我国的宏观调控政策带来挑战。根据 IMF 公开的历史信息，我国从 2004 年开始对外公开披露《第四条磋商工作人员报告》，然而 2007—2009 年全球金融危机肆虐的这三年，我国没有选择对外公开披露报告，这背后的考量可能是为了提高我国宏观调控政策的有效性。据此可以推断，假设透明度和报告义务被显著加强后，我国对宏观调控政策的自主权会受到限制。

从中期视角看，随着我国汇率市场化改革的推进，人民币汇率浮动区间将不断扩大，人民币汇率弹性变大后能更高效地实现调节国际收支的作用。在这种背景下，我国当局干预汇率市场的必要性将显著下降，届时及时公开汇率干预数据对我国带来的负面影响将显著降低。至于及时公开披露《第四条磋商工作人员报告》这个细则对我国的不利影响会随着我国市场化改革深化而减少。

从长期视角看，显著强化透明度和报告义务的变化与我国在推进的市场化改革和人民币国际化战略具有相契性。一是随着人民币国际化的程度不断提升，人民币可能被更多的国家作为储备资产的计价货币，那么显著强化透明度和报告义务有助于提高公共机构储备资产组合调整的可预见性和稳定性，降低储备资产组合调整给国际货币金融体系带来的风险成本，促进国际货币金融体系的稳健运行。二是当人民币国际化程度较高后，作为国际储备货币，我国需要防止他国货币对人民币竞争性贬值或以竞争目的设定汇率。如今，以《国际货币基金协定》为代表的现行多边国际货币制度并不能真正有效地制止他国操纵汇率的行为，不能很好应对未来外围国家对人民币所采取的不当货币和贸易行为（左海聪、胡弘志，2020）。

（二）加强监督机制对我国利大于弊

USMCA 中出现了通过设立宏观经济委员会进行监督和强化主要代表磋商机制两种方法来加强对汇率实践的监督。

从短期视角看，强化后的监督机制可能给综合实力相对较弱的缔约方带来风险。一方面，在协商一致的情况下，宏观经济委员会被赋予了解释或者修订货币条款的权利，虽然这样做可以保留规则的灵活性，使规则能更好地适应货币政策和金融市场的变化，但在这样的制度下综合实力较强的缔约方拥有了事实上的规则解释权，这可能使其他缔约方处于弱势地位。另一方面，如果缔约一方未履行相关义务，缔约他方可启动磋商机制。但是由于缔约国间实力的不对等，实力较为弱小的缔约方可能不得不屈从于实力较为强大的缔约方，这种磋商机制对于实力较为弱小的缔约方可能存在一定的风险。鉴于目前我国综合国力依然弱于美国，加强监督机制趋势可能会使我国在中美双边协定中处于不利的地位。

从中长期视角看，强化后的监督机制与现行牙买加体系下多边汇率规则有着良好的衔接。例如，如果在磋商中未能达成双方满意的解决方案，参与磋商的缔约方可请求 IMF 介入，根据其授权，要求 IMF 严格监督被请求方的宏观经济和汇率政策以及数据透明度和报告政策，或者酌情开展正式磋商并提供意见。这样的制度设计有助于强化 IMF 的监督机制，提升多边法律制度的执行力和实施效果，或许这将为未来 IMF 监督机制的改革产生重要影响。随着我国综合国力的持续上升，加强监督机制这一趋势给我国带来的风险将减弱，与此同时，带来的收益将变大。因为多边汇率规则监督机制的强化有助于保持全球汇率制度的稳定，从而助力形成一个稳健的国际货币体系，以提供一个促进国与国之间货物、服务和资本的交换以及保持经济健康增长的框架，并且确保金融和经济稳定所必要的有序基础条件得以持续发展。

（三）引入争端解决机制对我国的负面影响有限

从短期视角分析，引入争端解决机制可能给我国带来挑战。因为当缔约一方未履行义务，在磋商未果时，缔约他方可诉诸争端解决机制，通过司法裁判、遵守与实施机制约束缔约一方的行为。这为货币操纵相对国制裁货币操纵国提供了合法依据，可能导致国际货币体系中心国通过贸易报复的方式制裁所谓的汇率操纵国。但是鉴于目前争端解决机制的适用范围很窄，仅适用于透明度和报告义务，而正如前文分析的大部分规则对我国产生的影响是中性的，仅有两条规则可能会对我国产生不利影响，因此引入争端解决机制对我国的负面影响有效。此外，诉诸争端解决机制的前提是违约方在磋商期间未纠正这一不当行为，因此在实践中这项机制被使用的概率并不大。

从中长期视角看，汇率争端解决机制有助于促进国际经济关系的法治化。汇率问题的争端不可避免，关键是要建立有效的协调机制，促进国际经济关系的良法善治。尽管以透明度和报告义务为核心的汇率争端解决机制能否良好运作、能否解决汇率操纵问题，还有待实践的检验，但是，与目前汇率争端解决的政治化困境相比，司法裁判机制的引入无疑是国际法治发展的重大进步。争端解决机制的引入避免了汇率争端解决的泛政治化及其所带来的不确定性和负面影响。经济纠纷的法律解决可以增进国际经济关系的和谐，化不利因素为积极因素，同时为以后的同类争端提供范例（左海聪，2009）。

二、我国的应对之策

（一）积极研究做好我国预案

在对国际汇率规则发展变化的内容和影响进行研究后，我们认为应当准备好我国的预案，判断在当前的背景下哪些规则应该被接受、哪些规则需要被避免。

具体而言，我国应当积极接受的规则包括：对我国影响为中性的四项透明度和报告义务、加强监督机制和引入争端解决机制。一是对我国影响为中性的四项透明度和报告义务不会增加我国承担的法律义务。二是加强监督机制和引入争端解决机制的适用范围是透明度和报告义务，在透明度和报告义务的细则不会对我国造成负面影响的情况下，接受加强监督机制和引入争端解决机制不会给我国利益带来损害。

我国需要警惕的规则包括：对我国可能产生负面影响的两项透明度和报告义务以及美国违背现有法律规则。

具体的两项细则分别是：（1）在月底数据采集后7日内公布即期和远期外汇市场的月度干预情况；（2）同意IMF及时公开披露《第四条磋商工作人员报告》，具体的时间为在IMF执行委员会讨论后4周内缔约方应披露报告。即使IMF未公开披露《第四条磋商工作人员报告》，该缔约方也应当要求IMF向缔约方公开披露这些信息。因为如果当下接受了这2项细则，会对我国维护汇率稳定带来一些不利影响，此外，我国对宏观调控政策的自主权会受到限制。

另外，谨慎关注美国财政部打破自己制定的量化标准一度并认定我国为汇率操纵国的情况，这可能导致汇率问题政治化，因为这不仅会给现行国际法律体系带来冲击，而且会对经济金融带来不确定性和负面影响。

（二）依托国际财经平台有效参与新规则制定

在确定我国对国际汇率规则演变应该持有的态度和预案后，我国应该积极参与国际财经平台的研究活动和政策制定过程，逐步推动我们认为应该被推而广之的规则成为一项普遍性的国际法义务。对于那些我们认为可以被接受的规则要构建监测和评估体系，对新规则的演变和新规则的实际效果进行评估，这样不仅可以及时跟踪规则的动态变化，而且可以积累经验。在未来恰当的时机，我国可以将这些规则吸收到我国和其他国家或地区签署的双边或区域性贸易规则中。对于那些我们认为不能被接受的规则，我们要团结有共同利益诉求的国家，特别是发展中国家，一起对规则进行深度的研究和讨论。在多边汇率规则的法律框架内，联名在国际财经平台发布报告驳斥这些不符合国际现行法律规则的地方，有效遏制这些被吸收为普遍性的国际法义务。

第三章

跨境资本流动规则

在跨境资本流动的国际规则中，IMF 和经济合作发展组织（OECD）的规则框架最有代表性和权威性，其中 IMF 规则的影响范围最广[①]，OECD 规则的约束力最强[②]。本章聚焦这两个框架对规则进行梳理。关于经常账户下跨境资本流动的规则简单清晰，资本账户下的规则涉及面广且复杂，这部分规则的变迁主要集中在资本账户开放程度上，而开放到什么程度直接关系到跨境资本流动。其中，IMF 对"资本账户是否要自由化"这个问题的立场是动态调整的，基本经历了从反对资本账户自由化到支持自由化但同时应谨慎逐步自由化的态度转变；OECD 则始终致力于推动资本账户的自由化。本章对 IMF 和 OECD 两个主要框架的跨境资本流动规则进行梳理，最后结合我国国情，对我国资本账户自由化提出若干建议。

---

① 由于 IMF 成员国为 189 个，涵盖了发达经济体、新兴经济体和发展中经济体。
② OECD 的 38 个成员国必须要遵守规则。

第一节　跨境资本流动规则的历史演进

国际上,跨境资本流动规则主要囊括两个框架,一个是IMF框架内的规则,另一个是OECD框架内的规则。由于IMF成员国众多,其关于跨境资本流动规则的影响力和适用范围更为广泛,也是该领域规则的国际主导方。不过值得注意的是,IMF这部分规则中既有《国际货币基金协定》中的"硬法",也有IMF资本流动管理框架这样的"软法"。我们首先围绕《国际货币基金协定》(IMF,2020),对跨境资本流动规则的演变路径进行梳理。总体而言,IMF对跨境资本流动的态度是始终坚持经常账户的自由化,但对资本账户是否要自由化这个问题的立场是有变化的,可以分为以下三个阶段:自二战后IMF建立至20世纪60年代末;20世纪70年代到2008年全球金融危机发生前;2008年全球金融危机至今。下文将展开梳理这三个阶段IMF态度的变化。

自二战后IMF建立至20世纪60年代末,IMF明确支持对资本账户进行有必要的管制,但要保障经常项目支付和债务结算支付的可兑换。按照1944年通过的《国际货币基金协定》第8条第2款(a)规定,未经IMF同意,成员国不得对国际经常性交易的支付和资金转移实行限制;第6条第3款准许成员国可采取必要的管制,以调节国际资本流动,但是成员国不得使用IMF普通资金弥补大规模和持续的资本外流,以防止成员国大额和持续动用IMF普通资金。总之,成员国有权采取资本管制,IMF甚至要求成员国采取资本管制作为使用IMF资金的条件。这一规则的形成有着深刻的历史根源,二战后的10年,"美元荒"很快转变成了"美元灾",全球金融市场的回归伴随着顺周期的资本流动,国际收支赤字国家经历了大规模资本外流,而顺差国资本快速流入。美国也面对国际收支赤字带来的黄金储备减少的压力,于是在1963年开征利息平衡税（公衍照和王鼎，2020）。上述种种因素驱动下，资本管制成为制约跨境资本大规模无序流动的重要工具。

20世纪70年代到2008年全球金融危机发生前，IMF基本支持资本账户自由化。尽管1997年亚洲金融危机促使IMF重申资本账户自由化带来的金融风险，使IMF对特定情况下的资本管制更包容，但亚洲金融危机没有让IMF的观点发生根本性的转变，原则上仍反对资本管制（Loungani、Mauro，2000）。1976年《国际货币基金协定》修改，推动资本流动自由化成为国际金融体系的基本目的之一，不过针对跨境资本流动的具体规则——《国际货币基金协定》第6条没有被改变。1977年IMF在汇兑安排的审查规则方面做了修改，强调要审查资本流动和资本控制行为，将资本账户开放的审查作为双边磋商的重要内容。在实践中，20世纪90年代早期，IMF工作人员已经将资本账户自由化作为不成文的规范和准则，并贯穿IMF参与的项目中（公衍照和王鼎，2020）。

2008年全球金融危机后，IMF开始深刻反思资本账户自由化对全球金融系统的负面影响。2009年12月，IMF前第一副总裁约翰·利普斯基（John Lipsky）指出，面对资本流动的突然急剧增加，可以考虑施加资本管制。随后IMF在2010年春季发布的《全球金融稳定报告》中，正式承认跨境资本流动有其风险，鼓励资本流入国可以搭配使用宏观经济和审慎政策等工具。在上述工作的基础上，2011年，国际货币金融委员会（IMFC）呼吁进一步制定一套全面、灵活、平衡的资本流动管理方法。随后IMF发布《资本流入管理的经验》（2011）等工作论文对跨境资本流动管理框架提出了建议。2012年IMF公布跨境资本流动管理框架，其对跨境资本流动监管态度从鼓励自由流动向支持资本管理和宏观审慎监管转变。2012年11月，IMF发布《资本流动自由化与管理：机构观点》，正式提出三大观点：第一，否定了无条件的自由化，认为开放资本账户是一个长期且复杂的过程，应该有序实施自由化进程，而在这个过程中，某些情况下仍可暂时重新实施资本流动的管制措施；第二，确立了资本管制作为应对资本流动的政策工具之一，提出了资本流动管理措施（Capital Flow Management Measures，CFMs）；第三，强调了资本流动的多边溢出效应以及国际合作与国际监督的必要性。2013年4月25日，IMF发布配套的《指导说明》进一步完善了CFMs实施细则。

综上，IMF对跨境资本流动的规则，既有动态演变调整，也有一定的反复性（见图3-1）。从最初的支持资本管制逐渐转向反对资本管制并支持资本流动自由化，2008年全球金融危机是一个重要的转折点，IMF在承认资本有必要流动自由化的同时也强调有其风险，认同在特定情境下采取资本管制有其合理性。

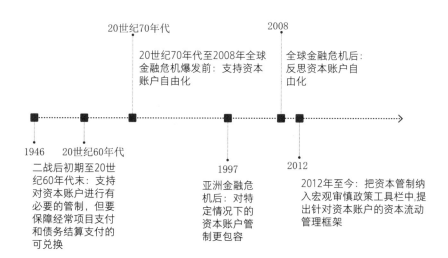

图3-1 跨境资本流动规则的历史演进

资料来源：上海发展研究基金会。

第二节　IMF 关于跨境资本流动的现行规则

《国际货币基金协定》第 4 条、第 6 条和第 8 条规定了 IMF 成员国在跨境资本流动方面的权利和义务，这部分规则可以视为"硬法"，约束力强。《双边和多边监督的决议》主要规定了 IMF 对跨境资本流动监督的制度和方法，这部分规则可以视为"软法"，约束力弱。

一、成员国的相关权利

成员国的权利主要体现在《国际货币基金协定》第 4 条第 2 款和第 6 条第 3 款。第 4 条第 2 款（b）项表明，IMF 的成员国具有选择汇兑安排的自由。这里所谓的汇兑安排既包括了汇率制度的选择，还包括关于跨境资本流动管理政策的安排。第 6 条第 3 款关于资本转移的管制规定，成员国可以采取必要的管制，以调节国际资本流动，但这种管制，除第 7 条第 3 款（b）项[①]及第 14 条第 2 款[②]规定外，不得限制经常性交易的支付或者不适当地阻滞清偿债务的资金转移。

二、成员国的相关义务

成员国的义务主要体现在《国际货币基金协定》第 4 条第 1 款和第 8 条第 2 款。

[①] 根据上述（a）项的正式宣告，亦是授权任何成员国，在与 IMF 协商后，可暂时限制稀少货币的自由汇兑。依照第 4 条和附录 C，该成员国应有全权决定此项限制的性质。但成员国采取此项措施时应该是有限定的，一旦条件允许，应尽快放宽或解除限制。

[②] 已经通知 IMF 准备按本规定采用过渡性安排的成员国，可维持并根据情况的变化调整其在加入 IMF 时对国际经常性交易的付款和资金转移已经实施的各项限制，尽管本协定其他条文做了有关规定。然而，成员国应不断在其外汇政策中注意 IMF 的宗旨。一旦条件允许，应立即采取各种可能的措施，与其他成员国建立各种商业上和金融上的安排，以促进国际支付以及稳定汇率制度的建立。特别是，成员国一旦确信在不实行此类限制的情况下能够解决本身国际收支问题，且解决方式又不妨碍其使 IMF 的普通资金时，则应立即取消依据本款实行的限制措施。

第4条第1款中规定了成员国的一般义务,具体包括两大部分:一般合作义务[①]与具体义务。一般合作义务的目的在于提供一个促进国与国之间货物、服务和资本的交换以及保持经济健康增长的框架,并且确保金融和经济稳定所必要的有序基础条件得以持续发展。其中,资本的交换具体体现在跨境资本流动方面。成员国具体义务中的第三条指出"避免操纵跨境资本流动或国际货币制度来阻碍国际收支的有效调整或取得对其他成员国不公平的竞争优势"。这里的国际货币制度是指在维护各国主权基础上,为实现世界经济稳定而制定的各类规则和制度的集合,包括调整国际收支不平衡的规则,即跨境资本流动规则。

第8条第2款对避免限制经常性支付做出了规定[②]。简言之,未经IMF同意,各成员国不得对国际经常性交易的支付和资金转移实行限制;涉及任何成员国货币的汇兑契约,如与该国按本协定所施行的外汇管理规定相抵触,在任何成员国境内均属无效。此外,各成员国可相互合作采取措施,使彼此的外汇管理规定更为有效,但这类措施与规定应符合本协定。

三、IMF 的监督制度

当资本流动政策对国际收支平衡有影响或者资本溢出对全球金融稳定有影响时,IMF 会行使监督之职。具体而言,当出现表 3-1 中的四种情况时,IMF 会通过双边磋商、定期报告[③]和多边磋商[④]的形式进行监督。

---

① 各成员国应承诺与IMF和其他成员国合作,以保证有序的汇兑安排,并促进形成一个稳定的汇率制度。
② (a)除第7条第3款(b)项及第14条第2款的规定外,未经IMF同意,各成员国不得对国际经常性交易的支付和资金转移实行限制;(b)涉及任何成员国货币的汇兑契约,如与该国按本协定所施行的外汇管理规定相抵触,在任何成员国境内均属无效。
③ 包括 IMF 定期发布的《世界经济展望》《全球金融稳定报告》和《财政监测报告》以及于2008 年全球金融危机后试点推出的《溢出效应报告》和《对外部门报告》。其中和汇率监督关系最紧密的是《溢出效应报告》和《对外部门报告》。
④ 当成员国出现问题而严重影响国际货币体系的有效运行时,由总裁提请执董会开展多边磋商。多边磋商由 IMF 工作人员与成员国进行讨论,并促成成员之间的讨论;同时,IMF 向成员国提出政策调整建议,并鼓励成员国同意调整国内政策以促进国际货币体系的有效运行。

就具体的监督方法而言，2012年IMF发布了《资本流动的自由化和管理：机构观点》，后续陆续发布了相关的指南文件及监管决定等一系列基础政策文件，逐渐形成了较为完善的跨境资本流动管理框架，并将之用于评估和审查成员国在对跨境资本流动方面是否尽到了相应的义务。

表3-1 IMF行使监督的情况

情况	内容
情况一	出于国际收支目的，实行大幅强化或长期维持对经常交易或支付的限制性或鼓励性措施；出于国际收支目的，实行或大幅修改对资本流入或流出的限制性或鼓励性措施
情况二	出于国际收支目的，实行非正常鼓励或阻止资本流动的货币和其他国内金融政策
情况三	私人资本流动导致的对外部门显著脆弱性，包括流动性风险
情况四	其他由跨境资本流动政策影响全球金融稳定的情况

资料来源：IMF，上海发展研究基金会。

四、IMF资本流动管理框架

IMF（2012）在资本流动管理框架中引入资本流动管理理念，弱化了资本流动全面自由化的要求，提出了在保证各经济体经济稳定和国际收支平衡的基础上有序推进资本流动自由化的综合管理思路，整体政策框架主要由基础性原则、资本流动管理工具箱和政策选择指南构成。

（一）基础性原则

IMF（2012，2013）认为，各经济体的资本账户自由化程度取决于其经济和金融基础发展情况。完全自由化并不适用于所有经济体，但对资本流动有广泛限制的经济体仍可能从有序开放中受益。但IMF也指出资本流动自由化应谨慎地循序渐进，并进行动态调整。如果一国开放资本项目后引起宏观经济指标大幅恶化，且该国又缺乏足够的制度安排和能力来吸收有关冲击，可判断该国"过早开放资本项目"，可以重新启用资本流动管理工具。

2022年，IMF修订了其《关于资本流动的机构观点》，其中有两大变化。一是即使未出现"资本流入激增"，在某些情形下，一国可针对资本流入预防性地采取措施。预防性使用措施需满足两个条件，货币错配加剧且系统性金融风险上升，和仅通过宏观经济政策调整或使用项目实施管理方法（MPM）无法解决风险。二是明确 IMF 不会对出于特定考虑而采取的资本管理措施进行适当性评估。具体包括以下四类特定情况：出于国家安全或国际安全采取的措施；根据国际公认的宏观审慎框架的措施；基于反洗钱、反恐怖融资国际标准的措施；基于国际反避税逃税政策的措施。

总体而言，在使用资本流动管理工具时要遵循透明性、临时性、非歧视性和预防性四大基础性原则（见表 3-2）。

表 3-2　IMF 资本流动管理的基础性原则

原则	具体含义
透明性	政策目标沟通应该透明且有针对性，避免过分扰乱市场和公众预期，价格型政策优于数量型政策
临时性	当资本流入或流出压力减小时，应削减和退出资本流动管理工具，以降低对经济造成扭曲
非歧视性	通常情况下资本流动管理工具不应区分居民与非居民，应优先考虑非歧视性措施
预防性	当一国出现货币错配加剧且系统性金融风险上升，仅通过宏观经济政策调整或使用宏观审慎措施无法解决风险时，可采取预防性措施

资料来源：IMF（2013），上海发展研究基金会。

（二）资本流动管理工具

根据 IMF（2020）的定义，资本流动管理工具是用来限制资本流动的一系列工具。具体主要适用于两种场景：一是通常意义上的资本管制，针对不同居住地采取相应的跨境资本交易管理工具（Residency-Based CFMs）；二是对其他资本流动实施管理措施，以限制资本流动和降低由于资本流动带来的系统性金融风险。

总体来说，CFMs 可以分为四大类：价格类、数量类、限制类和信贷管理类（IMF，2012、2014、2016、2018、2020）。

一是价格类工具。这类工具主要是针对跨境资金流入/流出、投资收益、外币计价资产/负债等征税（类托宾税）。此外比较特殊的一种价格类工具是将本外币利差与国际收支挂钩（金满涛，2018），调控居民与非居民借贷行为，但这会损害货币政策的独立性。

二是数量类工具。这类工具以针对远掉期交易、外汇存贷款、非居民资产负债等征收准备金为主要形式。

三是限制类工具。这类工具包括限制金融机构外汇敞口头寸、外汇衍生品头寸、外汇存贷比、短期外债比率以及限制居民或非居民持有金融资产或负债的期限等。

四是信贷管理类工具。这类工具包括限制外汇贷款的借款人资格，例如规定有外汇收入的主体才可举借外债，或是限定企业借入外汇贷款用途，以缓解外币错配的风险。此外，不仅新兴经济体实施资本流动管理措施，发达经济体如澳大利亚等，会针对非居民购买本地住宅等行为进行限制。

（三）政策选择指南

IMF 针对资本流入和资本流出两种场景提供了详细的政策选择指南。

场景一：针对资本流入的管理。

如果资本流动是通过金融渠道影响本国经济金融稳定的，则首先考虑采取不同的工具以加强对本国银行、金融体系的宏观审慎管理来应对资本流入。这又分为资本通过受管制金融机构（主要为银行）流入和通过其他渠道流入两种情况下采取不同措施（见表 3-3）。

根据 2011 年 IMF 提出的政策框架，针对资本流入可选择的工具包括宏观经济政策、宏观审慎管理政策和资本管制，针对不同跨境资本流入的渠道和资本监管的适应程度，所产生的政策效果各不相同（巴曙松和巴晴，2019）。

如果资本流动是通过宏观经济渠道对本国经济造成影响的，比如资本急剧流入造成货币升值、外汇储备过度增加、增加货币政策操作的冲销成本，可首先考虑通过宏观经济政策操作来降低资本流入的影响。

如果资本流动是通过金融渠道影响本国经济金融稳定的，则首先考虑采取不同的工具以加强对本国银行、金融体系的宏观审慎管理来应对资本流入。这又分为资本通过受管制金融机构（主要为银行）流入和通过其他渠道流入两种情况下采取不同措施。

表 3-3　通过金融渠道影响本国经济金融稳定场景下的政策选择指南

项目	具体情况	CMFs 工具
资本通过受管制的银行体系流入的情况	过度依赖短期融资为长期贷款提供资金	存在银行负债结构的风险，可综合使用宏观审慎政策（如本、外币差别准备金率）与资本管制（如对外借款限制、提高非居民负债准备金率）等以降低负债结构风险
	银行资产风险（包括存在外币贷款的信用风险与外汇敞口的汇率风险）	如最终借款人（如企业或家庭）借入外币但收入为本币时，会给银行带来信用风险，需严格监控银行的外币贷款（提高外币贷款的资本要求、对无风险对冲借款人有借款限制）；如银行借入外币贷出本币亦须承担汇率风险，此时需收紧外币敞口、提高外汇流动准备比例等
	资本流入造成了银行贷款增加，信贷扩张造成一定的宏观经济风险	可采用合适的宏观审慎政策抑制本、外币信贷扩张，如同比例提高存款准备金率（或采用本、外币负债差别准备金率）、提高某些类型的贷款在计算资本充足率时的风险权重、强化贷款分类标准等，这些措施可提高银行贷款利率，抑制信贷增长
	资本流入造成银行贷款增加，导致资产泡沫	如果银行贷款导致资产价格泡沫，则可以宏观审慎政策应对，如采取逆周期资本要求、降低担保品的贷放率（特别针对房地产贷款）、提高边际准备金率（针对股票贷款）。如宏观审慎政策无法及时有效处理以上风险时，则资本管制是可选取的工具
资本绕过受管制金融机构流入境内市场的情况	私人部门（非金融实体）直接从国外借贷，导致货币风险	2008 年以后，大量新兴市场国内借款人被较低利率吸引而承担了过高货币汇率风险。实施资本管制对未对冲的借款人（主要收入非外汇的公司或家庭），特别是对风险较高的负债形式，或禁止国内（非金融）实体借入外汇，可能是适当的
	非金融单位直接向海外借款，导致资产价格膨胀甚至泡沫化	这类借款易于绕过对国内银行体系的监管措施，加大了境内市场的金融杠杆，货币政策与审慎政策都无效，此时有效办法是直接限制其向外借款及采取其他的补充工具

资料来源：*Managing Capital Inflows*：*What Tools to Use*，IMF Staff Discussion Note，2011。

场景二：针对资本流出的管理。

如果出现了突然的、持续的、具有一定规模的资本流出，并损害宏观金融稳定，需要考虑到多种因素、成本以及在限制资本外流方面的综合有效性，并选择相应措施。根据 IMF（2015）的资本流动管理原则，一般针对资本流出的管理措施是暂时性的。针对资本流出的管理工具应基于各国的具体情况，如行政管理能力、现行资本项目开放程度等，管理范围应尽可能广泛且随国内情况变化不断调整。具体措施包括：以居住地为划分标准的措施——限制居民向国外投资与转移、限制非居民出售国内投资并汇出，如对证券投资所得兑换设置最低停留期、对收益转移征税等；不以居住地为划分标准的措施——包括禁止本币资产的兑换与转移、限制非居民提取本币存款。

第三节 OECD 的现行规则

一、《资本流动自由化通则》概况

关于跨境资本流动，1995 年 OECD 制定了其成员国必须要遵守的多边官方规则——《资本流动自由化通则》（OECD Codes of Liberalisation，以下简称《通则》），这部分规则属于"硬法"，OECD 的 38 个成员国必须要遵守这部分规则。2011 年开始，《通则》适用范围不再局限于 OECD 成员国，成员国也可以自愿选择遵守这套规则。

《通则》规定，所有遵循国必须逐步取消对资本流动的限制，不仅要完全取消对于资本流入、流出的外汇兑换管制，还要保证相关资本交易不受法律法规的限制，从而促成国际经济领域的有效合作，上述取消限制的措施被称为资本账户自由化措施。进一步地，遵循国也须同意将自由化承诺扩展至"等同于限制的措施"，例如利率惩罚。虽然这些措施不直接阻止跨境资本流动，但会影响资本流动的规模。

同时，《通则》赋予了遵循国相应的权利：一是成员国能够以渐进的方式放开资本账户，并允许其对某些被认为是短期性的、具体的金融交易提出权益保留；二是对《通则》进行保留性规定的同时，一些国家也可以对这些规定进行一般性说明，即只接受与本国宪法法律一致的条款，并在符合法律的基础上，尽最大可能执行准则条款，依照法律管辖有关准则范围拟定的时间或行为事实；三是即使最初保留清单上未提出保留任何措施，遵循国任何时候均可引入短期资本流动限制措施；四是遇上严重国际收支困难或金融动荡时，遵循国可使用《通则》的"削弱"条款，重新实施限制措施（钟震等，2021）。

OECD 管理思路主要包括三大基础性原则和五项操作原则（见表 3-4）。

表 3-4 OECD 资本流动管理的基础性原则和操作原则

基础性原则		对于国际资本流动而言，开放的多边体制比较有利于全球经济发展，尤其是全球金融市场通过有效分配跨境储蓄和投资使其在支持可持续的全球复苏方面的作用日益上升
		无论加入国的开放程度如何，均会从其他加入国的资本自由化措施中受益
		重新引入资本流动限制措施可以在特定情况下发挥作用，但透明度、合理性和适应性至关重要
操作原则	禁止原则	成员国一旦加入准则必须向自由化进程发展，其对准则义务的保留事项只可减少或删除，不得增加或扩大
	退后原则	成员国应结合自身具体情况逐步取消限制，实现资本流动自由化，对其保留事项应定期审查以确定其必要性
	单边自由化原则	根据符合自身长远利益的原则推进国家的自由化，而非在其他成员国"互让"的基础上推进自由化
	非歧视原则	成员国应非歧视对待居民及非居民，将资本开放收益权利赋予所有其他成员国的居民
	透明原则	各成员国提供的资本流动和服务贸易壁垒信息应完整、最新、可理解且易于获取

资料来源：OECD（2021），上海发展研究基金会。

二、实施操作层面

当《通则》落实到实际操作层面时，OECD 也给出了资本流动管理框架。根据 2021 年的使用指南（OECD Codes of Liberalisation User's Guide，2021），OECD 资本流动管理框架主要由资本流动自由化"两清单"（开放清单和保留清单）及宏观审慎政策和资本流动管理政策构成。

(一)开放清单和保留清单

根据要求,保留清单(见表3-5)中的资本流动交易事项成员国可以就其具体情况选择性保留,但有义务开放开放清单(见表3-6)中除保留清单保留事项以外的所有交易业务,故而开放清单中的直接投资、直接投资清算、证券市场等即为各成员国必须授权开放的资本交易。

表3-5 OECD资本流动保留清单

序号	项目	序号	项目
1	房地产	6	信用及抵押贷款
2	货币市场	7	抵押、担保和财务租赁
3	票据市场	8	存款
4	商业银行信用拆借	9	外汇业务
5	个人资本流动	—	—

资料来源:OECD,上海发展研究基金会。

表3-6 OECD资本流动开放清单

序号	项目	序号	项目
1	直接投资	9	信用及抵押贷款
2	直接投资清算	10	抵押、担保和财务租赁
3	房地产	11	存款
4	证券市场	12	外汇业务
5	货币市场	13	人寿保险
6	票据市场	14	个人资本流动
7	集体证券投资	15	资本资产进出口
8	商业银行信用拆借	16	冻结资金处置

资料来源:OECD,上海发展研究基金会。

(二)宏观审慎政策

2019年修订后的《通则》指出,宏观审慎政策是应对跨境资本无序波动的主要政策之一,主要着眼于化解系统性风险,并通过建立缓冲、开展逆周期调节和减少传染三种方式来实现政策目标(翟超颖、谈叙,2020)。OECD

成员国使用的宏观审慎工具分为四类：对居民外币借贷的限制、对购买境内发行的外币计价证券的限制、对外汇存款施加差异化待遇和对金融机构外汇敞口的限制等。

（三）资本流动管理政策

在一定情况下成员国可以对资本流动自由化义务提出保留，或可在特定情况下恢复限制措施。新加入的成员国可以在接受《通则》义务时，对任何事项提出保留。遇到严重国际收支困难、金融动荡或涉及公共秩序与安全问题时，成员国可以依据条款，重新实施限制，但是这些限制措施只能针对保留清单中的子项目。

（四）资本流动监管审查

OECD对资本流动的监管方式主要是基于投资委员会监管的成员报告和审查制度。除各成员代表外，OECD还会邀请IMF、世界银行等其他代表共同讨论准则的应用和实施效果，并基于成员报告开展审查。投资委员会定期对成员的资本流动自由化程度进行标准化评估审查，并对成员具体保留事项的限制措施进行审查和必要性认定（见图3-2）。

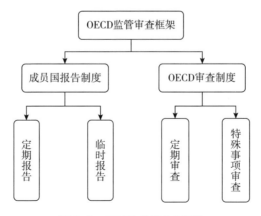

图 3-2 OECD 监管审查框架

资料来源：张旭鸣（2021）。

1. 成员国报告制度

一是成员国须定期向 OECD 报告以下内容：自由化措施及其修改、《通则》其他事项的相关措施及其修改。一般地，成员国在 60 天之内必须向 OECD 报告其采用的有关法律或条例，以及任何修改、增补、申请实践的变更等，由 OECD 审查其是否履行了自由化义务。

二是成员国须立即向 OECD 报告以下内容：任何要提出保留限制措施的事项，无论是加入还是援引减损条款（恢复限制措施时引用的条款）的措施；报告措施的情况，说明目标、成果、所需步骤等内容。OECD 会对具体保留事项和措施进行审查和评估认定。

2. OECD 审查制度

一是定期审查保留事项，即仍有限制性管理措施的事项。主要审查内容为：在充分考虑最近政策和经济发展的基础上，检查各成员国在《通则》下的立场，并讨论进一步自由化的可能性。审查期间，每个成员国的表现由其他成员国进行评议。审查通常以正式要求成员撤回或限制《通则》项下保留事项而结束。

二是援引减损条款的特殊事项审查。主要审查内容为：根据第 7 条减损条款要求，审查该事项是否符合条件；若审议后认为没有正当理由或不符合第 7 条规定，则要求成员国遵守自由化义务；如审议后限制措施未被否决，则每 6 个月或者在 OECD 认为适合的其他日期再次审查；若其他成员国认为申请国采取限制措施的理由或环境已经发生了变化，可提请重新审议；如果在一段时间后，该成员国继续援引第 7 条的规定，则重新审议该事项。

第四节　对我国资本账户管理的启示

1996 年，经常账户实现完全放开后，我国在资本账户管理上秉持着渐进和审慎的原则。开放路径上呈现"先流入后流出、先长期后短期、先直接后间接、先机构后个人、先试点后推广"的特点。就我国的现状而言，根据2020年IMF《汇兑安排与汇兑限制年报》对资本项目交易的分类和评估以及我国官方判定资本账户开放程度的标准①，在40项资本项目交易中，我国有10项达到可兑换，7项达到基本可兑换，22项部分可兑换，三者合计占全部交易项目的97.5%（见表3-7）。不可兑换项目为非居民境内发行衍生品及其他工具交易。

表3-7 2020年我国资本账户开放程度概况

（单位：项）

项目	不可兑换	部分可兑换	基本可兑换	可兑换
资本和货币市场工具交易	0	14	2	0
衍生品及其他工具交易	1	3	0	0
信贷工具交易	0	0	3	3
直接投资	0	0	0	2
直接投资清盘	0	0	0	1
房地产交易	0	1	1	1
个人资本交易	0	4	1	3
合计	1	22	7	10

资料来源：上海发展研究基金会。

尽管我国在资本账户开放的管理方面取得了进展，但我们没有完全开放，未来将审慎稳妥地开放资本账户，因而IMF的框架和OECD的框架对我国

---

① 根据中国人民银行国际司司长朱隽的描述，按照管制程度，我国官方评估中将资本项目可兑换程度分为可兑换、基本可兑换、部分可兑换和不可兑换4种。其中，可兑换是指对汇兑基本没有管制，经过主管部门或银行的真实性审核后可以做的项目，无须经过审批。基本可兑换是指整个项目限制不多，经过登记或备案后即可以做的项目，如非居民境内购买房产，符合实需自用原则即可按有关规定结汇。部分可兑换是指经过审批或核准后可以开展部分交易的项目，如居民境外买卖股票，目前仅有沪/深港通和QDI渠道，且有QDI资格和投资额度等限制。不可兑换是指明文禁止的项目，包括法律上无明确规定但实际操作中不允许的项目。评估结果显示，目前不可兑换的子项目仅有境内个人向非居民举借、发放贷款和非居民在境内发行衍生工具。

资本账户的管理依然有积极的借鉴意义。主要体现在两个方面：第一，一直以来，我国秉持稳慎推进资本账户自由化的举措，和上述两个主要国际性框架的转变思路基本是一致的；第二，为防止大规模不稳定跨境资本流动引发系统性金融风险，我国对跨境资本流动进行的宏观审慎管理是有效的，当前宏观审慎管理也已经成为国际基本共识。立足当下，我国要继续关注全球经济不平衡复苏等风险因素，要基于我国国情，尊重国际惯例，不断完善优化跨境资本流动管理框架，为此，我们有以下建议。

一、持续推进我国国内市场改革

从长期看，持续推进结构性改革是提高经济发展潜力、抵御外部冲击的根本举措。就金融市场改革而言，要继续向前推进外汇形成机制改革和利率市场化改革，要不断提高债券市场和多层次资本市场的发展，增加境内金融市场的深度和广度。

二、积极稳妥地推进资本账户进一步开放

可参考 OECD 的资本流动清单管理模式，积极稳妥地推动资本账户进一步开放。尤其是要充分利用上海自贸区、海南自由港以及全国多个自由贸易区的金融试点功能（上海发展研究基金会，2021）。对有待开放的资本账户子项目定期进行压力测试，充分评估开放蕴含的风险和带来的冲击，把风险可控的子项目放入自贸区开放清单，做到成熟一项，开放一项。

三、健全对跨境资本流动的监测、预警和响应机制

一是充分运用金融科技手段加强对跨境资金流动规模、渠道和主体的风险监测。二是总结吸收 2008 年全球金融危机的经验，使用能够衡量具有顺周期和高流动性属性资本的指标。乔依德、何知仁（2021）在研究中构建了衡量跨境资本流动的指标——快速流动资本（Quickly-Moveable Capital,

QMC）①，并指出当 QMC 大于 2.7% 的阈值时，应警惕金融危机发生的可能。三是当危机发生时，建议参考 IMF 政策选择指南中的思路，精准选择宏观审慎管理工具的种类和启用时机，达到以最低成本、最短时间和最高效率对风险进行控制和隔离的目的。

四、完善跨境资本流动的政策"工具箱"

我国现有的资本管理措施主要集中在数量类工具（如对远购征收准备金）、限制类工具（如银行考核中限制货物贸易结汇与收汇比率等）和信贷管理类工具（如限制房地产和城投企业举借外债），价格类工具主要体现在中间价逆周期因子和调节离岸人民币拆借利率上，未来在类托宾税等工具上可以进行更多探索。相比较其他工具，价格类工具市场化程度更高，相比较"一刀切"的限制类工具和数量类工具更加灵活。

具体来说，累托宾税的价格类工具可以是对证券组合和债务资金流动征税，对居民与非居民之间金融交易取得的收益（包括衍生品交易）征税，对衍生品合约征税等。税率也可根据资产和负债期限、资金流动规模或是国际收支失衡的程度进行调整，实行渐进税制。此外，我国要对大规模资本流入的监控和管理体系进行完善。

五、加强跨境资本流动监管的国际合作

第一，要加强与 IMF、OECD、BIS 和其他境外货币当局等机构的信息沟通和监管协调，建立政策互信和货币政策合作，促进全球资本有序流动，维护全球金融稳定。第二，应加强跨境资本流动数据建设和合作。G20 数据缺口倡议（G20 Data Gaps Initiatives）指出数据质量面临两大问题：一是以居

---

① QMC 在跨境资本总流动的基础上剔除稳定性强且有逆周期性的资本，剔除了包括对外直接投资（FDI）、中央银行和货币当局的证券投资和其他投资、私人部门的长期其他投资，然后再加上具有高流动性和顺周期属性的错误和遗漏项。

民而非国籍为统计口径会带来缺陷；二是非上市公司在国际资本市场融资数据的缺失。我国应积极参与上述问题和对策的研究。第三，我国成功抵御了1997年亚洲金融危机和2008年全球金融危机带来的跨境资本流动冲击，应积极总结以往的经验教训，形成我国方案并对新兴经济体提供一定的经验借鉴。

第四章

主权债务处置规则

国际主权债务的处置规则以国际安排为主要形式，具体可分为纾困和债务重组。其中前者主要用于缓解债务国的短期流动性紧缺，后者主要针对主权债务的不可持续问题，对债务从数量或结构上进行重新安排，从根本上减轻债务国的长期主权债务负担。2020年以来，全球经济受到新冠病毒肺炎疫情严重冲击，部分国家主权债务偿还能力急剧下降，阿根廷等国已经宣布就部分到期主权债务实质性违约。为应对疫情冲击，各国普遍通过大规模货币财政刺激需求，进一步导致债务杠杆负担加重，全球主权债务的收支两端明显恶化。G20发起建立的暂停偿债协议（DSSI）和共同框架（CF），规定符合条件的国家债务到期偿还延长至2021年底，虽然一定程度上缓解了债务国负担，但对到期后偿还安排还未形成明确方案。而从现行债务处置规则看，仍存在明显缺陷，一方面，债务国往往处于弱势地位，现存债务处理规则难以做到"因国施策"，债务处置的长期效果有限；另一方面，私人债权人参与规则的力度不足，限制了主权债务处置规则的效果。此外，我国作为全球最大的官方债权人，主要以债务减免的形式重组在外主权债务，长期蒙受巨额损失。本章在对现行主权债务处置规则进行全面梳理的基础上，分析规则体系存在的不足之处，并提出几点针对性的政策建议。

第一节　现行主权债务处置规则

主权债务主要指借款方以主权信用为担保借入的外债,借款方主要是主权国家政府或政府授权的政务相关部门。按贷方的不同类型,可以分为官方主权债和私人主权债。按照债务的形式,可以分为主权贷款、主权债券及其他主权债务衍生品,其中主权贷款和主权债券是最常见的主权债形式。按照债务的期限,可以分为短期、中期和长期主权债务。

造成主权债务违约有以下几种情况。第一种是由于各种原因引起的短期流动性不足,例如由于债务国政府外汇储备短缺而不能按时偿付对外到期债务。第二种是无法持续地偿还债务,主权债务方政府无力支付到期债务本金甚至利息,主权信用降低,严重的可能发生债务国资不抵债导致"国家破产"的情况。第三种是无偿付意愿导致的事实性债务违约现象。通常表现为由于偿还代价大,债务人不愿意偿还债务而直接宣布债务违约。但这种现象会直接导致债务人信用破产,导致无法进入国际金融市场融资,对于主权国家来说成本太高,因此在主权债务问题上较为少见。

目前,国际上针对主权债务处置的规则主要包括两种类型——纾困和主权债务重组。下面对两种类型规则的具体内容进行梳理分析。

一、纾困规则

所谓"纾困",是指对债务国进行新的资金援助,以实现债务国的债务可持续性,帮助债务国恢复偿债能力和经济发展。一般通过国际组织机构、区域组织或他国政府、银行的贷款来实现。目前,国际上主要的纾困方法是由 IMF 提供的附有限制性条件(Conditionality)的贷款。

（一）条件性贷款的发放流程

当 IMF 成员国出现或即将出现主权债务偿付困难时，可以启动与 IMF 的融资协商过程。首先，该成员国所在的 IMF 地区分部拟定援助计划提案并提交至总部，经 IMF 总裁审阅同意后，总部派遣工作小组与该国进行磋商谈判，形成由借款国必须要进行政策调整所组成的意向书（Letter of Intent）。在双方签署该意向书后，IMF 启动发放援助贷款。

IMF 贷款采取分阶段提款制，即成员国必须在规定的时间内，如半年、一季度或两个月，达到备用安排中规定的实施标准，才能分批提取额度内的贷款。在提款期内，IMF 有权定期检查实施标准的执行情况，并评估实际政策实施与规划目标的一致性。规划目标通常以达到某些具体宏观经济指标为导向，若借款国未能达到调整规划所定目标，提款就会自动中止。

（二）债务可持续性方法——纾困方案的制定基础

在纾困流程中，满足主权债务风险及可持续性评估是发放贷款的前置条件。目前世界上最权威且最广泛使用的主权债务风险及可持续性分析工具为债务可持续性（Debt Sustainability Analysis，DSA）方法（见表 4-1）。2002 年，IMF 与世界银行首次提出 DSA 方法，作为评估国家公共和外部债务风险大小和识别脆弱性来源的前瞻性工具。DSA 是纾困和债务重组中的重要辅助工具，为制定具体的纾困方案提供债务风险以及可持续性等参考信息，且债权债务方都可使用该工具对主权债务负担做出评估。

表 4-1 DSA 方法的用途及实例

DSA 用途	实例
IMF 和世界银行：监控成员国经济状况项目和实施贷款限制型政策的辅助工具	· DSA 报告是 IMF 条款磋商报告的组成部分，而后者是 IMF 对成员国经济状况监控的重要项目之一 · IMF 根据 DSA 的结果来执行其公共贷款限制政策（Policy on Public Debt Limits） · 国际开发协会（International Development Association，IDA）的非优惠放贷政策根据 DSA 评级结果设定曾参与多边减债倡议（Multilateral Debt Relief Initiative，MDRI）国家的非优惠贷款的额度限制

续表

DSA 用途	实例
债务方：规划融资方案和制定中期债务管理战略的指导	· 受援国可根据 DSA 报告中指出的脆弱性风险来制定中期债务管理战略
债权方：贷款和赠款决策的参考	· IDA 根据 DSA 对债务国的外部债务风险评级结果，决定其所提供的资金中赠款和贷款的比例 · 区域发展银行，如非洲发展银行、亚洲发展银行、美洲开发银行和国际农业发展基金会，也采用类似 DSA 的方法对赠款和贷款进行比例分配 · 巴黎俱乐部在伊维安法（Evian Approach）的框架下依赖于 DSA 进行债务减免和重组 · OECD 出口信贷和信贷担保工作组在提供官方出口信贷时会考虑 DSA 的结果

资料来源：熊婉婷等（2018）。

为提高方法的适用性，2005 年，IMF 和世界银行的附属机构国际开发协会基于 DSA 方法制定了两套分析框架，分别为低收入国家债务可持续性分析框架（Debt Sustainability Framework for Low Income Countries，LIC-DSF）和市场准入国家债务分析（Debt Sustainability Analysis for Market-Access Countries，MAC-DSA）。实践中，LIC-DSF 和 MAC-DSA 针对的债务类型、债务负担指标的选择、评估时间尺度等很多方面都存在不同，但其基本理论逻辑并无太大差异。由于低收入国家是主权债务危机的重灾区，因此下文着重对 LIC-DSF 进行分析。

IMF 定义的低收入国家指同时有资格获得减贫与增长信托和 IDA 优惠性贷款的国家，或者有资格获得 IDA 无偿援助的国家。LIC-DSF 包含以下几个模块：

（1）根据一系列特定国家和全球因素（包括世界银行根据 CPIA 评分计算的机构实力）评估一国的债务承载能力；

（2）对基准测试仔细审查的现实工具；

（3）对基准情境和面临可能的冲击时的债务和偿债动态进行标准化前瞻性分析，根据国家经验对冲击的规模和相互作用进行校准；

（4）针对性的压力测试，以评估或有负债、自然灾害、波动的商品价格和市场融资冲击造成的特定国家风险；

（5）描述债务脆弱性（来自国内债务和市场融资）的模块。

上述模块组合成一个量化框架，该框架包含三大类五个指标——外债现值占 GDP 比重、外债现值占出口比重、外债偿付占 GDP 比重、外债偿付占收入比重和全部公共债务占 GDP 比重。其中外债现值是核心指标，理论基础是 IMF（2002）基于偿付能力的角度给出的债务可持续条件。若债务国当前债务和所有未来支出的现值之和不大于所有未来收入之和的现值，或当前债务不超过未来收入减去扣除非利息费用后的现值，则代表该国债务具有债务可持续性。LIC-DSF 框架下 IMF 根据该国各项宏观经济指标的预测值来估计债务指标未来 10 年的变化，得出基准情境，并根据外部冲击或经济政策变动进行压力测试，分析该国未来 10 年债务水平的影响。后将基准情境、压力测试得到的债务指标与债务风险门槛值相比较，把债务国的债务负担划分为三个类别，分别为强（Strong）、中（Medium）、弱（Weak），并对应 15 个阈值（见表 4-2）。在上述阈值和评价标准的基础上，DSF 通过在预测期内将债务负担指标与上述指示性阈值进行比较得出主权债务风险的四个评级：低风险（债务负担指标均未在基准和压力测试下超过各自的阈值）；中等风险（没有债务负担指标在基准测试中达到阈值，但至少有一个指标在压力测试下超过阈值）；高风险（外债负担指标超过其基准测试的阈值，但该国目前没有面临任何还款困难）；处于债务危机（已发生或即将发生债务危机事件，如拖欠债务和债务重组，或未来债务危机事件的可能性很高，严重或持续超过阈值）。

IMF 通过 LIC-DSF 对援助贷款申请国的债务可持续性进行评估，并根据评估结果制定贷款条件。同时，IMF 还会利用 LIC-DSF 不断对该国贷后债务负担进行监控，并可能以此为基础适时调整贷款政策条件。

表 4-2 LIC-DSF 债务负担量化矩阵

类别	DSF 框架下的债务负担阈值和基准				
	外债现值所占比例（%）		外债偿付所占比例（%）		全部公共债务所占比例（%）
	GDP	出口	出口	收入	GDP
弱	30	140	10	14	35
中	40	180	15	18	55
强	55	240	21	23	70

资料来源：IMF 官网。

（三）小结——现行纾困方法治标不治本，但不可或缺

纾困是 IMF 的常态化救助措施，已经广泛地用于主权债务处置中。从效果看，纾困能够快速且有效地缓解债务国流动性不足引发的债务偿付困难，在短期内能十分有效地阻止债务实质性违约的发生，对于即将发生债务危机的债务国几乎是不可或缺的"救命稻草"。

但仅靠纾困无法解决结构性的主权债务问题。对于中长期经济结构性因素导致的债务偿付能力不足甚至出现资不抵债的情况，纾困的作用十分有限，有时甚至反向刺激了债务违约的发生。一方面，纾困的限制性条款过多，导致债务国的政策空间受到挤压，甚至需要让渡一部分主权，引发国内民众不满，反过来对政府决策形成掣肘；另一方面，条款的灵活性不强，在贷款额度和还款期限上对债务国的要求较为严格，对债务危机的缓解作用有限。此外，政策变革要求缺乏对债务国国情的研究，IMF 的限制型条款往往要求债务国实行紧缩性政策，包括增税和削减福利开支等，而不同国家对上述政策的接受程度明显不同。例如在资本流动便捷的国家，紧缩政策会造成明显的资本外流，从而导致债务国投资明显下降，反而可能阻碍债务国的经济恢复。纾困办法的实质效果之一是债务国借此进行"借新还旧"。20世纪80年代末以来的国际经验表明，该方法的局限性明显，救助效果有限。现阶段，主权债务重组已经逐渐取代纾困办法成为主权债务处置规则的主流，而纾困办法则更多地作为一种应对债务

国短期内流动性不足缺乏偿债能力的常备性规则与债务重组共同使用。

二、主权债务重组规则

主权债务重组是以谈判的形式，在债权人能够接受的范围内，帮助债务国减免部分债务或利息，或以债券互换的形式降低债务成本，以实现主权债务可持续，避免债务国名义债务违约。

主权债务重组最早且最基本的形式是通过双边谈判协商来解决问题。20世纪70年代以来，随着全球经济一体化加速、经济关系复杂程度加深和金融工具多样性提升，新兴市场国家的融资方式也随之发生改变，主权债券逐渐取代协议借款成为主要融资方式，投资者的范围更为广泛，债权人的集中度降低。在此背景下，传统的双边债务谈判方式已很难满足主权债务重组需求，多边的主权债务重组方式逐渐成为主流。实践中，多边主权债务重组主要依托于重组平台和重组协议两大类，其中，前者主要包括巴黎俱乐部（Paris Club）、伦敦俱乐部等债务重组平台，后者主要包括集体行动条款（CACs）、重债穷国减债倡议（HIPC）、多边债务减债倡议（MDRI）、灾害遏制和救济信托基金（CCRT）、暂停偿债协议（DSSI）和共同框架（CF）等。

（一）巴黎俱乐部——最主要的常备性官方主权债务处置平台

巴黎俱乐部是目前最主要的官方主权债务处置平台，它成立于1956年，属于半官方组织，最初成立是为了解决当年阿根廷主权债务的清偿问题。发展至今，巴黎俱乐部已经成为处理主权债务争端、制定官方主权债务重组的重要平台，形成了一套国际上广泛接受的集体行动规则，并已成为事实上有约束力的软法。

1. 组织架构

巴黎俱乐部由三类成员组成，包括常任理事国（Permanent Members）、临时参与者（Ad Hoc Participants）和观察员（Observers）。

常任理事国通常在巴黎俱乐部规则下与其他国家开展开放性对话，它们有权对本国双边债务和其他常任理事国双边债务纠纷或拖欠进行处理，其债权由政府或官方相关机构持有。目前巴黎俱乐部共有22个常任理事国，绝大多数为发达国家，其核心成员为OECD的主要工业化国家。

临时参与者是指在常任理事国的许可下，能够以临时参与者的身份参加谈判和月度研讨的官方债权人。到目前，包括中国在内的14个国家都以临时参与者的身份在巴黎俱乐部的债务重组协议或月度研讨会议中出现过。

观察员能够出席谈判会议，但不参加谈判本身，也不签署正式确定谈判结果的协议。观察员包括三类：一是国际机构和组织，包括IMF、世界银行、OECD、联合国贸易和发展会议（UNCTAD）、欧盟委员会（EC）、非洲开发银行（AFDB）、亚洲开发银行（ADB）、欧洲复兴与开发银行（EBRD）和泛美开发银行（IADB）；二是与谈判会议的债务或债务国无相关重组谈判事项的常任理事国，或非相关债务的债权国；三是与谈判会议中的债务国有债权债务关系的非巴黎俱乐部国家，这类观察员无权签订协议，且需常任理事国和债务国同意其出席。

2.债务重组规则与流程

巴黎俱乐部债权国一般每年举行10次会议，除2月和8月外，巴黎俱乐部原则上每月召开一次为期一天的债权人会议，被称为"地平线之旅"（Tour d'Horizon）。该会议上，巴黎俱乐部的债权国就对债务国的债务问题和解决方案进行讨论。若债务国的债务被IMF认定为不可持续且需要重组时，巴黎俱乐部会邀请该债务国与其官方债权人一起参加月度研讨会议。与该债务国没有债权债务关系的成员国以及国际组织则可作为观察员出席，其他官方双边债权人可能作为临时参与者被邀请参会。

在月度研讨会议期间，巴黎俱乐部可能与多个债务国展开谈判。该会议上，债权国需要声明其有债务重组的需求，并提供债务或其他方面的补充信息。所有与会的官方债权人经商讨后达成债务重组的基本方案，并将该方案告知债务国。债务国可对方案提出异议，并告知债权人修改需求，债权人经过再次商讨，形成新方案并再次递交至债务国。上述步骤可能历经数个回合，直至债权债务双方达成一致，并形成正式的商定记录（Agreed Minutes），后经债务国代表、会议主席和参与债权国代表共同签署、正式公布并生效。

需要注意的是，债务国在应邀参加巴黎俱乐部债权国谈判磋商之前，必须由 IMF 对其债务可持续性进行评估，并得到需要新偿付计划（债务重组）的结论[①]。并且巴黎俱乐部债权人会将债务重组与国际货币基金组织的经济政策方案联系起来，为达成恢复债务国债务可持续性和经济增长能力服务。

巴黎俱乐部经过多年实践，在谈判会议制定债务重组计划的过程中，遵循六大原则。

一致性原则（Solidarity）。该原则强调各债权人对特定债权的管理对其他债权人可能造成的影响，要求各官方债权人在处理债务问题时作为一个整体行动，旨在协调各官方债权人内部保持债务重组的一致性。

共识原则（Consensus）。该原则规定，没有参与债权国的协商一致意见，就不能做出巴黎俱乐部的决定，与一致性原则互为补充。

信息共享原则（Information Sharing）。该原则指出巴黎俱乐部是一个独特的信息分享论坛，要求成员国经常相互交流关于债务国情况的意见和资料，并在对等的基础上分享关于其债权的数据，以达到债权国之前信息透明的目的。

逐案处理原则（Case by Case）。该原则要求巴黎俱乐部在做出决定前，要具体事件具体分析，决定要基于债务国独特的自身条件和外部环境，强调债务重组方案的差别化和针对性。

限制性原则（Conditionality）。该原则列出了巴黎俱乐部同意与债务国进行债务重组谈判的前提条件，强调了 IMF 在债务重组中发挥的重要作用。具体来看，债务国必须已得到 IMF 纾困项目支持（包括备用安排、扩展基金、

[①] 在实践中，在 IMF 为债务国提供债务可持续性分析并得出需要债务重组等新偿付计划的结论前，通常已提供债务国纾困性质的条件性贷款，并制订了相关的宏观经济恢复计划和具体的经济政策方案。

减贫和增长基金、政策支持工具）；债务处置的水平是基于 IMF 计划中确定的融资缺口；在流动性处理上，整固期与货币基金组织安排显示需要减免债务的时期一致。

待遇可比性原则（Comparability of Treatment）。该原则要求债务国若与巴黎俱乐部债权国签署协议，则不应接受由非巴黎俱乐部的商业或双边债权人提出的债务减免力度不如巴黎俱乐部的债务处置条件。

此外，巴黎俱乐部还确立了包括固定适用条件、债务减免安排、谈判空间等在内的既定重组条款和债务重组框架，以具有约束力的惯例软法规则和可操作的处理程序，对债权人和债务人双方进行约束，以提高集体行动的效率。

3. 小结——对症下药，但仍有缺陷

巴黎俱乐部为主权债务重组提供了一套针对性强且高效的解决方案，主要体现为以下几个方面。

第一，巴黎俱乐部为债务重组提供了标准化的处理流程，提高了债务重组的效率。在巴黎俱乐部的主导下，债权国、债务国通过规律性的月度会议进行磋商与沟通，而不必各自寻求双边谈判，大大节省了债务重组的沟通成本。同时，巴黎俱乐部规定了标准化的磋商及谈判流程，双方按流程行事减小了债务重组谈判的时间成本，提高了债务重组的效率。

第二，巴黎俱乐部保证了债务可持续性评价的标准化。巴黎俱乐部在对债务负担及可持续性评价时沿用了 IMF 的 DSA 标准化方法，因此债务可持续性的评估能够在债务国经过纾困援助后得到延续，从而使缓解短期流动性问题的纾困和解决长期债务持续问题的债务重组能够更好地衔接，避免了不同政策落脚点的明显差异。

第三，巴黎俱乐部在主权债务风险处置机制设计的原则及具体救助标准上，对债务国进行差别化安排。巴黎俱乐部提供四种重组标准条款，包括标准处理方式的基础条款（Classic Terms）、针对处于重债中等收入以下国家的休斯敦条款（Houston Terms）、针对重债穷国的那不勒斯条款（Naples Terms）

和针对重债穷国倡议计划内债务国的科隆条款（Cologne Terms）。四项条款的适用标准主要以巴黎俱乐部和 IMF 对债务国人均收入状况、债务水平和偿债能力等指标的评估作为依据。截至 2022 年 2 月底，基于上述四项标准条款进行债务重组的国家分别为 60 个、21 个、33 个和 37 个，累计债务重组规模达 6 120 亿美元[①]。

但其仍在多个方面具有局限性，具体如下。

第一，从角色定位看，巴黎俱乐部核心成员是发达国家债权国团体，因此其更多代表的是发达债权国的利益，这种单边利益的导向降低了政策的有效性。

具体来看，债务重组程序启动前，巴黎俱乐部以 IMF 提供的宏观经济修复框架和具体经济改革计划为巴黎俱乐部债务重组谈判的前提。因此，债务国无论是想要获得 IMF 及其他国际金融机构的贷款，还是求助于巴黎俱乐部完成债务重组，接受并完成 IMF 经济改革计划是必要条件。而巴黎俱乐部常任理事国在 IMF 拥有很大的话语权，导致这些计划和措施有时候是以保全债权国债权资产的短期利益诉求为导向的，与债务国经济结构和发展需求相矛盾，因此反而可能加深债务国的债务困境。涉及具体的救助政策，巴黎俱乐部和 IMF 在设计债务国的主权债务危机救助措施以及推出的相关经济改革计划中，都集中在债务国的财政收支再平衡、市场开放和经济自由化、私有化等，这些救助措施和改革计划往往成为债权国掠夺债务国经济金融资源的幌子。

第二，巴黎俱乐部提供了具有差异化和针对性的债务重组方案，但其为债务国提供的经济改革政策方案却缺乏针对性。

虽然巴黎俱乐部提供了具有差别化和针对性的债务重组方案，但在推动债务国债务可持续性这一根本问题上的处理却过于同质化。巴黎俱乐部对于主权债务危机化解的前提是使用 IMF 的经济改革方案。这些作为限制性条件的经济改革主张往往千篇一律，并没有根据债务国的实际情况进行差别化对

---

① 参见 https://clubdeparis.org/en/communications/page/key-numbers。

待，而几乎都以"新自由主义"为指导思想进行改革。改革的主要内容通常是贸易自由化、资本市场开放、浮动汇率政策和对自然垄断部门进行私有化改革等（Brown，2010），并未考虑到债务国经济发展实际和文化历史传统等现实基础。在推动债务国实施经济改革时，巴黎俱乐部和 IMF 往往不加区别地要求这些国家开放资本市场，导致一些国家在脆弱的金融调控和监管能力条件下，难以建立和完善有效的金融风险防控体系，成为主权债务危机反复发生和进一步蔓延的重要推手。

第三，重组方案和经济政策条件的执行方面，存在激励约束机制扭曲和受大国政治博弈影响的问题。

一方面，巴黎俱乐部提供了多阶段、动态化的救助安排，但存在激励约束机制扭曲的情况。这主要是因为分阶段救助安排会导致债务可持续性越差、债务国得到债务减免幅度越高的矛盾。例如，在针对重债穷国分阶段救助中，如果在决定接受债务减免后，若经济改革政策取得了较大成果，巴黎俱乐部的债务减免力度将收缩；改革力度较小或政策效果不佳的受援国反而将得到更大力度的债务减免支持。

另一方面，阶段性的救助界限容易受到发达国家单边利益和国际政治局势变化的影响。例如，由于国际上大国关系和政治局势的变化，巴黎俱乐部对俄罗斯救助方案的阶段性差别化设计，导致该国债务可持续性和经济改革措施的推进在有的阶段效果显著，而在另一些阶段则加剧了俄罗斯的外债负担。

第四，巴黎俱乐部仅对官方债权人所持债务进行处理，在私人债权人持有主权债务比例越来越高的趋势下，巴黎俱乐部债务重组的效果存在边际递减现象。

截至 2018 年底，新兴市场和发展中国家公开及公开担保债务（PPG）总量达 20.94 万亿美元（如图 4-1），相较于 2008 年上升超过一倍，PPG 占 GDP 的比重由 14% 升至 24%，主要是由于主权国家对私人部门债务快速增加所致。私人债权人比例在 2018 年达到 45%，相较于 10 年前升高了 7 个百分点，且该比例仍保持着不断上升的趋势（见图 4-1）。

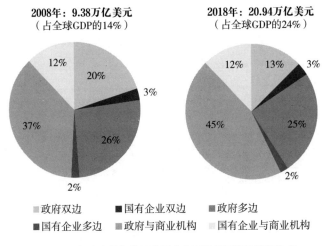

图 4-1　新兴市场和发展中国家公开及公开担保债务构成

资料来源：IMF。

主权债务人债务结构的多元化，导致其在寻求债务重组时，既要考虑官方债权人，也要考虑私人债权人。而现阶段，巴黎俱乐部仅针对官方债权人的债务重组方案，难以同时兼顾。在主权人债务形式不断多样化、债务结构不断改变的趋势下，巴黎俱乐部如果缺乏与这些趋势相适应的改革手段，其影响力和所提供的债务重组的实际效果恐怕将持续衰退。

（二）伦敦俱乐部——逐渐式微的债务处置平台

1. 伦敦俱乐部简介

20世纪70年代至80年代，发达国家相继推行金融自由化改革，来自私人部门的资本特别是国际商业银行在国际市场上快速扩张。同时，有限的官方贷款规模难以满足快速兴起的发展中经济体的资金需求，后者以银团贷款等方式向商业银行大量借入贷款。私人资本特别是银行借代资本大量涌入国际主权借贷市场，也形成了主权债务市场过度放贷和过度借债的情况，并催生了20世纪80年代的拉丁美洲的主权债务危机的发生。为应对拉美债务危机,伦敦俱乐部得以成立并被频繁启用。

伦敦俱乐部每一次启用都由债务国发起,并在重组协议签署后解散。其非常设机制的属性,使每一次启动后成员构成都有所差异。同时,在债务重组过程中不仅没有既定规则和标准条款,每一次重组的协议也没有固定的范本。解决危机的措施,如提供新融资、债务展期、债务减免等的选择和设定幅度,都是根据债务国的具体情况制定的。

尽管伦敦俱乐部没有章程性的条约,但是为了提高商业银行债权人的参与效率,在谈判处置流程和协议中,也形成了一些惯例。

一是特设银行咨询委员会(Bank Advisory Committees,BACs)。BACs 成员由 10—20 个持有债务国最大信贷敞口的银行代表组成,一般由拥有最大债权的商业银行出任委员会主席,委员会仅代表参与银团贷款的银行进行谈判[①],不涉及其他债权人。待经过谈判程序达成协议后,原则上需要参与各方一致同意或者至少 95% 的持有未偿债务的银行同意协议条款,协议才能正式生效。最终生效的协议对所有成员具有法律约束力。

二是设置偿债资金公平分享条款。该条款致力于提高商业银行债权人的集体行动效率,条款规定债务国偿付的任何一笔债务,都必须根据所有债权人的债权比例进行分配,确保不同债权人之间能够在市场公平机制下获得债务偿付。

三是非歧视条款。此条款类似于巴黎俱乐部的可比条款,确保参与伦敦俱乐部的债权人和非成员债权人之间享受债务国相同的重组待遇。

四是支付条款。为缓解债务国的流动性压力,经未偿债务持有人的过半数批准,可发放新贷款。且协议规定对延期到期的债务,设定单一(可调整)

---

① 在BACs推动下,伦敦俱乐部债务重组的谈判程序包括如下几个步骤:(1)采取其认为最适当的程序;(2)核实债务人提出的支持其重组或新贷款请求的财务数据;(3)对未偿债务的类型和数额进行确认调查;(4)评估该国调整计划和改革努力的充分性;(5)谈判重组条款,其中可能还包括新的融资;(6)起草各项法律文件;(7)签订保密协议;(8)支持谈判的最终结果,并促进非委员会债权人接受谈判结果,以达到临界债权人规模。

的利率。

2. 小结——主要适用于银团贷款形式的主权债务，适用范围有限

伦敦俱乐部债务重组规则能够积极促进债务重组的进程和效率，其中 BACs 的设立和协调作用、资金公平分享条款的激励作用、非歧视条款的平等理念以及支付条款的便捷性，能够有效推进重组进程。但其同时也存在以下不足之处。

第一，伦敦俱乐部对大型商业银行组成的银团贷款重组效率较高，但是随着二级交易市场的发展，部分银团债权人可能将其债权转移至二级市场的买家，导致重组的链条被拉长，增大重组难度。同时，随着众多中小型商业银行业介入主权融资市场，债权人结构的过度分散化，降低了债务重组的效率。例如在拉美债务危机期间，大型商业银行愿意为债务国提供新的过渡性贷款，中小银行则由于自身规模体量和流动性约束，参与积极性不高。

第二，伦敦俱乐部组织松散，每次重组都要完成新成员的纳入，拉长了债务重组的时间。其对陷于紧急流动性债务危机的债务国救助效率不够。

第三，伦敦俱乐部是非正式论坛，没有形成法律框架的制度保护和约束，这提高了少数商业银行债权人拒绝合作的动机。

第四，伦敦俱乐部的产生和发展与主权国家债务的主要资金来源由官方贷款向国际商业银行贷款转变的过程相适应。而随着主权国家债务融资结构向债券融资的过渡，商业银行主权贷款份额逐渐降低，主权债务结构多元化，伦敦俱乐部仅聚焦于商业行业的债务重组规则而不适应目前的债务结构。自 2015 年以来，伦敦俱乐部已经停止启用。

（三）针对重债穷国的债务重组规则

1. 重债穷国减债倡议

1996 年世界银行和 IMF 发起重债穷国倡议，目的是确保没有一个贫穷国家面临它无法承受的债务负担，经 4 次展期后共运作了 10 年。2006 年底，重债穷国倡议终止，但给予所有符合收入和债务标准且尚未实施 IMF 和世界银

行政策项目的国家以及某些未来可能达到倡议要求的国家今后减债的权利。

重债穷国减债倡议主要分为三步（见表4-3）。首先要符合资格债务与出口比率高于150%，或者外债与政府收入比率高于250%；其次，当事国达到"决策点"（Decision Point），必须取得良好的宏观经济表现，清理拖款；最后，为达到"完成点"（Completion Point），当事国必须参与IMF和世界银行项目并实施减负战略文件（PRSP）一年以上，维持良好稳定的政策。达到"完成点"后，当事国才有资格获得全额减债。

截至2020年2月，已有37个国家达到了"完成点"，厄立特里亚和苏丹两国正处于达到"决策点"前的审议中，这39个国家绝大部分地处非洲（见表4-4）。

表4-3 重债穷国减债倡议实施步骤

基础条件	拟减债对象满足条件： 1. 符合国际开发协会贷款条件的穷国，并满足获得减贫增长贷款的要求 2. 以2004年底数据为标准，在传统的减债之后仍然面临不可持续的外债负担，即传统减债后，决策点时的债务占出口收入比例的净现值高于150%，外债偿还占出口收入的比例高于15%—20% 3. 通过与IMF和世界银行的项目关系建立良好的改革和良好的政策记录（3年满意追踪启示）
决策点	如果某国满足以下四个标准，IMF和世界银行将给予其债务减免资格，承诺将其国家债务降低到一个公认的可持续水平： 1. 满足世界银行的国际开发署或IMF的减贫与增长信托贷款的贷款条件。前者向世界上最贫穷的国家提供免息贷款和赠款，后者向低收入国家提供低息贷款 2. 面临不可持续的债务负担，不能通过传统债务减免规则解决。HIPC设立之初，通过逐个评估选定41个发展中国家，其中32个国家符合以下特征：（1）1993年人均国民生产总值（GNP）低于695美元；（2）1993年债务现值与出口总额的比值高于220%，或债务现值与国民生产总值的比值高于80%；（3）建立了世界银行和IMF所要求的改革和健全政策的记录；（4）根据要求制定了减贫战略文件
完成点	如果某个国家满足以下标准，就可达到"完成点"，可以获得在"决策点"所承诺的完全债务减免： 1. 在IMF和世界银行贷款项目支持下，建立良好业绩的进一步跟踪记录 2. 按要求实施在决策点制定的关键性改革措施 3. 采用和实施减贫战略文件至少一年

资料来源：IMF，蒲大可（2020）。

表4-4 有资格或可能有资格获得HIPC援助的国家名单（截至2020年2月）

处于完成点之后的国家（37个）		
阿富汗	冈比亚	尼加拉瓜
贝宁	加纳	尼日尔
玻利维亚	几内亚	卢旺达
布基纳法索	几内亚比绍	圣多美和普林西比
布隆迪	圭亚那	塞内加尔
喀麦隆	海地	索马里
中非	洪都拉斯	萨拉利昂
乍得	利比里亚	坦桑尼亚
科摩罗	马达加斯加	多哥
刚果（布）	马拉维	乌干达
刚果（金）	马里	赞比亚
科特迪瓦	毛里塔尼亚	埃塞俄比亚
莫桑比克	—	—
处于决策点之前的国家（2个）		
厄立特里亚		苏丹

资料来源：IMF。

2. 多边减债倡议

2005年，为了加快实现联合国可持续发展目标，IMF提出了MDRI，以对重债穷国倡议形成补充。MDRI是完成重债穷国倡议进程的国家提供其对IMF、世界银行、非洲发展基金三家金融机构100%的债务减免。在IMF有关同等对待原则的指导下，该政策除重债穷国外，还适用于人均年收入水平低于380美元的成员国。此外，IMF也会针对每个国家的具体情况采取临时减债行动，比如2007年对利比里亚减债。在有关各方落实出资承诺后，利比里亚厘清了拖欠IMF 20多年的债务，并达到了HIPC"决策点"，得以继续争取在HIPC框架下获得其他多边债权人与双边债权人的减债。

重债穷国倡议和多边减债倡议是国际社会对极度贫困亟待发展国家的非常规性支持，债务减免比例高。制定减贫战略文件且相关扶持政策改革发展的满意追踪记录达到 3 年的国家，即便在"决策点"之前也可以享受 67% 的债务减免幅度，对于到达 HIPC"完成点"的国家，其主权债务可全部免除（见图 4-2）。

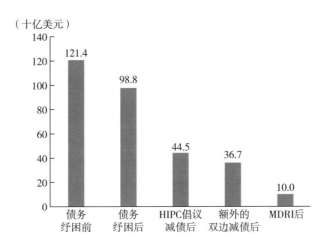

图 4-2 达到"决策点"后的债券减免测算

资料来源：IDA，IMF，测算基于 30 个到达"决策点"的重债穷国的债券。

3. 小结——积极作用明显，但覆盖范围有限

HIPC 及 MDRI 为满足条件的重债穷国提供了极为可观的债务减免，很大程度上消除了这些国家债务对发展的不利影响。据 IMF 测算，达到"完成点"后的国家平均得到的债务减免能够超过官方主权债务的 90%。

截至 2019 年 7 月底，HIPC 和 MDRI 分别为重债穷国减免了 762 亿美元和 433 亿美元的债务成本[①]，大幅度的减债政策对这些国家的发展起到了十分积极的作用。

但 HIPC 及 MDRI 并非常规的债务重组规则，其政策设计也仅是为了确保没有一个贫穷国家面临它无法承受的债务负担，这决定了其覆盖范围较小，高速发展但经济结构单一、抗外部风险能力较弱的国家并不在其保障范围内。

---

① 测算结果基于 2017 年底的债务现值，来源于 IMF 政策执行报告。

此外,这两个债务重组规则缺乏私人债权人的积极参与。以 HIPC 为例,截至 2019 年 7 月底,预期由非巴黎俱乐部债权人提供的债务减免中,承担 43% 债务减免责任的债权人要么没有提供债务减免,要么仅提供低于预期减免金额 40% 的债务减免。

(四)集体行动条款——私人债权人参与债务重组的重要规则

1. 简介

主权债务重组过程中,高度分散的债权人之间的协作一直是制约重组效率的重要问题。其中,"钉子户"债权人——少数为了获得债权的全额偿付而拒绝参与重组方案的债权人,特别是一些秃鹫基金,其通过在二级市场上低价购入主权债券,然后以法律诉讼方式恶意获取全额债券偿付。历史上最为典型的代表就是 1996 年埃利奥特公司诉秘鲁案和 2014 年 NML 公司诉阿根廷案,这严重阻碍了债务国债务重组的进程,延长了债务国陷入债务困境的时间。

为了解决主权债券重组中的集体行动困境问题,G10 于 1996 年经过研究提出了集体行动条款,其核心思想是如果持有合格债券数额达到一定比例以上的债权人接受债务国提出的债务重组方案,则债务重组即可生效,且重组协议对全部持有相应债券的债权人形成约束。经过近年来不断地实践和改进,CACs 已经更迭了三代(见表 4-5)。具体而言,影响 CACs 条款效率的主要因素包括投票阈值(即债券持有人达到多少比例)和重组债券的范围。

表 4-5 CACs 条款演变进程

条款	重组的债券数量	投票规则
第一代 CACs 条款	单系列债券	75%(per series),即每次仅可对单一系列债券投票,超过 75% 的债券持有比例同意,即可启动债券重组
第二代 CACs 条款	同时重组两个或以上系列债券	单系列债券投票阈值 66%(2/3);跨系列的集合投票阈值 85%。须同时满足上述两个投票规则
第三代 CACs 条款	多系列债券(可跨期)	对所有参与重组的债券系列进行同时投票,投票阈值 75%

资料来源:上海发展研究基金会。

整体而言，近年来 CACs 经过不断演变，其债券重组的范围和投票效率都已有了质的提升。第一代 CACs 条款仅能对单一债券进行重组，而债务国在债券融资时，往往发行多只不同期限、规模、利率等的债券，以优化其债务结构。单一的债券重组进程不仅耗费大量人力、物力，对债务国摆脱债务困境的实质性效应也有限。第二代 CACs 条款进一步拓展了一次债务重组过程中债券的数量，在投票阈值中，一方面优化了整体投票结构，即不仅要对单系列债券进行投票，还要对跨系列债券进行稽核投票；另一方面将单系列债券投票阈值从第一代 CACs 的 75% 降低至 66%，如此进一步降低少数债权人的不合作倾向。第二代 CACs 条款有所改进，降低了不合作债权人的动机，但是对极端债权人来说仍有局限和漏洞。希腊在债务重组过程中，遭受到了秃鹫基金 NML 公司的阻击，后者以"同权条款"在不同法系下解释不一致为依据，和阿根廷诉讼拉锯了十余年。为了防止类似事件的发生，IMF 对"同权条款"的含义做了进一步明确，将之写进 CACs 条款中，同时对投票规则进一步优化，即所有参与重组的债券系列进行同时投票，投票阈值 75%，由此第三代 CACs 条款正式成形，又称为增强的 CACs（Enhanced-CACs）条款，并于 2015 年经国际资本市场协会（International Capital Market Association, ICMA）正式修订，成为主权债券发行的标准市场条款。

2. 小结——虽有不足，但发展前景较好

CACs 在实践中，有积极的效应。一方面，提升了基于合同框架的主权债券重组的持续性和可预测性，因此受到主权债券发行人的欢迎，CACs 逐渐成为新发行主权债的"标配"，有效限制了私人债权人的道德风险。自 2014 年 10 月 IMF 批准增强的 CACs 条款后，几乎所有的新发行主权债务都包含了这类条款。2014 年 10 月 1 日至 2020 年 6 月 30 日，国际主权债券发行约 690 只，名义本金约 8 700 亿美元，其中约 91% 包含了增强的 CACs 条款，且这一比例仍呈现上升趋势。另一方面，从市场效益上来说，CACs 降低了主权债券发行人的借贷成本（Eichengreen、Mody，2004）和将来可能发生的债务重组所耗时间。Chung 和 Papaioannou（2020）通过实证分析发现，在大多数时间内，无论主权信用等级是投资级还是非投资级的国家，其主权债券内嵌 CACs 条款有助于降低成本，尤其是在增强的 CACs 条款下，该现象更为明显。Fang 等（2020）通过研究发现，相对于前两代 CACs 条款，增强的 CACs 条款能够更有效地解决少数债权人的拒不合作问题。IMF（2020）对涉及私人债权人的国际主权债务框架进行梳理时，采用增强的 CACs 条款进行债务重组的案例表明，重组进展顺利，重组所耗时间较短（平均 1.2 年），且私人债权人的参与程度较高。

然而，从中长期视角看，增强的 CACs 条款在未来的发展和使用中仍可能面临一系列挑战。

一是使用范围仍有局限性，实施效果还有待更多时间和案例的检验。一方面，在发行的债券使用范围上，2014 年以来新发行的绝大部分主权债券合同中都采用增强的 CACs 条款，但 2014 年之前发行的债券主要采用的是前两代条款，且偿付时间较长，后续发生新的债务危机时，对旧有条款的应对还存在风险；另一方面，在发行的国家范围上，纽约法和伦敦法框架下新发行的债券基本都已覆盖新条款，欧元区各国也已经原则上同意，从 2022 年 1 月 1 日起，在所有欧元区主权债券合同中纳入新条款。但是在日本法和中国法框架下发行的新债券，对增强 CACs 条款的采用仍严重不足。

二是覆盖范围仍集中于主权债券，对不断衍生的主权债务融资方式的覆盖不足。或有债务工具、信用违约互换（CDS）、抵押品或类抵押品等逐渐得到广泛使用，而涉及这些债务融资方式的集体行动条款，还远远不足。

三是在国内法框架内使用的局限性。主权债券的私人债权人既可能来自国内[①]，也可能来自国外，CACs 在针对国内债权人发行的债券合同中使用仍有限。特别是涉及国有企业的债权人，由于有政府背书，CACs 条款的适用性

---

① 例如，日本政府发行的主权债券主要由本国居民持有。

还存在争议。

总体来说，CACs 虽然存在着较大的局限性，但其为私人债务重组提供了执行标准。随着其条款的不断优化，CACs 将越来越多地嵌入新发私人主权债务，CACs 有望成为私人主权债务重组的新范式。

（五）自然与公共卫生灾害的常备性债务减免规则

灾害遏制和救济信托基金（Catastrophe Containment and Relief Trust，CCRT）是 IMF 在 2015 年 2 月以原来的灾后债务减免信托基金为基础设立的灾后债务减免救助基金，是为贫穷脆弱成员国提供在重大自然灾害和公共卫生事件后的偿债救济。该基金救助规则成立的背景是 2015 年非洲埃博拉疫情的暴发，并在 2020 年 3 月新冠病毒肺炎疫情席卷全球时通过了新的改革，它能够立即为受今后任何大规模流行病影响的最贫穷和最脆弱的成员提供偿债救济。

CCRT 针对公共卫生灾害和自然灾害提供了两个救济窗口，分别是灾难遏制窗口和灾后救援窗口（见表 4-6）。受灾国家在受灾时和灾后可以向 IMF 申请启动 CCRT 援助，但同时必须满足一定的申请资格。对于受到公共卫生灾害影响并满足灾害遏制窗口申请条件的国家，CCRT 可在不超过最初决定之日起两年内提供合格债务的前期赠款；对于受到自然灾害且满足灾后救援窗口的国家，CCRT 提供灾后对 IMF 两年内到期债务的债务现金流免除偿还，在受灾极其严重且需要长期资金弥补收支平衡的情况下可提供全部官方主权债务的免除。

迄今为止，CCRT 已在三次重大灾害事件中发挥了作用。在海地地震灾害中，CCRT 于 2010 年 7 月向海地提供了约 2.7 亿美元的援助，并消除了海地欠国际货币基金组织的全部未偿债务；在 2015 年埃博拉疫情中，几内亚、利比里亚和塞拉利昂三个主要受灾国家从 CCRT 获得近 1 亿美元的援助；在 2020 年影响全球的新冠病毒肺炎疫情中，共有 31 个国家的相关债务得到

CCRT 的援助。[①]

表 4-6 CCRT 的救助申请条件

CCRT 窗口类别	申请条件
灾难遏制窗口（公共卫生灾害）	出现以下两种公共卫生事件之一： 1. 危及生命的流行病，该流行病已蔓延到受灾国的几个地区，造成严重的经济破坏，并有能力传播或已经蔓延到其他国家。重大经济混乱的定义至少包括：（1）实际国内生产总值累计损失 10%；或（2）累计收入损失和支出增加额至少相当于国内生产总值的 10% 2. 涉及危及生命的全球大流行病，该流行病正在给 IMF 成员国造成严重的经济破坏，并正在造成大规模的国际收支需求
灾后救援窗口（自然灾害）	发生自然灾害后造成如下损失： 1. 直接影响到至少 1/3 人口的灾难性自然灾害 2. 破坏该国 1/4 以上的生产能力，如破坏结构和对主要经济部门和公共机构的影响或造成被认为超过国内生产总值 100% 的损害等早期迹象估计

资料来源：IMF，上海发展研究基金会。

CCRT 的局限性十分明显。第一，CCRT 的救助金额较小，对受灾国的债务偿还及灾后重建起不到明显作用；第二，从目前的实践来看，CCRT 申请条件过于苛刻，使用范围较窄，因此只有少部分低收入国家得到了债务减免和流动性救助，许多受灾程度相对较轻但因此陷入债务困境的国家无法得到 CCRT 的援助。

（六）暂停偿债协议和共同框架

1. 暂停偿债协议

始于 2020 年初的新冠病毒肺炎疫情，导致世界经济出现严重衰退，全球供应链明显受损，各经济体内部也多面临失业率快速上升、消费萎缩的情况，截至目前，经济复苏预期仍不明朗。疫情也成了主权债务危机发生的导火索，特别是新兴市场国家，在过去若干年扩张的经济周期中，对外主权债务规模显著提升。疫情导致的全球流动性大幅缩紧、利率市场大幅波动、发达经济

---

① 参见 https://www.imf.org/en/Topics/imf-and-covid19/COVID-Lending-Tracker#CCRT。

体货币政策负向溢出效应等连锁反应，进一步将部分国家推入债务泥淖中，债务可持续性大打折扣。根据国际评级机构惠誉发布的数据，2020年共发生了7次主权违约：阿根廷（两次）、厄瓜多尔、黎巴嫩、苏里南（两次）和赞比亚。

针对此轮全球主权债务风险，2020年4月15日，G20财长和央行行长呼吁所有双边官方债权国在2020年5月1日至2020年底期间暂停为73个最贫穷国家偿还债务，形成了DSSI，后又将DSSI期限延长至2021年底。据世界银行统计，在DSSI到期之前，全部73个符合条件的国家中有48个参与了该倡议。DSSI帮助这些国家暂停了共计129亿美元的债务偿还。

从债务危机应对的视角看，DSSI是必要的临时性救济手段，但是也可能导致逆向选择情景的出现。具体体现在两个方面。

第一，虽然DSSI延长了贫穷、高负债国家的债务偿还时间，解决了这些国家短期流动性不足的困难，但并没有对这些国家的债务负担进行实质性的减免，这些国家的偿债能力也并不能通过DSSI得到提升。此外，DSSI只要求双边官方债权人的参与，而双边官方债权人、多边官方债权人和私人债权人分别欠还本付息额的35%、23%和42%，DSSI只能涵盖不到四成的债务，低收入国家债务偿还压力仍然较大。私人主权债权占比最高，而DSSI并未设立与私人债权人相关的偿债条款。虽然国际金融协会与私人债权人经过商讨，发布了职权范围（ToR），以鼓励私人债权人参与DSSI，自愿延缓债务偿还。然而，迄今为止，私营部门基本没有参与。

第二，有些国家虽然满足DSSI的救助条件，但因其依赖国际金融市场融资，而被迫放弃救助，形成了一种制度性矛盾。目前低收入国家普遍依赖于在国际金融市场发行主权债券融资，若其接受DSSI救助，则等于向金融市场发出偿债能力不足的信号，因此国际评级机构可能会将该国主权信用评级下调，引起债务融资成本的上升，甚至引发国际金融市场对该国主权信用的信任危机，导致其无法再进入国际金融市场融资。上述内生性制度矛盾成为高悬在这些低收入国家头顶的"达摩克利斯之剑",使 DSSI 等政策效果往往不及预期。

2. 共同框架

据 IMF 测算,满足 DSSI 条件的国家平均收入约 70% 用于偿还债务及利息,难有剩余资源应对疫情和经济复苏。因此,G20 应债务国的要求,在 DSSI 的基础上于 2020 年 11 月通过了共同框架,以削减满足 DSSI 条件国家的债务,帮助其减轻债务负担,更早走出疫情冲击并重启经济。

共同框架可用于应对符合 DSSI 资格的国家面临的多种主权债务挑战,其具体作用方式有两种[①]:第一,对于公共债务不可持续的国家,它可以提供债务重组,减少债务的净现值以恢复可持续性;第二,对于有可持续债务但存在流动性问题的国家,它可以将部分债务偿付延期数年,以缓解融资压力。

相比于 DSSI,共同框架的援助更具有针对性。共同框架下,偿债的重新安排是根据该国的具体需要而调整的,还款条件和宽限期将针对不同国家的流动性紧缺时间和程度进行差异化安排。

共同框架明确要求私人债权人参与。共同框架要求债务国必须寻求私人债权人的支持,且私人债权人对债务国债务的减免标准不低于官方债权人。但从实践层面看,债务国寻求私人债权人减免的难度较大,一旦处理不当,十分容易导致债务国在国际金融市场上丧失信用。

DSSI 和共同框架仅仅是一个针对受疫情冲击的贫穷国家的债务偿还与减免规则,适用面较窄。而数量更多的受疫情影响严重的中等收入国家并不受益于该规则。全球因新冠病毒肺炎疫情陷入极端贫困的人口中,每 10 个人中就有 8 个人生活在中等收入国家,其中许多国家需要债务重组措施以减轻债务,这样政府才能有更多资金用于财政支出以提振经济并缓解由疫情引发的贫困。

---

① 参见 https://www.imf.org/en/About/FAQ/sovereign-debt。

第二节 当前主权债务处置规则的主要特征和不足

当前国际上没有普遍适用的主权债务处置规则，不同主体制定的不同规则在不同的适用角度相互叠加，构成了当前的债务处置规则体系。从体系化的视角出发，可以发现当前债务处置规则呈现出如下特征和缺陷。

一、主要特征

（一）多种债务处置规则并存，且共同作用、不断变化

"纾困+重组"本质为"流动性应急+减债"，核心问题为如何在债务债权各方的利益和债务可持续性上维持平衡。由于每一笔主权债务的参与方、债务形式、债权人分散程度等都有所不同，故在维持各方利益均衡的前提下保持债务的可持续性十分困难，因此国际上至今尚未形成适用于所有主权债务的处置规则，而是多种债务处置规则并存，这主要体现于债务重组规则的多样性上。

另外，现行的主权债务处置规则并非相互独立的，主权债务经常会在不同规则下共同处理。例如，一国出现外债偿付困难时，可以向 IMF 申请贷款，同时 IMF 会与之签订限制型条款，以确保该国国内政策制定必须以增加债务可持续性为导向。若该债务可持续性问题并不能仅通过贷款解决，那么该国可向巴黎俱乐部申请债务重组。若该国是重债穷国，那么该国还可以通过 HIPC 和 MDRI 等减债协议减债。

虽然每个规则覆盖的范围各不相同，但是相关规则也在因实际债务问题需要而不断扩展更新。例如，G20 为应对新冠病毒肺炎疫情所致的流动性困难和偿债能力衰退提出的 DSSI 和共同框架，G10 为应对私人债权人参与债务

重组程度不足的问题提出的 CACs 条款等。此外,可以看出,在现有规则无法处理主权债务的新变化时,区域性国际组织平台或团体成为制定并推出应对新规则的主要力量。

(二) IMF 是主权债务处置规则制定和实施的核心主导机构

IMF 是当前主权债务处置规则体系的核心。在纾困方面,IMF 作为主权债务问题上的"最后贷款人",直接制定纾困规则,是该机制唯一的核心机构。在重组方面,IMF 同样发挥了重要的规范和约束作用。在债务国向巴黎俱乐部申请债务重组前,其必须先得到 IMF 的纾困救济,同时巴黎俱乐部会沿用 IMF 的 DSA 方法评估债务可持续性并参考 IMF 给出的政策意见。此外,IMF 还是 HIPC、MDRI 和 CCRT 等规则的主要发起方之一,债务减免资金的主要来源也是 IMF 的减贫与增长信托(PRGT)账户。

二、主要不足之处

(一) 债务重组规则对中等收入国家关注不足

目前债务重组规则主要侧重于低收入国家,而对中等收入国家的债务减免覆盖明显不足。如前文所述,突发事件(如自然灾害或公共卫生事件等)能够使全球经济体陷入普遍性衰退,但 DSSI 等债务偿付延缓规则和其他债务减免规则并未将新兴市场国家和中等收入国家囊括在内。而事实上,这其中的部分国家同样会陷入主权债务危机中,且其引发的负面连锁反应往往更为严重。回顾最近几十年影响最大的几次主权债务违约事件,无论是 20 世纪 80 年代的墨西哥、90 年代的阿根廷还是 21 世纪的希腊等都不是低收入国家,而是中等收入国家,甚至是中高收入国家。因此,在现行主权债务规则体系中,进一步拓展对中等收入国家甚至中高收入国家的规则覆盖,有其必要性和使然性。

(二) 信用评级与债务处置规则的矛盾导致规则效用变差

在国际资本市场发行主权债券已成为发展中国家的主要融资渠道之一,

而国际债券评级机构给出的评级信息与主权债券发行的融资成本和市场接受度息息相关,也将直接影响债务国的债务处置选择。具体而言,债务国在发生债务危机时若寻求 IMF 的贷款援助或其他减债规则,则该国会面临两方面的机会成本。第一,若该国接受外部援助,则表示其向市场宣布债务出现实质性违约风险,这将直接减少购买该国新发行债券的投资者数量,这意味着该国实质上被排除于国际资本市场之外;第二,国际评级机构会调低该国主权债券的评级,直接导致该国融资成本上升。也就是说,对于许多发展中国家来说,若接受外部援助,会直接导致该国融资难、融资贵,这也解释了在新冠病毒肺炎疫情对经济的巨大冲击下,一些国家即使满足救助资格也不参与针对性的 DSSI 框架。国际债券评级机构对主权债务市场的影响如此之直接,需要引起更广泛的重视,注重其规范性、公平性和独立性,以避免对债务处置规则造成效应的消减。

(三)私人债权人参与债务重组的程度十分有限

过去的十多年中,私人债权人为许多中等收入国家和低收入国家提供了大量资金,在这些国家的主权债务中的占比越来越大。这主要由于全球金融危机后,主要发达国家的货币政策使资金成本急剧下降,投资者纷纷追逐中低收入国家的国债和贷款以获取息差收益。一方面,这种趋势反映了全球资金配置的效率提升,中低收入国家公共融资逐渐成熟;另一方面,这种趋势又造成了不少国家过度负债、对利率的敏感性上升的结果,一旦美元等主要货币的利率上行,这些国家对私人机构的债务偿还难度便会陡升。以上事实表明,中低收入国家主权债务风险爆发时,私人债权人参与主权债务重组的必要性在不断提高,而仅仅由官方债权人债务重组的有效性在不断降低。

然而,当前私人债权人参与主权债务重组的程度十分有限,暴露了三个更深层次的缺陷。第一,主权债务人与官方债权人以及私人债权人开展有效的债务重组谈判的能力不足;第二,与债务国经济绩效有直接和长期利益关系的私人债权人只是少数,而占多数地位的短期投机者在重组谈判中只是试图"搭便车",限制了开展债务谈判的空间;第三,私人债权人彼此博弈以寻求自身利益最大化,联合程度严重不足,导致重组谈判困难。

(四)主权债务处置应同时关注债务国的发展问题

当前的主权债务处置问题通常仅以减轻债务负担为手段,对债务国的发展问题关注不足。主权债务清偿问题应从负债和收入两个角度分析。第一,从负债端看,负债过重是导致债务违约的直接原因,通过债务重组适当地降低债务国债务负担是必不可少的一环;第二,从收入端看,若能使债务国的收入稳定甚至平稳上涨,则可以维持主权债务长期稳定可持续,形成健康的债务模式。当前的主权债务处置方式对负债与收入二者的分配比重不均衡,主要集中于传统的负债端视角,常导致债务国债务违约反复。若要进一步提高债务处置的效果,必须要在收入端投入更多精力,关注债务国发展问题。目前IMF提供纾困贷款以及巴黎俱乐部等平台在债务重组时对于债务国的经济发展做出了一定规划,但对各国的禀赋结构以及治理水平考虑不足,仍有很大的提升空间。从收入端解决主权债务问题,最好是要形成一个系统性的针对中低收入国家发展的政策建议框架。当然,这并非易事,需要众多债权国和国际金融组织之间的通力协作。

第三节 我国对外主权债权特征、处置方式和政策建议

一、我国对外主权债权特征及现行债务处置方式

(一)我国对外主权债权的特征

1.总量规模迅速扩大,对外官方债权和商业债权兼存

近年来,我国对外主权债权规模不断增长,已经成为全球主要的债权国之一。根据世界银行的债务报告系统(DRS)数据,截至2019年底,我国对

120个中低收入国家的官方贷款总额达1 600亿美元,较2010年增长了4倍,并且我国是其中28个国家的最大债权国。从对外主权债权的结构看,我国既有官方主导的对外债权,也有商业金融机构的对外商业债权。官方债权人以中国进出口银行为主要代表,主要业务包括"两优"贷款[①]、对外承包工程贷款、出口买方信贷等。商业债权人主要包括国家开发银行、国有控股的商业银行及其他金融机构或实体的涉外主权债权人,其中国家开发银行是我国主要的对外商业债权人(Horn等,2019)。Morris等(2020)整理的2000—2014年1 046份中国对130个国家的贷款合同中显示,以官方贷款合同为主,商业主权贷款合同约占20%。

2. 债务国范围和主权贷款业务行业集中度较高

我国对外债权主要集中于"一带一路"沿线国家和非洲国家。截至2018年第二季度,143个新兴经济体的对外贷款存量中有24%来自中国的银行(包括他们的海外分支机构),且从主权贷款业务在债权国的集中度看,中国的银行是63个新兴发展中经济体的最大债权人集团(Cerrutti等,2020)。自"一带一路"倡议提出以来,我国对外主权业务开始向沿线国家聚集,根据全球发展政策中心(Global Development Policy Center)整理的中国海外发展融资数据库[②],俄罗斯、委内瑞拉、安哥拉、南非、巴西等国是我国对外主权贷款的重要目的地。一方面,因为沿线国家金融市场欠发达,市场融资缺口大,吸引了包括中国在内的诸多债权人参与当地的主权债务市场;另一方面,沿线国家和地区能源、原材料等资源较为丰富,能够和我国产业发展形成比较互补优势。杨媛等(2019)的研究也指出,资源能源和基础设施是我国银行在"一带一路"沿线国家提供项目贷款的主要区域。同时,"一带一路"沿线有较多收入较低的发展中国家,经济结构单一,大部分以原材料出口作

[①] "两优"贷款是中国援外优惠贷款和优惠出口买方信贷的简称,是中国政府给予发展中国家政府的优惠性资金安排,也是中国进出口银行的主要对外主权业务。

[②] 参见 https://www.bu.edu/gdp/chinas-overseas-development-finance/。

为主要收入来源，抗风险能力较差，尤其是非洲国家，在内外部冲击下，部分国家债务违约风险也较高，这也增加了我国对外主权债权的潜在风险。

（二）我国对外主权债现行处置方式

1. 债务预警——事前预防沿用 IMF 传统框架

2019 年 4 月，我国财政部针对"一带一路"沿线的债务融资风险控制问题，以 LIC-DSF 为基础发布了《"一带一路"债务可持续性分析框架》，在"判断风险信号"步骤中沿用了与 LIC-DSF 完全相同的公共外债指标和公共债务负债率阈值，将 LIC-DSF 的使用范围扩展到参与"一带一路"建设的国家。

在实践中，《"一带一路"债务可持续性分析框架》可能面临三个问题。一是压力测试模拟没有考虑到新兴市场国家所面临的动荡环境下宏观经济预测的不确定性；二是忽视了不同类型的经济冲击之间的联系；三是该框架中主权债务所设置的阈值与外债风险程度之间的对应关系还有待验证。主权债务阈值专家卡门·莱茵哈特（Carmen Reinhartetal）和肯尼斯·罗格夫（Kenneth Rogoff）在 2010 年合作发表的论文遭到了质疑，被指出高债务和低增长之间的因果关系并不清晰[①]。当发生主权债务危机时，不同国家甚至同一国家、不同时期的债务负担水平差距都很大。且随着近年来全球主要利率的趋势性走低，各国公共部门债务不断突破新高，但并未出现违约潮。在此背景下，债务阈值的有效性已被学术界广泛质疑。

2. 债务违约处理——双边谈判为主

外部主权对我国的债务时常发生违约，我国在处理该问题上并非一帆风顺。由于主要债务国（其中还包括债务穷国）经济对外依赖度较高，部分国家政权不稳，主权债务易受到内外部冲击的影响，导致债务可持续性中断。事实上，近年来中国的官方和商业债权人已经多次就不同国家的海外主权贷

---

① 该论文旨在表明，当公共债务超过 90% 这一阈值时，经济增长将大幅放缓。但马萨诸塞州立大学的研究人员查看该论文数据后发现，该论文采用了非常规且不可取的统计程序，且代码存在错误。在将上述问题修正后，发现债务阈值与经济存在相关性但并无明确的因果关系，主权债务阈值的学术影响力也由此逐渐变低。

款进行了重组谈判。

整体而言,中国政府通常对债务国实行较为宽松的债务处置方式,主权债务处置的规则以双边谈判形式为主。Rhodium Group 的研究发现,2013—2018 年,中国经双边谈判对部分"一带一路"国家的债务实行了条款磋商、再融资、不再提供新贷款、递延债务和债务核销等措施,其中核销和债务延期使用频率位居前二,合计超过 70%(见图 4-3)。同时,我国目前对"一带一路"沿线国家的债务处置并非遵循严格的硬性规则,而是视具体债务风险事件和负债国家而定,处理方式较为灵活且富有弹性。例如,考虑到沿线发展中国家的发展所需资金的长期性,我国往往同意采用不同方式进行债务偿还的削减和延缓①。

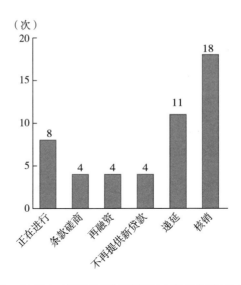

图 4-3　2013—2018 年中国双边谈判规则下的各债务处置具体方式及其次数

资料来源:Rhodium Group。

从债务处置结果看,我国累计债务处置总量已极具规模。据 Bon 和 Gong

---

① 需要注意的是,我国对一些非洲国家的无息贷款本身带有捐赠性质,可视为国际援助的一部分,按照惯常做法,大部分的无息贷款到期前我国都会免去债务国的该部分债务,一般通过中非合作论坛这一平台宣布。因此免除无息贷款不能算作我国的双边债务处置规则。

（2020）的计算，2000—2019年，我国累计债务重组规模达592.25亿美元，重组债务总数为125笔，单笔最大处理规模为2015年对安哥拉的213亿美元的重组安排。随着我国对外投资合作进一步加快加深，我国或将面临更频繁或单笔更大规模的债权重组，而现行双边谈判规则下以核销债务为主的处理方式可能会形成示范效应和路径依赖，或引发债务国道德风险问题，导致我国对外债权价值受损。

二、关于我国更好地参与国际主权债务规则的建议

（一）更多参与和采用多边主权债务处置方式

一直以来，我国在国际主权债务规则制定中参与度有限，随着我国成为全球主要的债权国，有必要更直接、更深入地参与主权债务规则的实施和制定，特别是应更多参与多边债务处置机制。

具体而言，可以考虑适时加入巴黎俱乐部。近年来，巴黎俱乐部占全球债权的份额逐渐下降，主权债务处置的全球影响力也随之下滑（见图4-4）。巴黎俱乐部为了维持其影响力，近年来也多次邀约我国加入成为正式会员。但是从巴黎俱乐部现行的规则看，其规则的公平公正性有待进一步提升，它更侧重于维护发达经济体债权人的利益。我国的实时加入，可以在债务规则调整、制定和实施等方面代表更多发展中国家发出声音，更好协调发达经济体债权人和发展中经济体债务人之间的合理权益。

同时，在本轮债务危机应对中，协调官方、商业债权人共同参与纾困的多边协商机制或将出现。如G20提出的DSSI及共同框架，目前已有46个国家申请，该框架也持续在呼吁商业债权人共同参与。我们认为中国债权人应该在双边谈判的基础上，在国际协商机制的协调下（前提是该协商机制是自愿非强制的），尝试以可比方式参与多边债务谈判重组。鉴于中国对外债权在中高收入国家、中低收入国家及低收入国家都有分布，可以将共同参与多边谈判的试点选择在低收入债务更加沉重的国家，对中等收入国家的债务重组

申请，原则上仍按照双边谈判方式进行。

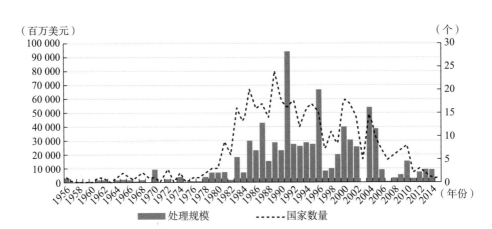

图 4-4　巴黎俱乐部债务处置规模迅速下滑

资料来源：World Development。

（二）积极参与和推动现有主权债务处置规则的完善

现有规则虽然有许多缺陷和不足，但不可否认其为全球主权债务处置起到了稳定器的作用。然而，完善和改进现有规则仍是必不可少的环节。具体而言：一方面，要妥善修改现存规则不合理的地方；另一方面，要积极推动不同覆盖层面的债务处置规则相融合，扩大规则的适用面。

在修改现存规则方面，现存的纾困规则和重组规则普遍要求债务国实施"教条式"经济政策。这可能不符合债务国的具体发展国情，容易造成适得其反的效果。目前主权债务处置规则更多强调债务清偿本身，对更为关键的债务清偿能力仍关注不足。在当前纾困和重组的规则下，IMF 等国际组织的纾困资金很大程度上被用作债务重组中对债权人的补偿，而 IMF 份额较大的国家往往对外债权较大。这导致现存规则下的债务处置，容易变成实质上的"主要债权国债务减计"，对债务国长期债务稳定帮助甚微。我们认为，需要对现行规则做出方向性的调整，将更多资源集中在债务国的债务清偿能力。这要求国际组织、债务国和债权国更广泛和更深层次的协作，提高对债务国要素禀赋和发展路径的理解，帮助债务国制定更务实的发展和偿债规划。

在推动不同债务规则融合方面，核心问题在于当前债务处置规则缺乏官方、私人债权人的常备多边统筹机制。受制于债权持有主体和债务形式的不同，以贷款为主要形式的官方债务和以债券为主要形式的私人债务目前通常只能在不同规则下分开解决。若能推动规则融合，则有望大大提高重组的效果和效率。具体而言，一种思路是将集体行动条款的使用推广至官方借贷中，使官方债权人、跨国金融机构或贸易实体持有的主权贷款和债券在巴黎俱乐部等平台下统筹协商谈判，赋予不同债权人与其债权规模大小相匹配的投票权利，以及赋予不同债务形式等价性。这样统筹处理除了提高重组的效果和效率外，还可以降低私人债权人（如秃鹫基金）的道德风险，使类似阿根廷与秃鹫基金 NML 公司的长期纠纷事件发生的概率大大减小。

（三）多元化债务重组的方式

债务国偿还外债的能力取决于财政税收能力，也取决于其美元外汇储备的规模。但有限的美元外汇储备是债务清偿和重组中应认真考虑的问题。我国一直努力扩大以人民币计价的对外贷款，但美元的强势货币地位使借款人更青睐于美元。Horn 等（2019）指出中国的对外贷款中 85% 是以美元计价，只有 5% 是以人民币计价。可以借鉴布雷迪计划中将贷款转换成债券的做法，具体而言，对采用人民币贷款的债务，应对债务国债务可持续性进行审慎评估，对符合债务转换的国家，鼓励其通过发行熊猫债等人民币债券的形式，将债务国亟待重组的债务实现转换。对以美元计价的贷款，可以探索设定合理的汇率标准，配合传统的展期或部分债务减记的方式，使之转换成人民币计价的债务，降低债权人由于货币币种造成的损失。

（四）加强对外债权数据透明度管理

债务信息透明度是制约债务重组顺利与否的重要因素。在债务重组过程中，一方面，应积极披露债务相关信息；另一方面，应明确债务披露的界限，遵循商业敏感信息的原则。特别是对商业债权人而言，商业债权人对外主权借贷业务或涉及商业敏感性信息具有保密的内在需求；从危机情况下债务重组的需求看，债务数据完全透明，有利于顺利评估债务国债务可持续性，尽快推进实施债务纾困计划。二者目标存在一定的相悖，但是构建兼具包容性的债务数据透明度原则，应该是债权债务双方可以达成的基本共识。

从我国参与 DSSI 规则构建的经验看，我国已披露了对符合 DISS 条件国家的债权信息，增强了债务透明度。但是，对中国商业债权人而言，仍有必要进一步对接国际商业债权人债务透明度的规则。目前，国际上还没有针对商业债权人主权债务数据披露的法律性约束标准。作为协调国际私人债权人的国际金融平台，国际金融协会于 2019 年颁布了《债务透明度自愿原则》（Voluntary Principles for Debt Transparency），致力于实现私营部门自愿的债务数据披露信息。中国的部分商业金融机构已经是国际金融协会的会员（如国家开发银行、中国工商银行等），可以按照自愿披露的倡议范围，逐步探索建立相应的数据管理系统和数据分类标准体系，其中要特别加强对商业涉密信息的一致性标准的认定。

此外，2018 年，中国驻巴基斯坦大使馆曾经为了澄清谣言，披露了中国为中巴经济走廊项目提供的融资，其中对项目贷款条件、贷款主体（官方优惠贷款和企业商业贷款）、贷款性质等进行了介绍。鉴于项目贷款是我国对外主权贷款的主要类型之一，后续或可借鉴上述方式，按照项目形式，在不涉及商业敏感信息的情况下，和债务国协商约定不定期公布项目贷款信息。

（五）构建主权债务违约预警规则，提高主权债务的风险控制能力

债务违约预警规则的核心在于风控模型，目前学术界在债务预警领域使用最广泛的模型为二元 Logit 回归模型。该模型检验可能引起主权债务危机发生的因素与发生主权债务危机这个事件之间的相关性。该模型不仅解释力度十分有效，还可以直观地计算出主权债务危机发生的概率，克服了诸多模型只能事后预测的缺点，从而方便对模型的预测结果进行比较和分析。

随着人工智能（AI）和机器学习的不断发展，主权债务危机预警模型有

了更多的选择。Franck 和 Schmied（2003）构建了一个多层次神经网络预警模型，并指出该模型的预警效果强于 Logit 模型。Fioramanti（2008）也发现，人工神经网络（ANN）模型的预测能力在一定条件下优于计量模型中的参数和非参数模型。王克达（2019）比较了传统信号模型、Logit 模型，在有限指标下，随机森林模型对不同类型的主权债务危机具有更好的预测能力。

我国可以在现有债务可持续性分析框架的基础上，利用前沿技术和分析方法建立量化模型，建立对债务国的债务预警规则，对债务风险加上"第二把锁"。

（六）将绿色可持续发展因子纳入主权债务重组框架

绿色低碳转型已经成为全球发展的共识，然而对发展中经济体而言，其经济发展方式仍较为粗放，存在温室气体大量排放和森林过度砍伐等问题，这将加速全球变暖并导致世界生物多样性进一步下降。据 OECD 估计，若以现存模式继续发展，到 2050 年，陆地生物多样性将进一步减少 10%。基于此，我们可以进一步将主权债务重组和绿色发展、环境保护等议题相关联。这其中，债务换自然（Debt-for-Nature Swap，DNS）是应对本轮全球债务危机的重要思路之一，也有学者呼吁中国推进债务和自然问题的共同解决（Simmons 等，2021），但是传统的 DNS 主要致力于将主权债务转换成对自然资源的保护。我们认为实践中应该将上述概念进一步拓展到债务换绿色发展层面，不仅包含传统的 DNS 机制，也可依托于主权贷款项目，将更多绿色开发型项目或其他形式等渗透进来，相较于债务换传统的保护措施等自然行为，后者更有利于债务国实现可持续性的复苏。

从可行性来看，我国采用 DNS 的优势主要有如下两条。第一，我国持有的主权债务体量大，若使用 DNS 处理双边债务，其涉及金额必将远超历史平均水平，该规则对债务国实际的债务减免力度也将远高于一般历史水平。第二，我国与债务国之间的债务和我国在债务国开展的基础设施建设等项目有较大关联度，因此我国与债务国双边 DNS 协议可从全局视角统筹安排，可操作性较强，协议执行阻力更小、周期更短。从实施路径方面，同样可以按照对传统DNS模式进一步优化创新和采用扩展的债务换绿色发展思路。

1. 对传统DNS模式优化创新

我们可以在总结历史经验的基础上，对DNS进行创新型改进，克服其现有缺陷，形成一套针对双边主权债务的新规则。我们认为，该规则适用于经确认后难以偿还的官方主权债务，同时对商业主权债务（例如部分政策性银行及商业银行持有的主权债务）开放。其大致运行逻辑如下（见图4-5）：官方债权人与债务国当地环保性质的非政府机构（NGO）合作成立DNS环保项目考察机构，当官方债权人或持有债权机构有DNS需求时，通过DNS决策机构提出债务自然互换需求，环保项目考察机构则根据债务规模等要素反馈给DNS决策机构相匹配的候选环保项目，并由后者决定执行的项目，拟定DNS协议草案。DNS协议规定对事实上无法偿付的债务及利息进行核销，作为交换，债务国执行DNS规定的环保条款，为环保项目提供资金，主要为建立自然保护区、动植物保护、高能耗项目的节能减排等，具体条款的设计遵循逐案设计（Case by Case）原则，并与债务国商议，经修改达成正式协议后执行。环保条款规定项目的资金支持来源分为两部分，其中一部分来自债务国，资金量应为债务核销规模的一定比例，该比例经上述专门机构科学决策后规定于协议内，并同样遵循逐案设计原则；另一部分来源于环保项目再融资，环保项目在某些条件下可以具有经济效益，例如光伏能源长期来看可降低能耗成本等，可以与相关设备制造商合作，通过融资租赁等方式为项目前期支出融资。此外，动植物保护等项目一般具有较高的科研价值，可以与有需要的科研院所或企业合作融资。

其中重点细节如下。第一，起草DNS的专门机构为互换协议的决策机构，负责互换协议的设计、执行和监督等各环节，保证DNS互换工具的顺利使用。该机构最好由财政部和生态环境部共同设立，以保证高度的债务处置和生态环保专业性。第二，在DNS互换环保条款制定层面，可以引入国际环保组织作为互换顾问，提供协议设计技术支持。一些组织在 DNS 互换条款设计和全球环保事务方面经验较为丰富，可以增强我国互换决策的效率和专业性。第三，债务国环保项目出资额占核销债务的比例为 DNS 互换协议的核心指标，因此要把该指标的量化作为互换条款设计工作的重心。只有确保该指标大小合适，减债规模和环保项目投资额度两者才能取得平衡，DNS 协议才能达到预期效果。第四，DNS 决策机构同时为债务国提供经济发展战略咨询。第五，债务国在债务自然互换中为本地 NGO 和环保项目提供的资金通常是本国货币，互换金额较大或将对债务国汇率稳定造成冲击，对内则可能造成一定的通胀压力，需要预防债务国系统性金融风险。

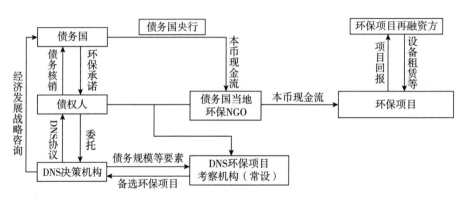

图 4-5　构想中的 DNS 规则执行流程

资料来源：上海发展研究基金会。

2.拓展债务换绿色发展思路

首先，可以根据债权人对外债权的特征，主动探索将旧有债权转换成新的可持续的、具有较大盈利增长潜力的绿色经济项目的股权（非控股的债转股）或引用绿色项目或有债务工具，以未来收益抵扣旧有债权。这也和《关于推进绿色"一带一路"建设的指导意见》的宗旨相契合。其次，全球有一百多个国家已经宣布碳达峰目标，碳排放交易具有广阔的市场前景，因此，可以考虑将碳市场交易机制引入债务换绿色发展框架，即探索将部分待偿付债务转换成可交易的碳排放额。目前国际上已经由私人部门牵头发起了扩大自愿碳市场工作组（Taskforce on Scaling Voluntary Carbon Markets，TSVCM），该倡议目标是扩大透明、可核查和文件的自愿碳市场，以帮助实现《巴黎协定》的目标，且已经提出完善全球碳市场交易的基础框架。我国的债权人特别是商业债权人或可探索将转换的碳排放交易置于该倡议框架内。

债务换自然（DNS）

DNS 最早由托马斯·洛夫乔伊（Thomas Lovejoy）于 1984 年提出，主要指债务国允许对其债权国所欠债务进行大幅度扣减，以换取债务国执行生态环境保护措施和实施环保投资的债务豁免行为。DNS 为解决拉美债务危机及热带森林砍伐问题提供了全新思路。该互换协议分为双边和三边两种，双边 DNS 一般基于官方主权债务，而三边 DNS 一般是基于商业主权债务。

三边 DNS 是该互换最早的实践形式，三方分别为债务国、债权国和 NGO，其特点为 NGO 是该互换协议的发起机构。NGO 通常从某些潜在资助人（Potential Sponsor，例如政府、债权人、环保基金等）获取资金，从二级市场购买债务国主权债券，主动发起债务自然互换协议，以环保承诺和相关项目投资为前提，换取债务的重组（通常为核销）（见图 4-6）。

1987 年，非政府组织保护国际（Conservation International）安排了世界上第一次债务自然互换，其购买并豁免了玻利维亚的 65 万美元外债。作为交换，玻利维亚政府同意立法建立了 120 万英亩的生物保护区并设立了 280 万英亩的森林开发缓冲区；同时设立一个 25 万美元的操作基金用于对上述地区的管理和保护。除保护国际外，自然保护协会（Nature Conservancy）和世界自然基金会（WWF）也常充当债务自然互换的中间人。

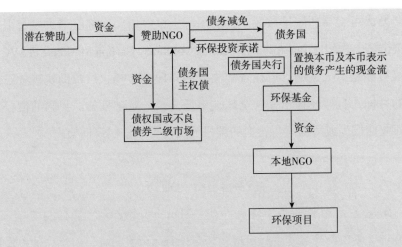

图 4-6 基金提供资金的三方债务自然互换

资料来源：上海发展研究基金会。

双边 DNS 一般是指关于公共主权债务的互换协议，其与三边 DNS 最大的区别在于其并非由国际 NGO 发起，而是债务债权国自行商议决定（见图 4-7）。

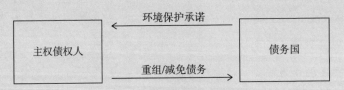

图 4-7 双边债务自然互换

资料来源：DEBT, NATURE, AND INDIGENOUS RIGHTS_ TWENTYFIVE YEARS OF DEBT-FOR-NATURE EVOLUTION, Jared E. Knicley（2012）。

双边 DNS 最具代表性的案例是 1992 年的波兰—巴黎俱乐部双边互换协议。当时波兰政府与巴黎俱乐部达成协议，后者的成员国做出对波兰债权的减让，以换取波兰在环保方面的一系列举措。该 DNS 协议涉及金额高达 30 亿美元，是迄今为止规模最大的 DNS 协议。波兰通过财政部设立的独立的地方环境基金生态基金（EcoFund），管理 DNS 协议规定的关于水、空气、自然污染、气候保护和废物管理五个重点环境保护领域的项目。1992—2007年，有1 500个环境项目获得赠款，帮助波兰减轻了经济转型时期面临的主要环境压力，同时DNS还非常有效地通过技术转让将外国环境技术引入波兰。

在项目资金方面，两种类型的DNS协议规定的债务国国内环保项目的资金一般都是由债务国提供，由债务国央行以减免的债务为底层资产，置换出不低于债务市场价值（主权债二级市场报价）的现金流，按期支付给本地NGO，再由其负责具体项目开支。

但无论是双边DNS还是三边DNS，都有着明显缺陷。第一，由于其规模较小、限制了债务国的发展，因此影响十分有限。2010年美国国会出具的一份研究报告估计，在1987—2010年，全球三方债务自然互换交易购买了共计1.7亿美元的债务，为债务国提供了1.4亿美元用于环境保护的本地货币资金。1987—2015年，全球范围内通过DNS协议重组的债务总额超过26亿美元，转移到环保项目的资金约为12美元。第二，债务国的债务减免力度有限，债务国需要提供当地NGO及环保项目投资所需的现金流，且该现金流现值一般略高于国际性赞助NGO折价购买债务所花费的金额，因此实际上债务国得到的债务减免一般约为债务面值与二级市场价值之间的差额。第三，互换对债务国开发自然资源形成了一定约束，而未能提供专业可靠的替代方案，一定程度上限制了债务国的发展。

第五章

金融业监管规则

自 2008 年全球金融危机以来，加强金融监管、防范发生系统性重大金融风险已经成为全球监管者的共识。国际金融监管具有两重性：一方面，具备综合功能；另一方面，它是内含监管功能的工具，对维护金融稳定具有直接的意义。本章我们着重对全球金融监管规则进行梳理分析，在此基础上提出改善当前国际金融规则的针对性的建议。

第一节 国际金融监管：内涵和基本原则

一、国际金融监管的内涵

国际金融监管是指国家的金融监管机构或国际金融组织对金融机构及其活动进行规范和约束行为的总称。

国际金融监管的主体包括一国金融监管机构，如美国联邦储备委员会、日本大藏省、中国人民银行等；区域性监管组织，如欧共体银行咨询集团、阿拉伯银行监管委员会、中西亚银行监管委员会等；国际金融组织，如巴塞尔委员会、证监会国际组织、国际货币基金组织等。

国际金融监管的客体包括跨国金融机构及其分支机构、设在东道国的外资金融机构以及它们的金融业务活动等。其中，金融机构又可进一步分为银行和非银行金融机构两大类，后者主要包括证券公司、财务公司、保险公司、金融租赁公司、信托投资公司等。

国际金融监管的法律渊源有国内法律和法规、国际条约和国际惯例等。

国际金融监管的目的主要有三个：一是确保货币政策和金融宏观调控目标的顺利实现，维持整个金融体系的稳定；二是促进金融机构平稳、有效率、安全地发挥功能作用以及市场竞争机制的良好运作；三是保护投资者和存款人的利益。

二、国际金融监管的基本原则

无论监管理论的着重点在何处，目前国际监管实践中很少采用单一理论，基本都是采用与本国国情相适应的综合理论来满足行业发展与监管的要求。具体而言，目前国际金融监管原则主要有依法监管原则、适度竞争原则、外部监管与自律结合原则、综合管理原则以及国际金融监管合作原则等（魏国军，2003；叶蜀君，2005）。

（一）依法监管原则

依法监管原则是指金融监管机构应依照法定职权和程序实施监管，以保证监管的权威性、有效性，防止监管权力的滥用。具体表现在以下三个方面。

一是金融监管机构的监管权力来源于法律。通过法律的形式，赋予并保障金融监管的权威地位。

二是金融监管机构必须在法定授权的范围内行使权力，既要符合金融实体法的规定，又要符合金融程序法的规定。

三是为防止金融监管机构滥用职权或越权行使职权，通过法律对其监管权进行制约和监管。对滥用职权者进行法律制裁，对合法权益受到侵害的金融机构给予请求司法或行政救济的权利。

（二）适度竞争原则

金融监管并非要否认和干预金融机构的经营自主权，而是在保证金融市场调节的基本自然状态的前提下，通过创设某种适度的竞争环境，防止出现过度竞争、破坏性竞争，避免金融机构的高度垄断。金融监管者的监管是有局限的，其对于某些市场缺陷确实能够弥补，但是对有些市场缺陷却未必比市场解决得好。监管者不能企图对金融机构的具体事务进行细微管理，应该保证金融机构的经营自主权，使其充满经营活力；也不能企图消灭所有的金融风险，即使个别金融机构因经营不善而被市场竞争所淘汰，只要不触发系统性的金融风险，金融业的整体是稳健、有序的，监管机构就应当尊重市场规律。只有如此，金融监管才能做到"管而不死、活而不乱"。

（三）外部监管与自律结合原则

一个完善的金融监管制度是由外部的法律同金融机构内部的自律管理组成的。其中，外部监管的目的是维护金融机构运营的安全，防范金融机构风险，从而保证国民经济体系的健康稳定运行。内部自律是金融机构为规避风险，提高自身经营安全性的一项有效的自律机制。外部监管与内部自律在防范风险与维护金融机构的安全经营方面具有一致性。内部自律建设是监管当局进行外部监管的内容之一，内部自律可以看作是外部监管的具体化。但是外部监管与内部自律也有所不同。外部监管是由不同层次的监管当局进行监管，而内部自律是金融机构的自发行为。从一定程度上讲，内部自律实际上与通常的企业管理是相近的。外部监管作为监管当局的监管活动，是从全局出发的，兼顾了整个行业的发展与整个社会的稳定。外部监管的内容之一就是对加强金融机构内部自律的要求，因此内部控制反映了外部监管的一个侧面。而内部自律的内容主要包括金融机构内部组织结构的控制、资金交易风险控制、会计系统控制、授权授信控制和计算机系统的控制等。

（四）综合管理原则

综合管理原则指的是一国内部各监管机构之间、各国外汇监管机构之间、各种金融机构之间的相互协调。它要求监管主体之间职责分明、分工合理、相互配合。这样可以节约监管成本，提高监管的效率。

（五）社会经济效益原则

金融监管是有成本的，金融监管者实施金融监管时，必须进行成本与效益分析，降低监管成本，减少社会支出，促进金融体系在稳定、安全、有序的基础上高效发展，实现金融监管的经济效益与社会效益的统一。如果监管成本超过从安全保障体系中所获取的收益，那么监管行为就会成为行业竞争的阻碍，严重的可能导致行业萎缩。

（六）国际金融监管合作原则

国际金融监管合作的努力可以追溯到二战后。为恢复世界经济，44个国家的代表于1944年召开的国际金融会议上确立了以美元汇兑本位为中心内容的布雷顿森林体系，并成立了当今世界三大经济组织[1]中的国际货币基金组织

---

[1] 国际三大经济组织包括世界贸易组织、国际货币基金组织和世界银行。

和世界银行。20世纪70年代以来,为遏制国际银行业的危机,以巴塞尔银行监管委员会及其所拟定的《巴塞尔协议》为标志,金融监管的国际合作体系宣告正式建立。另外,OECD、七国集团和欧共体等区域性组织也在各自的范围内协调成员国间的金融事务,为国际金融监管合作做出了贡献。进入20世纪80年代,经济全球化带动了金融全球化。金融业发生了巨大的变化,金融创新不断加快,金融产品和金融机构数量不断增加,业务日益多元化、国际化,金融业竞争加剧。金融业发展的同时,也面临更多、更大、更复杂的风险,金融危机频繁发生,如墨西哥金融危机和亚洲金融危机。这些情况和问题既需要各国审慎对待,又需要加强国际间的合作。1975年,巴塞尔银行监管委员会作为国际性常设跨国银行监督管理机构应运而生,成为国际金融监管领域内最具影响力的国际组织。各国在关注国际银行业监管合作的同时,在国际证券业监管和国际保险业监管方面也进行了合作,相继于1984年和1992年成立了国际证券委员会和国际保险业监管者协会。

需要指出的是,上述国际监管组织都是发达国家主导推动下成立的,很少有发展中或者欠发达国家在发起时就参与并讨论产生一些原则,这也导致基于国际组织的金融监管规则在普遍性上有着天生的缺陷。发达国家凭借其实力在一定程度上操纵着这些组织的运行,将其作为实现自己利益的工具,无视发展中国家和地区的利益和正当要求,影响了国际金融组织的权威性、公正性,也限制了其作用的发挥。

在上述国际监管组织的推动下,国际金融监管逐步朝着更加有序的方向演变。然而,在实施中仍有许多缺陷需要完善。例如,巴塞尔国际银行监管合作模式基于两个前提条件:一是母国监管机构能够获知有关海外分支机构经营的信息;二是东道国监管机构对其境内的外资银行能够适当地履行监管职责。就第一个前提而言,母国监管机构是否有能力获取海外银行所有经营信息取决于四个因素,即资源、主动性、制度安排和东道国当局的配合。由于发展中国家缺乏人员、资金和技术,尤其是缺乏人力资源导致母国监管机构通过现场检查或其手段收集的信息有限。为此，发达国家就指责发展中国家不予充分配合。巴林银行倒闭案中，作为母国监管机构的英格兰银行过于相信巴林银行管理层，对于巴林银行提交的各种报表缺乏有效监督，导致巴林银行倒闭。事后，英格兰银行却指责新加坡金融监管当局没有配合他们进行有效的现场监管并及时报告风险。而新加坡金融监管当局却认为巴林银行作为国际银行的分支机构，其主要报告都是直接报告总部，所在国的监管当局都是事后才收到相应的报告。巴林银行在其衍生产品的交易过程中并没有向当地监管当局报备产品可能产生的风险，而是任由其交易员进行大量超权限的交易，最终导致银行倒闭。英格兰银行并没有从巴林总部的信息系统中发现端倪，新加坡金融监管当局就更难从外部发现问题。更不要说，对巴林银行新加坡分行进行现场检查需要层层批准后方可执行，即使发现问题也为时已晚。

第二节 现行国际金融监管规则

随着金融业的全球化，国际金融市场不稳定性增大，金融风险在不同国家之间相互转移、扩散的趋势持续加大，单靠一个国家或一个金融机构控制金融风险已经力有未逮。除此之外，因为各国监管政策不一致，客观上为跨国金融机构利用遍布全球的分支机构逃避各国监管，从事高风险乃至非法业务创造了条件。而且跨国金融机构因为在其他国家进行这种经营活动使得本国监管鞭长莫及，监管有效性减弱。在世界性统一监管过程中，巴塞尔委员会发挥了非常重要的作用。该委员会颁布的各种监管原则成为银行业国际监管的重要标准。即使这些标准并不能成为硬性约束，但由于其适合国际银行业现实需求，已经逐渐演变为国际银行业监管的重要标准之一。

一、银行业监管基本准则

20世纪70年代,国际金融市场的一系列动荡事件,如布雷顿森林体系的瓦解、石油危机、黄金价格暴涨以及层出不穷的银行倒闭事件等,使各国政府开始认真考虑制定一套统一的资本监管标准来有效监管金融机构,以应对金融危机。在此背景下,G10中央银行和监管当局通过总部在巴塞尔的国际清算银行,制定了《巴塞尔协议Ⅰ》,用以规定金融机构资本金的计算规则。当时的资本计算规则仅仅包含了信用风险,其基本思想是将银行的风险资产根据不同的性质和风险特征分为若干类别,并赋予每一类不同的风险权重,计算出总风险加权资产,最低资本为风险加权资产的8%。这一规定非常粗糙,完全没有考虑每一种资产类别内部的风险差别以及风险分散所带来的风险降低。

1996年《巴塞尔协议Ⅰ》修订版加入了交易账户市场风险资本加权风险资产的计算规则,将市场风险分解成普通风险和特殊风险。特殊风险存在于权益类产品和信用类产品中,这些存在仅仅依赖于特定企业或者公司风险。金融机构可以选择使用标准法或者内部模型法来计算市场风险资本,后者通常根据历史模拟或蒙特卡洛计算出某一置信度下的在险价值(VaR),以此作为风险资本的量化依据。

《巴塞尔协议Ⅰ》的主要问题包括缺乏足够的风险分辨细度和敏感度,以及缺乏对风险分散和对冲的足够考虑为业界所诟病。于是,2004年《巴塞尔协议Ⅱ》出台。这一协议对风险权重的规定更加细化,对每一类资产根据不同的评级赋予不同的权重。对于信用风险,允许符合条件的银行采用内部评级法(IRB),分别允许银行采用自身违约率(PD)或给定违约损失率(LGD),还第一次引入风险管理第三支柱的理念。同时,加入了对操作风险资本计算的规定。

2008年金融危机让监管机构和金融机构重新审视监管资本的审慎性要求。

首先是对于市场风险，监管当局意识到流动性对于金融机构的重要性。因此在制定《巴塞尔协议 2.5》中格外强调流动性期限的重要性，将流动性期限规定为 3 个月到 1 年，并相应要求金融机构在原来 1 天的 VaR 之外，将另外两个重要风险度量——新增风险资本（IRC）和信用风险缓释工具（CRM）加入风险资本。与此同时，鉴于对手交易风险在危机中的突出显现，监管强化了信用资本调整（CVA）的量化要求，这就是最早的《巴塞尔协议Ⅲ》版本的主要内容。针对风险加权的顺周期性，提出逆周期资本缓冲，除了资本充足率之外，另设杠杆率要求，要求杠杆率不小于 3%，通过正反两个方向控制顺周期效应。针对银行资本划分，取消三级资本，将一级资本细分为核心一级资本和其他一级资本，并将二级资本重新定义为破产清算时吸收损失的资本。针对监管框架将宏观审慎监管框架纳入监管体系。提出留存资本缓冲的新要求，以及系统重要性银行额外提取 1%—2.5% 的新要求。

当前，巴塞尔银行监管会员会正在致力于《巴塞尔协议Ⅲ》框架全面、准确地实施。2020 年 11 月，巴塞尔商业银行监管委给 G20 峰会领导人的致函，对《巴塞尔协议Ⅲ》实施情况做了报告。该报告指出"《巴塞尔协议Ⅲ》资本和流动性标准在成员国法域内立法中的实施总体上是及时的。尽管成员法域继续努力实施《巴塞尔协议Ⅲ》标准，但一些规则在一些法域尚未生效，远远滞后于实施的最后期限。值得注意的是，NSFR（净稳定融资比率）、LEX 框架（大额敞口框架）和修订后的第三支柱披露要求就是这种情况，只有 12 个成员国的法域有生效的最终规则"。同时，鉴于实施的效率，报告指出将标准实施期限推迟一年，至 2023 年 1 月 1 日。由于疫情等的影响，各经济体的实施进度和效率仍有待进一步观察。

二、证券业监管基本准则

国际证券业监管原则以国际证券业组织发布的《国际证监会组织监管目标和原则》（以下称《证券原则》）为主，该原则文件共包含十大类共 38 条证券监管原则，内容翔实，基本涵盖了证券监管的各个方面，具体而言，包括：与监管机构有关的原则（8条）、与自律有关的原则（1条）、执行证券监管的原则（3条）、监管合作原则（3条）、发行人原则（3条）、与审计师、资信评级机构和其他信息服务供应商有关的原则（5条）、集合投资计划原则（5条）、市场中介机构原则（4条）、二级市场及其他市场原则（5条）、与清算和结算有关的原则（1条）。《证券原则》致力于实现三方面目标：保护投资者；确保市场公平、有效和透明；减少系统性风险。截至目前，上述原则已经成为国际通行原则，并被广泛吸纳到各经济体内部的证券监管法律法规或政策文件中。

在《证券原则》的基础上，2013年7月，IOSCO发布了《金融市场基准原则》（Principles for Financial Benchmarks，PFB），为金融市场中使用的基准原则[①]提供一个总体框架。PFB共包括四个部分共19条细则。第一部分为治理，包括监管者的全部责任、对第三方的监督、监管者的利益冲突、监管者控制框架、内部监督五方面细则。第二部分为基准的质量，包括基准设计、数据有效性、数据输入层级、基准决定的透明度、定期检查五方面细则。第三部分为方法的质量，包括方法设计的内容、方法变化、转变、提交人行为准则、数据收集的内部控制五方面细则。第四部分为管理问责，包括投诉程序、审计、审计跟踪、监管当局之间的合作四方面细则。PFB的问世，推动全球金融市场基准利率迈向新一轮改革周期。目前，全球范围内在PFB框架的基础上，正在推动银行间市场报价利率（Interbank Offered Rates，IBORs）向无风险利率（Risk-Free Rates，RFRs）转变。

[①]《金融市场基准原则》中的基准定义范围相当广泛，然而，用于公共政策目的（如劳工、经济活动、通货膨胀或CPI）的国家管理的基准不属于原则范围。中央交易对手方制定的参考价格或结算价格也不属于原则范围。单一金融证券的价格也不被视为基准。

IOSCO 下设八个政策和标准制定委员会[①]，负责证券业不同领域规则的制定、执行和监督。此外，自 2005 年以来，IOSCO 要求其管辖范围内的证券监管负有主要责任的监管机构签署谅解备忘录（MMoU）。通过促进信息共享和合作，MMoU 支持成员发现和起诉欺诈及其他非法行为，阻止不法行为和防止监管套利。为应对金融市场变化的需要，2017 年，IOSCO 制定增强的谅解备忘录（EMMoU），新的备忘录提供了额外的执法权力，为持续实现证券监管目标提供了新的工具。截至 2020 年底，在 IOSCO 的 153 个合格成员（129 个普通成员和 24 个准成员）中，有 124 个签署了 MMoU（120 个普通成员和 4 个准成员），17 个司法管辖区签署了 EMMoU。

在广泛吸纳 IOSCO 监管原则的基础上，各经济体结合自身国情，也形成了对证券业监管的不同模式。例如，美国的集中型监管模式、英国的自律型监管模式、德国的混合型监管模式等。美国的集中型监管模式的典型特征为美国《证券交易法》赋予证券交易委员会统一管理全国证券市场的权利，具有一定的立法及司法权，并在此基础上形成了分业经营制度、禁止证券欺诈、采取发行注册制并加强中介机构责任等监管原则。英国的自律型监管模式，除了必要的国家立法外，对证券市场的管理主要由证券交易所及证券商协会等组织自我管理，其中非政府、非自律的证券与投资局是英国政府和自律组织之间沟通、连接的桥梁。德国的混合型监管模式则具有明显的立法统一和监管自律的双重特点。我国证券市场发展起步相对较晚，目前监管模式采取的是混合型监管模式，并在借鉴 IOSCO 监管原则的基础上，形成一系列符合我国国情的监管原则，如依法监管原则、保护投资者利益原则、"三公"原则等。

[①] 包括发行人会计、审计和披露第一委员会，二级市场监管第二委员会，市场中介机构监管第三委员会，执法和信息交换第四委员会，投资管理第五委员会，信息评级机构第六委员会，衍生品第七委员会，零售投资者第八委员会。

三、保险业监管基本准则

国际保险监督官协会成立于1994年，有来自近140个国家和地区的200多个成员，是保险领域最具影响力的国际性组织。IAIS制定的保险监管规则已经成为国际监管标准，各成员国在制定国内保险监管标准时都吸纳了IAIS的核心内容。截至目前，IAIS已经形成了一套完整的保险监管体系，按照不同监管对象可以分为两个层级的监管。

第一层级是适用于所有保险机构的"保险核心原则"（Insurance Core Principles，ICPs）。

ICPs已经成为各个国家及地区的监管机构公认的一套国际标准，具体分为原则、标准和指引三个层级。原则为最高层级，其列出管辖区内不可或缺的基本要素，以保护保单持有人，促进和维护公平、安全和稳定的保险市场，并促进金融稳定。最新版的ICPs共包括监管机构的目标、权力与职责、资本充足、偿付能力监管、集团监管、监管合作与协调等25条原则[1]。标准为中间层级提出遵守原则的要求，每一条原则往往对应多条标准。指引位于最底层级，详细阐述原则和标准的含义，并举例说明如何达到标准的要求。自1997年第一版ICPs发布以来，在2003年、2011年、2019年等分别进行了全面修订。其中，2011年的修订尤其重要。该版本总结了2008年全球金融危机的经验教训，制定了独立的"宏观审慎监测与保险监管"核心原则，提出了全集团监管[2]的概念，对全资产负债表的偿付能力评估方法进行了调整和优化，并加大了危机条

---

[1] 2019年之前的ICPs版本中包括26条核心原则，2019年版本将前版本中的核心原则10和核心原则11进行了合并，不再保留核心原则11。

[2] 全集团监管指监管范围和监管方式的全面化。其中，监管范围要求监管机构所评估的机构不仅限于集团内保险实体；保险项目从集团的法律、组织、管理结构到业务决策和交易，再到环境压力下的应急预案以及解决方案机制等，涵盖集团开展业务的全过程风险管理。监管方式则针对集团可能出现的风险，采用定性和定量方法，分别从公司治理、内控、偿付能力、资产负债匹配和流动性等角度，对从事前的风险预防及排查、事中的风险捕捉及评估以及事后的风险控制与处理的整个过程，设计了较为详细的机制，覆盖了集团经营的各个环节。

件下对消费者的保护力度。

第二层级是针对国际保险活跃集团（Internationally Active Insurance Groups，IAIGs）[①]的监管共同框架。

IAIGs 具有规模性和国际活跃性的双重特征。2008 年全球金融危机之后，IAIGs 更加重视对 IAIG 的监管，在 ICPs 的基础上形成了针对 IAIGs 的监管共同框架（2019 年 11 月正式发布）。共同框架不仅对监管机构提出了原则性要求，同时从定性和定量的双重角度对保险机构提出了细化要求。

从定性角度看，共同框架由三大模块、十一个监管要素组成。其中，模块一规定了共同框架的使用范围，具体包括 IAIGs 的认定标准、认定过程、共同框架监管范围三个要素；模块二是针对 IAIGs 的监管要素，即法律和管理结构、公司治理、企业风险管理、企业风险管理政策、保险资本标准（ICS）五要素；模块三具体规定了针对监管机构的规则，即全集团监管流程、监管联席会议与监管合作与协调、危机管理和处置措施三方面要素。

共同框架的定量规则主要是围绕模块二中的保险资本标准展开的，致力为 IAIGs 提供一套全球可比较的、以风险为基础的衡量标准。保险资本标准与其他保险核心原则的最大不同是其执行效力，ICS 将作为未来国际活跃保险集团资本监管的通行标准。2019 年 11 月，IAIS 发布了 ICS Version 2.0 版本[②]，并将未来的 5 年作为观测期。在观测期内，IAIS 不会要求将 ICS Version 2.0 作为国际活跃保险集团的法定监管资本，而只是作为监管部门与 IAIS 之间或监管者之间的共享信息，不做公开披露，即 ICS 资本充分的结果不会触发任

[①] IAIG 是指规模大、国际业务活跃且至少包括一个保险法人机构的集团。一般而言，IAIG 的评判标准主要为：在至少 3 个国家或地区运营且境外毛保费收入不低于集团总毛保费收入的 10%，且总资产不低于 500 亿美元或毛保费收入不低于 100 亿美元。从类型上看，IAIG 主要包括四种机构类型：（1）仅从事保险业务的保险集团；（2）主要从事保险业务的保险集团，还从事其他金融业务（如银行或证券）；（3）主要从事其他金融业务的企业集团的一部分；（4）包括非金融业务的多样化企业集团的一部分。

[②] IAIS 将风险分为保险风险、市场风险、信用风险和运营风险。其中，保险风险包括死亡风险、预期寿命风险等八种风险；市场风险包括利率风险、利差风险等六种风险。计算风险时，可以根据对风险的认知、保险产品的特点等，分别采用压力测试法或风险因子法进行计算。

何监督行动。监测期结束后，保险资本标准将作为国际活跃保险集团的监管资本要求[①]。

需要指出的是，IAIS 的监管框架曾经为三个层级，除上述两个层级外，第三个层级是针对全球系统重要性保险机构（Global Systemically Important Insurers，G-SIIs）的。G-SIIs 是 FSB 综合 IAIS 和各监管当局的意见发布的。然而，2017 年 11 月，FSB 宣布暂停 G-SIIs 名单更新。这主要源于保险监管思路的转变，基于 G-SIIs 和非 G-SIIs 对保险风险进行简单的"两分法"监管，难以适应保险业和保险人的动态变化，而应基于行业中的各类实践活动高标准执行 ICPs 和共同框架，提升全球稳定性（锁凌燕，2020）。因此，在 IAIS 2019 年版的规则中，未再针对 G-SIIs 出具规则，而是主要将其纳入 IAIGs 监管框架内。

综上所述，IAIS 的全球保险监管规则已经成为全球保险市场的主导规则，各经济体根据其框架逐渐形成或调整自身监管框架，以实现和国际标准对标。需要指出的是，新兴市场和发展中经济约占 IAIS 成员总数的 2/3，但是规则制定权主要掌握在发达经济体成员手中，制定的具体规则也不可避免地体现发达市场的特点，例如在共同框架定性要求方面，风险管理要求更全面细致，特别是集团角度的监管，更切合发达经济体保险机构的实际。截至目前，我国的平安保险、中国人寿等保险机构在 ICS 的规则制定和测试工作中已有所参与，未来需要进一步将发展中经济体保险机构的实际情况反映到 IAIS 相关规则的制定中，以提高规则的兼容性和公平性。

四、国际反洗钱相关规则

国际反洗钱监管体系主要由艾格蒙联盟（The Egmont Group Financial Intelligence Units，FIUs）和金融行动特别工作组两个组织主导，世界各签约

[①] 参见 https://mp.weixin.qq.com/s/19haUzoET1eLvZv4evJkyA。

国家在这两个组织提出的原则下共同行动执行，共同打击洗钱、恐怖融资、国际偷逃税等非法行为。其中 FIUs 的主要目的在于提供渠道，让各国监管机构加强对所属国家反洗钱活动工作的支援，主要任务之一是把交换资金转移情报的工作扩展予以系统化。而 FATF 是 1989 年由西方七国首脑会议发起成立，是一个政府间的国际组织，共有 30 多个成员和 20 多个观察员。我国于 2007 年 6 月 28 日正式加入这一组织。FATF 是全球反洗钱、反恐怖融资和防扩散融资国际标准的制定者。1990 年，FATF 首次颁布反洗钱国际标准，将毒品洗钱确定为犯罪，后历经三次重大修订，将洗钱罪上游犯罪逐步扩展到所有严重犯罪，将打击恐怖融资、扩散融资纳入反洗钱范畴。

目前，各国开展反洗钱工作依据的主要国际标准是 2012 年 2 月 FATF 发布的第四版《关于打击洗钱、恐怖融资、扩散融资的国际标准：FATF 建议》。该标准共有四十项建议，涵盖七部分内容：一是反洗钱与反恐怖融资政策与协调。FATF 要求各国使用风险为本的评估方法，并在国家层面开展合作与协调。二是洗钱与没收。各国应将洗钱行为规定为犯罪，适用于所有的严重罪行，并采取没收及临时措施。三是恐怖融资与扩散融资。各国应将恐怖融资规定为洗钱的上游犯罪，执行恐怖融资和扩散融资的定向金融制裁，防止非营利性组织被恐怖融资滥用。四是预防措施。金融机构和特定非金融行业应开展相关预防措施，主要包括客户尽职调查、记录保存、上报可疑交易报告等。五是法人和法律安排的透明度和受益所有权。要求各国采取措施防止法人和法律安排被洗钱和恐怖融资活动滥用。六是主管部门的权力。明确监管、执法、调查部门的反洗钱职权，要求建立金融情报中心。七是国际合作。各国应开展双边司法协助、冻结、没收、引渡、金融情报等形式的国际合作。

与 2003 年第三版 "40+9" 项建议相比，2012 年的新标准在结构和内容上都发生了很大变化，重点针对威胁国际金融体系完整性的违法犯罪活动新动向，以及各国在执行 "40+9" 项建议中存在的问题进行了修订。主要修改内容有：反洗钱方法从规则为本转向风险为本，开展国内政治公众人物尽职调查，提高法人和信托的透明度并增加受益所有权要求，加强交叉性金融业务和金融集团监管，开展与犯罪侦查平行的金融调查，增加执行与大规模杀伤性武器扩散融资有关的定向金融制裁要求等。之后，FATF根据形势变化，在2012版建议的基础上，陆续对部分标准进行了更新，但无重大版本修订。主要更新内容有：明确恐怖融资犯罪和实施有关扩散融资的定向金融制裁措施以确保与联合国安理会有关最新决议保持一致、将虚拟资产服务提供商纳入反洗钱义务机构范畴、强化受益所有权的标准、修订非营利组织标准等。为督促各国执行FATF建议，FATF定期对各国反洗钱和反恐怖融资体系进行评估。

2022年3月，FATF发布新版《FATF建议反洗钱、反恐怖融资和防扩散融资技术合规性及有效性评估方法》以及相应的评估程序文件，目前上述文件尚未生效，预计于2024年启动第五轮评估时正式实施。相较于第四轮评估方法和程序，第五轮将有以下主要变化：有效性为评估重点且有效性评估标准调整较大、增加对防扩散融资风险评估和控制措施的评估标准、区分了金融行业和特定非金融行业的有效性评估标准、提高对受益所有人信息的评估要求、评估周期由10年压缩至6年、提高了避免进入"强化整改"和"灰名单"程序的达标数量、加大对不达标成员的惩罚措施等。

就具体的规则而言，国际反洗钱、反恐怖融资、防扩散融资、反偷逃税等相关规则具有如下主要特征。

（一）将预防与遏制恐怖主义融资纳入反洗钱立法目的

近年来，恐怖主义已成为影响世界和平与发展的重要因素。打击恐怖主义融资与反洗钱存在概念上的差别：洗钱是先有犯罪活动，后将犯罪所得资金进行洗白；恐怖主义融资是先有资金（合法或非法）流动，后将资金用于实施恐怖袭击。洗钱的基本目标是隐藏犯罪的资金来源，而恐怖主义融资的目的在很大程度上（但不完全是）关注资金的去向。恐怖组织的资金并不必然来源于犯罪资金，他们多使用非营利机构、慈善组织、宗教组织或文化组织作为资金通道的掩饰，且可疑资金通常数额相对较小，极难被察觉。因此，恐怖主义融资的监测和发现难度更大，但破坏力极强，严重影响了国际和金融秩序的稳定。自 1990 年 FATF 首次发布反洗钱 40 项建议并于 2004 年公布了 9 项《关于恐怖融资的特别建议》以来，基于"40+9"的反洗钱框架已经得到联合国、国际货币基金组织、世界银行等国际组织和 180 多个国家和地区的承认，成为指导全球反洗钱和反恐融资工作的基本准则。

（二）拓宽洗钱罪上游犯罪的范围

随着洗钱罪上游犯罪的急剧扩张，金融机构需要监测的洗钱交易的范围也大大地被延展，这无疑给金融机构的反洗钱监测能力提出了更高的要求，需要更多的合规资源才能予以支撑。以我国为例，2006 年我国制定颁布的《中华人民共和国反洗钱法》（以下简称《反洗钱法》）所界定的洗钱罪上游犯罪类型较为狭窄，仅将掩饰、隐瞒七类犯罪（毒品犯罪、黑社会性质的组织犯罪、恐怖活动犯罪、走私犯罪、贪污贿赂犯罪、破坏金融管理秩序犯罪、金融诈骗犯罪）所得及其收益的来源和性质的行为作为洗钱犯罪予以打击。这种立法模式无法将许多产生巨额非法所得的严重罪行，如诈骗罪、逃税罪、逃汇罪、非法经营罪、内幕交易罪等纳入，不利于打击新形势下的经济犯罪。例如，现阶段以"洗钱罪"判决的"地下钱庄"案件极少，"地下钱庄"案多以"非法经营罪"定罪，量刑偏低且多为缓刑，定罪量刑与地下钱庄的社会危害性不匹配。反洗钱、反恐融资制度是金融机构及特定非金融机构合规体系必不可少的组成部分，其首要目标是保护机构不受洗钱、恐怖融资及其他违法犯罪活动的滥用，确保机构完全符合相关法律法规的要求。设计、构建、完善并有效实施反洗钱合规制度已经成为所有金融机构的当务之急。FATF 发布的 2012 年版的 40 项建议的第三项"洗钱犯罪化"中，对洗钱罪上游犯罪之立法态度予以调整，要求"各国应当将洗钱罪适用于所有的严重罪行，以涵盖最广泛的上游犯罪"。上游犯罪范围的拓展，对相关犯罪活动起到了积极的威慑作用。

（三）明确界定特定非金融机构的范围

历史上，各国主要以金融机构为反洗钱被监管对象，反洗钱监管体系也主要面向金融机构。针对特定非金融机构的监管，缺少明确的范围定义以及成体系的制度规范，存在监管漏洞和监管盲区。

针对上述问题，FATF 的评估报告建议各国健全特定非金融机构反洗钱和反恐怖融资法律制度，加强对金融机构和特定非金融机构风险评估，加大监管力度，提高金融机构和特定非金融机构合规和风险管理水平。FATF 对特定非金融机构的范围进行了界定，即一是提供房屋销售、经纪服务的房地产开发企业或者房地产中介机构；二是接受委托为客户代管资产或者账户、为企业筹措资金以及代理买卖经营性实体业务的会计师事务所；三是从事贵金属现货交易的贵金属交易场所、贵金属交易商；四是其他由反洗钱行政主管部门会同有关部门依据洗钱风险状况确定的需要履行反洗钱义务的机构。

当然，对于上述特定非金融机构，仅在其从事法律明确规定的特定业务时应当参照金融机构相关规定履行反洗钱义务，且根据具体风险状况采取相应的反洗钱措施。

（四）在法律层面确立客户尽职调查制度

客户尽职调查作为金融机构反洗钱和反恐怖融资工作的基础，需要基于"风险为本"的理念开展，而现行的"客户身份识别"概念并未体现"客户尽职调查"的真实含义，缺少对事前、事中、事后全流程以及持续性的风险识别监管，也未提出基于风险的客户尽职调查措施。

认知是整个反洗钱合规工作的基础，健全的客户尽职调查程序是防范洗钱及其他金融犯罪活动的最佳手段之一。机构对客户了解越深，成功防范洗钱活动的概率就越大。

FATF 将客户身份识别制度修改为客户尽职调查制度，要求在原本识别客户身份的基础上，持续关注并审查客户状况及交易目的、资金的来源和用途等情况，了解客户的洗钱风险，并根据风险状况及时采取相适应的尽职调查和风险管理措施,形成"识别客户身份→划分客户风险等级→持续进行客户风险管控"这一完善流程。

(五)增加受益所有人概念

在 FATF 40 项建议中,明确指出受益所有人(Beneficial Owner)只能为自然人,并且受益所有人必须为最终控制人或所有者。受益所有人指最终拥有或控制所发生交易实际利益的自然人,以及对法人或法律安排具有实际控制力的人员。2022 年 3 月,为打击空壳公司对有组织犯罪、腐败和逃避制裁所得的清洗,FATF 进一步收紧了受益所有人规则,修订了建议 24("法人的透明度和受益所有权"),进一步强化了法人受益所有权的国际标准,强烈推荐各国建立受益所有权信息集中登记系统,要求政府主管部门能够充分、准确和及时获取受益所有权信息,考虑帮助金融机构和特定非金融机构及时获取基础信息和受益所有人信息,禁止无记名投票,公开名义股东和董事信息,并在国际合作中提供查询。

(六)确立反洗钱法的域外管辖

随着国际金融体系的发展,以及跨境支付方式和技术的不断创新,洗钱犯罪早已不再局限于某一国或某一地区,而是能够轻易扩散到全球的各个角落。电子化交易模式的便捷性使跨境洗钱更易于得逞,洗钱犯罪的国际化趋势越发凸显。

FATF 虽然规定了域外反洗钱的处理规则,但反洗钱法主要涉及所在国的司法管辖。这就使得在跨境洗钱案件中,一国反洗钱法与反洗钱刑事法律难以与另一个国家有效衔接,预防性的监管及处罚措施与惩罚性的刑罚措施之间缺乏贯通性,不利于新形势下严密反洗钱法网以打击具有跨国属性的洗钱行为,对于侵害一国金融管理秩序乃至国家安全的洗钱行为难以形成有效约束。

自 2012 年 FATF 在《打击洗钱、恐怖融资与扩散融资国际标准》中力推"风险为本"的监管理念以来,沃尔夫斯堡集团、埃格蒙特集团、国际货币基金组织等国际金融监管组织积极响应。其他欧洲国家亦吸收美国、英国等国家的经验，在反洗钱监管方面逐渐由传统的"规则为本"向"风险为本"转变，并新增或修订各国反洗钱法以适应国际反洗钱的新趋势。

（七）数字货币反洗钱、反恐怖融资、反偷逃税规则

数字货币是互联网技术和金融创新发展的一种产物。由于其匿名性和交易去中心化特征，可能滋生很大的洗钱、恐怖融资以及国际逃税等问题。2018年，FATF已经将从事数字货币相关业务的公司纳入监管范围。反洗钱金融行动特别工作组已经搭建了数字货币反洗钱监管体系的法律框架。鉴于各国对数字货币实际交易及认识程度不一样，数字货币的反洗钱标准仍有很大差异。

一般认为数字货币的反洗钱监管发展有四个阶段，探索、雏形、发布指引及完善阶段。

第一，探索阶段。2014年3月，FATF组织了一次私营部门论坛。期间，FATF负责人与数字货币设计专家讨论了虚拟货币及交换者的运作方式、潜在的洗钱、恐怖融资和逃税等问题。FATF就各个国家采用的监管标准，以及评估和风控措施进行了交流。数字货币专家介绍了数字货币发展的特点和交易方式。这是双方第一次进行有效的交流，为以后规则的制定奠定了基础。

第二，雏形阶段。随着互联网技术的进步和深入，数字货币已经慢慢成为新的支付方式，并在全球得到越来越广泛的认可。为此，FATF认为虚拟货币与传统货币支付方式不同，监管机构对这一新技术支付方式存在较大的认识差异，在反洗钱等监管方面存在很多漏洞。2014年6月，FATF发布《虚拟货币：主要定义和潜在的洗钱和反恐怖融资风险》，初步评估与数字货币相关的洗钱和恐怖融资风险，多维度介绍了各种数字货币种类、特征、控制和使用方法。该报告一方面建立了数字货币、数字货币合法化、数字货币去中心化、数字货币相关者等关键定义的概念框架；另一方面，指出数字货币在全球范围内可能存在网上交易匿名性等洗钱和恐怖融资风险。

第三，发布指引阶段。2015年6月，FATF制定了《风险为本的数字货币

指引》，针对数字货币支付产品及服务提出监管建议，认为应当对数字货币这类金融手段的创新保持认可的态度，但同时也要规避数字货币带来的洗钱和恐怖融资风险。

第四，完善阶段。2019年，FATF制定了详细的实施要求，将数字资产提供服务商纳入监管范围。随后，FATF发布了重新修订的第15条建议解释性说明，进一步阐明了与国家和数字资产服务提供商相关的约束性措施。说明要求各国评估和减轻与数字资产活动和服务提供商有关的风险，许可或者注册服务提供商应接受国家主管部门的监管，强调国际合作的重要性。此外，说明还要求各国数字货币服务提供商对洗钱和恐怖融资风险实施全方位的预防措施，与其他实体一样履行客户尽职调查、记录保存、可疑交易报告等反洗钱义务。随着数字资产市场的快速发展，FATF认为应对数字资产和数字资产服务提供商继续加强监控。

数字货币反洗钱、防止恐怖融资和偷逃税收过程中需要注意以下几点。

第一，面额对反洗钱资金追踪效率的影响。传统实物货币都有具体的面额，便于持有人结算。数字货币必须进行加密处理，加密的要素包括但不限于交易时间、发行者、面额、上手所有者、下手所有者、使用权限和范围等基本要素，通过数字签名的方式在安全可靠的前提下确保唯一性、可追溯性。数字货币是否有面额关系到反洗钱追踪的效率。

第二，离线交易的延迟更新带来监管难题。目前实际运用的电子货币系统多是在线模式，也有支持离线交易的模式。离线交易意味着资金的延时清算，所以离线交易规范和交易流程设计必须考虑如何符合"一币、两库、三中心"的衔接问题。重点是如何解决与认证中心和登记中心以及大数据分析中心的数据更新，确保资金交易安全、唯一和可追溯，特别是连续多手的离线资金汇合、分析交易对反洗钱的分析和监管带来了空前挑战。

第三，数字货币与现钞兑付。反洗钱关注的数字货币兑付主要分为两种。一是数字货币与实体现钞的兑付，即数字货币与实体现钞之间形态上的相互转换导致资金来源和去向的切断,从反洗钱监管角度来看失去了深入监管的线索。二是与外汇的兑换,无论买入外汇还是外国数字货币,除了按照正常的汇率折算外,洗钱资金的交易方式多使用"对敲"的方式完成,甚至形成离岸数字货币市场,一定程度上增加了一国数字货币的发行系统风险。

第四,数字货币与现金(存款)关联度问题。用数字货币进行离线交易时,其基本模式与现金无异。当用货币进行线上交易时,其交易模式与在银行体系内的资金流动模式一样,均留有痕迹,并且可以追踪。因此可以说数字货币既有现金部分特征,又有银行存款的特征。从反洗钱监管角度看,数字货币的出现打破了传统监管思维,在数字货币原型架构的设计上必须充分考虑传统洗钱模式与新型洗钱模式的结合风险,在可匿名的基础上利用好大数据分析的挖掘功能,提升货币流通和风险监控的效率。

第五,数字资产的纳税主体难以确定。从商业模式讲,数字资产大部分通过交易平台将供需双方联系在一起,资产的转移是由数字货币提供方通过平台转移到接受方。究竟数字货币提供方是资产拥有者作为纳税主体,还是交易平台作为纳税主体负有相应税种纳税义务,很难界定。随着数字交易发展,线上交易突破了交易半径的限制,纳税主体的确定也就不那么容易,交易双方很容易利用技术手段隐藏个人姓名、身份和地址等真实信息,无形中加大了逃税、漏税的可能。

一是课税对象界限模糊。数据化使税收征管面临找不到纳税主体,或者即使找到也难以监控其经营活动的情况,一些交易双方私下进行交换,"以物换物"不再通过资金进行交易,导致交易资金难以被监管。税务机关无法掌握相关交易信息开展征税活动,导致税基被侵蚀而税收流失。数字货币有些采用共享模式,导致劳动成果隐形化,从而诱发"交换隐形化避税"。

二是国际税收管辖权遇到挑战。国际税收管辖权划分是国际税收分配关系的核心问题,对跨国和跨境交易中收益分配产生关键性影响。资产的数字化、流动性、虚拟性等特点给国际税收管辖权带来巨大挑战。有观点认为:

数字资产提供商常设机构和利润归属判定是数字资产在国际税收规则制定中的主要问题。在税收征收中强调收入来源地原则，但是，从实际情况看，依然坚持收入来源地原则会成为未来国际经济交往的主要障碍。税收征收必须考虑机构管辖权和收入来源地两个因素的差异性，这才比较合理并有利于数字货币的发展。

国际反洗钱制度

反洗钱制度是由反洗钱的三大核心义务，也可以说是反洗钱的三项基本制度组成，具体如下：客户身份识别制度、大额和可疑交易报告制度、客户身份资料及交易记录保存制度。

1. 客户身份识别制度

客户身份识别制度，又称"了解你的客户"（Know Your Customers，KYC）或"客户尽职调查"（Customer Due Diligence，CDD），在上述的反洗钱的三大核心义务中处于最基础的地位，其流程包括四个方面：识别、登记、核对、留存。

（1）识别

识别，即反洗钱义务主体需要在与客户建立业务关系前或与其进行交易期间，识别出客户的身份是否真实有效，有效身份证件是否过期，不得为身份不明的客户提供服务。

（2）登记

登记，即反洗钱义务主体需将客户的身份具体信息登记到业务系统中进行保存，以便对客户的身份持续进行识别。如自然人的姓名、国籍、性别、职业、住址、联系方式以及客户有效身份证件的种类、号码和有效期限等；法人的名称、地址、经营范围、可证明该客户依法设立或者可依法开展经营、社会活动的执照、证件或者文件的名称、号码和有效期限等信息。

（3）核对

核对，即反洗钱义务主体通过现场或非现场的方式，对客户本人及其提交的信息，以人工或合法第三方信息渠道进行核对，确保不开立匿名或假名账户。

（4）留存

留存，即将客户的身份信息以及对客户进行身份识别的工作记录，至少保存5年以上。

目前，世界反洗钱立法普遍把客户身份识别看成金融机构防范和控制包括洗钱风险在内的各类风险的一个必要手段。在我国，客户身份识别是反洗钱法律制度的强制性要求，是金融机构及工作人员必须履行的法律义务。

2. 大额和可疑交易报告制度

大额和可疑交易报告制度为大额交易报告和可疑交易报告制度的合称，是反洗钱行政主管部门要求反洗钱义务机构应将数额巨大、交易异常的交易，按相关标准和时限及时上报，汇集情报，以作为追查违法犯罪行为的线索。

（1）大额交易报告制度

通俗来说，该制度就是交易金额只要达到一定的数额，就需要在规定的时限内进行上报，无须进行人工审核判断。例如，某客户银行账户当日单笔或者累计交易在5万元以上（含5万元），则其相关交易会被开户银行上报至中国反洗钱监测分析中心。

（2）可疑交易报告制度

对较大额交易报告制度而言，需要反洗钱义务主体更加发挥主观能动性，将系统监测出的可疑交易进行人工审核。具体而言，反洗钱义务机构需结合客户身份信息和交易背景，对客户行为或交易进行识别、分析，如有合理理由判断与洗钱、恐怖融资或其他犯罪活动相关的，则在发现可疑交易之日及时上报。比如，账户存在"集中转入—分散转出""分散转入—集中转出""沉默账户突发交易"等情形。

3. 客户身份资料及交易记录保存制度

要求反洗钱义务主体尽可能完整、全面、准确、按最低要求时效来保存客户的身份资料和交易记录，一般而言至少为5年。

（1）客户身份资料保存制度

反洗钱义务机构应妥善保存好与客户建立业务关系的各阶段收集到的记载客户身份信息的资料、辅助证明客户身份的资料和反映支付机构开展客户身份识别工作情况的资料。

（2）客户交易记录保存制度

反洗钱义务机构应将客户在本机构产生的各类交易的电子数据、业务凭证、账簿和其他资料妥善保存，以保证完整准确地重现每笔交易的来龙去脉。保存的交易记录应当包括但不限于交易双方名称、交易金额、交易时间、交易双方的开户银行、银行账户号码、支付账户号码、预付卡号码、特约商户编号或者其他记录资金来源和去向的号码。

国际反洗钱历史演变

国际洗钱经历了从个体犯罪行为演变为有组织的犯罪，甚至恐怖融资的复杂历史过程。20世纪20年代，美国芝加哥等城市出现了以阿尔·卡彭、约·多里奥、勒基·努西诺等人为首的庞大的有组织犯罪集团。这些犯罪集团里的金融专家通过购买自动洗衣机，为顾客清洗衣服，并收取现金，将犯罪集团的收入混入洗衣收入存进银行，同时，向税务机关申报纳税，使犯罪收入变为合法收入，形成现代意义上最早的"洗钱"。20世纪50年代末，被称为"现代有组织犯罪之父"的黑手党首领勒基·努西诺、洗钱分子迈耶·兰斯基及有专业金融背景的美歇·桑东诺等人，聚集在美国巴勒莫专门召开会议。1957年11月，各贩毒集团又在美国的阿拉斯加召开会议，讨论毒品走私进口、分销、零售以及相关的洗钱问题，并达成了协议，甚至还制定了国际贩毒网络运作的操作细则。

从此，洗钱从孤立的、单独的、无序的隐瞒黑钱的独立行为，演变为具有专门分工、有组织的隐瞒、清洗黑钱的完整体系。经过多年的发展，洗钱者隐瞒和掩饰犯罪收益的方法和技巧更加变化多端，并呈现出专业化和行业化的趋势。

20世纪70年代初，美国总统尼克松因"水门事件"而下台，这是因为他的竞选班底将带有贿赂性质的非法政治捐款通过清洗变为合法的政治捐款。美国政府在调查这一事件时，"洗钱"第一次作为一个法律用语在各大出版物中正式出现，被指隐瞒、掩饰犯罪收益及其非法资金的行为。

1989年7月，七国（美国、日本、德国、法国、英国、意大利、加拿大）在巴黎召开首脑会议，成立了金融行动特别工作组。该工作组不属于其他任何国际组织，而是一个独立的专门进行国际反洗钱和反恐怖主义融资的特殊组织，主要职能为出台有关反洗钱与反恐怖主义融资政策建议、制定反洗钱与反恐怖主义融资标准、协调各成员国共同开展反洗钱与反恐怖融资信息共享、专门研究等工作。各国也根据本国实际情况组成了相应的区域性反恐怖主义融资政府间国际组织，包括亚太反洗钱工作组（APG）、加勒比金融行动工作组（CFATF）、欧亚工作组（EAG）、东南非反洗钱工作组（ESAAMLG）等，协作开展区域性的反恐怖融资工作。

进入21世纪后，恐怖融资成为洗钱活动的新动向，引起各国重视。2001年9月11日，国际恐怖组织对美国实施了恐怖袭击，造成巨大人员伤亡和财产损失，发生了令人震惊的"9·11"事件。而这次事件，也促使人们开始重视恐怖融资的情况。

据估计，恐怖组织每年仅在美国境内就花掉高达70亿美元的活动经费。由于恐怖融资的目的不再是传统意义上的挥霍奢华，恐怖分子的生活往往比较节俭，其主要目的是实施恐怖活动，直接影响到国家安全。

近年来,我国也在不断加强对反洗钱的监管力度。2006年10月31日,《中华人民共和国反洗钱法》经第十届全国人大常委会第二十四次会议审议通过,并于2007年1月1日正式施行,这是我国第一部关于反洗钱的专门性立法。2019年4月,FATF公布《中国反洗钱和反恐怖融资互评估报告》(以下简称《互评估报告》)。该报告在充分认可近年来我国在反洗钱和反恐怖融资工作方面取得的积极进展的同时,也指出一些问题。例如,洗钱罪所处罚的行为未包含其他国际上公认的洗钱行为,反洗钱的处罚力度仍有待提高,针对特定非金融行业、互联网金融行业监管存在缺陷,针对受益所有人的监管力度有待加强等。2021年《反洗钱法修订草案》的出台,是基于我国反洗钱工作的实际需要,借鉴FATF《互评估报告》中的建议并融合刑法、部门规章的相关规定,确保我国反洗钱法律法规及监管框架的体系化、规范化。

五、国际金融市场透明度监管规则

前文的内容主要就国际金融监管的各个领域展开,2008年全球金融危机以后,针对金融全行业的监管规则也取得了积极的进展,尤其是针对透明度的监管规则。雷曼兄弟作为金融危机爆发的导火索,其崩溃倒闭之所以引发美国乃至全球金融系统的崩溃,根本原因在于美国金融市场特别是场外衍生金融市场的极度不透明[1]。危机之后,美国开始加强金融市场透明度的监管改革,与2012年提出了一项金融监管改革方案,即构建全球金融市场"法人识别码"(Legal Entity Identifier,LEI),该提议对所有参与金融交易的法人实体分配一个独一无二的身份识别码(20个字符的全球标准代码),并制定一套标准化的数据报送准则。LEI系统具有全球化、一体化和公开化等显著特征,其中全球化致力于对参与全球金融交易的法人机构实现全覆盖,从而实现真正

---

[1] 参见 https://mp.weixin.qq.com/s/PRcXQBZNbZvEQPgPF1ltgw。

发挥身份识别和检测系统性风险的作用；一体化则打破了银行、证券、基金以及保险等各个金融部门之间的界限，使跨部门的风险管理在技术上变得可行；公开化使任何获得 LEI 编码的法人机构都可以通过该系统获取交易对手的相关信息。截至目前，欧盟、美国、新加坡、印度等国家和地区以及 FSB、巴塞尔银行监管委员会等国际组织也要求在衍生品交易、证券交易、资产管理、资产证券化、金融监管、支付服务、信用登记、信用评级机构监管等多个领域使用 LEI。LEI 系统的广泛应用有效提升了国际金融市场的透明度，它已经发展成为新的国际金融监管标准，成为强化宏观审慎监管效果的关键原则和工具。

第三节 当前国际金融监管规则的不足与缺陷

一、现行国际金融规则的强制力不足

首先，现行国际金融法强制力不足。这既是各种国际金融关系冲突与协调的结果，也是国际金融法治理金融危机不力的一个重要原因，具体表现在：在维护国际金融秩序与安全方面功效最为突出的公法性金融条约数量稀少、内容抽象，不能为金融危机治理提供有力的法律支持。例如，《国际货币基金协定》虽然规定了 IMF 促进国际货币稳定的宗旨和监督国际金融运行的职能，但对于 IMF 如何促进国际货币稳定、如何实施金融监管、是否有处理金融危机的权能等，并未做出具体的规定，致使金融危机治理实践中产生有关 IMF 越权、救助时机延误、救助资金不足、救助措施失当等纷争和问题。其次，金融监管双边文件的强制执行力有限。现行金融监管双边文件的主要形式是"谅解备忘录"，其不具有法律约束力。它仅仅是各国金融当局之间签署的一种意向性声明，在实施时，缺乏有力的法律保障。另一种文件形式是"相互

法律协助条约"，其虽有法律约束力，但并不是关于国际金融监管合作的专门性文件，且它们大多在发达国家之间签订，处于金融危机震中地带的发展中国家反而较少签订，因此在金融危机防范与控制方面的作用也大打折扣。最后，NGO发布的金融监管规则也缺乏法定约束力。客观而言，巴塞尔银行监管委员会、国际证券业监管者组织和国际保险业监管者为代表的非政府组织所发布的一系列国际金融监管规则，本身就是对金融危机的法律回应，由于其所提的监管标准明确、监管方法先进、市场导向性强，因此对于统一各国的金融监管做法、提升各国金融监管水平、防范和控制金融危机具有实质性意义。但是，虽已约定俗成，但由于没有法定效力，在实践中仍有漏洞。

二、缺乏明确而权威的国际金融监管者

2008年的全球金融危机给各国经济带来了巨大冲击，同时也为各国政府和金融监管机构进行改革提供了机会和动力。危机爆发后，各国政府意识到金融监管滞后是引发危机的主要原因之一。相继出台金融监管改革方案，旨在完善金融监管体系。美国公布了《金融监管改革方案——新的基础：重建金融监管》，该方案提出了六个主要措施，其中最主要的是将美联储打造成"超级监管者"，全面加强对大型金融机构的监管，新设消费者金融保护局等。英国提出了《改革金融市场》方案，主要包括：强化金融稳定目标，重视对系统性风险的监管，延续由英国央行、金融服务局和财政部组成的金融监管"三驾马车"模式，成立由上述三家机构组成的金融稳定委员会，负责识别分析威胁金融稳定的风险、协调风险处理和应对方案、赋予政府干预和处置金融系统问题权利等。欧盟出台了泛欧金融监管方案。该方案旨在打破各成员国在金融监管领域各自为政的局面。

目前看来，国际金融监管主要还是依赖G20国家在国际层面推动国际金融监管改革、协调各国改革进程。这种改革无疑是发达国家倡导，其他国家跟进，而缺乏一个"广泛适用性"的监管者。

三、缺乏对跨境资本流动的有效监管

国际监管合作体系尚未形成。在国际合作方面，由于缺乏统一的监管标准和信息交换的平台与机制，监管者对国际性金融机构的跨境活动，尤其是国际资本流动，缺乏了解。这是一个全球性普遍问题。相关国际组织一直以来只是主要针对发展中国家进行宏观经济监测，特别关注新兴市场国家的汇率问题，但在监管全球资本流动上的作用不尽如人意。迄今为止，我们尚未厘清跨境资金的流动渠道和流动机制，特别是新兴市场国家资金流入与流出的渠道和机制，而且也还没有充分了解在经济不景气时，这些资金流动是如何逆转的。为加强监管方面的国际合作，2009 年，FSB 选定了 30 家大型国际性金融机构，并为它们分别成立了由其母国监管机构为主、主要东道国监管机构参加的联合监管机制。但由于金融市场瞬息万变，完全有效的监管机制还未形成。

四、缺乏一整套彼此联系的法律应对和惩戒机制

金融全球化要求在特定情况下的法律延伸管辖。尽管各国政府有义务在出现全球金融危机时协调并出台相关措施来有效地化解或者控制危机损害的范围。但是由于司法体制不同和各国司法管辖权有限，使得很多措施很难真正有效执行，各国协调和落实措施有时也无法真正落到实处，从而出现在金融危机面前各国各尽其手段但收效甚微的情况。同时，维系国际金融监管合作机制的惩戒制度还远未形成，主要经济体受到政经格局的影响，金融监管合作力度和期望有限，单边主义行为时有发生。金融危机及其法律治理已成为全球化时代不可回避的重大课题。要提高危机治理效果，就必须克服国际金融监管的内在缺陷。从制度上消除国际金融体系累积的系统风险。

五、数字金融的快速发展给现行金融监管规则带来新的挑战

第一,数字金融的发展可能会影响货币政策的有效性。我国传统的货币政策关注的是货币供应量、银行贷款以及社会融资总额。而数字金融的高速发展令越来越多的资金在银行体系外运转,这可能影响央行对货币数量的度量以及调控。具体而言,在货币政策执行方面,数字金融改变了传统金融组织的体系形态,且其具有跨界性、交叉性等特征,这也进一步改变了金融风险传递的形态和路径,给货币政策执行的有效性带来挑战。在货币政策工具方面,货币政策中的价格型和数量型两种工具相互影响,网络借贷、互联网货币基金等各类新兴业态扩展了消费者金融产品的可选范围,降低了各类金融资产之间的转换成本和时间成本。

第二,数字金融风险传导既快又广。虽然现在很多数字金融平台的规模相对较小,但也有一些规模比较大的平台,如"e租宝"曾涉及 90 万人的 500 亿元。数字金融平台不论大小,往往有两个很重要的风险特征:一是,参与者对风险的识别和承受能力相对较低;二是,一旦出现问题,风险传导速度非常快,而且跨行业、跨区域。由此可以看出,数字金融发展提高了导致系统性金融风险的可能性。如果监管部门仍然沿用过去的监管方式,比如定期的信息披露和现场检查等,很可能无法及时防范金融风险。

第三,数字技术的运用对金融稳定的影响并不确定。几乎所有的数字金融机构都声称在使用大数据分析支持金融决策。但事实上有很多机构没有数据,或者不会分析,"挂羊头卖狗肉"的现象并不少见。一些机构确实在努力地构建大数据库,但如何既能利用大数据又合理地保护个人隐私,在这方面尚无现成的行为规范。而如果一些商业机构真的拥有了完整、全面的大数据信息,又如何保证公众不担忧经济、社会甚至个人的安全?另外,大数据分析支持金融决策会让金融市场上的羊群效应加剧还是减弱,目前也还不确定。现在很多数字金融公司都在尝试采用智能投顾的方法帮助老百姓做财富管理。

如果一个或几个大数据分析公司同时为几千万人提供投资建议，会造成什么样的后果？这些新现象、新趋势、新特征，都需要监管者加快跟进，并制定相应的规则。

第四，当前分业监管的框架很难适应已经具有混业经营事实的数字金融行业。目前看来，我国分业监管的框架在短期内不太可能改变。但混业经营已经是数字金融行业的常态，以蚂蚁金服为例，它拥有银行、支付、基金、保险、股票等几乎所有领域的金融牌照。京东金融、陆金所等也都是混业经营状态，即便是小平台也有很多交叉业务。但问题是，当前分业监管的框架还缺乏有效的监管政策协调机制，沿用这个监管框架来监管数字金融行业，很容易出现监管漏洞，导致新的金融风险。更为严重的是，不少数字金融业态还没有很好地被监管政策覆盖。

第五，如何监管具有系统重要性的数字金融机构尚缺乏现成的方法。银行业、保险业都有系统重要性机构，但在数字金融领域暂时还没有。不过，如果看目前全世界最大的五家数字金融公司，就会发现其中四家都是中国的机构。这四家公司对我国的数字金融行业的发展会带来什么影响？对我国的总体金融稳定会有什么影响？假如国内的一些数字金融机构具有系统重要性，那又应该如何对它们进行监管？这些问题应该认真地研究和探讨，及时做好备案。

第四节　改善国际金融监管规则的建议

一、全面梳理现行国际金融法律制度，在此基础上整合资源、查漏补缺

以 IMF、世界银行、巴塞尔委员会等重要国际金融机构为中心，充分利用各方资源形成优势互补，加强金融信息及技术的相互交流与合作，促进金

融监管标准的法制化和统一化，建立包括跨国资本流动监督机制在内的有相当约束力的国际金融安全机制。例如，IMF 的优势主要在于：作为政府间国际组织的权威性及其麾下成员的普遍性、基金协定的约束性、组织机制的健全性、金融分析的全局性、金融监管信息的易得性、与其他国际金融机构合作的便利性等。巴塞尔委员会的优势资源则包括非政府组织的灵活性、发达国家银行监管信息与经验的易得性、银行监管规则修订的便利性、金融监管标准的市场亲善性等。

如果重在从宏观角度关注国际金融稳定、为避免发生系统性金融危机而忧虑的 IMF，与重在从微观角度关注各国银行日常监管之有效性、为避免发生银行业金融危机而忙碌的巴塞尔委员会，能够携手合作、共同防范金融危机，那么其效果是显而易见的。近年来，IMF 在金融危机治理的实践中，已经认识到利用资源、整合资源的重要性，开始将成员国银行业的有效监管纳入其金融监督的安排中，提出了介入银行业监管的若干任务与原则。而巴塞尔委员会也希望借助 IMF 的权威地位来推行有效的银行监管标准，因而在实践中积极地与 IMF 配合。

二、围绕当代金融危机的主要特征加强针对性的制度设计

当代金融危机具有复合性、区域性、突发性、系统性四大特征。针对当代金融危机的复合性，加强国际金融法制的协调性建设，包括国际货币法制、国际银行监管法制、国际证券监管法制等国际金融法制的内部协调，及其与国际贸易法、国际投资法、国际刑法等的外部协调，使 WTO、IMF、欧盟等各类国际经济组织的政策制度实施或国际行动产生正向叠加效应，而非反向抵消效应；针对当代金融危机的区域性，应建立和发展区域金融监管协调机制，探索和推进区域危机联防的法律合作，如货币互换与汇率协调；针对当代金融危机的突发性，各国监管当局和国际组织可以考虑相互借鉴与交流经验，建立反应灵敏的危机预警机制和应急机制，改革和完善 IMF 的贷款条件，

建设危机救援的绿色通道;针对当代金融危机的系统性,应开发和利用国际金融法制的救济功能,赋予IMF更多的金融危机救助职能,强化其制裁能力,依据"权利义务一致原则"建立发达国家在金融监管和危机救助中的责任制度,严格并完善危机处理的国际纪律和程序,研究和发展存款保险制度、国家主权债务重组制度等危机处理制度,有效地控制金融危机的蔓延和升级。

三、引入宏观管理机构的周期参数,加强逆周期调整机制建设

有效克服现有资本监管框架中顺周期因素以及提升银行资本的质量是防止严重金融危机的必要前提。危机反映了银行机构在资本充足性方面还存在许多脆弱性,具体表现在:《巴塞尔协议Ⅰ》和《巴塞尔协议Ⅱ》对复杂信贷产品的风险重视不够;最低资本及其质量要求未能在危机中提供足够的资本缓冲;资本缓冲的顺周期性加速了动荡;以及金融机构间在资本衡量标准方面存在差异。

目前,多个国际组织和监管机构正在致力于强化资本约束的普遍性,包括对资产证券化、表外风险敞口和交易账户活动提出资本要求,以及提高一级资本的质量和全球范围内最低资本要求的一致性。此外,作为资本充足率要求的补充,构建适当的杠杆比率指标可以在审慎监管中发挥作用,既可以作为潜在承担过度风险的指标,也可以起到抑制周期性波动被放大的作用。

在克服现有资本充足率框架的脆弱性尤其是资本缓冲的周期性方面,负责整体金融稳定的部门需要开发使用逆周期乘数,抑制顺周期因素。当经济周期发生异常变化或经济系统需要非常规的逆周期调整或特殊稳定手段时,可以考虑让该部门发布季度景气与稳定系数,金融机构和监督机构可以使用该系数,乘以常规风险权重后得到新的风险权重。根据这个风险权重得出的资本充足率要求和其他控制标准(如内部评级法),可以反映维持金融稳定的逆周期要求。

四、强化对评级运用和评级机构的监管

当前,主要评级机构对金融机构和产品的评级结果已经成为国际性的金融服务产品。在全球范围内,很多规定都要求投资管理决定和风险管理确保金融产品达到主要评级机构给出的一定水平评级。当某种产品满足了门槛评级标准时,金融机构也形成了不去担心该产品内在风险的习惯。但是,评级不过是以历史数据为基础得出的违约概率的指标,不能为产品的未来安全做出一致性保证。发行人付费的盈利模式使评级过程充满了利益冲突,评级机构不负责任地给很多结构性产品过高的评级。过往的危机中,市场的逆转使评级机构迅速下调金融产品评级,迫使评级结果的使用机构(如资产管理公司、金融服务企业等)的资产减值大增,直接加深了危机的严重程度。

信用评级是债券市场的重要基础性制度安排,关系到资本市场健康发展大局。降低外部评级要求,是近年来评级行业监管政策的重要方向,也是全球金融危机以来的国际共识。2021年8月6日,中国人民银行等五部门发布《关于促进债券市场信用评级行业健康发展的通知》提出,降低监管对外部评级的要求,择机适时调整监管政策关于各类资金可投资债券的级别门槛,弱化债券质押式回购对外部评级的依赖,将评级需求的主导权交还市场。紧接着,8月11日,中国人民银行发布公告,决定试点取消非金融企业债务融资工具(以下简称"债务融资工具")发行环节信用评级的要求。取消债务融资工具发行环节评级要求,是监管层推动弱化外部评级的重要举措。监管层持续推动弱化外部评级,引导扩大投资者付费评级适用范围等措施,将推动我国评级行业发展由"监管驱动"向"市场驱动"转变,引导评级机构更多从投资人角度揭示风险,促进评级行业和债券市场高质量健康发展。

我们认为,金融机构应该对风险做出独立判断,而不是把风险评估职能外包给评级机构。完全依赖投资人对投资标的评级也有很多问题,如果投资人与投资标的有着千丝万缕的联系,那么它的信用评级就不准确。在必须使

用外部评级时，也要加强内部的独立判断，并以此作为外部评级的补充，这是完全有必要的。况且，资本市场的资金不都是来源于机构投资者，必定有从中小投资者募集的资金。一般而言，普通投资者更依赖于大型机构的评级结果进行投资决策，如果投资者规模众多，一旦出现损失，就易于引发社会风波。为此，我们的建议是：在金融机构调整优化自身评级和外部评级的权重的同时，监管部门也要有适度的评级指引，特别是建立对部分投资风险较大的标的进行预警的机制，如此有助于建设一个更加健康的资本市场。

五、加快调整针对数字金融的监管政策

第一，过去金融监管者只需要懂金融，而现在不但要懂金融，还要懂技术。数字金融当然做的还是金融业务，但利用的核心技术是移动终端和大数据分析，监管者只有明白技术，才有可能知道风险在哪里。而且像任何金融创新一样，数字金融领域的创新通常都是发生在金融机构、金融市场，监管部门应该不断学习，起码要及时了解市场上发生的事情。如果监管人员不懂技术，因为数字金融的风险容易产生问题，有时候可能是单纯的金融风险，有时候可能是由技术问题引发的。

第二，货币政策应该尽快地从数量型工具转向价格型工具。随着数字金融的快速发展，央行对货币的数量变化的测度和调控能力都在下降，也许未来更为有效的货币政策应该依赖价格工具，特别是政策利率。

第三，2018年，全国金融工作会议已经决定设立国务院金融稳定发展委员会，这意味着"一行两会"的框架暂时不会改变。但是，对已经普遍实行混业经营的数字金融的监管仍需要一个好的协调机制。一种思路是在委员会中建立一个数字金融监管委员会，协调并统筹对数字金融监管的政策。同时，对数字金融和传统金融应该设置统一的监管标准，避免出现监管套利。

第四，监管要在创新与风险之间求平衡。但允许创新有前提，即金融行业必须有准入门槛。支持数字金融创新，在国际上已经有一些成功的做法，

我国也有一些好的尝试，核心就是在控制风险的条件下允许尝试新的做法，例如沙盒监管和创新中心等。同时加快尝试用数字技术支持数字金融监管，因为数字金融行业的变化非常快，需要实时监控风险。其中一种做法是数字金融机构与监管部门开展合作，尝试科技监管（RegTech）。

第五，监管部门也应该开始识别数字金融行业内具有系统重要性的机构，并尝试一些监管办法。可以像对待系统重要性的传统金融机构那样，做压力测试并对资本金、流动性和业务范围等提出一些特殊的监管要求。

六、加强资本市场监管合作，防止指数剧烈波动引发金融危机

在全球范围内由于指数剧烈波动引发的金融危机已经出现多次，无论是波及局部或者区域的危机，还是2008年美国资本市场指数波动引发的全球金融危机，对全球金融体系都造成巨大的冲击，经济损失惨重。为此，如何防止类似情况再次出现，我们认为仅靠现有的金融监管体系和交流方式是远远不够的。世界各国尤其是发达国家需要做出进一步努力。

（一）加强对机构资本监管的国际合作

发达国家和发展中国家都应对资本市场机构资本的流动进行有效管理。目前世界各国有资本自由流动市场，也有资本流动管制市场。在资本自由流动市场，不能一味追求资本自由，而放任不管。从历次金融危机看，机构资本的高杠杆投资往往是资本市场指数剧烈波动的导火索。2008年美国雷曼兄弟的高杠杆债券投资行为，就是美国证券交易委员会放任雷曼公司无限加杠杆投资，最后崩盘，导致美国资本市场金融危机，从而引发了全球性的金融危机。同时，资本自由流动国家也应承担更多的主动沟通和交换信息责任，将本国资本市场可能出现的状况主动与资本管制国家进行交流，提升全球资本的预警能力。

（二）加强对投机资本指数的监管

指数化投资作为一种长期投资方式，已经成为投资机构重要的投资方式

之一。相对来说，指数剧烈波动发生金融危机的市场往往是资本自由流动的发达国家。资本的逐利导致在危机发生前，大量境外资本流入该国市场进行风险投资。一旦出现危机端倪，大量资本又快速流出该国市场进行避险。投机资金推波助澜使得金融危机迅速形成并扩散。要避免资本市场的高波动成为经济危机的导火索，既要发达国家进行有效的资本流入管理，对高杠杆投资行为予以限制，又需要发展中国家对流出本国的资本进行有效的额度管理，并对资本流出进行投资的行为进行审慎监管。发达与发展中国家在资本市场监管上要形成有效的对话机制，双方要有信息交流并对某些投资机构或者标的形成共同看法，进行有效的双边或者多边监管合作，形成合力，共同将资本市场的管理做得更好。

（三）完善建设全球金融监管信息交流网

发达国家应进一步成为信息交流的推动者，发起建设国际金融监管信息网络，使得发展中或欠发达国家在监管信息共享上实现真正的平等。一般而言，发达国家在金融信息技术和人才方面储备丰富，因此，在指数出现泡沫的时候，发达国家的监管机构应该采取主动的监管措施并将相关信息主动推送给发展中或者欠发达国家的监管部门，帮助发展中国家进行有效管理。发达国家也应该加强对发展中或欠发达国家相关人才的培训和培养，使发展中或欠发达国家监管水平有所提升。当发展中或者欠发达国家出现相关人才短缺时，发达国家应该主动地提供人才帮助，协助发展中或欠发达国家学习和使用监管信息，提升监管水平。

第六章

绿色金融规则

绿色金融是绿色低碳经济发展和实现的有效支撑，绿色金融规则则是规范引导绿色金融发展的制度保障。在联合国《2030年可持续发展议程》《巴黎协定》等框架的推动下，当前绿色产业分类、绿色融资、绿色信息披露、绿色可持续发展等相关金融规则都取得了一定进展，但同时也存在全球绿色金融规则制定进展参差不一、标准通用性存在障碍等诸多问题。本章内容首先对全球主要绿色金融规则制定现状进行了梳理，其次对规则特征及主要发展趋势进行了研究分析，最后，我们从规则制定主体、规则内容、规则实施和规则合作等几个方面对我国绿色金融规则发展提出若干针对性的建议。

第一节　全球绿色金融规则现状

根据世界经济论坛（World Economic Forum，WEF）的定义，绿色金融是指为确保更好的环境结果而开展的任何结构性的金融活动。绿色金融规则则是规范、引导和约束金融活动的相关制度。绿色金融规则涉及诸多方面，广义上可以分为绿色金融支持的对象、绿色金融工具的类型和标准使用的管辖范围三类，不同类别标准内容较为繁杂。本节主要围绕绿色产业规则（绿色金融服务的边界）—绿色债券、绿色信贷等规则（绿色金融的具体工具）—绿色环境信息披露（绿色金融的可见性）—绿色可持续发展（绿色金融的绩效体现）这一逻辑链条，对绿色金融规则的几个主要方面展开分析（见表6-1）。

一、绿色金融分类规则

对绿色经济活动进行清晰明确的界定是金融支持经济绿色低碳转型的基础，目前在全球范围内，主要经济体和国际组织主要从银行融资支持活动、绿色债券支持对象等侧面对相应的绿色服务对象进行界定，欧盟和中国则是直接实现了从绿色经济活动进行分类界定的经济体[①]，为绿色金融活动提供了指导框架。

（一）欧盟《可持续金融分类方案》

欧盟是积极推动和实践绿色金融的主要经济体之一，2018年5月，欧盟委员会专门成立了可持续金融技术专家组（TEG），致力于实现绿色金融相关制度有效规范发展。"可持续性"是欧盟绿色金融发展的核心要义，相应规则

---

① 此外，在《巴黎协定》和减碳目标等的推动下，世界上其他经济体也在积极推动绿色分类标准的制定工作。如南非、加拿大、智利、哥伦比亚、新加坡、印度等。

也围绕它展开。2019年6月，TEG正式发布《欧盟可持续金融分类方案》（以下简称《分类方案》），对绿色金融服务的经济活动进行详细的分类指导。

表6-1 主要涉及的绿色金融规则汇总表

标准类别	名称	发布单位/时间	自愿性/强制性原则	适用对象
绿色产业分类规则	《可持续金融分类方案》	欧盟；2019年6月	自愿性原则	欧盟内部为主
	《绿色产业指导目录》	中国；2019年	自愿性指导原则	中国境内企业
绿色融资规则	《绿色债券原则》	国际资本市场协会（ICMA）；2014年发布第一版	自愿性原则	面向全球
	《气候债券标准》	全球气候倡议组织	自愿性原则	面向全球
	《绿色贷款原则》	贷款市场协会（LMA）	自愿性原则	面向全球
	《环境权益融资工具》	中国人民银行；2021年10月	推荐性行业标准	中国境内金融机构
绿色环境信息披露规则	全球报告倡议组织标准体系	GRI；2005年发布第一版	自愿性原则	面向全球
	《实施气候相关财务信息披露的建议》	FSB的TCFD；2017年发布	自愿性规则，近年来已具有强制性	面向全球
	《全球金融行业温室气体核算和报告标准》	碳核算金融合作伙伴关系（PCAF）；2020年发布第一版	自愿性原则	面向全球金融机构
	碳信息披露项目	成立于2000年的非营利性平台	自愿性原则	面向全球企业、城市、州和政府
	《金融机构环境信息披露指南》	中国人民银行；2021年10月	推荐性行业标准	中国境内金融机构
绿色可持续发展规则	《赤道原则》	赤道银行；2003年发布第一版	自愿性原则	面向全球
	《负责任银行原则》	联合国环境规划署金融倡议	自愿性原则	面向全球
	《负责任投资原则》	联合国环境署金融倡议和联合国全球契约共同发起；2006年发布第一版	自愿性原则	面向全球
	《"一带一路"绿色投资原则》	中英绿色金融工作组联合发布；2018年11月30日	自愿性原则	面向全球金融机构和企业

资料来源：上海发展研究基金会。

《分类方案》以应对气候变化为首要目的,以欧洲行业标准分类系统NACE 为框架,最终识别出七大类可持续的经济活动,即农林牧渔业,制造业,电力、燃气、蒸汽和空调供应业,水、污水处理、废弃物和修复业,运输和储存业,信息与通信技术以及建筑业等,共涵盖 67 项经济活动。上述经济活动有助于实现六大环境目标,即气候变化减缓、气候变化适应、海洋与水资源可持续利用和保护、循环经济、废弃物防治和回收、污染防控和保护健康的生态系统。

为准确有效地识别相关经济活动是否具有可持续性,《分类方案》为经济活动设置了三大技术筛选标准:一是实质性贡献(Substantial Contribution,SC)原则,即经济活动要对六大环境目标中的至少一个做出实质性贡献;二是无重大损害(Do No Significant Harm,DNSH)原则,即经济活动在对一个环境目标做出实质性贡献的同时,不能对其他五个目标造成显著的伤害[1];三是最低保障措施(Minimum Safeguards,MS)原则,即经济活动在对分类范围之外或在境外进行交易运作时,要遵循可比范畴内的最高原则。上述三大原则在应用上不是相互割裂的,而是相互作用并行的,有助于提高经济活动可持续性的精准识别,同时对绿色金融产品的发行提供必要的约束门槛。三大原则在和六大环境目标的交互上也各有侧重。其中,实质性贡献原则主要围绕前两大环境目标,即对气候变化减缓有实质性贡献和对气候变化适应有实质性贡献。无重大损害原则则要确保经济活动在对气候变化减缓和气候变化适应做出实质性贡献的同时,不能对其余四项环境目标造成重大损害。

欧盟的《分类方案》旨在提高对可持续活动的直接融资,以建立可持续的投融资体系。因此,为了便于改革和投资的推进,《分类方案》设有详细的技术指导附件,以便对经济活动进行准确评估。例如,在考虑减缓气

---

[1] 例如支持可再生能源发展,但没有注意到对生物多样性或粮食供应需求造成的伤害。

候变化时，将降级活动分成低碳（Low Carbon）、转型（Transition）和赋能（Enabling）三类，其中，低碳活动指那些接近净零水平的活动，有针对性的政策改革和投资以扩大和发展这些部门是必要的；转型活动则是碳排放的主要来源，需要大量投资和政策改革以改善环境绩效的活动；赋能活动是指那些支持其他经济部门在生命周期基础上做出重大贡献的活动。与低碳活动一样，这些部门需要扩大和发展。在实际情况下，现有国际市场上真正处于净零排放水平的低碳活动少之又少，转型活动则是全球绿色低碳发展关注的重点，赋能活动的有效发展将大大帮助过渡活动的转型和低碳活动的增多。

（二）我国《绿色产业指导目录》

我国的绿色产业分类经历了分而合一的过程。2019年以前，我国没有统一的绿色产业分类指导标准，绿色经济活动的识别主要基于原银监会公布的《绿色信贷统计表》、国家发改委公布的《绿色债券发行指引》、中国人民银行公布的《绿色债券支持项目目录（2015版）》等文件，标准和管理都较为分散。2019年，国家发改委等七部门联合印发《绿色产业指导目录2019》（以下简称《绿色目录》），从产业的角度厘清绿色产业和项目的标准和范围，为绿色经济发展提供了统一的指导标准。

《绿色目录》包括三级目录，一级目录涵盖节能环保产业、清洁生产产业、清洁能源产业、生态环境产业、基础设施绿色升级、绿色服务等六大产业类别，下设30个二级分类和211个三级分类。为提高准确性和适用性，《绿色目录》内附解释说明，对细分产业的内涵、产业形态、技术标准等进行详细说明。煤炭等传统能源被广泛认为是高污染、高排放的主要源头，在国际上往往被直接排除在绿色产业范畴之外。然而，煤炭相关产业仍囊括于《绿色目录》之中[①]，这一方面源于我国"富煤贫油少气"的能源结构，尽管近年来随着供给侧结构性改革和绿色发展理念的推进，煤炭在我国能源结构中的

[①] 《绿色目录》清洁能源产业分类中，3.2.6煤层气（煤矿瓦斯）抽采利用设施建设和运营、3.3.2煤炭清洁利用、3.3.3煤炭清洁生产、3.4.4煤炭发电机组调峰灵活性改造工程和运营。

占比在逐年下降，但截至 2020 年，占比仍高达 56.8%，短期内不可或缺；另一方面，在我国现行经济发展阶段下，通过技术实现煤炭行业的清洁绿色发展对我国各行业稳步实现经济绿色转型也至关重要。同时，《绿色目录》的解释说明中，对多数细分产业设置了明确的技术标准，特别是对风力发电设施、太阳能利用设施、生物质能源利用设施等清洁能源领域相关的装备制造业规定了详细的技术标准，同时也实现和相应产业技术标准的准确对接，明确了绿色经济活动的底线。

从根本属性上讲，《绿色目录》并非纯粹的金融标准，但是它从顶层设计上为绿色金融服务提供了约束框架，对债券、信贷、基金、保险、股票等金融服务领域提供了普适性的绿色识别标准，不仅有效降低了多重标准约束下绿色标准识别的成本，还减缓了多头监管不统一带来的低效率问题。

（三）小结

欧盟的《分类方案》和我国的《绿色目录》都致力于从经济活动/产业视角对抽象的"绿色"概念进行清晰界定，都对相应经济活动的定义、范畴和识别的技术标准/参数等进行了详细的说明。整体而言，二者总体理念较为一致，侧重点上有所差异。

在基本原则方面，欧盟《分类方案》更侧重对气候变化的关注，核心落脚点是推动经济加快向可持续方向发展。其要求经济活动服务的六大环境目标中，气候变化减缓和气候变化适应这两大目标为优先事项。目前，TEG 已经优先推动出台了针对这两大目标的经济活动支持清单以及相应的技术标准[①]。相比较而言，我国的《绿色目录》更侧重于污染防治，致力于引导更多社会资金向绿色清洁产业集聚。我国传统产业规模大、路径依赖度较高，难以直接一步到位淘汰落后产能。例如，煤炭的清洁利用目前仍在《绿色目录》之中，需要引导更多绿色资金投入技术层面，通过技术的优化降低对环境的负面效应。

---

① 参见 https://ec.europa.eu/info/files/200309-sustainable-finance-teg-final-report-taxonomy_en。

在涵盖内容方面，欧盟的《分类方案》以欧洲行业标准分类系统（NACE）为框架，对相关经济活动进行可持续性识别，涉及NACE的二级子目录、三级子目录和四级子目录，清晰标明了行业活动代码。我国的《绿色目录》同样依照国民经济行业分类标准，二级和三级目录和国家行业分类标准尽量重合，一级目录名称则是重新确定。二者都在既定条件下尽可能将涉及的可持续/绿色经济活动纳入分类范围，但鉴于技术条件或其他原因，涵盖范围还有待经过实践之后调整，例如，欧盟的《分类方案》中尚未涵盖核能、航空、某些金属和稀土等领域，而我国的《绿色目录》尚未包含煤炭的清洁利用、农业废弃物污染防治、农村垃圾污水处理设施的建设运营等活动。一方面，是由于中欧经济发展阶段不同，例如农业污染问题在我国仍是被关注的点之一，而欧盟的农业现代化发展进程较快，已经没有相应问题存在；另一方面，则是由于绿色理念的差异，例如在核能利用方面，我国认为其是清洁能源，而欧盟则对此有争议。

从技术标准方面讲，二者都为具体的活动设定了详细的技术标准说明。然而，就技术本身而言，一方面，中欧在相关产业领域的技术发展水平本就迥异，对相同经济活动的技术标准认定也就有所不同；另一方面，欧盟的《分类方案》遵循"技术中性"标准，"不管黑猫白猫，抓住老鼠就是好猫"，而我国的《绿色目录》则设定了明确的标准条件，且主要标准和国家相关行业标准接轨。例如在太阳能发电活动的技术识别上，《分类方案》的技术附件中指出"如果使用 ISO 14067 或《温室气体议定书》（GHG Protocol）产品生命周期标准产品碳足迹评估证明，生产1千瓦时电力的生命周期影响低于下降阈值，则任何发电技术都可以列入该分类"，而《绿色目录》则要求同时符合一系列国家标准①。相对而言，欧盟的技术中性更有利于市场技术创新，鉴

---

① 《绿色目录》解释说明中要求太阳能利用设施建设和运营同时符合《光伏发电站涉及规范》（GB 50797）、《光伏发电系统接入配电网技术规定》（GB/T 29319）、《独立光伏系统 技术规范》（GB/T 29196）、《光伏建筑一体化系统运行与维护规范》（JGJ/T 264）等一系列国家标准，并对太阳能光伏发电站、太阳能高温热发电站需满足的限定条件做出解释。

于不同类型经济活动的特性不同，或适用于不同的定性和定量技术标准，没有既定方案，遵循技术中性原则，能够拥有良好的动态调整性，放大节能减排方案的预留空间；我国针对多数细分项目的硬性技术标准虽有据可循，便于识别监管，但灵活性相对较弱。

二、绿色债券、贷款相关规则

当前，绿色债券和绿色信贷是金融支持绿色低碳经济发展的主要方式。绿色债券是指将募集资金或等值金额专用于为新增及/或现有合格绿色项目提供部分/全额融资或再融资的各类型债券工具。绿色贷款是指专门用于为新生或已有的合格绿色项目提供全部或部分额度融资或再融资贷款工具。国际上，针对绿色债券和绿色信贷的规则以国际组织牵头制定为主，其中，主要包括两套绿色债券标准：一套由绿色债券执行委员会与国际资本市场协会（International Capital Market Association，ICMA）联合主要市场参与者制定的《绿色债券原则》（Green Bond Principles，GBP）；另一套是由气候债券倡议组织（Climate Bond Initiative，CBI）制定的《气候债券标准》（Climate Bond Standards，CBS）。在绿色信贷领域，则以贷款市场协会（Loan Market Association，LMA）牵头发起的《绿色贷款原则》（Green Loan Principles，GLP）为主。

（一）《绿色债券原则》（2014—2021年）

GBP是一项自愿性的引导原则，自ICMA于2014年1月31日发布第一版内容以来，已经过多次调整修订，最新版于2021年6月发布。一直以来，GBP都强调绿色债券的发行需要满足四大核心要素，即募集资金用途、项目评估与遴选流程、募集资金管理和报告披露制度（见表6-2）。

表 6-2　GBP 四个核心要素及内容

核心要素	内容
募集资金用途	债券募集资金应当用于合格绿色项目，且应在证券的法律文件中进行合理描述。所有列示的合格绿色项目应具有明确的环境效益，发行人应对其进行评估并在可行的情况下进行量化
项目评估与遴选流程	包括发行人应当向投资者阐明的内容和鼓励发行人在信息披露和风险防范等做出相应举措
募集资金管理	绿色债券的募集资金净额或等额资金应记入独立子账户、转入独立投资组合或由发行人通过其他适当途径进行追踪，并经发行人内部正式程序确保用于与合格绿色项目相关的贷款和投资
报告披露制度	发行人应当记录、保存和每年更新募集资金的使用信息，直至募集资金全部投放完毕，并在发生重大事项时及时进行更新

资料来源：上海发展研究基金会。

募集资金用途中，要求资金应用于合格的绿色项目。符合 GBP 的合格绿色项目主要包括：可再生能源；能效提升；污染防治；生物资源和土地资源的环境可持续管理；陆地与水域生态多样性保护；清洁交通；可持续水资源与废水管理；气候变化适应；循环经济产品、生产技术及流程和/或经认证的生态高效产品；符合地区、国家或国际认可标准或认证的绿色建筑等。同时，从债券类型上，根据资募集资金的用途和对发行主体债务追索权的差异，在 GBP 框架内，发行人目前可以发行标准绿色债券、绿色收益债券、绿色项目债券和绿色资产支持证券四种债券。

2021 年版的 GBP 明确绿色债券应致力于实现五大环境目标，即气候变化减缓、气候变化适应、自然资源保护、生物多样性保护和污染防治。同时，为提高透明度，GBP 明确了关于绿色债券框架和使用外部评审等两项重点建议。其中，建议发行人在其绿色债券框架或法律文件中说明其绿色债券或绿色债券发行计划 GBP 四个核心要素的一致性。在使用外部评审方面，GBP 也从以往的引导或鼓励状态，转为变"强烈建议"发行人在债券发行全周期内引用外部评审或第三方认证机构进行认证和核证。

(二)气候债券标准和认证计划(2011—2021年)

积极应对气候变化已经成为全球共识,近年来,越来越多的市场投资者将目光投向气候相关的债券。"气候债券标准和认证计划"(Climate Bonds Standard and Certification Scheme)是由CBI提出的倡议,2019年12月更新至3.0版。该倡议是一个组合计划,内含《气候债券标准3.0》、气候债券分类、行业资格标准、指导材料和认证文件等部分,致力于为全球投资者提供气候债券发行的标准化引导。

在CBS中,"bonds"是一个广义的概念,包含债券、贷款或其他债务工具。《气候债券标准》要求发行人必须同时满足发行前要求和发行后要求,主要要求内容同《绿色债券原则》一样,按照四大核心要素展开,即募集资金用途、项目评估和遴选、募集资金管理和报告披露[①]。认证计划允许投资者、政府和其他利益攸关方确定并优先考虑"低碳和气候适应型"投资,避免"漂绿""洗绿"等现象的发生,是债券发行成功的关键考量部分。

项目的评估和遴选是气候债券发行成功的前提,气候绿色债券的筛选主要依托于CBI发行的《气候债券分类》(Climate Bonds Taxonomy,CBT)[②],CBT包含能源、交通、水、建筑、土地利用和海洋资源、工业、废物及污染控制、ICT八大类经济活动,最新版按照四级目录展开,给出了与《巴黎协定》设定的降低2℃目标一致的温室气体筛选标准。为便于投资者直接准确识别绿色/气候相关的经济活动,CBT采用了交通信号灯模式,即绿灯、橙灯、红灯和灰灯[③],上述不同颜色的灯按次序与2℃目标的相容性依次下降。

债券认证程序贯穿发行人的整个发行周期,包括发行前认证、发行后认证和持续认证三个阶段。成功获得绿色认证标志(或绿色贴标)的债券要满足三个条件:一是完全符合《绿色债券原则》和/或《绿色贷款原则》;二是

---

① 参见 https://www.climatebonds.net/climate-bonds-standard-v3。
② 2013年CBI发行了第一版《气候债券分类》标准,最新版于2021年1月发布。
③ CBT信号灯包含四种颜色: 绿灯表示自动兼容; 橙灯表示可能是兼容的, 取决于是否满足更具体的标准; 红灯表示不兼容; 灰灯表示需要进一步确定。

使用最佳的内部控制、跟踪、报告和验证方法；三是为符合实现《巴黎协定》目标的资产提供融资。此外，新版CBI标准制定了更加清晰明确的绿色债券框架，对报告的信息披露提出了更明确的要求，要求发行人应在债券存续期内就债券的进展情况提供年度报告。同时，年度报告内容又细化为分配报告（Allocation Reporting）、资格报告（Eligibility Reporting）和影响报告（Impact Reporting）[1]，其中，分配报告和资格报告要求强制披露，影响报告则属于鼓励披露信息。

（三）《绿色贷款原则》

根据贷款市场协会的定义，绿色贷款是指专门用于为新生或已有的合格绿色项目提供全部或部分额度融资或再融资的贷款工具。2018年3月，贷款市场协会、亚太贷款市场协会（APLMA）和贷款银团与交易协会（LSTA）共同制定的绿色贷款原则正式通过。《绿色贷款原则》致力于促进和支持环境可持续活动。同时，该原则也已经成为世界银行下属的国际金融公司（IFC）推动可持续发展贷款时推荐采用的重要原则。2019年3月，贷款市场协会进一步推出了与可持续性挂钩的贷款原则（Sustainability Linked Loan Principles，SLLP），致力于促进和支持环境、社会可持续的经济活动。

GLP和SLLP都是自愿性原则，其中GLP针对的经济活动更聚焦于绿色领域[2]，而SLLP的适用范围更为广泛，其可持续性绩效目标（Sustainability Performance Targets，SPTs）包括但不限于能源效率、温室气体排放、可再生能源、水的消耗、经济适用房、可持续资源、循环经济、可持续农业、生物

---

[1] 分配报告是对债券收益分配到合格项目和资产的确认，对所有认证债务工具都是强制性的。资格报告是确认项目和资产的特征或绩效，以证明其符合分类学和相关行业资格标准的资格，对所有认证债务工具都是强制性的。影响报告是对反映合格项目和资产的预期或实际影响的指标或指标的披露，鼓励对所有认证债务工具进行影响报告，但不是强制性的。

[2] GLP合格绿色项目包括但不限于可再生能源，能源效率，污染防治，环境可持续的自然资源和土地利用管理，陆地和水生生物多样性保护，清洁交通，可持续水资源和废水管理，适应气候变化，适应生态效益和/或循环经济的产品，符合地区、国家或国际认可标准或认证的绿色建筑等经济活动。

多样性、全球环境、社会和治理评估等方面。上述两项标准的发布，也为借款人进行同时兼顾绿色绩效和可持续性绩效的项目贷款提供了连接。

GLP 在框架设定上参考了 ICMA 发布的 GBP，要求合格的绿色贷款同样必须满足四个核心原则：募集资金用途、项目评估与遴选流程、募集资金管理和报告披露制度。绿色贷款和不符合上述四个核心原则的贷款之间不能实现互换。SLLP 在标准框架上也包括四个核心要素，即与借款人企业社会责任（CSR）战略的关系、目标设定——衡量借款人的可持续性、报告和审查四个方面（见表 6-3）。

表6-3 GLP和SLLP核心原则及主要内容

GLP 四项核心原则		SLLP 四项核心原则	
募集资金用途	要求借款人应清晰描述募集资金的使用情况，提供明确的环境效益。必须明确指定项目的绿色部分，并将绿色收益贷记到一个单独的账户或由借款人以适当的方式跟踪	与借款人整体社会责任战略的关系	借款人应向贷款人明确传达其企业社会责任战略中提出的可持续性目标，以及这些目标如何与可持续绩效目标一致
项目评估与遴选流程	借款人应与贷款方明确沟通环境可持续性目标、项目是否符合绿色合格项目以及满足相关的资格标准	目标设定——衡量借款人的可持续性	借款人和贷款集团之间应就每笔交易协商并设置适当的可持续绩效目标。SPTs 可以是内部的（由借款人根据其全球可持续发展战略定义），也可以是外部的（由独立提供者根据外部评级标准进行评估）
募集资金管理	绿色贷款的收益应记入专用账户，或由借款人以适当方式进行跟踪	报告	借款人至少每年向参与贷款的机构提供一次 SPTs 相关的信息
报告披露制度	借款人应每年至少一次提供贷款使用的报告。绿色绩效评估时建议使用定性绩效指标，并在可行的情况下使用定量绩效指标	审查	外部审查的需要由借款人和贷款人在逐笔交易的基础上协商并达成一致

资料来源：上海发展研究基金会。

可以看出，GLP 和 GBP 的发行要求较为一致，要求融资资金支持合格项目，有明确的环境效益指标，并采用绿色专用账户对绿色资金进行专款专用的监督。同时，GLP还进行了循环贷款安排。循环贷款可能是针对整体项目的某一个环节或部分，借款人需确保绿色贷款资金可持续地流向这些环节，确保整个贷款生命周期的绿色可持续性。借款人有义务提供完整的贷款可持续性信息，当贷款人内部缺乏足够的专业知识来监督贷款的情况下，GLP强烈建议通过外部审查的方式，对经济活动/项目进行"绿色"认证。而SLLP侧重于社会责任和可持续发展，在可持续性绩效认证上，借款人可灵活根据自身情况进行自主评估或借助第三方独立机构进行评估，其信息披露核心也聚焦在可持续性绩效目标的跟踪上。

（四）中国绿色债券标准（2015—2021年）

近年来，我国绿色债券市场蓬勃发展，截至2020年底，我国发行人发行的绿色债券规模累计已达1 316亿美元，世界排名第二。为规范引导绿债市场发展，我国也推出了一系列绿色债券标准（见表6-4），其中以《绿色债券支持项目目录》（以下简称《绿债目录》）、《绿色债券发行指引》（以下简称《绿债指引》）等标准为主体。

2015年，中国金融学会绿色金融专业委员会发布了《绿债目录（2015年版）》，为我国绿色债券界定、分类与发行提供了基础标准。其中，《绿债目录》（2015年版）按照三级目录展开，包括节能、污染防治、资源节约与循环利用、清洁交通、清洁能源、生态环境保护和适应气候变化六大类（一级分类），共31个小类（二级分类）环境效益显著项目。2015年底，国家发改委发布了《绿债指引》，鼓励募集资金支持节能减排技术改造、绿色城镇化、能源清洁高效利用、新能源开发利用、循环经济发展、水资源节约和非常规水资源开发利用、污染防治、生态农林业、节能环保产业、低碳产业、生态文明先行示范实验、低碳试点示范等12类绿色循环低碳发展项目。《绿债指引》主要适用范围是企业债券，对发行主体适用性较窄。同时，由于上述不同标准由不同部门发布，在标准适用对象、产业范围、监管部门等方面不一致，不利于绿债市场的统一规范发展。

表 6-4 我国绿色债券主要标准

中国主要绿债标准	发行时间和部门	金融工具类型	支持产业范围
《绿债目录（2015年版）》	2015年12月22日，由中国金融学会绿色金融专业委员会发布	标准文件中统提"绿色债券"，未明确界定	三级目录展开，包括节能、污染防治、资源节约与循环利用、清洁交通、清洁能源、生态环境保护和适应气候变化六大类产业
《绿债指引》	2015年12月31日，由国家发展改革委办公厅发布	企业债券	支持节能减排技术改造、绿色城镇化、能源清洁高效利用、新能源开发利用、循环经济发展、水资源节约和非常规水资源开发利用、污染防治、生态农林业、节能环保产业、低碳产业、生态文明先行示范实验、低碳试点示范等12类绿色循环低碳发展项目
《绿债目录（2021年版）》	2021年4月2日，中国人民银行、发展改革委、证监会三部门联合发布	包括但不限于绿色金融债券、绿色企业债券、绿色公司债券、绿色债务融资工具和绿色资产支持证券	四级目录展开，包括节能环保产业、清洁生产产业、清洁能源产业、生态环境产业、基础设施绿色升级、绿色服务等六大类产业

资料来源：上海发展研究基金会。

在积极对标国内外绿债标准的基础上，2021年，中国人民银行、发展改革委、证监会三部门在《绿色目录（2019年版）》的基础上，联合更新发布《绿债目录（2021年版）》。新版目录在2015年版的《绿债目录》的基础上，将三级分类增加为四级分类，并在一级目录上和《绿色目录（2019年版）》保持一致，进一步实现标准和监管协同，但是在细分类上，煤炭等化石能源清洁利用等高碳排放项目不再纳入支持范围，这是对《绿色目录（2019年版）》的优化，也是和国际标准的进一步接轨。同时，《绿债目录（2021年版）》增加了有关绿色农业、绿色建筑、可持续建筑、水资源节约和非常规水资源利用等新时期国家重点发展的绿色产业领域类别，对绿色装备制造领域的支持还从生产端扩展到了对相关贸易活动的支持上，使得绿色投资范围和方向更具有导向性。在适用对象上，也进一步明确绿债种类，即包括但不限于绿色金融债券、绿色企业债券、绿色公司债券、绿色债务融资工具和绿色资产支持证券。

（五）小结

当前，国际上较有影响力的绿色债券或绿色贷款标准主要是由国际组织牵头，且债券标准和标准内核具有一定的相通性。例如，不论是GBP、CBS还是GLP，都围绕四个核心要素展开，具体内容则各有侧重。同时，各项规则都支持发行人或借款人采用第三方外部机构，对项目的合格性或募集资金的用途进行核查监督等。下面，我们着重对绿色债券相关标准进行比较分析（见表6-5）。

表6-5 国内外绿债标准对比

原则标准	发布方	绿色项目标准	绿债类型	市场接受度
《绿色债券原则》	ICMA，2021年6月（最新版）	四项核心原则：1.募集资金所投资的项目确保能产生积极的环境收益；2.项目评估和筛选流程符合绿色债券标准；3.设立专门账户追溯募集资金的使用；4.一年至少披露一次募集资金的使用情况报告	目前主要有四种绿债类型：标准绿色债券、绿色收益债券、绿色项目债券、绿色资产支持债券	自愿性原则，被市场参与者普遍接受
《气候债券标准3.0》	CBI	四项核心原则：1.募集资金所投资的项目确保能产生积极的环境收益；2.项目评估和筛选流程符合绿色债券标准；3.设立专门账户追溯募集资金的使用；4.一年至少披露一次募集资金的使用情况报告	标准债券、收益债券、项目债券、证券化债券、可转换债券或票据、伊斯兰债券、借款凭证、贷款额度、商业票据、绿色债券基金发行的债券工具、有担保债券、绿色存款	自愿性原则，在国际绿色债券市场上接受度较高
《绿色债券发行指引》	中国国家发改委办公厅，2015年12月31日发布	重点支持环境效益直接、显著且符合国家产业政策引导方向的项目	企业债券	非自愿
《绿色债券支持项目目录（2021版）》	中国人民银行、发展改革委、证监会三部门联合于2021年4月2日发布	核心目标：环境改善、应对气候变化和资源节约高效利用	包括但不限于绿色金融债券、绿色企业债券、绿色公司债券、绿色债务融资工具和绿色资产支持证券	非自愿

资料来源：上海发展研究基金会。

在债券类型上，可以看出，CBS 囊括的绿债类型最为广泛，主要有 12 种类型，其中不仅包括纯债券类型，还适用于绿色贷款和绿色债务工具等方面。GBP 则主要包括四种债券类型。我国绿债支持类型虽然已经从《绿债指引》中单一企业债券，过渡到了《绿债目录》中至少五种债券类型，但是和国际标准中的债券类型仍不一致。此外，需要指出的是，2021 年 7 月 22 日，中国人民银行正式发布了《环境权益融资工具》（JR/T 0228—2021）[①]，规定了环境权益融资工具包括直接融资工具和间接融资工具两类，其中直接融资工具包括环境权益回购、环境权益借贷和环境权益债券，而间接融资工具则主要包括环境权益抵质押贷款。这将进一步扩宽金融支持绿色发展的维度。

在适用产业类型上，由于不同机构制定的文件标准侧重点不相同，这也从侧面反映了不同国家、地区和机构处于不同的社会环境，对于环境效益内容的关注重点有所差异。例如，GBP 的支持项目目录将清洁交通列为一级分类，而将工业节能和可持续建筑作为二级分类；CBS 倡导的重点是开发和动员大规模的债券市场，为可持续的和具有气候适应性的基础设施融资，支持自然资源的可持续利用，减少工业过程中的碳排放。我国的《绿债目录（2021 年版）》则主要致力于环境改善、应对气候变化和资源节约高效，煤炭等化石能源清洁利用等高碳排放项目不再纳入支持范围，并采纳国际通行的"无重大损害"原则，使减碳约束更加严格。然而，和国际标准的"气候环境至上"相比，我国还要兼顾与国家产业政策保持一致。

在绿债融资资金管理和使用方面，国内外标准都要求专款专用，都强调资金应用于合格绿色项目或投资中。但是在资金管理上，《绿色债券原则》和《气候债券标准》更严格，不仅要求设立专业账户管理，并且要求由第三方机构进行认证复核。我国绿债标准对第三方机构认证未做强制性要求。此外，

---

① 根据《环境权益融资工具》标准的规定，"环境权益"即政府为解决外部性问题，对行为主体在自然资源和环境容量消耗数量方面设定许可、进行总量控制而产生的权益。

绿债募集的资金使用标准方面我国低于国际标准，国内标准允许绿色公司债募集资金的 30% 和绿色企业债募集资金的 60% 用于偿还一般银行贷款和补充公司营运资金，而 CBI 于 2020 年 10 月发布的公告，要求募集资金用于投向绿色项目的比例由 95% 提高至 100%。

绿色债券相比于传统债券，主要区别在于对前者进行绿色认证。第三方机构的绿色认证可降低信息不对称性，从而降低绿色债券融资成本。GBP 提出了四种评估认证机制[①]，对外部评审认证的支持力度也从"引导或推荐"转变为"强烈建议"。而 CBS 对第三方认证采取强制态度，强调债券的发行前认证、发行后认证和持续性认证的三阶段贯穿式认证模式，只有通过全部认证程序，才能获得绿色债券标志/贴标。同时，CBS 还对第三方认证机构授权，其中，经过批准的第三方认证机构包括安永（EY）、Trucost、必维国际检验集团（Bureau Veritas）、DNV-GL、毕马威（KPMG），我国的商道融绿（SynTao Green Finance）、联合赤道环境评价、中诚信等也进入了 CBS 允许的核查机构名单。截至目前，我国对绿色债券的第三方认证机制，主要还是持鼓励态度。2017 年，中国人民银行和证监会联合发布的《绿色债券评估认证行为指引（暂行）》虽然从机构资质、业务承接、业务实施、报告出具以及监督管理方面对绿色债券评估认证统一了标准，但是我国的认证标准相对较为笼统，未有明确的量化标准或者最低限度要求[②]。同时，我国本土具有影响力的第三方评级机构还较少，绿色贴标债券在国际上的认同度还较为有限。

---

① 一是咨询评估，指向顾问机构咨询债券发行环境方面的专业意见；二是第三方认证，指聘用第三方机构对绿色债券符合外部评价标准进行认证；三是审计核查，指对绿色债券资产和框架进行审计；四是评级，由专业评级公司对绿色债券属性进行评级，并且评级独立于发行人环境、社会和公司治理（ESG）的评级。

② 例如，第十九条，针对绿色债券发行前评估认证时，要对拟投资的绿色项目是否合规、绿色项目筛选和决策制度是否完备等进行认证，但是文件并未对"合规""完备"等的具体要求做出最低限度说明。

三、绿色环境信息披露规则

绿色环境信息披露是指企业通过一定的方式，将环境变化（包括气候变化）对其影响、自身采取的应对措施等信息披露出来。充分的信息披露有助于投资者更有效地评估气候相关风险、更合理配置资产以及更好地进行中长期战略规划，也有助于绿色债券发行者或借款人降低融资成本，有助于政府部门更有效地监管。

（一）全球报告倡议组织信息披露标准体系

全球报告倡议组织（Global Reporting Initiative，GRI）是全球致力于推动可持续发展的重要组织之一，其发布的GRI标准促进组织实体公开披露其活动对经济、环境和人的影响，提供相应活动的透明度。

GRI报告框架是一个相互关联的标准系统，系统内标准分为通用标准（Universal Standards）、部门标准（Sector Standards）和实质性议题标准（Topic Standards）三部分。其中，所有组织在按照GRI标准进行报告时都使用通用标准，组织根据自身所在的部门选择性使用部门标准，也可以根据自身所处的实质性议题使用实质性议题标准进行相关信息的披露。在内容上，通用标准是基础标准，为所有使用者提供基础框架，而部门标准和实质性议题标准存在交叉，发布者可以根据自身情况灵活选择。

GRI标准体系涉及的细分标准较多，为此，我们将主要框架加以整理（见表6-6）。通用标准主要包括三个子标准体系，即基础披露、一般披露和材料议题披露。其中，基础披露主要介绍了GRI报告的核心概念和界定报告质量所依据的八项原则[①]；一般披露要求围绕组织及其报告实践、活动和员工等五方面内容展开信息披露；材料议题披露则建议披露决定实质性议题的过程、

[①] 本书主要采用的是GRI发布的2021年的最新版本内容，与老版相比在内容上有所调整。例如在基础披露的报告质量所依据的原则中，2021年给出的是准确性、平衡性、清晰性、可比性、完整性、可持续发展背景、时效性和可验证性等八项原则，而2016年版给出的是准确性、平衡性、清晰性、可比性、可靠性和时效性等六项原则。

确定实质性议题的列表以及对实质性议题管理三方面的信息。

在 2021 年 GRI 发布的新版标准框架中，部门标准中主要列出了石油和天然气行业，并对这两个行业和联合国发展目标中可能联系的相关议题进行了列示，包括温室气体（GHG）排放、气候适应、恢复和过渡等方面的相关议题。

实质性议题标准是 GRI 标准的主要展开部门，我们将不同议题根据性质归类为经济议题披露、环境议题披露和社会议题披露三个部分，这不仅是 GRI 可持续发展内核的体现，也在内容上和 ESG 理念有所贯通。此外，GRI 标准没有设定分配、阈值、目标、指标或任何其他衡量性能好坏的基准，只提供客观的指导标准，对不同系统的使用者来说更具灵活性。

表 6-6 GRI 标准体系及具体内容

GRI 标准体系		主要分类或披露的内容
通用标准	GRI1（2021 版）基础披露	界定 GRI 报告的核心概念：影响性、实质性话题、尽职调查和利益相关方
		界定报告质量所依据的八项报告原则：准确性、平衡性、清晰性、可比性、完整性、可持续发展背景、时效性和可验证性
	GRI2（2021 版）一般披露	建议披露：组织及其报告实践；活动和员工；管理；策略、政策和实践；利益相关方
	GRI3（2021 版）材料议题披露	建议披露：决定实质性议题的过程；实质性议题的列表；对实质性议题的管理
部门标准	GRI11（2021 版）石油和天然气行业	可能涉及的实质性议题联系：温室气体排放；气候适应、恢复力和过渡；空气排放；生物多样性；浪费；水和废水；关闭和复苏；资产完整性和关键事件管理；职业卫生与安全；就业实践；非歧视和机会平等；强迫劳动和现代奴隶制；结社自由和集体谈判；经济影响；当地社区；土地和资源权；土著居民权利；冲突和安全；反竞争行为；反腐败；支付政府；公共政策
实质性议题标准	经济议题披露	包括：市场表现、间接经济影响、采购实践、反腐败、反竞争行为、税收
	环境议题披露	包括：材料、能源、水和废水、生物多样性、排放、浪费、供应商环境评估
	社会议题披露	包括：就业、劳动/管理关系、职业健康与安全、培训与教育多样性与机会平等、非歧视性、组织自由和集体谈判、童工、强迫或强制劳动、安全实践、土著居民权利、当地社区、供应商社会评价、公共政策、消费者健康和安全、营销和标签、客户隐私

注：GRI 细分标准中，通用标准是 2021 年版的最新标准，除了实质性标准中的税收（2019 年版）、水和废水（2018 年版）两个细分类之外，其余细分议题标准仍遵循 2016 年版本。

资料来源：根据 GRI 发布的 *Consolidated Set of the GRI Standards* 2021 整理。

"模块化"结构是 GRI 标准的主要特点。不同主题、不同行业可以独立使用，也可以组合构建更加复杂和完整的报告。"模块化"意味着企业可以更容易地管理和更新各项指标。从结构上看，实质性议题标准是 GRI 标准的核心组成部分，实质性议题是指体现报告组织重大经济、环境和社会的议题或对利益相关方评估和决策有实质性影响的议题，"实质性"也成为诸多标准共同认可和采用的概念，如下文涉及的气候相关财务信息披露（Task Force on Climate-related Financial Disclosures，TCFD）的标准框架，要求对气候风险进行实质性评估。

（二）《实施气候相关财务信息披露的建议》——从自愿披露向强制披露转变

环境信息有效且一致的披露，是有效促进全球绿色低碳发展，实现《巴黎协定》温控目标的基础。2015 年，金融稳定委员会成立气候相关财务信息披露工作小组，旨在制定一致的气候相关金融风险披露，供企业、银行和投资者在向利益相关者提供信息时使用。2017 年 6 月，TCFD 发布了自愿性的《实施气候相关财务信息披露的建议》，从企业治理、经营战略、风险管理、指标与目标四个维度共十一项建议披露条目，构成了气候相关财务信息披露的总体框架（见表 6-7）。

从框架具体内容看，战略 3 中强调情景分析在气候相关风险对企业战略的影响和规划，特别是和《巴黎协定》的 2℃目标路径的场景，这对企业制定和实现零碳乃至负碳目标至关重要。风险管理 2 要求描述组织机构管理气候相关风险的流程，这其中要求对气候相关风险进行"实质性"程度的优先排序，企业基于气候相关风险分类施策，缓解、降低至消除气候风险。指标和目标维度着重从量化的角度，鼓励企业构建、计算相关指标，提供更加直接和明确的环境信息。其中，在 2 项中，要求企业按照《温室气体议定书》中对温室气体分类，重点披露范围 1 和范围 2 的温室气体排放水平，并鼓励积极披露范围 3 的温室气体。

表 6-7　TCFD 气候相关财务信息披露框架及主要内容

治理（Governance）	战略（Strategy）	风险管理（Risk Management）	指标和目标（Metrics and Targets）
披露组织机构与气候相关风险和机遇有关的治理情况	披露气候相关风险和机遇对组织机构的业务、战略和财务规划的实际和潜在影响	披露组织机构如何识别、评估和管理气候相关风险	披露评估和管理气候相关风险和机遇时的目标以及使用的指标
建议披露的信息： 1. 描述董事会对气候相关风险和机遇的监控情况 2. 描述管理层在评估和管理气候相关风险和机遇方面的职责	建议披露的信息： 1. 描述组织机构识别的短期、中期和长期气候相关风险和机遇 2. 描述气候相关风险和机遇对组织机构的业务、战略和财务规划的影响 3. 描述不同情景（包括2℃的情景）对组织机构业务、战略和财务规划的潜在影响	建议披露的信息： 1. 描述组织机构识别和评估气候相关风险的流程 2. 描述组织机构管理气候相关风险的流程 3. 描述识别、评估和管理气候相关风险的流程如何与组织机构整体的风险管理相融合	建议披露的信息： 1. 披露组织机构按照其战略和风险管理流程评估气候相关风险和机遇时使用的指标 2. 披露范围 1、范围 2 和范围 3（如适用）温室气体排放和相关风险[①] 3. 描述组织机构在管理气候相关风险和机遇时使用的指标以及目标实现情况

资料来源：Final Report: Recommendations of the Task Force on Climate-related Financial Disclosures（2017 年 6 月）。

从主要特征看，披露框架提供了总括性的披露指导建议，没有详细展开。以"战略"维度中第三条披露内容为例，"建议披露不同情景对组织机构业务、战略和财务规划的潜在影响"，但是并未详细列明场景范围。这也给不同行业和场景的经济活动提供了披露的自主性和预留了调整空间。同时，简洁明了的指导性框架为企业进行信息披露提供了标准化基底，便于企业对自身相关信息进行梳理整合。披露内容以定性披露为主，要求定量披露的内容较少。根据表 6-7 中十一项细分披露条款，除了指标和目标维度中的三项披露标准能够采用指标数据量化披露外，前三个维度的八项建议都以定性披露为主。这一方面是由于数据的可得性和可比性问题，另一方面数据披露中可能

---

① 这里范围1、范围2和范围3的温室气体是根据《温室气体议定书》中对企业排放类型的划分。在后文的小结中会对其具体展开，这里不再赘述。

涉及企业商业机密。但是从评估评价角度看，以定性为主的披露框架可能会对准确评估企业的绿色成分造成一定制约。从气候相关的财务披露角度入手，揭示气候因素对金融机构收入、支出、资产、负债以及资本和投融资等方面实际和潜在的财务影响，是对以往仅关注气候相关的可持续性指标披露的重要补充，更好地将气候相关信息和企业风险、战略、运营、规划等切身相关的内容直接联系起来，更能够得到企业、政府等各方的关注和重视。

TCFD 的信息披露框架是面向全部行业的，支持所有经济部门披露与气候相关的财务信息，截至目前，已经成为全球影响力最大、获得最广泛支持的气候标准活动。截至 2021 年 10 月 6 日，TCFD 在全球已经拥有超过 2 600 名支持者，其中包括 1 069 家金融机构，遍及 89 个国家和管辖区几乎所有的经济部门。世界各国政府也已开始将 TCFD 信息披露框架纳入本国政策和法规，其中，巴西、欧盟、日本、新西兰、新加坡、瑞士和英国已经宣布要求国内组织按照该框架进行强制性信息披露，加拿大、澳大利亚、马来西亚、俄罗斯、新加坡、美国等国家也积极推荐国内机构采用该框架进行信息披露[①]。此外，从披露主体看，金融机构是多数实施强制性（及推荐）信息披露国家的首要对象和目标，例如英国要求银行、保险公司和最大的养老金计划在 2021 年实现和 TCFD 的建议保持一致，先于大多数上市公司。巴西中央银行要求所有金融机构（包括商业银行、多边银行、投资银行、储蓄银行）最晚于 2022 年开始进行强制性信息披露，中国香港要求所有的基金管理公司不晚于 2025 年开始进行强制性信息披露等。这和金融机构在绿色低碳转型发展中的兼具服务和引导作用息息相关。中央银行作为协调和监管机构，是切实推动绿色融资和带动金融机构进行环境信息披露的关键力量。2019 年 10 月，央行与监管机构绿色金融合作网络（NGFS）发布《SRI 投资指南》，鼓励央行将 TCFD 框架用于自身信息披露环节，并在投资组合管理中采用可持续发展和

---

① 参见 CDP 2021 年发布的 *Shaping High-quality Mandatory Disclosure* 报告。

责任投资原则以缓释可持续发展风险。

金融部门同时是环境数据的生产者和使用者。2021年10月，TCFD工作小组进一步发布了金融部门和受气候影响较大的非金融部门的补充指导建议。其中，金融部门主要围绕银行、保险公司、资产管理公司和资产所有者四个子部门，并针对其主要业务展开[①]。针对金融机构的补充指引主要聚焦在"战略"和"指标和目标"这两个维度，其中，在战略维度1中，建议银行将碳相关资产定义进一步扩大到所有非金融集团，这进一步拓展了银行碳相关融资的业务范围。在指标和目标维度，要求所有金融部门进一步加强低于2℃目标的相关业务信息披露。在温室气体披露方面，支持金融机构独立于实质性评估积极披露范围1和范围2的排放量。同时，金融机构的融资排放计算更多涉及范围3，如贷款、承销、资产管理和投资等相关活动，而该范围内的温室气体核算仍面临一系列问题和挑战。在补充指引中，仍建议金融机构结合金融碳核算伙伴关系（PCAF）制定的全球金融业温室气体核算和报告标准，在进行实质性评估的基础上积极披露更多排放信息。在温室气体核算指标方面，也鼓励保险公司、资产管理公司和资产所有者在温室气体排放绝对水平的基础上，积极披露加权平均碳强度等指标，以更好地衡量金融机构投资组合的融资排放水平[②]。

（三）金融机构碳相关信息披露规则

1.《温室气体议定书》——国际公认的温室气体核算和报告标准

顺利实现《巴黎协定》的2℃和1.5℃的温控目标，需要对温室气体排放进行准确地核算和报告，基于此制定切实可行且有效的减碳目标和路线图。目前，在国际上使用最为广泛的温室气体核算标准体系是《温室气体

---

① 银行——贷款业务；保险公司——承保业务；资产管理公司——资产管理业务；资产所有者——公共和私营部门养老金计划、捐赠基金和基金会（投资）等业务。

② 加权平均碳强度指标描述了投资组合对碳密集型公司的敞口，以一美元收入的二氧化碳表示，以获得每个持有的碳强度，并相对于投资组合的投资价值进行加权。由于该指标不依赖于（股权）所有权方法，可以更容易地应用于不同的资产类别，提高了可比性。

议定书》。该标准由世界资源研究所（WRI）和世界可持续发展工商理事会（WBCSD）召集的企业、非政府组织、政府和其他多方利益攸关方于1998年结成伙伴关系，对温室企业排放因素、范围和边界进行了详细的设定和说明。

根据 GHG Protocol，温室气体主要包括六种气体：二氧化碳（CO_2）、甲烷（CH_4）、氧化亚氮（N_2O）、氢氟烃（HFCs）、全氟化合物（PFCs）和六氟化硫（SF_6）。由于 CO_2 对温度上升的直接影响，当前国际减碳活动和规则更多地关注于对该气体的减排。

企业在市场中生产运营并非完全独立，不仅涉及直接的排放，也涉及更多间接的排放。基于此，GHG Protocol 将企业温室气体排放划分为三个范围，即范围1、范围2、范围3，其中范围1指企业在生产运营中拥有或控制的直接温室气体排放；范围2指企业通过购买或获得的电力、蒸汽、加热或冷却等行为产生的间接排放；范围3的排放也是间接的，指的是整个供应链或价值链中未在范围1和范围2内捕获的其他活动。通常，披露标准要求企业披露范围1和范围2的温室气体排放水平，对范围3的温室气体排放则持鼓励不强制的态度。这主要源于针对范围1和范围2的排放核算已经较为成熟，核算方法的争议也较少，而范围3涉及企业价值链层面，这要求企业对自身的价值链有准确的理解，以及对价值链不同环节的碳排放有清晰的把握，避免造成重复性的计算。特别是在经济全球化推动下，跨国企业的价值链不断延伸，温室企业排放的归属权问题也是直接且重要的挑战。

对金融机构而言，范围3包含了投资活动中的温室气体排放，通常定义为"融资排放"，CDP 2017年的一项研究发现，在三个温室气体排放范围中，"大约40%的全球温室气体排放是由组织通过购买（购买的商品和服务）和销售的产品驱动或影响的"，即通过范围3的活动排放的温室气体。2020年，CDP 针对金融机构融资排放的调查中[①]，发现调查样本中仅有25%的金融机

---

① 参见 CDP *Financial Services Disclosure Report* 2020。

构披露了其融资排放水平,且披露的融资排放量是金融机构运营排放量的700多倍。融资排放的测度和控制成为金融机构绿色转型的关键组成部分。鉴于范围3潜在的温室气体排放量影响巨大,2011年,《温室气体议定书》进一步推出了《温室气体议定书企业价值链(范围3)会计与报告标准》(简称《范围3标准》),新的标准使得使用者可以计算范围3的15类活动的排放,包括8类上游活动和7类下游活动(见表6-8),其中,上游排放是指投入(购买或取得货物、服务、材料、燃料)从生命周期开始到报告公司收到时为止发生的排放,下游排放则是指报告公司产品(如商品和服务)在售出以后在其生命周期中产生的排放。同时,《范围3标准》对每类活动排放的最低边界进行了设定,最低边界的目的是确保主要活动包括在范围3的清单中。基于此,公司不需要考虑其价值链中每个实体环节的价值链排放,核算得以收敛。

表6-8 范围3的温室气体排放活动

类别	范围3分类
上游排放类别	1. 购买的货物和商品 2. 资本货物 3. 与燃料和能源有关的活动(不包含在范围1和范围2内) 4. 上游运输与配送 5. 作业中产生的废物 6. 商务旅行 7. 员工通勤 8. 上游租赁资产
下游排放类别	9. 下游运输和配送 10. 销售产品加工 11. 销售产品的使用 12. 已售产品的寿命终止处理 13. 下游租赁资产 14. 特许经营 15. 投资

资料来源:Corporate Value Chain(Scope 3)Accounting and Reporting Standard(2011)。

《范围3标准》为企业特别是金融机构核算更全面的温室气体排放水平提供了方法学上的指导,但是在实践中仍面临诸多问题。第一,企业需要对价值链上的各个环节进行准确筛选，明确计算出最低边界。第二，数据问题仍是尽心核算时面临的基础且重要的挑战，包括数据的一致性收集和统计、指标的一致性设定等，在价值链的部分环节，也可能面临温室气体排放量化的难题。第三，《范围3标准》原则上划分的15类活动是相互独立的，但是在实践中可能会由于组织产品生命周期的多个点的参与而导致报告边界的重叠，并可能导致重复计算范围3的温室气体排放。第四，《范围3标准》是针对上下游15类排放活动都设置的最低核算边界，但是由于企业的异质性以及经营活动的侧重点不同，实际操作中对最低边界的把握容易存在偏差。第五，跨国价值链的存在，加大了企业特别是金融机构计算融资排放的难度。碳排放治理逻辑中，通常基于所有权逻辑，即投资者拥有的被投资公司的市值比例应和他们拥有该发行人排放权的比例相等。所有权逻辑在一国内部价值链中具有一定的可行性，但是在跨国排放权管理中，难以成行。跨国公司在境外的价值链产生的温室气体排放属于东道国还是属于跨国公司母国的问题，以及碳产品生产者和消费者的碳排放权问题等一直是国际碳市场交易面临的难题。

2.针对金融机构温室气体排放的核算和报告标准

碳减排是当前全球应对气候变化的共同举措，准确评估经济活动碳减排水平是金融机构实施融资支持的基础前提。尽管前述《范围3标准》为金融机构核算融资排放提供了有益的指导和方向，但是对金融机构的针对性、适用性仍有一定的局限性，金融机构的融资排放主要在范围3的下游投资排放分类中。为了进一步构建量化金融机构融资排放的机制，从而为金融机构提供评估和披露温室企业排放的通用标准框架，2018年，PCAF正式在北美成立，倡议成员包括16家全球领先的金融机构。2020年11月，PCAF正式发布《全球金融行业温室气体核算和报告标准》（以下简称《GHG核算报告标准》），这一针对金融机构①融资排放的标准,并不是一项全新编制的标准,其五大核心原则承继自《温室气体议定书》和《范围3标准》两份标准文件,即完整性、一致性、相关性、准确性和透明度,在此基础上,围绕金融机构识别、测度、归纳、数据治理和披露五个方面的特征对金融机构温室气体核算和报告提出了新的附加要求(见表6-9)。其中,最重要的体现在两个方面:在识别方面,明确指出金融机构融资排放应在范围3的下游投资类活动中计算所有相关的融资排放。在温室气体核算测度方面,不仅要报告每一种资产类别的融资排放,还至少要报告融资排放的绝对水平。在适当的条件下,加权平均融资排放水平、融资排放强度等指标也鼓励其积极披露。

表6-9 《GHG核算报告标准》的核心原则及附加要求

五大原则	主要内容	附加要求	主要内容
完整性	对清单范围内的所有温室气体排放源和活动进行解释和报告	识别	应在范围3第15类(投资)排放下核算所有融资排放
一致性	全流程使用一致的方法进行有效跟踪。记录数据、库存边界、方法或时间序列中任何其他相关因素的变化	测度	衡量和报告其对每种资产类别的融资排放。绝对排放量计算是最低要求
相关性	确保温室气体清单适当反映公司的温室气体排放水平,并服务于公司内部和外部用户的决策需求	归纳	金融机构的排放份额应与其对借款人或被投资方(公司或项目)的总价值的敞口成正比
准确性	确保温室气体排放的量化在可判断范围内不超过或低于实际排放,并在可行范围内尽可能减少不确定性	数据质量	金融机构应使用每一资产类别可获得的最高质量的数据
透明度	基于清晰的审计线索,披露所有相关问题。披露任何相关假设,并适当引用所用的会计和计算方法及数据来源	披露	公开披露PCAF评估结果

资料来源:PCAF(2020). The Global GHG Accounting and Reporting Standard for the Financial Industry. First edition。

准确计算融资排放水平是《GHG核算报告标准》的核心支点。为提高适

---

① 《GHG核算报告标准》适用的金融机构主要包括商业银行、投资银行、发展银行、资产所有者/管理者(共同基金、养老基金、封闭式基金、投资信托)以及保险公司等。

用性，该标准给出了核算金融机构温室气体排放水平的统一的计算方法[①]，在此基础上，针对六大类资产类别（上市股票和公司债券、商业贷款和非上市股票、项目融资、商业地产、抵押贷款、汽车贷款）的每一资产类别提供了资产排放水平的具体核算方法和调整的公式。

从整体上看，《GHG核算报告标准》具有以下特征：一是该标准是量化型标准，为金融机构进行温室气体排放提供了明确的计算路径，有助于金融机构准确量化风险，进而引导更多资金流向更绿色的领域或能够实现有效绿色转变的领域。二是该标准虽然以量化为主，但是也为不同经济活动提供了灵活的调整空间。以披露指标为例，"绝对排放"水平是信息披露要求的底线，在此基础上，金融机构可以根据融资活动的具体情况，提供更加翔实、高质量的数据报告。三是该标准的定位不是一个全新的信息披露框架，而是对现有标准的补充。一方面，对可持续性会计标准委员会（SASB）、一般公认会计原则（GAAP）和国际财务报告准则（IFRS）等国际性标准补充更直接的融资排放方面的标准；另一方面，对现有的TCFD、GRI等绿色相关信息披露框架补充定量披露标准。此外，随着该标准的进一步实践，有助于更多金融机构在融资排放领域达成基本共识，统一披露信息。

《GHG核算报告标准》的实施，为金融机构准确核算融资排放，进而有步骤、有目标地调整融资结构、促进碳减排提供了理论方法上的支撑。然而，该标准在实际应用中仍存在一定的不足。例如，该标准目前仅针对金融机构的六大类资产的融资排放提供了核算指导和支持，但是金融机构的业务覆盖范围远不止于此，还涉及投资基金的私募股权、绿色债券、主权债券、证券化贷款、交易所交易基金、衍生品以及首次公开发行（IPO）承销和票据，更广泛的适用性还有待进一步的实践和验证。另外，融资排放数据可能面临收

[①] 融资排放的一般计算公式为：融资排放量 $= \sum_i$ 归因因素$_i$ × 公司排放量$_i$，其中归因因素$_i$ = $\dfrac{未偿金额_i}{总股本_i + 债务_i}$。

集难和数据质量的问题，不同于范围 1 和范围 2 的温室气体排放，金融机构的融资排放以范围 3 的间接排放为主，金融机构要对融资的核心环节排放数据进行准确的监测需要制度、人力、物力等多方面的支持和保障，这是金融机构面临的一个重要挑战。

PCAF 的《GHG 核算报告标准》主要从金融机构资产类别的分类角度，对每一类资产的融资排放核算给予指导，但是由于不同类型金融机构的业务性质、侧重点等有所不同，方法的全面适用性有所乏力。当前，国际上不同的金融行业协会、组织等也在积极开展具体行业的温室企业核算和报告披露标准。例如，2020 年 4 月，CRO 论坛（该论坛由大型国际保险公司的首席风险官组成）发布了《承保组合的碳足迹方法》(Carbon Footprinting Methodology for Underwriting Portfolios，CFUP)，关注保险公司承保组合在范围 3 内的温室气体排放。CFUP 对承保组合温室气体排放指标核算的选择中，除了 CO_2 的绝对排放水平，更关注 CO_2 强度指标，因为绝对排放信息有利于了解融资的规模、方向和结构，而强度指标更能体现投资组合的风险敞口，对保险公司而言，其对风险的偏好显然更高。

3. 碳信息披露项目——全球最大的环境信息披露数据库

碳信息披露项目（Carbon Disclosure Project，CDP）是成立于 2000 年的非政府组织，通过问卷调查的形式衡量和披露企业温室气体排放、碳交易、碳风险及有关气候变化的战略目标。CDP 没有硬性规则的约束，披露范围广泛、形式灵活，已经成为全球最大的环境信息披露数据库。截至目前，已经有来自全球 14 000 多家组织通过 CDP 平台披露环境信息，其中包括 13 000 多家企业（占全球资本市场 64% 的份额）以及超过 1 100 个城市、州和地区。

近年来，全球企业对环境问题的重视程度显著提升，越发重视碳排放相关信息的披露。根据已有研究，企业自发披露碳信息的内在动因包括利益相关者理论、公众压力理论、印象管理理论、披露成本理论以及信号传递理论等方面。其中，利益相关者理论指当利益相关者对企业产生影响时，企业必须考虑利益相关者的需求,并调整其活动,以尽量减少利益冲突。在这种背景下,社会和环境披露被认为是企业对其利益相关者做出回应的方式,也是目前接受度较高的理论。在没有全球既定的通用标准下,企业一般通过公司报告(Corporate Reports,CR)内嵌式的自发披露碳相关信息。但是这种披露方式一方面数据杂乱、可比性差,另一方面,在不受监督和引导的情况下,采用 CR 方式披露的碳排放水平往往低于实际水平(Depoers 等,2016)。

CDP 尽管也是自愿式披露,但其问卷的形式使得数据结果是高度结构化的。从信息披露内容上看,CDP 的调查问卷主要围绕气候变化、森林砍伐和水安全三个板块展开。碳排放相关信息主要集中在气候变化板块,问卷围绕企业的低碳战略、温室气体排放核算(包括碳核算方法、直接核算和间接核算结果)、碳减排的公司治理、全球气候治理等方面展开。其中,CDP 要求企业进行温室气体核算时,采用《温室气体议定书》等规定的标准化的核算规则。CDP 也一直致力于加强和其他国际标准的协同,自 2017 年 TCFD 的气候相关财务信息披露标准颁布以来,CDP 积极将 TCFD 的框架内嵌到其气候变化板块的问卷之中,同时,在此基础上,CDP 进一步拓展了森林砍伐和水安全两个板块,以类似的结构组织,涵盖治理、战略、指标和目标等主题,进一步提高对环境相关问题的关注。高度结构化的数据,也使得不同组织之间环境信息数据的可比性大幅提升。这为金融机构特别是机构投资者提供了更有价值的信息,有助于更好地把握碳风险、碳资产定价等问题。

近年来,CDP 也越发重视金融机构融资排放的问题。2020 年,CDP 发布了新的针对金融机构的调查问卷《金融服务气候变化问题调查问卷》,要求金融机构披露其融资对经济更广泛的影响。问卷结果发现金融机构在融资排放信息披露方面做得还远远不够,49% 的样本金融机构表示它们还未对融资排放对气候造成的影响做任何分析,而报告了融资排放的 25% 的金融机构数据表明,其融资排放是其运营排放水平的 700 多倍。CDP 这一直观的调查结果,为金融机构重视融资排放、加快零碳转型的必要性和紧迫性敲响了警钟。同时，科学碳目标倡议（SBTi）是世界上第一个根据气候科学制定企业净零目标的倡议框架，其在针对金融机构的科学减碳目标的设定中，也着重强调了金融机构投资组合的融资排放目标设定的重要性。

碳相关信息是气候相关信息披露的重要组成部分，《联合国气候变化框架公约》规定每一个缔约方都有义务提交本国的国家信息通报，披露国家温室气体清单。因此，为准确统计核算碳排放信息，企业强制性碳信息披露也成为诸多国家的选择。例如，澳大利亚、美国、英国等发达国家已经强制企业披露碳信息（分别于2009年、2009年和2013年开始实施）。我国作为碳排放大国，2017年12月，证监会也开始明确要求上市企业在年报和半年报中披露主要环境信息。CDP也从支持资金流向实现《巴黎协定》和《2030年可持续发展议程》的目标，制定了适用于强制性披露制度的五大原则：一是以环境完整性为目标，以整体的环境方法，处理与可持续发展相关的财务披露以及对人类和地球的影响；二是确保所要求或建议的披露标准的兼容性；三是提供执行系统，政策的执行应受到相关政府部门的监督，并应采取有效措施防止不合规；四是坚持报告过程的技术质量和内容；五是为创新和更成熟的披露留出空间。

（四）小结

环境信息准确且全面的披露，是经济绿色低碳转型发展的前提。根据上述对现有环境信息披露标准的梳理，我们可以看到，现有的环境信息披露体系中，GRI标准是最为全面的披露体系，其倡议的实质性概念贯穿于所有信息披露的标准中。实质性评估对气候相关风险敞口、减碳的有序推进具有重要的影响。TCFD发布的气候相关财务风险披露框架，则成为全球范围内推动强制性信息披露的有力推手，该框架从财务相关风险的角度呼吁披露环境信息，更直接地将经济发展和气候环境关联起来。温室气体排放/碳足迹的统计、核算和报告是环境信息披露的核心组成部门，也是GRI、TCFD等标准中能够得以量化的关键指标，《温室气体议定书》以及《范围3标准》为企业实现温室气体的标准化核算报告提供了方法学上的支持，PCAF 发布的针对金融机构六大类资产温室气体核算的《GHG 核算报告标准》以及 CRO 发布针对保险公司承保组合的 CFUP，为金融部门提供了更具体的温室气体核算工具和标准。CDP 构建的全球最大的环境信息数据库以及目前正在致力于健全的金融机构在范围 3 内融资排放的数据库，高度结构化的环境数据为更好地评估全球环境风险、机遇提供了依据。

同时，不同环境披露标准之间的连接性和互认程度在提升。例如，PCAF 针对金融机构的融资排放核算方法已经被 GRI、TCFD 等标准中鼓励使用，自 TCFD 标准发布以来，GRI 进行标准更新时以及 CDP 在设计调查问卷时都在将 TCFD 的披露框架引入其中。从标准制定者之间，合作互认也在加强。国际财务报告准则已经着手将 TCFD 信息披露建议作为国际气候相关披露标准的基础。CDP、气候披露标准委员会（CDSB）、GRI、国际综合报告理事会（IIRC）和 SASB 五个具有国际代表性的标准制定机构于 2018 年发起了"加强协同项目"（Better Alignment Project），探索将五个机构的标准进行整合的可能性，并于 2020 年联合发布了《气候信息披露联合标准》，该联合标准以 TCFD 的四大维度为总体框架，将五个机构的披露要素和指标按照 TCFD 的框架进行整合，致力形成一个较为全面的气候信息披露标准。

然而，现有的环境相关的信息披露标准仍面临一系列问题和挑战。

一是各披露标准侧重点有所差异，仍未能形成统一的披露标准。标准的统一有利于全球范围内的协调和监管。从当前国际视角看，TCFD 的披露框架在国际上的接受度已经较高，国际上大型的企业和金融机构正在按照积极参照该框架进行环境信息披露，然而对我国境内的企业而言，根据商道融绿发布的报告，境内 A 股披露环境信息的上市公司中，59.6% 的公司参考使用的是 GRI 标准，37.7% 的公司参考了上海证券交易所《关于加强上市公司社会责任承担工作暨发布〈上海证券交易所上市公司环境信息披露指引〉的通知》，样本企业中几乎没有参考 TCFD 框架的。2021 年 7 月，我国发布的首批金融标准之一《金融机构环境信息披露指南》，对我国金融机构环境信息披露的基本原则、披露方式、披露内容等做了规定，但是该标准对细节展开有限。例如，未对温室气体排放的核算方法等做统一规定以及未清晰阐述和国际标准的对接程度，还需在实践中进一步检验。从披露形式看，境内外企业进行环境信息披露的方式各异，采取独立于年度报告或者内嵌于年度报告的单独章节，以 ESG 的形式披露或以企业社会责任报告的形式披露。此外，当前的披露标准以自愿性披露为主，披露效率有待进一步提高。当披露不受监管时，环境数据的可靠性可能会受到挑战。例如，Chu 等（2013）对上交所 100 家最大上市公司 2010 年的年报和企业社会责任报告进行比较分析后，发现大多数公司只报告中性的好消息。目前，TCFD 已经纳入数 10 个国家强制性环境信息披露政策或法规中，但是实施进展依然有限。

二是数据披露质量参差不一。现有的披露标准中，仍以定性披露为主，能够量化的指标较少。温室气体相关指标是量化的主要组成部分，然而也主要限于范围 1 和范围 2 内的温室气体，范围 3 内的温室气体排放水平披露仍面临披露方法、披露规模等方面的挑战，企业间、行业间乃至不同经济体之间温室气体的直接比较还存在争议。同时，数据披露的时序性较差，给纵向的比较变化带来困难。碳达峰、碳中和的实现需要切实可行的路线图，温室气体排放相关数据质量直接影响路线图的准确设定。现有标准以及减碳措施更多关注降低 CO_2 的排放，对其他五种温室气体的关注不足。政府间气候变化专门委员会（IPCC）的最新分析，迄今为止，约有 40% 的全球变暖是由 CH_4 而不是 CO_2 排放引起的，这需要在更广泛且全面的范围内加强温室气体排放的信息披露。

三是核心的共同披露指标构建不完善。GRI、TCFD 等标准都列出了建议披露相似而不完全一致的指标。TCFD 在 2021 年发布的补充指导[①]中，确定

[①] TCFD 工作组于 2021 年 10 月发布的 *Guidance on Metrics, Targets and Transition Plans*。

了 7 类与气候相关的共同指标，即 GHG 排放、转型风险、物理风险、气候相关的机会、资本配置、内部碳价格、报酬。IFC 也曾经从各标准中指标的利用率等角度给出了最具普遍意义的指标，即温室气体排放、水资源利用、能源利用效率和组合、废弃物（水、固体、危险品）、劳动力构成和多元化、员工健康与安全、招聘和人员流动、集体谈判协议八项指标。尽管后者主要是从 ESG 的范畴内确认的，但是其气候相关的指标除了温室气体排放这一指标之外，和 TCFD 的共同指标也不尽相同。同时 TCFD 共同指标的选取主要是和气候相关，而绿色经济发展涵盖的范围更广。此外，鉴于不同部门的异质性，共同指标在金融部门和非金融部门之间的应用还有待进一步检验。

四、绿色可持续发展规则

（一）赤道原则

赤道原则（Equator Principles，EP）是一套在融资过程中用以确定、评估和管理项目所涉及的环境和社会风险的金融行业基准。2002 年，IFC、荷兰银行、巴克莱银行等 10 家国际著名银行在伦敦召开会议，专门讨论项目融资相关的环境与社会影响问题。会后，各方就该问题的解决拟定了统一的评估标准，形成了赤道原则。2003 年，赤道原则第一版正式生效。经过多次修订，目前适用的最新版是 2020 年 7 月发布的第四版。

在支持一个新融资项目时，EP 主要适用于五类金融产品：一是项目资金总成本达到或超过 1 000 万美元的项目融资咨询服务；二是项目资金总成本达到或超过 1 000 万美元的项目融资；三是符合特定标准①的与项目关联的公司贷款；四是过桥贷款，贷款期限少于两年，且由符合上述第 3 项相关标准的项目融资或一种与项目关联的公司贷款进行再融资；五是与项目关联的再融

---

① 需满足以下三条标准：大部分贷款与客户拥有实际经营控制权（直接或间接）的项目有关；贷款总额和赤道原则金融机构（EPFI）单独贷款承诺（银团贷款或顺销前）均至少为 5 000 万美元；贷款期限至少为 2 年。

资和与项目关联的并购融资。

在项目融资的全周期，需要同时满足十项原则（见表6-10）。其中审查和分类原则是项目融资的起点，即根据项目对环境的影响将项目分为A、B、C三类，C类项目对环境和社会影响轻微或无不利风险和/或影响，可视为直接合格项目，而A类和B类项目对环境都有一定的负面影响，后续的几项原则主要是围绕这两类项目提出相应的约束要求。EP是一项面向全球的原则，在实施过程中和不同国家或地区的法律、标准等约束或存在冲突，为此，在原则三中，EP按照指定国家①和非指定国家，对原则的适用性进行了说明。其中，如果融资项目位于指定国家，赤道原则的优先级低于指定国家的法律、法规和许可；而若项目位于非指定国家，则应该符合当时适用的IFC《环境与社会可持续性绩效标准》以及世界银行集团《环境、健康和安全指南》（《EHS指南》）。按照定义，非指定国家相对于指定国家而言，被认为在环境保护和可持续发展能力方面相对不足。一般而言，这些国家的标准水平等也有所欠缺，这就使得位于非指定国家的项目可能面临更高标准的要求，形成一定的技术标准门槛，可能会降低非指定国家项目通过赤道银行融资的积极性。另外，鉴于不同国家的经济发展层次以及同一个国家内部的不同行业/领域的发展层次都有所不同，仅从国家层面对标准适用性进行限制，或许会造成实质上的不公平问题。

此外，在采纳赤道原则的金融机构承担责任方面，EP也未规定相应的问责机制，进而导致赤道原则对金融机构的"染绿行为"无法有效遏制，这也是该原则遭受诸多NGO诟病的主要原因之一。在信息公开方面，赤道原则的实施可能因贷款项目涉及商业秘密等因素导致其透明度减损。

---

① 根据赤道原则官网的信息，指定国家是指那些被认为具有强大的环境和社会治理、立法体系和机构能力，足以保护其人民和自然环境的国家。目前赤道原则协会是评估指定国家的代理机构，指定国家必须是OECD的成员，并属于世界银行划定的高收入国家。截至2021年2月，赤道原则的指定国家共有34个，中国不在其列。

表 6-10　赤道原则十大原则及主要内容

十大原则	内容
原则一： 审查和分类	将项目分为 A、B、C 三类，其中，A 类项目对环境和社会有潜在重大不利并/或涉及多样的、不可逆的或前所未有的影响；B 类项目对环境和社会可能造成不利的程度有限和/或数量较少，而影响一般局限于特定地点，且大部分可逆易于通过减缓措施加以解决；C 类项目对环境和社会影响轻微或无不利风险和/或影响
原则二： 环境和社会评估	借款方应开展适当的环境和社会评估，在令 EPFI 满意的前提下解决与提呈项目有关的环境和社会风险及影响规模
原则三： 使用的环境和社会标准	假如项目位于指定国家，应首先符合东道国相关的法律、法规和许可。假如项目位于非指定国家，则应该符合当时适用的国际金融公司环境和社会可持续性绩效标准，以及世界银行集团环境、健康和安全指南
原则四： 环境和社会管理系统以及赤道原则行动计划	对于每个被评定为 A 类和 B 类的项目，EPFI 会要求客户开发和/或维护一套环境和社会管理体系（ESMS）
原则五： 利益相关者的参与	对于每个被评定为 A 类和 B 类的项目，EPFI 会要求客户证明，其已经采用了一种在结构和文化上均合适的方式，持续与受影响社区、工人和其他有关的利益相关方开展了有效的利益相关者参与的活动
原则六： 投资机制	对于每个被评定为 A 类和部分视情况而定的 B 类项目，EPFI 会要求客户为受影响的社区和工人设立一套投诉机制，作为环境和社会管理体系的一部分，此举可让客户酌情收集并促进解决对项目的环境和社会绩效的关注和投诉
原则七： 独立审查	对于每个被评定为 A 类和部分视情况而定的 B 类项目，将由一名独立环境和社会顾问对评估文件进行一次独立审查。对于 B 类项目，若存在由多边或双边金融机构或经济合作和发展组织官方出口信用保险机构开展了尽职调查的情况，EPFI 可以考虑将该尽职调查作为参考，以确定是否需要进行独立审查
原则八： 承诺性条款	要求在契约中加入有关合规的承诺性条款
原则九： 独立监测和报告	对于所有 A 类项目和部分视情况而定的 B 类项目，为了于融资正式生效日和贷款偿还期限内使项目符合赤道原则，EPFI 将要求独立监测和报告
原则十： 报告和透明度	EPFI 将至少每年向公众报告至融资正式生效日时交易的数量及其实施赤道原则的过程和经验

资料来源：The Equator Principles（2020 年 7 月）。

EP 是全球较早由银行金融机构自发形成的原则，截至 2021 年 2 月 1 日，已经有来自全球 37 个国家的 124 家金融机构采取了该原则。EP 在发达经济体，特别是 OECD 国家的认同度较高，然而由于规则适用性（如指定国家）等问题，对新兴市场国家金融机构的吸引力还有限。我国作为发展中国家，目前有重庆银行、贵州银行、湖州银行、江苏银行、重庆农商银行、兴业银行、绵阳市商业银行 7 家金融机构已经宣布采用了赤道原则。但是国内多数商业银行仍持观望态度。一方面，这由于采取赤道原则产生的声誉效应总体会对商业银行经济效益产生积极的促进作用；另一方面，国内对商业银行的绿色信贷管理仍处于以生态保护为主的阶段，和赤道原则的环境、社会和人权理念存在差异，对商业银行的融资项目完全符合赤道原则提出了挑战。

（二）负责任系列原则

联合国环境规划署（United Nations Environment Programme，UNEP）一直是全球负责任原则的主要倡导者，其负责任原则包括《负责任投资原则》（Principles for Responsible Investment，PRI）（2006 年发布第一版）和《负责任银行原则》（Principles for Responsible Banking，PRB）（2019 年 9 月正式发布）两个主要框架。PRI 主要从投资端出发，强调将环境、社会和治理因素纳入投资决策和积极所有权；而 PRB 则从银行融资端出发，进一步强调银行的发展战略和业务经营应与联合国 2030 年可持续发展议程及《巴黎协定》相适应，推动商业银行进一步成为全球绿色经济发展的积极践行者和引导者。

PRI 和 PRB 两大原则的具体实施都围绕六项基本原则展开（见表 6-11）。

表 6-11 PRI 和 PRB 六项基本原则

基本原则	PRI	PRB
原则一	将 ESG 问题纳入投资分析和决策过程	一致性
原则二	成为积极的所有者，并将 ESG 问题纳入所有权政策和实践	影响与目标设定
原则三	寻求被投资实体针对 ESG 相关问题进行合理披露	客户与顾客
原则四	推动投资业广泛采纳并贯彻落实负责任投资原则	利益相关方
原则五	齐心协力提高负责任投资原则的实施效果	公司治理与银行文化
原则六	报告负责任投资原则的实施情况和进展	透明与负责

资料来源：Principles for Responsible Investment（2021）和 Principles for Responsible Banking（2019）。

整体而言，PRI 六大原则致力于实现对 ESG 理念的推广和使用，为有效投资和可持续性投资奠定了基础前提。同时，为了更好地引导投资实践，PRI 针对每一项原则可采取的行动提供了参考范围和流程。例如 PRI 要求将 ESG 问题纳入投资分析和决策过程（原则一），在具体实施过程中，投资者需要在投资决策声明中阐明 ESG 问题，支持开发 ESG 相关工具、指标、开展 ESG 相关分析等七方面的参考建议（具体可参见 PRI 报告，这里不再赘述）。从具体特征上看，ESG 贯穿于 PRI 的整个框架，但是标准文件并未就 ESG 的适应类别进行较为细致的描述阐释，而是分别就环境（E）、社会（S）、治理（G）的部门表征进行了说明，如环境包括气候变化、资源枯竭、浪费、污染、森林开采方面；社会包括人权、现代奴隶制度、童工、工作条件、员工关系；治理包括贿赂和腐败、高管薪酬、董事会的多样性和结构、政治游说和献金、税务策略。由于不同经济体的经济体质和发展阶段不同，对部分指标理念差异较大，特别是在社会和治理方面，存在"文明之间的冲突"。此外，PRI 是一套具有包容性的标准框架，原则三寻求被投资实体针对 ESG 相关问题进行合理披露部分，要求公司提供有关采纳/遵守相关规范、标准、行为准则或国际倡议的信息，这为不同行业、不同地区的企业采用更加适配的标准提供了空间。

银行贷款是推动全球绿色低碳转型的中坚力量。PRB 于 2019 年 9 月的联合国大会年度会议，全球绿色发展特别是温室气体减排亟待加速的背景下提出。PRB 要求签署银行将一致性、影响与目标设定、客户与顾客、利益相关方、公司治理与银行文化、透明与负责六项基本原则嵌入融资提供的各项业务环节中，包括战略、投资组合和交易层面。在此基础上，PRB 要求签署银行采取三个关键步骤，即影响分析、目标设定与实施、透明与负责，以确保原则的有效落实。其中，影响分析涉及对人/社会、经济和环境以及可持续发展的影响，银行业务活动、产品和服务要尽可能降低对上述各个对象的负面影响。目标设定与实施则要求银行对面临的至少两个（潜在）最重大的正面和负面影响，设定并公布至少两个目标，通过阶段性实施等方式稳步实现目标。透明与负责则强调信息的充分披露,以确保银行融资真正为绿色发展服务。

就特征而言,PRB 具有以下三个特征:一是 PRB 原则是一个聚焦性的原则,约束范围是全球的银行业,通过约束资金贷出方的行为,能够更直接有效地引导更多资本流向,有利于实现联合国发展目标和巴黎协定的方向;二是 PRB 原则的制定积极借鉴了 GRI、TCFD 等国际信息披露原则的理念,例如 PRB 和 "GRI102:一般披露" 的相似度较高,吸收了 GRI 实质性议题的理念,透明和负责原则也积极借鉴了 TCFD 的原则;三是 PRB 作为自愿性原则,优先级低于签署银行的法律或合同义务。

UNEP 的上述两大原则在全球具有广泛的影响力,已经成为国际投资者和商业银行推动可持续发展的重要国际标准。根据 2021 年 PRI 最新的报告,已经有来自 60 多个国家的 4 000 多名签署者认同并采用 PRI 原则,资产管理规模达到 120 多万亿美元。疫情冲击下,全球更多投资机构意识到可持续发展的重要性和紧迫性,其中,保险资产管理公司等成为疫情以来签署 PRI 增长最快的机构,我国也是签署 PRI 机构增长最快的新兴市场之一。自 2019 年 PRB 正式发布以来,签署的银行数量也已经从首批 130 家增加到目前超过 250 家,合计资产规模占全球银行业资产总规模的 40% 以上。根据 UNEP 官网最新的数据,截至目前,我国已经有 15 家商业银行签署了 PRB 原则[①]。

除 UNEP 推出的两大负责任原则之外,世界银行的《环境与社会框架》(Environmental and Social Framework, ESF)、欧洲发展金融协会(European Development Finance Institutions, EDFI)的《负责任的融资》(Responsible Financing)等框架致力于加强投融资对人类和环境的保护,促进可持续发展。其中,ESF 是一套强有力、全面的政策框架,在范围和广度上设定了很高的标准。该框架包括世界银行可持续发展愿景、世界银行《针对投资项目融资

---

① 截至2021年10月,包括中国农业银行、中国银行、江苏银行、吉林银行、九江银行、重庆山峡银行、恒丰银行、华夏银行、中国工商银行、兴业银行、江苏紫金农村商业银行、中国邮政储蓄银行、青岛农业商业银行、四川天府银行、浙江安吉农村商业银行15家中国的银行签署了PRB。

的环境和社会政策》以及 10 项《环境和社会标准》(ESS)，并规定在以"投资项目融资"方式支持的项目中，借款国对环境和社会风险与影响负有评价、管理和监测的责任。若世界银行与其他多边或双边融资机构（包括 IFC 和多边投资担保机构）共同为某一项目提供融资，借款国将与世行及此类机构合作，就评价与管理项目的环境和社会风险与影响的通用方法达成一致意见，前提是该方法能够帮助项目实现与 ESS 一致的目标。而 EDFI 是一个由 16 个双边投资组织组成的组织，为发展和改革经济体中的私营企业提供融资。其资金规模影响力虽然仍相对较小，但却是对全球可持续发展融资的重要补充。在新冠病毒肺炎疫情冲击下，EDFI 更加重视可持续发展的重要性，在 2020 年 11 月发布的最新报告中，承诺资金支持对象将排除新的煤炭和燃油融资，并将限制其他化石燃料融资给巴黎相关项目，最晚在 2030 年基本排除这些项目。

（三）《"一带一路"绿色投资原则》

我国是"一带一路"倡议的发起国，倡议提出伊始，就提出了政策沟通、设施联通、贸易畅通、资金融通、民心相通的五通建设目标，得到了沿线多数国家的欢迎和积极参与。"一带一路"沿线国家多为发展中国家，基础设施等融资缺口大，绿色发展动力和能力参差不齐。根据世界银行公布的数据，沿线 64 国的 GDP 仅占全球的 15%，但是碳排放量占全球的 24.9%，多数国家仍处于高耗能、低效率的经济增长方式，是全球低碳转型成功与否的重要决定区域。

为推动绿色"一带一路"建设，2018 年 11 月 30 日，中英绿色金融工作组联合发布《"一带一路"绿色投资原则》(GIP)。GIP 是一项包容性、自愿性的原则，面向参与"一带一路"投融资的全球金融机构和企业。该原则在现有责任投资倡议的基础上，将低碳和可持续发展议题纳入"一带一路"倡议，致力于强化对投资项目的环境和社会风险管理，推动"一带一路"投资的绿色化。

GIP 从战略、运营和创新三个层面提出了七条原则性倡议（见表 6-12），其中原则一和原则二旨在鼓励签署国将可持续性和 ESG 因素纳入公司战略和管理系统，呼吁从最高层次开始实施，并尽可能在整个组织范围内实施。原则三和原则四侧重于在操作级别与涉众进行沟通。签约国为遏制环境和社会风险可采取的具体措施包括环境风险分析、信息共享和冲突解决机制。原则五至原则七旨在鼓励签署国利用先进的绿色金融工具和绿色供应链实践，并通过知识共享和集体行动提高组织能力。

表 6-12　GIP 七大原则及主要内容

七大原则	主要内容
原则一：将可持续性纳入公司治理	我们承诺将可持续性纳入公司战略和企业文化中。机构董事会和高层管理人员将紧密关注可持续性相关的风险和机遇，建立有效的管理系统。同时将指派专业人员对相关风险和机遇进行识别、分析和管理，并密切关注本机构在"一带一路"沿线国家的投资经营活动中对气候、环境和社会方面的潜在影响
原则二：充分了解 ESG 风险	我们将更好地了解本行业内以及东道国相关的社会文化环境标准、法律法规等。我们将把环境、社会和治理因素纳入机构的决策过程，开展深度环境和社会尽职调查，必要时在第三方机构的支持下制定风险防范与管理方案
原则三：充分披露环境信息	我们将认真分析自身投资业务对环境产生的影响，包括能源消耗、温室气体排放、污染物排放、水资源利用和森林退化等方面，并积极探索在投资决策中如何运用环境压力测试。我们将根据气候相关财务信息披露工作组的建议，不断改进和完善我们环境和气候相关信息的披露工作
原则四：加强与利益相关方沟通	我们将建立一套利益相关方信息共享机制，用来加强政府部门、环保组织、媒体、当地社区民众、民间社会组织等多个利益相关方的有效沟通。同时将建立冲突解决机制，及时、恰当地解决与社区、供应商和客户之间存在的纠纷
原则五：充分运用绿色金融工具	我们将更加积极主动地运用绿色债券、绿色资产支持证券（ABS）、YieldCo（收益型公司）、排放权融资和绿色投资基金等绿色金融工具为绿色项目融资。我们还将积极探索绿色保险的运用，例如通过灵活使用环境责任险、巨灾险以及绿色建筑保险等，有效规避在项目运营和资产管理中存在的环境风险
原则六：采用绿色供应链管理	我们将把 ESG 因素纳入供应链管理，并在自身投资、采购和运营活动中学习和应用温室气体排放核算方法、水资源合理使用、供应商"白名单"、绩效指标、信息披露和数据共享等优秀国际实践经验
原则七：通过多方合作进行能力建设	我们将建立专项资金并指派专业人员通过主动与多边国际组织、研究机构和智库开展合作，来努力提升自身在政策执行、系统构建、工具开发等原则所涉及领域的专业能力

资料来源：《"一带一路"绿色投资原则》报告（2018 年 11 月）。

GIP 国际倡议是我国积极参与全球规则制定，树立大国责任担当的重要成果之一。自 2001 年加入 WTO 以来，我国成为推动经济全球化的积极力量，对外投融资也在不断提升。早在 2017 年 6 月，为了更好引导境内企业参与对外可持续基础设施建设，承包商会与大公国际信用评级集团联合发布了《中国企业境外可持续基础设施项目指引》。它是国内首部旨在引导企业投资建设可持续基础设施的行业性标准，这一原则从经济可持续、社会可持续、环境可持续和治理可持续四个部分对企业境外投资进行评估，并针对每一部分都具体给出了核心评估指标。GIP 的提出，是对国内已有规则的升级，进一步将 ESG 理念引入原则框架，并积极借鉴 TCFD 信息披露的原则，更加重视环境信息披露的重要性。

GIP 原则在绿色金融工具应用、绿色供应链管理等方面做了积极的探索，鼓励金融机构将更多资金引导到沿线更多绿色项目上来，并强调加强国际合作，然而需要指出的是，GIP 原则中，缺少对绿色投融资绩效认证、评估等方面的标准和约束。同时，对 ESG 的具体内容未展开说明，沿线国家国情复杂，经济发展结构、环境保护的重视程度以及社会治理理念千差万别，对金融机构、投资企业都将带来严峻的考验。

（四）绿色绩效的第三方评级"标准"

目前，国内外都还未形成绿色绩效的有效标准，第三方市场评级机构通过指标体系等方式，为绿色绩效提供了"软标准"。目前，第三方市场评级机构及其评价标准是全球绿色金融规则的重要组成部分，已经贯穿于绿色金融的各个层面。例如，债券发行的绿色贴标，可以对该债券的"绿色含量"进行认证；对绿色信贷、绿色债券募集资金的用途及用于绿色经济活动的资金比例进行"绿色合规"环节；对企业实现绿色发展转型的环境效益或"绿色绩效"进行评定等。当前，已经形成了一批具有市场权威性和全球影响力的第三方市场评级公司/机构，如明晟（MSCI）、汤森路透（Thomson Reuters）、富时罗素（FTSE Russell）、彭博（Bloomberg）、道琼斯（DJSI）、

Sustainalytics、商道融绿等。我们主要从环境效益的角度，对主要评级机构的评级标准进行比较分析。

ESG理念中，E排在S和G之前，凸显了环境的重要性。这也要求企业在投融资过程中，不仅要考虑风险和回报两个传统维度，还需考虑对环境的影响。在全球绿色经济转型推动下，环境影响的权重也将进一步提升。在此基础上，当前第三方评级机构对企业进行认定评级时，主要是在ESG的指标评价体系内展开的，每一评级机构的评价指标体系都是一个微型的市场评价标准。当前，多数评级机构的ESG评级指标体系都按照三级指标展开，我们选取了明晟、汤森路透、富时罗素、商道融绿四家具有代表性的评级机构，主要对其二级指标展开分析（见表6-13）。

表6-13 第三方评级机构的ESG指标体系

机构	环境（E）	社会（S）	治理（G）	所属国家
明晟	气候变化、自然环境、污染和浪费、环境机遇	人力、产品责任、利益相关方否决权、社会机遇	公司治理、公司行为	美国
汤森路透	资源利用、低碳排放减排、环保产品创新	雇用职工、人权问题、社会关系、产品责任	管理能力、股东、社会责任战略（CSR策略）	加拿大
富时罗素	生物多样性、污染排放和资源利用、气候变化、企业供应链、水资源利用	客户责任、人权及团队建设、供应链、产品健康与安全、劳动标准	反腐败、风险管理、企业管理、纳税透明度	英国
商道融绿	环境管理、环境披露、环境负面事件	员工管理、供应链管理、客户管理、社区管理、产品管理、公益及捐款、社会负面事件	商业道德、公司治理、公司治理负面事件	中国

资料来源：上海发展研究基金会。

不同评级机构ESG指标体系的侧重点有所不同，同一维度下的指标选取差别也较大。从环境维度的重合度看，明晟和富时罗素都将气候变化、污染等指标纳入环境分析维度，资源利用是明晟和富时罗素的共同环境因子。从环境维度的差别度看，明晟、汤森路透、富时罗素等国外的评级机构更强调从环境影响和适应的具体方面展开，并关注环境变化对相关产业或技术的影响，例如，对环保产品创新、企业供应链等的关注，同时，国外环境指标也更能通过量化的方式呈现出来。而国内的商道融绿更侧重环境的管理和披露，更强调从宏观和基础层面进行描述性分析。一方面，这由于国内外企业对绿色发展理念的接受度存在一定差异，国外企业更早将绿色理念融入投资运营中，而国内企业绿色发展转型的进度相对滞后。另一方面，源于国外绿色信息披露标准或体系建设更加完备，企业的信息披露水平较高。而国内多数企业对绿色信息披露的重要性，以及对ESG理念的理解都还不甚清晰，公众普及度也较弱。

第三方市场评级机构，在一定程度上能够通过指标评价企业的绿色绩效。但是，当前的第三方评级市场还面临一系列问题。一是评级标准不统一，在不同市场、不同行业、不同投资组合之间评级结果的可比性较低。ESG数据是决定评级指标体系的基础，当前全球对ESG相关信息披露还未有统一的标准，企业披露的数据质量参差不齐，加之评级机构的数据使用来源也不尽相同，导致评级结果的可比性下降。二是评级体系的适用性存在一定的局限性。从市场效率看，不同评级机构从不同侧重点对企业进行ESG评级，也能够给市场投资者以更丰富的信息，满足不同偏好的投资者信息需求。然而，评级体系在不同经济体之间可能存在适用性障碍。以我国为例，当前我国金融市场进一步开放，国际评级公司开始进入境内市场提供评级服务，但是基于发达经济体的评级标准对我国企业而言往往存在"水土不服"的问题，需要进行本土化调整。同样，我国本土的评级机构在构建评级体系时，也主要是在借鉴境外主流评级体系的基础上，加入中国因素。三是评级范围有限，主要针对上市公司，大量非上市公司的ESG评级进展缓慢。就第三方评级机构的评级对象而言，主要针对上市公司，如明晟ESG指数和汤森路透的评级对象分别覆盖全球范围内的7 500家和7 000家上市公司。国内的评级机构主要对A股上市公司进行评级，根据 Wind 数据，截至 2021 年 6 月底，商道融绿为 800 家 A 股上市公司提供了评级。国内评级机构的业务覆盖范围相比国际顶尖评级机构还有一定的差距。大量非上市公司也是绿色转型的重要组成部分，评级机构进一步延伸 ESG 评级服务的广度和深度，能够更广泛地成为绿色经济转型的催化剂。

（五）国际可持续性准则理事会——正致力于全球可持续发展报告基准的构建

当前，全球范围内的投资者越发重视可持续投资，为企业构建一套高质量、高透明、可靠性强且具有可比性的气候和 ESG 相关的披露标准的呼声越来越高。2021 年 11 月 3 日，在第 26 届联合国气候大会（COP26）上，国际财务报告准则基金会（IFRS 基金会）正式宣布了其可持续发展报告的重大进展：一是设立国际可持续发展准则理事会（International Sustainability Standards Board，ISSB），负责制定国际财务报告可持续发展披露准则（IFRS Sustainability Disclosure Standards，ISDS）；二是与价值报告基金会（Value Reporting Foundation，VRF）和气候披露准则委员会（Climate Disclosure Standards Board，CDSB）合并；三是发布有技术准备工作组（Technical Readiness Working Group，TRWG）编制的与气候相关财务披露要求原型和可持续披露一般要求原型。ISSB 的正式设立，标志着金融市场可持续披露的全球标准制定迈出了实质性的一步，IFRS 基金会的组织架构也将进一步细化，其准则制定机构由以往的国际会计准则理事会演变为 IASB 和 ISSB 并行的结构，分别负责制定 IFRS 的会计准则和可持续发展准则。

TRWG 一直是推动 ISSB 的 ISDS 相关制度标准落实的关键力量，到 COP26 大会召开时，其已经形成已交付、可交付和拟交付的 8 项研究成果，其中已交付 2 项、可交付 2 项、拟交付 4 项（见表 6-14）。

表 6-14 TRWG 研究成果（截至 2021 年 11 月 3 日）

序号	状态	研究成果
1	已交付	《可持续发展相关财务信息披露一般要求（样稿）》
2	已交付	《气候相关信息披露（样稿）》（气候样稿）
3	可交付	准则制定概念指引
4	可交付	准则架构
5	拟交付	影响准则制定议程的其他项目
6	拟交付	应循程序特征
7	拟交付	数字化战略
8	拟交付	国际会计准则理事会与国际可持续发展准则理事会之间的关联

资料来源：黄世忠（2021）。

ISSB 相关标准的制定不是一项从零开始的尝试，而是对国际上已有披露标准的集成和优化。表 6-14 中 TRWG 已交付的两项成果，即是其与 IASB、CDSB、VRF、TCFD 以及 WEF 五个组织机构联合协商制定的成果，成果内容和框架积极吸取了上述组织已有标准和框架的关键和核心方面。其中，《可持续发展相关财务信息披露的一般要求（样稿）》以前述国际组织机构的框架体系为基础，并综合运用 IASB 的《国际会计准则 1：财务报告列表》的内容，着重要求企业提供可持续风险机遇和挑战的信息披露。一方面，《气候相关披露准则（样稿）》沿用了 TCFD 的治理、战略、风险管理、指标和目标四维框架，并在上述框架基础上对披露要求和内容进一步完善和细化；另一方面，参考了 SASB 的行业分类标准，加强气候相关信息披露的行业属性。

从准则的适用对象上看，GRI、TCFD、VRF 等国际组织已制定的披露标准多面向市场中的各种适用者，例如相对于已有标准的可持续发展报告，ISSB 的可持续发展相关财务信息披露标准主要面向有兴趣了解企业价值的特定使用者，而可持续发展报告一般面向希望了解企业对可持续发展做出积极和消极贡献的具有不同目的的各种使用者（黄世忠，2021）。目前，ISSB 已确定将总部设在法兰克福。ISSB 致力于覆盖全球所有地区，并在全球多地设立办事处，包括亚洲、美洲、大洋洲、欧洲和非洲等，并将优先重点考虑与发展中国家和新兴经济体的接触，这或将为后者更深入参与国际标准的制定带来新的机遇。此外，由于得到 IOSCO 的大力支持，ISSB 的标准有望在全球多个司法管辖区顺利应用和实施，部分国家甚至会全盘采用该标准。

然而，全球统一标准的制定并非一日之功，ISSB 还面临诸多挑战和权衡：一是 ISSB 相关标准的制定是基于多家国际组织的已有框架，如果恰当地对各家标准进行取舍需要仔细地考量和权衡，既要体现标准的充分性，又要避免受到已有标准的影响，将过多标准杂糅在一起，降低准确性；二是对不同国家、不同类型企业适用性的权衡，虽然 ISSB 目标设定中表明优先考虑与发展中国家和新兴经济体的接触，但后者在国际标准制定中一直缺乏话语权，标准制定机构也缺乏对这些国家企业特征的深入透彻了解，标准制定的公平性有待进一步观察、验证和调整；三是企业使用的便捷性和第三方鉴定机构的有效性之间的权衡，就目前的技术而言，气候相关财务信息的量化难度还很大，从定性角度进行描述性分析能增加企业使用的便捷性，但是这也提高了第三方鉴定机构的可鉴证性难度，而绿色可持续经济的发展，离不开可靠的、有效的第三方机构。

（六）小结

上述绿色可持续发展相关规则中，EP 和 PRB 针对的主体较为集中，都是针对银行金融机构的，PRI 和 GPI 的适用对象则相对宽泛，同时适用于金融机构和实体企业。从规则内容上看，EP 的内容较为详尽，并对绿色贷款项目予以 A、B、C 的三级分类，便于操作。《负责任的融资》及 GIP 更侧重于将 ESG 理念嵌入原则引导中，但是实施细则相对较弱。对 ESG 的基本框架没有统一标准，相应地也缺乏统一的评价标准，实施效率可能会打折扣。ISSB 的成立，推动全球范围内可持续报告标准迈向新的台阶，但也面临一系列挑战。其未来是否能够和 IFRS 的 IASB 标准一样成为全球接受的标准，还有待时间去验证。

第二节　当前全球绿色金融规则的特征及演进方向

一、全球绿色金融规则的总体特征

绿色金融是实现《巴黎协定》和《联合国可持续发展目标》框架目标的重要抓手，绿色金融规则的建立旨在充分引导绿色资金流向可持续发展领域。整体而言，当前的绿色金融规则具有如下特征。

（一）全球范围内绿色金融规则制定进度不一，欧盟是最主要的推动者和践行者

欧盟在 TEG 小组的推动下，顺利推出了《可持续金融分类方案》（以下简称《分类方案》），《欧盟绿色债券标准》也已落地。绿色产业分类是绿色金融更好发挥可持续资金配置效应的基础前提，《分类方案》的出台，不仅为绿色金融活动范围进行了清晰的界定，同时也更有利于其他国际标准的实施。例如，GBP 和 CBS 这两大标准都将《分类方案》纳入自身标准体系，为国际绿色债券和气候债券的发行提供了更明确的指引。近年来，我国也在加快绿色金融标准体系的建设。2017 年，中国人民银行、银监会、证监会、保监会、国家标准委等五部委联合发布《金融业标准化体系建设发展规划（2016—2020 年）》，绿色金融标准化被列为五项重点工程之一，成为我国绿色金融标准化体系建设的总体方针。2019 年，《绿色产业指导目录》为金融业标准化体系建设奠定了基础。2021 年 7 月，中国人民银行同时发布了中国两项首批绿色金融标准，即《金融机构环境信息披露指南》和《环境权益融资工具》，分别从信息披露和环境权益融资的角度，给国内金融机构以指引。随着绿色发展共识的进一步提升，南非、加拿大、智利、哥伦比亚、新加坡、印度等国家也在加紧制定符合本国经济发展特点的绿色产业分类。然而，对于欠发达经济体，如"一带一路"沿线的发展中经济体以及重债穷国，国内金融市场

发展滞后，更是缺乏绿色金融规则的制定。

（二）绿色金融规则制定方式不一，以自愿性规则为主

前文所述的各项绿色金融相关标准，本质上都是自愿性规则，没有法律强制约束力。一般而言，强制性规则的实施效率囿于自愿性规则，但是也存在强制性原则在实施中缺乏灵活性的问题，特别是面向全球的规则，由于不同国家、行业、企业之间的差异，适用性可能大打折扣。同时，自愿性规则倡议发起较为容易，强制性规则则需要法律法规的介入，耗费的程序较多。从国内外视角对比可知，国外绿色金融标准的建立和实施多数是建立在自下而上的自愿原则基础上的。例如，绿色债券原则执行委员会就是由投资者等各种利益相关方共同组建的，他们主动参与开发和制定 GBP、CBS 等绿色标准，同时与第三方监管机构共同制定监管标准。以利益相关方为纽带，更容易达成一致标准。而我国国内的绿色标准更多是由政府指导自上而下制定和实施的，例如，2021 年首批两项金融标准是由中国人民银行主导制定和发布的。政府部门通过制定绿色项目的实施标准、目标和约束要求，出台一系列优惠政策，鼓励金融机构积极参与。规则制定方式的差异，也导致面向对象或适用范围上有所不同，有国际组织制定的金融标准往往可以面向全球范围内的企业，而我国以政府部门牵头制定的标准主要面向国内的相关企业，全球影响力相对更弱，这也和我国缺少有影响力的大型国际组织有关。需要注意的是，具有国际影响力的金融标准，也可能内化为国家层面的强制性标准。以 TCFD 的气候相关财务信息披露框架为例，随着全球范围内对信息披露的重视程度和共识进一步提升，国家、中央银行、证券交易所等也开始积极将此框架纳入本国规章制度中，赋予其强制性权利。

（三）绿色金融规则制定和实施的双多边合作互认进一步提升

《联合国气候变化框架公约》强调了国际合作在应对气候变化过程中的重要性。近年来，绿色金融标准制定和实施的合作也在加强。其中，以国际组织为代表的标准制定组织方面，CDP、CDSB、GRI、IIRC 和 SASB 五个代表

性的组织致力于合作制定出一套一致的可持续信息披露标准。央行与监管机构绿色金融网络（NGFS）也在号召各国央行加强气候和环境信息披露以及绿色金融分类的一致性规则。

我国也已经成为国际绿色金融标准制定的积极推动者。中国和英国联合制定了《"一带一路"绿色投资原则》，且在 TCFD 框架推动下，中国和英国积极鼓励两国金融机构共同开展气候与环境信息披露试点。此外，国际标准化组织（ISO）作为专业的国际标准制定机构，2021 年 8 月，ISO 正式发布 ISO/TR 32220：2021《可持续金融基本概念和关键倡议》国际标准。该标准是 ISO 可持续金融技术委员会（ISO/TC 322）发布的首项国际标准，由我国专家提出和召集制定，标志着我国参与 ISO 可持续金融国际标准化工作实现重要突破。在可持续金融国际平台（IPSF）①的基础之上，中欧绿色金融规则合作有效加强。在第 26 届联合国气候大会上，使中欧《可持续金融共同分类目标报告——气候变化减缓》正式发布，使中欧绿色金融规则合作迈出了实质性的一步。在此次大会上，中国和美国也联合发布了《中美关于在 21 世纪 20 年代强化气候行动的格拉斯哥联合宣言》，核心内容涉及控制甲烷排放、消除全球非法毁林、推进清洁能源等诸多方面，这或将为两国开展绿色金融规则合作带来新的契机。然而，为切实实现《巴黎协定》的目标，需要各经济体和地区进一步加强合作，进一步扩大绿色金融规则的合作范围和覆盖范围，其中，"一带一路"作为全球绿色转型发展的重要组成部门，在 GIP 的基础上，还需要进一步加强绿色贷款、绿色债券、绿色信息披露等相关规则的协调统一，推动绿色"一带一路"建设。

（四）全球碳市场交易框架规则制定进程缓慢

2015 年达成的《巴黎协定》，其中第 6 条的目的是建立全球碳市场体系，通过交易碳信用额度推动碳减排，实现其气候目标。碳市场交易是促进碳减

---

① 2019 年 10 月，IPSF 由欧盟、中国、印度、加拿大、阿根廷、肯尼亚等国家相关机构共同发起设立，旨在加强国际可持续金融合作，动员更多私营部门投资于绿色转型活动。

排的重要金融基础设施，截至2021年1月31日，全球共有24个正在运行的碳交易体系，所处区域覆盖了全球16%的温室气体排放。其中，以欧盟碳市场、美国区域温室气体减排倡议（RGGI）、韩国与新西兰碳市场、联合国清洁发展机制（CDM）等为主。2021年7月，我国的全国碳排放权交易市场也正式启动上线。

  各经济体内部的碳交易市场都有一套独立的规则，碳排放以及碳资产交易有一定的区域限制。截至目前，还未形成一套全球范围内的碳市场交易规则，且全球各碳市场之间也无法进行直接的交易置换，联动性差。按照碳交易机制的类型分类，主要包括总量控制与交易的强制碳市场交易和基于碳信用的自愿碳市场交易[①]。其中，欧盟的EU-ETS是典型的强制碳市场交易，CDM则是典型的自愿碳市场交易。不论是强制碳市场交易还是自愿碳市场交易，核心都聚焦于碳排放权的交易。所谓碳排放权，是指企业依法取得的排放温室气体的权利，在依法获得排放份额中，将富余的排放额通过碳交易市场交易出去，同样在缺少配额时，也可以通过碳市场购买排放量。一直以来，《巴黎协定》签署国一直致力于全球碳市场规则的谈判，但一直处于胶着态势。在第26届联合国大会上，上述条款的谈判取得了可喜的成果，巴西的"妥协"[②]使全球碳市场交易规则有望步入实质性阶段。这或将给全球绿色金融规则的更广泛合作按下加速键。

---

  ① 其中，强制碳交易是指由政府设定一定时期内的排放限额分配至排控企业，并允许其在确保履约的前提下，通过竞价的方式获得或转让配额。自愿碳交易是指符合条件的自愿减排量可出售给企业、机构或个人用以抵消其温室气体排放。当然，自愿减排量须经主管部门审批和专业机构核证才可签发。

  ② 第25届联合国气候大会上，各国代表仍就《巴黎协定》第6条款中关于全球碳市场交易规则进行谈判，但是由于巴西一直持反对票，仍未取得实质性结果。巴西不愿意妥协的主要原因有两个：一是巴西坚持根据1997年《京都议定书》产生的碳信用额，以抵消2020年之后所有的减碳要求；二是巴西和欧盟对碳排放量核算结果存在争议，欧盟认为巴西的核算方法存在重复计算的问题，巴西则持否认态度。

二、全球绿色低碳转型发展面临的挑战和趋势

（一）全球经济绿色低碳转型面临的形式仍然严峻

自 2015 年 12 月《巴黎协定》为 2020 年后全球应对气候变化做出控制 2℃并尽力控制在 1.5℃的目标以来，绿色低碳减排进一步成为全球共识，诸多国家纷纷作出碳达峰、碳中和承诺。截至 2020 年 6 月，全球已有 54 个国家实现碳达峰，占全球排放总量的 40%，125 个国家承诺在 21 世纪中叶前实现碳中和，其中不丹、苏里南已经实现碳中和。科学界一致认为，全球温室气体排放量必须在未来十年减少 50%，才能有机会将全球变暖幅度维持在 1.5℃，从而避免气候变化带来的最灾难性的后果。然而，一定程度上而言，多数国家的低碳减排目标仍停留在承诺水平，实质进展有限。根据最新的测算，在全球当前减碳执行情况下，2030 年预期的温室气体排放水平与温度限制在 1.5℃之间仍存在 200 亿—300 亿吨 CO_2 的差距。新冠病毒肺炎疫情的冲击也在一定程度上影响了全球低碳减排的节奏。根据《全球碳预算》的报告，2020 年全球 CO_2 排放量下降了 5.4%，这主要是由于疫情导致的全球产业链、供应链不同程度的断裂，部分经济活动被动中断或停产。随着疫情的相对稳定，该报告估计 2021 年全球 CO_2 排放量将上升 4.9%，重回 2019 年的水平。绿色项目活动往往具有周期长、投入大、风险不确定的特征，在全球经济复苏仍乏力的背景下，低碳减排仍面临较为严峻的形势。

（二）绿色低碳发展的资金缺口较大

为了实现《巴黎协定》确定的全球温控目标，全球预计需要投入近 100 万亿美元的资金。根据气候政策倡议（Climate Policy Initiative，CPI）组织统计的公共和私营部门的气候投资数据，2019—2020 年，全球气候资金流动为 6 320 亿美元，增速较为缓慢。按照目前的投资水平，到 2030 年实现 1.5℃的温控目标需要按照 588% 的增速增长，亟须动员全球的公共和私营部门加快遵循净零计划，增加绿色领域的投融资。如何落实应对气候变化的融资支持，

是各部门面临的共同挑战。例如，公共和开发银行（Public and Development Banks，PDBs）监管着全球约10%的融资总量，平均每年负责提供2.3万亿美元的融资供给，理应在绿色低碳转型中发挥关键性的引领作用。E3G根据符合《巴黎协定》六个维度（气候融资；气候风险、复原力和适应性；内部活动；减缓气候变化；参与和政策支持；报告）的15个指标对9家PDB的气候跟踪矩阵[①]显示，多边开发银行在气候相关指标上的表现不尽如人意。其中，多数银行主要是从政策、领导力、风险战略等层面加强和《巴黎协定》的同步性，对影响低碳减排最为重要的化石能源融资而言，ADB、AIIB、IBRD、IFC四家银行还完全没有和温控目标相一致，EBRD、AfDB、EIB、IDB也仅仅是在较小的程度上实现了和温控目标的异质性（见表6-15）。

表6-15 E3G发布的《公共银行气候追踪矩阵》

MDB构建模块	和巴黎协定对应的E3G指标	银行								
		ADB	AfDB	AIIB	EBRD	EIB	IBRD/IDA	IDB	IFC	IsDB
气候融资	推动绿色金融	PA	PA	SP	PA	PA	PA	TR	PA	PA
	非化石能源占化石能源的比率和气候融资	UN	SP	UN	SP	SP	UN	SP	UN	NA
气候风险、复原力和适应性	基于自然的解决方案	PA	SP	UN	UN	SP	SP	SP	SP	UN
	气候风险、复原力和适应力	PA	PA	SP	PA	PA	SP	SP	SP	SP
内部活动	气候战略和总体战略	SP	SP	UN	SP	PA	SP	SP	SP	SP
	将气候纳入部门战略	SP	UN	UN	SP	SP	SP	PA	SP	SP
	机构领导	PA	PA	SP	PA	TR	SP	PA	SP	PA

[①] E3G发布的《公共银行气候追踪矩阵》，矩阵工具涵盖亚洲开发银行（ADB）、欧洲复兴开发银行（EBRD）、泛美开发银行（IDB）、非洲开发银行（AfDB）、欧洲投资银行（EIB）、IFC、亚洲基础设施投资银行（AIIB）、国际复兴开发银行/国际开发协会（世界银行）（IBRD、IDA）、伊斯兰开发银行（IsDB）九家银行。

续表

MDB构建模块	和巴黎协定对应的E3G指标	银行								
		ADB	AfDB	AIIB	EBRD	EIB	IBRD/IDA	IDB	IFC	IsDB
减缓气候变化	能源获取和燃料贫困	SP	PA	UN	NA	SP	SP	SP	SP	NA
	能效战略、标准和投资	SP	UN	SP	PA	PA	UN	UN	SP	UN
	化石燃料排放政策	SP	SP	UN	SP	PA	SP	SP	SP	UN
	温室气体核算与减排	SP	SP	UN	SP	SP	SP	SP	SP	UN
	影子碳定价	SP	UN	SP	PA	TR	PA	SP	SP	NA
参与和政策支持	国家层面的工作	SP	SP	NA	SP	NA	SP	TR	SP	PA
	实施巴黎目标的技术援助	SP	PA	NA	SP	SP	SP	TR	SP	PA
报告	气候融资和透明度	SP	SP	SP	SP	SP	SP	SP	SP	SP

注：UN——Unaligned（未对标）；SP——Some progress（取得一定进展）；PA——Paris aligned（和巴黎协定目标一致的）；TR——Transformational（转换成功的）；NA——Not applicable（不适用）。

资料来源：https://e3g.org/matrix/。

此外，从现阶段气候融资的结构看，不平衡性也较高。现有的气候相关投融资超过90%流向气候减缓领域，气候适应领域的资金和需求匹配度较低。相对而言，气候减缓领域主要致力于推动现有产业的绿色转型、绿色技术研发等领域，而气候适应涉及应对极端天气变化、森林野火、飓风洪水等领域，对人类生产生活的影响也更为直接，但是适应的难度也更大，成本也在加速增长。根据UNEP发布的《2020适应差距报告》，发展中国家年度气候适应成本已经达到700亿美元左右，预计到2030年将达到1 400亿—3 000亿美元，2050年将继续增长至2 800亿—5 000亿美元。目前的绿色融资支持力度和增长速度远不能覆盖越来越大的融资缺口。

（三）全球减碳权责划分长期存在争议

经济全球化不仅带来了生产价值链的国际分工，同时也带动了碳排放的全球再分工。在全球化进程中，发达经济体将低附加值的产品转移到发展中国家，而低附加值产业往往具有碳强度高的特征，碳排放随之转移。同时，发达经济体的进口产品通常比其出口产品的碳强度更高，这表明发达经济体居民的高碳生活中的绝大部分排放是被"外包"到其他国家的（魏尚进，2021）。因此，在全球化分工体系中，发展中经济体生产端的碳排放强度较高，而发达经济体消费端的碳排放强度较高。这种碳分布的不平衡影响了国家之间减碳责任的分配。目前，在学界研究中，碳核算责任方法主要包括四种，即生产责任法、消费责任法、收入责任法和共担责任法[①]，其中前三种方法主要基于单一主体承担减排责任的思路，共担责任法则要求责任共担，也更能为多数学者所接受，但是共担分配比例算法仍存在诸多争议。现阶段，在制定减碳路径目标时，发达经济体往往仅从其国内排放出发，而未囊括进口生产端的碳排放，这必将进一步加重发展中经济体的减排压力。

  同时，煤电化石等传统能源一直是全球碳减排关注的核心，现有的绿色产业分类、绿色债券/贷款等相关的金融规则制定中，也逐渐将这些传统高耗能、高排放的项目排除。然而，不同经济体发展阶段不同，中国、印度以及"一带一路"沿线诸多发展中国家对煤电化石能源还存在较高的依赖性。此外，发展中经济体多数拥有丰富的自然资源，是生物多样性的重要集聚和保护地，在全球绿色发展总体趋势下，绿色环境保护也需持续性地投入大量资金，虽然从地理上而言，是一国内部的事情，但是影响却是全球的。为了共同的环境气候目标，发达经济体也需要积极参与其中。2015年《巴黎协定》制定了以公平为基础并体现共同但有区别的责任和各自能力的原则，并重申了2009年哥本哈根气候大会上，发达经济体到2020年每年为发展中国家提供1 000亿美元，以帮助其适应和减缓气候变化的承诺，但从实际履行程度看，非常不理想。根据OECD公布的数据，2019年，发达经济体对发展中经

[①] 生产责任法碳减排责任由生产者承担，遵循"谁污染谁治理"的原则；消费责任法碳减排责任由消费者承担；收入责任法碳减排责任由增加值获得者承担；共担责任法则认为碳减排责任应由所有从碳排放过程中获得收益的参与者共同承担。

济体的气候援助资金已经增加至796亿美元，但是和1 000亿美元的目标相比，还有超过20%的差距。

第三节 绿色金融规则的功能

本章对当前全球绿色金融规则的现状、特征以及面临的发展趋势等进行了梳理、总结和分析。我们认为绿色金融规则应基本具有如下四点功能：一是服务功能，即应服务于《巴黎协定》和《联合国可持续发展》总体框架；二是规范功能，即设定绿色低碳发展的合理区间，规范金融部门投融资行为；三是引导功能，即引导全球资本更多流向低碳可持续发展领域，促进绿色金融发展，提高经济发展的绿色含量；四是协调功能，通过加强规则的沟通协调和一致性，提高全球范围内绿色低碳转型发展的合作。

近年来，我国在绿色金融规则方面，通过政策引导和标准制定的方式，已经取得了积极的进步，国内首批两项金融标准已经成功颁布，和中欧标准国际合作也取得有效进展。然而，在"2030碳达峰""2060碳中和"的既定目标下，我国绿色低碳减排的必要性和紧迫性十分突出。绿色金融是针对当前问题的最直接有效和必然的工具，相应地，绿色金融规则的建设也应进一步成为重点抓手。为充分发挥绿色金融规则的四大功能，我们从绿色金融规则制定的主体、规则内容、规则实施和规则合作四个主要方面提出以下若干建议。

一、规则制定主体：统筹采用自上而下和自下而上相结合的方式，并进一步提高社会行业组织、协会等在标准制定中的作用

一直以来，我国缺乏具有影响力特别是国际影响力的社会组织、行业协

会等，金融机构之间自发形成倡议团体的行动力也不强，他们拥有行业专业性和敏锐性，理应是组织倡议、标准制定等方面的中坚力量。在国际上，气候行动100+（Climate Action 100+）、银行环境倡议（Banking Environment Initiative）、金融机构气候行动（Climate Action in Financial Institutions）、牛津马丁净零碳投资倡议（Oxford Martin Net Zero Carbon Investment Initiative）等一系列倡议/行动主要是由组织机构协会或金融机构联合倡议而成，社会号召力和凝聚力都十分显著，也有助于团结更多社会资本积极参与绿色低碳投融资。因此，我国在绿色金融相关规则制定过程中，一是要将更多行业、组织吸纳进来，如银行贷款协会、债券协会、保险行业协会、资产管理行业协会等，提高标准制定的针对性和有效性；二是政府部门也应进一步规范和引导行业组织、协会等的建设发展，并保持它们的独立性，使其切实成为社会沟通制定的桥梁；三是绿色低碳发展并非一个企业之事，应通过各类平台机制，支持和鼓励金融机构之间加强自身"软规则"的互通共建，以此形成合力，支持绿色低碳长效发展。

二、规则内容：完善制定符合我国国情的绿色金融规则体系，同时进一步加强和国际通行规则的对接

（一）进一步完善绿色金融规则体系建设

当前，我国绿色金融规则体系建成已取得初步成果，但还有待进一步完善和补充。首先，在绿色债券领域，虽然已有《绿债目录（2021版）》，但是还未就债券的发行、绿色认证、审核等程序形成统一标准，需要尽快形成相应的补充规则。我国是率先实现发行"碳中和"主体债券的，需要尽快补充"碳中和"债券认证、贴标乃至监管等规则。同时，《绿债目录（2021版）》尽管实现了规则的相对统一，但是之前的《绿债指引》等文件，目前并未明确废除，在实际中仍需要对过渡期的规则问题进一步协调。其次，针对中国人民银行已经出台的两项绿色金融规则，即《金融机构环境信息披露指南》和

《环境权益融资工具》，应进一步推出说明细则。例如，《金融机构环境信息披露指南》中，应进一步呼吁金融机构进行融资排放的统计、核算和报告，列示核算的基本方法，确定核心披露指标，以提高披露的透明度和数据的结构化可比性。同时，可尝试构建金融机构环境效益信息披露内容，以补足现有信息披露规则的缺失之处。针对《环境权益融资工具》规则，应进一步就环境权益的具体许可类型、衡量指标等进行阐释说明，其中许可类型可首先采用黑名单制度。最后，在碳达峰、碳中和的紧迫要求下，应尽快建立健全碳达峰、碳中和标准，填补碳规则空白。其中，在碳市场交易领域，我国碳交易量已经超过欧盟，但是碳定价机制仍较为僵化，碳价格发现市场机制缺失。可适当借鉴欧盟碳交易市场相关规则，引入多元交易主体，调整优化配额供给机制等，提高碳价格对碳减排市场的引导性。

（二）提升绿色金融规则的一致性和通用性

标准的一致性能有效提升绿色金融效率，并便于监管协调。当前，我国应着重加强环境信息披露的一致性和绿色认证标准的一致性。

环境相关信息的准确和全面披露，对合理制定碳减排目标、加强环境风险测度等都至关重要。目前，国内上市企业在进行环境信息披露采用社会责任报告、ESG报告等多种形式，缺乏统一格式。这需要监管层，主要是两大境内证券交易所，制定统一的披露报告格式，以此提高信息披露数据的结构化，提高数据披露的质量。和国际通行的信息披露规则对接方面，境内已有金融机构（如兴业证券[①]）尝试采用TCFD的治理、战略、风险管理、指标及目标四维框架，进行环境信息披露。后续，可以鼓励更多境内金融机构将TCFD规则嵌入我国的《金融机构环境信息披露指南》框架中，补齐后者详细披露要求短板。同时，积极借鉴TCFD信息披露框架中共同披露的核心指标，制定适配境内企业的核心披露指标，并针对核心披露指标引入强制性披

---

① 参见 https://mp.weixin.qq.com/s/hSLDaa1NGHQ6tb0p2o2R8g。

露要求，并将之纳入环境管理的关联原则。

不论是绿色债券、绿色贷款或其他绿色金融衍生工具，其适用对象都是"合格绿色项目"，《绿色目录》和《绿债目录》都从分类的角度，对合格绿色项目进行了范围界定，但是在适用主体上还有所偏差，因为后者聚焦绿色债券，将煤炭剔除了出去，但是煤炭依然在《绿色目录》中，绿色贷款可据此展开。这就需要第三方认证机构的共同参与，对绿色项目的合规性进行认证、核查，并出具报告。当前，我国本土的第三方认证机构发展还处于错落无序状态，一方面，应进一步将认证标准贯穿在绿色项目的全周期环节；另一方面，应设定一套绿色认证的统一标准，这一标准至少应明确绿色认证的最低限度要求，不仅有利于更好实现不同部门绿色项目的可比性，也有利于防范"洗绿"情况的发生。例如，GBP 和 CBS 的绿色债券都对债券募集资金用于绿色项目本身的比例做了较高的规定，我国要求则相对宽松①。为进一步提高绿色低碳经济发展的效率，应进一步提高该比例，并将之纳入认证标准考核。

三、规则实施：以"共同但有区别的责任"原则为核心，积极推动相关规则落地实施

（一）积极践行"共同但有区别的责任"的原则

在气候变化领域，全球普遍认同的是1992年《联合国气候变化框架公约》中提出的"共同但有区别的责任"。在这一原则的基础上，发达经济体在《巴黎协定》中进一步承诺向发展中经济体每年提供1 000亿美元适应和减缓气候变化的资金，发展中经济体也承诺根据自身情况提高减排目标。从发达经济体对上述规则遵守和实施情况看，其1 000亿美元的资金承诺完成度有限，根

---

① 根据监管要求，绿色企业债要求不低于50%用于符合要求的绿色项目；在交易所发行的绿色公司债要求不低于债券募集资金总额的70%用于符合要求的绿色项目；对来自绿色领域的收入达到标准的企业，可以不对应具体绿色项目，但仍须遵从不低于70%的募集资金用于绿色领域的限制条件（王汀汀、赵嘉露，2021）。

据 OECD 公布的数据①，2019 年发达经济体的气候资金到位 796 亿美元，且大部分是以贷款形式提供的，其中部门是按照商业贷款条件实施，而非优惠或捐赠形式。2020 年，受新冠病毒肺炎疫情的冲击，1 000 亿美元的气候融资目标，缺口将达到 200 亿美元。COP26 进一步做出了决议，即强烈要求发达国家尽早实现为发展中国家提供 1 000 亿美元气候资金支持的承诺，并将该承诺延续至 2025 年，同时要求发达国家在 2025 年前将向发展中国家提供的气候资金支持增加一倍（在 2019 年水平基础上）。但是，如同《巴黎协定》一般，新的决议仍未就发达经济体如何落实承诺形成具体意见。后续，建议通过联合国、IMF、世界银行、G20 等国际财经平台，就发达经济体如何具体落实资金承诺形成一定具体的约束性规则，明确包括资金落实的形式、期限、用途等内容，以提高全球共同应对气候变化的能力。

我国作为全球最大的发展中经济体和目前碳排放量最高的国家，已经提出"碳达峰、碳中和"目标，并通过国家自主贡献（INDC）积极递交气候变化应对成果。在绿色低碳发展过程中，一方面应继续积极参与，推动这一全球绿色共识落实到行动上；另一方面则要建立健全绿色规则体系，继续激发内生绿色发展动力，为绿色低碳发展贡献更多中国方案。同时，应积极研究将环境相关风险（不仅仅是气候风险）纳入宏观审慎政策监管框架中的机制，加强对环境相关风险的识别和防范。通过环境风险的识别，对风险进行定级，通过压力测试、情景分析等，量化风险冲击水平。在此基础上，健全环境风险防控指标体系，以及时向市场发出预警。环境相关数据是风险量化的基础，监管机构应加强环境数据收集系统和平台建设，利用大数据等新兴技术，提高对环境数据的实时跟踪水平。

（二）金融机构应将"净零排放"目标分阶段有序纳入战略实施

当前，全球绿色低碳转型的核心着力点是气候风险的防控，自 2015 年

---

① 参见 https://www.climatechangenews.com/2021/09/17/latest-data-shows-rich-countries-little-closer-100bn-climate-finance-promise/。

《巴黎协定》制定了温控目标以来，COP26 又着重强调了将温度控制 1.5℃ 以内的必要性和紧迫性。现有国际绿色金融规则内容中，多数都已明确要求绿色活动应和温控目标保持一致。例如，TCFD 的信息披露框架中，建议采用场景分析、温度评级方法等，制定和温控目标一致的战略规划。国际金融机构在实践中，也开始将"净零排放"目标纳入其战略决策或投资组合中，SBTi 也为国际金融机构制定符合"净零排放"目标的指导和方法支持。本质上而言，"零碳排放"即是直接达到碳中和的状态。但是鉴于我国减排压力巨大，难以一步到位。因此，国金金融机构在践行绿色金融相关规则过程中，有必要进一步明确对《巴黎协定》温控目标和"净零排放"的准确认知，但实施过程中，应通过短期、中期、长期目标的设定，有序推进，不能唯目标论。整体而言，金融机构"净零目标"路径设置需要满足两项基本前提：一是和我国碳达峰、碳中和的整体规划目标要契合一致；二是要避免盲目地、潮流式地实施绿色低碳融资支持。《2030 年前碳达峰行动方案》的出台，为我国实施碳达峰提供了路径指引，其中指出"推动重点领域、重点行业和有条件的地方率先达峰"，这必将对某些地方或行业的资金导向产生一定引导性作用，金融机构应明晰自身定位，提高对行业性的认知，避免陷入"运动式"绿色金融服务模式中去。

（三）提高绿色金融对绿色低碳发展的支持作用

根据中国人民银行发布的数据，截至 2021 年第一季度末，我国本外币绿色贷款余额达到 13.03 万亿元，绿色债券累计发行规模超过 1.2 万亿元，规模已分别位居全球第一和第二。然而相比快速发展的绿色市场，绿色融资仍存在较大的缺口。根据《中国绿色金融发展研究报告（2020）》，2019 年我国新增绿色金融需求为 2.048 万亿元，但 2019 年新增绿色资金供给只有 1.43 万亿元，缺口 0.618 万亿元。红杉中国的测算结果表明，2021—2060 年，我国绿色投资年均缺口约 3.84 万亿元，且碳达峰以后资金缺口将明显扩大。绿色信贷和绿色债券作为最直接有效的绿色融资来源，需要进一步加大对绿色低碳经济的支持，且在提高绿色融资规模的同时，更要注重融资的绿色有效性。针对绿色信贷而言，商业银行在进行授信过程中，应逐步提高借款人碳减排的目标、计划、路径等因素的权重。同时，将信贷资金更多贷给绿色低碳经济活动（如可再生能源、节能环保产业等）的同时，也不能对传统产业特别是传统高碳行业实行一刀切的信贷政策，应根据不同地区的实际情况，稳步推出。例如，山西作为煤炭大省，短期内仍是我国能源主要的供给方，一刀切式的断贷，不仅会影响地方经济的正常发展，还可能引发连锁效应。此外，银行业金融机构应在《环境权益融资工具》的框架引导下，加快对碳相关权益资产定价的研究，明确哪些碳资产（如碳排放权）可以作为信贷抵押品，扩大绿色信贷服务的基础边界。银行金融机构应对绿色信贷的使用进行跟踪，以最大化其资金绿色配置效率。此外，目前市场碳减排的主体以大型企业为主，中小型企业减排动力和减排能力都不足。商业银行是中小企业融资的重要来源，在贷款约束条件中，商业银行可以积极引导和帮助中小企业制定和实施与温控目标相一致的生产运营路径。针对绿色债券发行，应提高对债券绿色认证的统一实施标准，降低"漂绿""染绿"等现象发生的可能性。应进一步为合格市场主体发行绿色债券（包括蓝色债券、碳中和债券等）提供技术支持和指引。多元化绿色债券发行主体，特别是我国当前正致力于扶持专精特新中小企业的长效发展，可以引导符合《绿债目录（2021版）》的中小企业通过发债方式融资。

（四）建立常态化绿色合规监管制度

绿色低碳市场正步入发展快车道，不论是金融机构还是转型经济体，在适应现有绿色金融规则的同时，也在"创造"或"突破"新的规则。为规范引导绿色市场发展，应建立常态化且能够动态调整的绿色合规监管制度。当前，中国人民银行已经出台了银行业金融机构绿色金融评价方案，随着评价方案的成熟，应尽快将更多中小型金融机构纳入评价机制中。同时，应加快推进对第三方绿色评级机构的合规监管。当前我国绿色债券发行主体以国有企业为主，部分债券的绿色贴标程序存在不规范的现象，使得绿债"不绿"。在合规审查中，应着重加强对第三方绿色评级过程的透明度要求，规范评级市场健康有序发展。

从部门间实施看，需要明确规范监管的国家和地方权责分配，以避免出现国家和地方政策的"打架"现象。例如，生态环境部于2021年11月25日的新闻发布会上的声明值得我们注意，原因是个别地方政府对本地风电、光伏等新能源和可再生能源项目提出碳指标管控要求，要求目前已经建成和在建的风电、光伏项目所含的碳指标权限归其所有，且使用、交易须经市政府同意，收益归项目所在地。生态环境部对此明确表示地方政府无权限制项目业主参与CCER，减排量交易更不能收归己有。这要求规则在传达过程中，切实做到上通下达，以避免部分部门/机构误解政策含义，违背规则本意。

四、规则合作：围绕绿色金融规则，广泛开展双多边合作

（一）依托国际财经平台，积极拓宽绿色金融规则合作

当前在全球范围内，各经济体皆将侧重点放在国内碳减排方面，对国际合作的参与度还不够。在绿色金融规则制定和实践的国际合作方面，我国应进一步通过G20、可持续金融国际平台、央行与监管机构绿色金融网络（NGFS）等平台，进行更多金融规则领域的沟通合作。其中，依托IPSF平台，中欧已经实现了共同分类标准文件，在此基础上，中欧应着重加强在绿色债券领域以及绿色金融衍生品标准的合作，加强绿色贴标债券的互认程序。2021年，我国已经率先在全球范围内发行了若干只以"碳中和"命名的贴标绿色债券，中欧也可以进一步围绕碳中和债券展开新的合作。G20是由中国、美国共同主导的，两国在绿色金融规则领域的合作，对全球低碳转型具有重要的意义。应借助G20峰会平台，加快落实中美两国在联合国26届气候变化大会上的共同宣言，在碳捕获、利用与封存（CCUS）、甲烷排放等重点领域达成新的、有效的环境合作标准。此外，应进一步加强针对"一带一

路"绿色发展的金融规则合作。在目前全球政经格局背景下，我国与同样关注沿线地区投资发展的美国、日本等发达经济体之间，既有竞争的必然更有合作的潜力，绿色金融规则的协商合作或将成为多方合作共赢的关键突破口。可借鉴中欧合作模式，我国应一方面在绿色产业分类基础方面协商一致，另一方面逐步扩大合作的边界，积极参与ISSB相关可持续标准的制定。鉴于目前IFRS对ISSB在亚洲、大洋洲地区的办事处还在北京和东京之间徘徊，我国应积极争取将新的办事处设立在北京，这不仅能便于我国更好参与ISSB相关标准的合作制定，也能进一步彰显我国在国际绿色标准制定方面的决心和能力。

（二）促进不同规则的和谐发展

从全球体系看，绿色金融规则是多层次、错落交叠的，既有国际组织层面的规则，也有国家层面的规则，以及国家内部不同州/县等层面的规则，不同规则的内容、约束力、执行方式等都有所不同。对多边机构和国际投资者而言，在实际操作中可能面临诸多障碍，这需要加强不同系统规则间的和谐度。从理想化视角看，在全球范围建立一个统一的绿色低碳市场、设定一套统一的交易运行规则，最为有效率，但也不可能达成。以全球碳交易市场为例，未来随着COP26达成的规则进一步落地，主要是形成一个参与成员国互认互通，在一定条件下、一定范围内流通的碳交易市场，即规则的协调和谐是有限制条件的。在支持绿色低碳转型过程中，应促进全球范围内关联部门间的规则协商合作，如各国税务部门，同时，多边开发银行应在区域规则协调中发挥更为积极的作用。

（三）防范单边主义规则带来的负面影响

2021年7月14日，欧盟以防止碳泄漏（Carbon Leakage）和支持欧盟减缓气候变化雄心为由，正式公布了碳边境调整机制（Carbon Border Adjustment Mechanism，CBAM）的实施细则，核心内容是自2026年起，对碳排放限制相对宽松的国家和地区的碳排放密集型产品征收碳关税，目前提案覆盖的征收范围包括钢铁、水泥、铝、化肥和电力等行业。CBAM 引发了国际社会的广泛讨论。碳泄漏①问题一直是影响全球碳减排责任划分的重要因素，一国企业为了降低碳成本而将产业转移到境外碳减排约束更为宽松的国家／地区，可能造成温室气体排放总量的上升，也会降低碳减排力度更为严格的国家或企业的产品竞争力。CBAM 的关税机制实施效果可能并不能如其预期。UNCTAD 最近的研究结论指出，CBAM 有助于避免碳泄漏，但其对气候变化的影响有限——全球二氧化碳排放量仅下降 0.1%，而且导致发展中国家的贸易成本更高。由此可见，尽管 CBAM 在碳关税规则制定上致力于和 WTO 合规规则的一致性，但仍具有较为明显的贸易保护主义（低碳产品）特征。目前，美国也已有议员提出了碳关税的立法草案，该草案直接规避了 WTO 的合规原则，碳关税相关条款相比 CBAM 更为严苛，单边保护主义色彩也更为浓郁。欧盟和美国都是我国贸易往来的重要对象，我国碳减排的压力本就很大，碳中和相对时间也比美国和欧盟短，上述碳关税一旦实施，会对国内高碳密集型产业造成冲击。我国应提前对此做出应对，一方面，通过技术攻关等加快高碳密集型产业低碳化转型，减少高碳密集型产品出口比重；另一方面，研究制定符合我国国情的碳关税制度，以应对未来可能发生的碳关税造成的"新贸易冲突"。

---

① 根据政府间气候变化专门委员会的定义，当只有部分国家采取减排政策或者措施时，它所带来的温室气体减排量可能被其他非减排国家增加的排放量部分或全部抵消，即产生碳泄漏。

第七章

金融科技规则

金融科技作为国际金融的新兴领域，目前还未形成固定且完整的国际规则，各国主要采取域内治理的方式对相应领域的活动进行规范。总体而言，各国对金融科技规则的制定采取开放包容和审慎有效的原则，试图在维护金融市场稳定、提高效率和保护消费者这三个规则制定目的之间取得平衡。同时，金融科技是一个复杂且交叉的市场，本章内容具体从应用场景、赋能技术和市场主体这三个维度展开，对相关规则进行梳理归纳，并结合我国在相关领域规则制定的情况，对我国金融科技的进一步发展提出针对性的建议。

金融科技（Financial Technology，Fintech）这一名词正式兴起于2008年以后（Schueffel，2013）。尽管有些法域中存在把金融科技和数字金融（Digital Finance）混用的情况，但越来越多的法域采纳了金融稳定委员会提出的定义，即"金融科技是技术驱动的金融创新，能够产生新的商业模式、应用、流程或产品，并对金融市场和机构以及提供金融服务产生实质性影响的技术支持"。中国人民银行发布的《金融科技发展规划（2019—2021年）》和《金融科技发展规划（2022—2025年）》文件中均采用了上述定义。本章内容也在此定义的基础上展开。

根据FSB（2021），金融科技本质上是一种金融创新。其快速发展对经济社会发展具有两重作用：一方面，金融科技不断重塑传统金融价值链，提升金融行业效率，促进惠普金融发展；另一方面，金融科技也可能造成金融风险、市场扭曲和道德风险等现象的发生。为了更规范引导金融科技的发展，全球范围内相关规则正在形成。Ehrentraud等（2020）对金融科技从应用场景、赋能技术和市场主体三方面进行分析，我们认为这个分析框架很好，因而也从这三个维度对金融科技规则进行梳理分析。

第一节　关于应用场景的规则

金融科技正在重塑银行、证券和资产管理以及保险等行业，具体体现在平台融资、数字支付、数字银行、智能投资顾问、保险科技这五大应用场景中。需要指出的是，尽管合规科技也是其中一个重要的应用场景，但是考虑到合规科技与监管科技的关系是一体两面，关于监管科技已经在金融监管篇中有比较详细的阐述，因此这里不再赘述。

一、平台融资场景相关规则

金融科技平台融资（Fintech Platform Financing，FPF）是指经非商业银行的电子平台通过互联网进行资金中介的活动。按照 Ehrentraud 等（2020）的分类，金融科技平台融资活动可以分为两大类：金融科技资产负债表借贷（Fintech Balance Sheet Lending）[1] 和众筹（Crowdfunding）[2]。

与银行借贷和股权融资相比，金融科技平台融资方式的灵活性强、融资成本低。然而由于平台质量参差不齐，金融风险被放大，可能带来更高的信用风险、操作风险和流动性风险[3]。

（一）平台融资规则概览

大多数法域没有专门针对金融科技资产负债表贷款的规定，主要是利用穿透式的方法去分析后者对资金融通、风险转移以及相关参与方利益的影响，进而找到对应的适用规则。根据 Ehrentraud 等（2020）的研究，只有巴西对

---

[1] 金融科技资产负债表借贷是指由互联网平台（非商业银行运营）推动的信贷活动。一方面，这些平台在正常业务过程中使用自己的资产负债表向中间借款人提供贷款；另一方面，平台用自己的资产负债表去融资，用自己的信用与贷款人产生法律关系。

[2] 众筹是指在没有传统金融机构作为中介的情况下，将需要筹集资金的个人和公司与寻求投资以获得财务回报的相匹配的做法。

[3] 具体而言，第一，金融科技平台融资中众筹的融资方一般是中小企业或者个人，违约率可能要高于大型企业，因此，金融科技平台融资的信用风险更高。第二，金融科技平台的操作中通常使用大量的替代性数据、算法模型，这可能带来更高的操作风险，具体表现为更高的信息科技风险和数据治理缺乏效率的风险。第三，金融科技平台中股权融资方式的二级市场不成熟，这可能带来更高的流动性风险。第四，根据我国金融科技平台发展的经验，贷款众筹带来了较大的欺诈风险。有一些平台拿投资者的钱给自己用，一旦出现风险就违约、跑路。此外，还有一些企业在出现亏损后，非法挪用投资者的钱，给投资者带来巨大损失。

金融科技的资产负债表借贷引入了专门的许可制度[①]。

由于众筹活动中贷款人需要承担个人借款人的违约风险，众筹活动的风险通常高于资产负债表借贷。截至2021年7月，43%的法域对众筹活动制定了专门的规则[②]。规则具体以许可证制度或注册制度的形式出现，因为如果没有专门的框架，众筹活动会出现法律适用的冲突。不同法域针对众筹活动的规则显示出许多相似之处。在大多数情况下，规则都侧重于保护消费者和投资者、反洗钱和打击资助恐怖主义以及业务韧性。根据管辖范围的不同，众筹平台还面临透明度、风险管理、公司治理和业务连续性等方面的要求。然而，在平台风险自留的比例和保护投资者的资本金比例的规则上各有不同。

（二）主要代表性法域的规则

本节对主要代表性法域关于金融科技平台融资的规则进行了详细梳理，并从规则出台年份、适用范围、制定者和立法核心目的这四个维度进行了对比（见表7-1）。需要说明的是，主要代表性法域都还没有对金融科技资产负债表借贷平台制定规则，规则均聚焦于众筹活动。这个现象应该是由于众筹活动高风险的属性导致的。

从出台年份看，英国2014年出台了首个规则，是最早出台相关规则的法域，他们采取进行原则性监管，后续看市场实践的情况再出台具体规则的方式；随后美国出台规则，采取的是在现行法律框架内引入豁免的方式；2016—2019年我国出台了多个规则，主要是以指引和行政通知方式来制定规则；欧盟虽然在2020年才推出规则，但是是以欧盟层面立法的方式推出的，

---

① 2018年4月，巴西国家货币委员会发布了一项新决议，引入直接信贷公司（Sociedades de Crédito Direto，SCD）作为一种新型金融机构，其运营需要巴西中央银行的牌照。该决议将SCD定义为：（1）提供贷款和融资并获得收款权的金融机构；（2）完全以电子平台经营；（3）完全通过股权资本融资的金融机构。除发行股票外，直接信贷公司不得向公众筹集资金，只能将贷款出售或转让给金融机构、特定投资基金或证券化工具。直接信贷公司须遵守最低资本金要求和审慎监管。

② 根据覆盖近200个法域的情况的世界银行全球金融科技监管数据库（Global Fintech-enabling Regulations Database）的数据。

规则非常详细和完善。

表 7-1 主要代表性法域关于金融科技平台融资规则汇总

法域	规则名称	出台年份	适用范围	制定者	立法核心目的
美国	众筹条例①	2015	股权众筹	证券交易委员会	解决中小企业融资难问题
欧盟	欧盟第 2020/1503 号法案	2020	中小规模的商业众筹（包括股权和贷款众筹）	欧盟委员会	鼓励惠泽中小企业融资的金融创新，加强对消费者的保护
英国	关于互联网众筹及通过其他媒介发行不易变现证券的监管方法	2014	众筹	金融行为监管局	保护消费者利益、在消费者视角保护适度的市场竞争
英国	关于贷款众筹和投资众筹平台的最终规则	2019			
中国	一办法三个指引 + 多个通知②	2016—2019	贷款众筹	中国人民银行等十个部门（共同制定）	维护市场稳定

资料来源：上海发展研究基金会。

从适用范围看，英国的适用范围最广，欧盟的适用范围最小。我国的规则仅适用于贷款众筹，这是当时我国金融科技平台融资中最主流的品种。美国的规则适用于股权融资，这与美国立法的目的有关，因为这套规则的上位法是 2012 年被签署的《促进初创企业发展法案》，该法案旨在促进初创企业发展，而在美国，初创企业主流融资方式是股权融资而不是贷款融资。

从规则制定者看，我国采用的是多部门共同制定规则的模式，其他法域均采用单一制定者的模式。尽管多部门模式会有集思广益的好处，但也容易造成行政效率下降的问题。

从立法目的看，我国更注重维护金融市场稳定，美国的核心立法目的是

---

① 体现在 17 CFR 的第 200 条、第 227 条、第 232 条、第 239 条、第 240 条、第 249 条、第 269 条和第 274 款中。
② 《网络借贷信息中介机构业务活动管理暂行办法》《网络借贷信息中介机构备案登记管理指引》《网络借贷资金存管业务指引》《网络借贷信息中介机构业务活动信息披露指引》《关于做好网贷机构分类处置和风险防范工作的意见》《关于启动网络借贷信息中介机构运营数据实时接入通知》。

提升中小企业的融资效率，英国站在保护消费者的立场，欧盟的立法目的更平衡。

1. 美国

美国是众筹融资的发源地，美国法域对贷款众筹没有特定的规则，但是对股权众筹有联邦层面的规则。2012年4月5日，《促进初创企业发展法案》（Jumpstart Our Business Startups Act，以下简称《JOBS法案》）签署，建立了针对股权众筹的监管框架。在《JOBS法案》的授权下，2013年美国证券交易委员会（SEC）开始制定具体规则，并最终于2015年正式出台了众筹条例，众筹条例于2016年11月16日正式生效，在生效后经历了20次暂时性修改[①]。

《JOBS法案》出台的背景是2008年全球金融危机之后，当时宏观经济不景气，而股权众筹能在一定程度上解决中小企业融资难问题。从宏观层面分析，众筹规则维持资本市场秩序和完备性。从微观层面分析，众筹规则降低了中小企业融资成本，提高了中小企业融资效率，促进资本形成。与此同时，加强了对中小投资者的保护，增强了投资者参与股权众筹的信心。

美国的众筹规则包含了以下四个核心规则。

一是众筹豁免规则。根据美国证券法的规定，除非符合法定豁免条件，所有的证券发行均需要在美国证监会进行登记注册。《JOBS法案》通过新增立法的方式创设了股权众筹的小额发行豁免。

二是对股权众筹发行人的要求。根据规定，创业企业在以众筹方式发行证券前的12个月内，向投资者出售的包括在该次交易中的募资总额不得超过100万美元。创业企业在一个合规的中介监督下进行融资可以免于在SEC注

---

① 参见 https://www.ecfr.gov/recent-changes?search%5Bdate%5D=2021-11-26&search%5Bhierarchy%5D%5Bchapter%5D=II&search%5Bhierarchy%5D%5Bpart%5D=227&search%5Bhierarchy%5D%5Btitle%5D=17&search%5Bwarning%5D=after_latest_issue。

册。在信息披露方面，发行人根据发行规模的不同承担相应的报告要求①，而且有持续报告（Ongoing Report）的义务。

三是对投资者投资金额的要求。根据投资者适当性原则，法规根据收入或净资产情况对普通公众投资者的投资金额进行限制②，合格投资者则可以不受此限制。

四是对众筹中介——集资门户的监管。第一，要符合准入条件。众筹中介必须注册为行业自律组织的会员并接受 SEC 约束。第二，设置业务上的限制③。第三，要履行法定义务④。

2. 欧盟

欧盟对众筹采取的是许可制度，规则的适用场景限于商业众筹。2020 年 10 月 20 日，欧盟发布了第 2020/1503 号法案（Regulation（EU）2020/1503），该法案已经于 2021 年 11 月 10 日生效，这给欧盟商业众筹带来深远影响。从宏观层面分析，第 2020/1503 号法案在欧盟层面规范了众筹服务提供商的业务，提高了欧盟成员国在众筹活动监管规则的法律确定性，进而便利欧盟内跨境商业众筹活动（Kisils，2021）。从微观层面分析，该法案的适用范围是中

---

① 对于发行人而言，需向 SEC、相关经纪商或众筹平台以及投资者披露以下信息：（1）发行人的名称、组织形式、住址及网址；（2）发行人的资本结构以及主要股东、董事、高管及任何具有相似职位或履行相似职能的人等成员的基本情况；（3）发行人的经营情况介绍以及未来的商业计划；（4）证券发行及过去一年的财务状况；（5）募集资金的金额、集资进展情况、资金用途和使用规划等；（6）发行股份的价格或定价方法。

② 如果该投资者的年收入或资产净值不超过 10 万美元，其 12 个月内的累计投资额不得超过 2 000 美元或者该投资者年收入或资产净值的 5%（取二者中较高值）；如果该投资者年收入或资产净值超过 10 万美元，其 12 个月内累计投资额不得超过其年收入或者该投资者年收入或资产净值的 10%，但上限为 10 万美元。

③ 不得从事如下活动：（1）提供投资咨询意见或建议；（2）推销购买、销售在其平台上交易的证券，或者自行购买该等证券；（3）为上述推销活动向其雇员、其他中介机构或其他个人支付相关费用；（4）持有、经营、占有和处置投资人的资金或证券。

④ 具体包括审查义务、信息披露义务、投资者的风险教育、建立信息沟通平台、信息记录和保存义务、资金保管和转移义务等。

小规模的商业众筹活动[①]，因此做到了精准地鼓励惠泽中小企业融资的金融创新的同时，加强了对消费者的保护。

法案包含了以下五个核心规则。

一是明确了获得许可需要满足五大要求。（1）众筹服务提供商是欧盟内的法人。（2）平台提供的众筹服务类型属于商业众筹的范围。（3）管理机构成员在信息技术能力、财务能力方面的合适性和适当性。（4）服务提供商拥有完善的治理制度和内部控制机制[②]。（5）有一定的资本、流动性和偿付能力，这体现在审慎保障要求中[③]。

二是采取了五大措施来加强对投资者保护。（1）规定了详细的信息和披露要求，降低投资者的信息不对称，确保包括营销传播在内的有关众筹服务提供者、提供的众筹服务或众筹项目选择的所有信息公平、明确且没有误导性。（2）对投资者进行入门知识测试及承受损失能力的评估[④]，由此区分成熟和不成熟投资者，对不成熟投资者采取一些额外的保护措施。（3）引入公告板制度，为众筹项目的投资者创造一个有流动性的二级市场，降低投资者的流动性风险。（4）设置档案管理的规则，提升众筹活动的透明度。（5）有关资金存管

[①] 该条例将适用于众筹服务提供商提供的与众筹活动相关的众筹服务，为期12个月，最高可达500万欧元。超过500万欧元门槛的（股权）众筹产品将遵守修订后的欧洲金融工具市场指令（MiFID II）和欧盟招股说明书法规2017/1129的规定。

[②] 具体包括但不限于以下九个方面：拥有用于控制和保护数据处理系统的系统、资源和程序；有一套外包安排；业务连续性计划；提供对平台操作风险的评估；不相容岗位分离（Segregation of Duties）；防范利益冲突；监测和管理项目投资风险的机制；有能力对平台提供的项目进行最小限度的尽职调查；有完善的处理投诉的机制。

[③] 具体而言，众筹服务提供商必须始终采取审慎保护措施，金额至少为25 000欧元和上一年固定间接费用的1/4，每年审查一次，这将包括三个月的贷款服务成本，其中众筹服务提供商也促进贷款的发放。这些审慎保障必须采取以下形式：（1）自有资金（仅限于普通股一级资本）；（2）保险单或类似担保；或（3）（1）和（2）的组合；

[④] 通过测试和评估区分了成熟投资者和非成熟投资者，并要求众筹服务提供商评估其预期的众筹服务是否适合以及哪些适合非成熟投资者。这将要求众筹服务提供商获取有关任何潜在的非成熟投资者的经验、投资目标、财务状况以及对一般风险的基本了解的信息。此外，众筹服务提供者在对任何不成熟的投资者进行评估时，还必须模拟其承受损失的能力，按其净资产的10%计算。

的规定①。

三是规范了市场营销沟通。强调市场营销的沟通内容要符合公平、明确且没有误导性这三个原则,与关键投资信息表(KIIS)要保持一致。

四是规范了跨境众筹服务的情景。在其母国授权的众筹服务提供商,将所有权在其他欧盟金融监管中已知的传统护照制度下跨境提供众筹服务。

五是协调欧盟层面的监管政策,以保持监管体系的统一性。

3. 英国

英国采取原则性监管先行、规则性监管随后的模式。针对发展迅速、规模庞大的P2P和众筹业务,英国金融行为监管局(Financial Conduct Authority, FCA)于2014年3月发布了《关于互联网众筹及通过其他媒介发行不易变现证券的监管方法》,将P2P和P2C业务归为融资众筹,以信息披露制度为核心,建立了包括借贷类众筹平台最低审慎资本标准、客户资金保护规则、信息报告制度、合同解除权、平台倒闭后借贷管理制度安排与争端解决机制共六项基本监管原则。此后,FCA发现众筹平台场景变得更复杂而且市场上存在不良的行为,例如,对客户信息披露不到位,收费太贵或者提供的产品质量太低等问题。2020年FCA发布了《关于贷款众筹和投资众筹平台的最终规则》,最终版本的规则对平台治理的要求更清晰,新规则特别关注了信用风险评估、风险管理和公允估值的实践。

4. 中国

我国关于平台融资的规则主要集中于P2P互联网金融平台(融资众筹),从规则演变路径看,我国对P2P的规则经历了三个阶段:2006—2014年的真空期;2015—2017年正常期;2018年底—2020年的收紧期。

在规则的真空期,没有具有针对性的规则出台,在此期间贷款众筹又称

---

① 对提供资产保管服务或支付服务的众筹服务提供者在进行与可转让证券和认可工具相关的支付交易时,必须将资金存入中央银行或信贷机构。对于众筹平台上提供的可转让证券或被认可的工具,必须由众筹服务提供者或第三方(其中任何一方必须获得提供托管服务的授权)托管。

P2P，互联网贷款在我国以指数级的速度发展。2006 年 4 月，我国首家 P2P 网络平台宜信公司在北京成立，随后这类业务在我国迅猛发展。根据武长海（2016）的研究，截至 2014 年底，P2P 互联网借贷平台的数量已经发展到 1 575 家，成交额度超过 2 500 亿元。2013—2015 年，行业的流动性风险开始暴露，问题平台增多的同时，倒闭的平台频繁出现。

在 2015—2017 年的第二阶段，我国开始整治 P2P 互联网借贷平台，发布了一系列规则，搭建了"1+3"（一个办法三个指引）的基本制度框架（见表 7-2）。在这个阶段，互联网借贷活动继续保持活跃度。根据《2021 全球另类融资市场基准报告》（Ziegler、Shneor、Wenzlaff 等，2021），我国另类融资市场规模的 83.8% 是由 P2P 互联网借贷贡献的，因此，我国另类融资市场总规模的变化趋势基本代表了 P2P 互联网借贷活动。根据剑桥大学新兴金融研究中心（Cambridge Center for Alternative Finance，CCAF）的数据，我国另类融资市场总规模从 2015 年的 1 020 亿美元增长至 2017 年的 3 583 亿美元，平均年增速为 87.4%，这说明在第二阶段我国 P2P 互联网借贷活动非常活跃。

表 7-2　2015—2017 年我国出台的关于互联网借贷的规则

发布时间	规则
2015 年 7 月	《关于促进互联网金融健康发展的指导意见》
2016 年 8 月	《网络借贷信息中介机构业务活动管理暂行办法》
2016 年 11 月	《网络借贷信息中介机构备案登记管理指引》
2017 年 2 月	《网络借贷资金存管业务指引》
2017 年 8 月	《网络借贷信息中介机构业务活动信息披露指引》

资料来源：上海发展研究基金会。

在第三个阶段，政策快速收紧，P2P 互联网借贷行业开始清退。2018 年 12 月底，互金整治办与网贷整治办联合下发的《关于做好网贷机构分类处置和风险防范工作的意见》（整治办函〔2018〕175 号文）中首次提出坚持以机构退出为主要工作方向,这拉开了 2019 年整个行业清退转型的序幕①。这一轮行业清退转型持续了近 2 年的时间,直到 2020 年 11 月 27 日,全国实际运营的 P2P 网贷机构在当年 11 月中旬完全归零。

总体而言,我国与平台融资场景相关的规则呈现出大开大合的特征。这样给我国 P2P 互联网金融平台,即融资众筹平台的发展带来了较深的影响。根据剑桥 CCAF 的数据,我国在全球另类融资市场的份额呈现大起大落的态势,从 2015 年的 68% 上升到 84% 的高点再跌至 2020 年的 1%(见图 7-1),这主要是由于 P2P 互联网金融平台活动变化导致的。

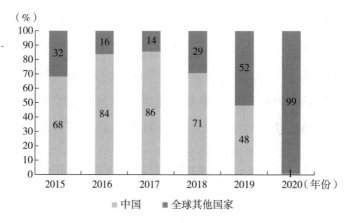

图 7-1 2015—2020 年全球另类融资市场总规模

资料来源:Ziegler 等,2021。

---

① 具体而言,2019 年 3 月 15 日,《关于启动网络借贷信息中介机构运营数据实时接入通知》(以下简称"22 号文")发布。"22 号文"指出,在营平台应在 2019 年 6 月底前全部完成实时数据接入,无法按时完成实时系统接入的网贷机构后续应逐步退出。此后,监管部门历次重磅文件和高规格会议均在传达清退转型这一主基调,监管指向推动大多数机构良性退出,引导部分机构转型,给出了转型网络小贷公司、助贷机构或改制为消费金融公司、其他持牌金融机构等的退出路径。针对日益严重的恶意逃废债行为,2019 年 9 月初,互金整治办与网贷整治办联合下发《关于加强 P2P 网贷领域征信体系建设的通知》,明确支持在营平台接入中国人民银行征信、百行征信等征信机构,持续开展对已退出平台相关恶意逃废债行为的打击,同时要求各地监管部门加速辖区内的网贷整治,要求各地上传"失信人名单"至征信机构。2019 年 10 月,湖南省发文对省内不符合"一个办法三个指引"有关规定的 P2P 网贷全部取缔,继湖南之后,山东、河南、重庆、四川等 19 省市均发文取缔辖内全部网贷平台。

二、数字支付场景

数字支付（Digital Payment）是指服务提供商利用技术来促进支付交易，以数字方式转账、清算或结算余额，而不使用实物货币。服务提供商通过自己处理付款人的钱或代表付款人就其他金融机构持有的交易账户发起付款命令，以数字方式将资金从付款人转移到收款人。其中，比较特殊的一种服务是电子货币服务[①]（E-money Services），由于这项服务的提供者有资格发行电子货币，因此他们通常受到更严厉的监管。

一定程度上，数字支付与现金支付是一种此消彼长的关系，数字支付的普及意味着现金正逐渐退出日常支付活动，随之消逝的还有现金支付带来的匿名性、包容性、独立性和低成本性（诺伯特·海林，2020）。这使得数字支付会带来下述问题：一是与现金支付的匿名性相反，数字支付方式会产生大量的信息和敏感数据，包括个人生物特征数据，这意味着消费者隐私更可能被侵犯；二是与现金支付的包容不同，数字支付可能会让一部分人被排除在支付活动之外，比如不会使用数字服务的老年人、没有完全民事行为能力的未成年人；三是数字支付依赖于信息化基础设施的正常运行，这可能导致更高的网络安全风险；四是数字支付广泛使用后，支付服务提供方可能会利用其寡头垄断的市场地位，提高相应的费用，使消费者要付出更高的使用成本。

（一）数字支付规则概览

国际清算银行支付与市场基础设施委员会（BIS-CPMI）对75个经济体[②]的调查结果显示，涉及数字支付业务的规则大致分为八类，包括牌照及注册要求、资本金要求、客户资金安全保障、风险管理、网络安全、消费者保护、数据保护和互操作性等（Ehrentraud 等，2021）。

[①] 电子货币服务具体指为便利支付交易而发行电子货币的行为，电子货币是一种用一定金额的法定货币从发行者处兑换并获得代表相同金额的数据，通过电子化方法将该数据直接转移给支付对象，从而清偿债务的货币形态。

[②] 其中，23个是发达经济体，52个是新兴经济体。

第一,牌照及注册要求。就数字支付服务而言,牌照及注册要求的规则可以分为三类,即通用牌照、根据业务规模和类型发放牌照、根据支付服务所覆盖的地理范围发放牌照。就电子货币业务而言,几乎所有受访国家和地区都对发行电子货币的非银行机构实行牌照或注册制度,牌照模式也不尽相同。

第二,最低资本金要求。对非银行支付机构,大部分受访国家和地区都设置了初始资本金和持续性资本要求。对初始资本金的要求一般是固定的,但可能会根据牌照所规定的交易规模而有所不同。有的国家和地区还会根据交易规模的变化来调整初始资本金,调整后的资本金则构成持续性资本要求。对资本金的调整方法一般是在指定期限内按支付总金额的一定比例(约1%—2%)计算,并将其归入初始资本。一些国家和地区根据非银行支付机构开展业务的地理位置和提供的服务类型,设置不同的资本金要求。对于发行电子货币的非银行机构,持续性资本要求一般按照一定比例的电子货币发行的备付金(E-money Float)计算。

第三,客户资金安全要求。由于涉及资金处理,客户资金保护是各国对非银行支付机构的普遍监管要求。所有允许非银行机构发行电子货币的国家和地区,都对客户资金保护建立了相应监管规定,以确保电子货币持有者可以在需要时赎回资金。不同的国家和地区有不同的客户资金保护实践,包括在中央银行或商业银行存款、提供银行担保、预留未设抵押资产、隔离自有资金和客户资金以及监管规定的其他形式。

第四,互操作性要求。根据 BIS-CPMI 的定义,互操作性指技术或法律层面的兼容性,让不同系统或机制之间可以结合运行,进而让不同系统参与者可以跨系统开展支付、清结算业务,无须成为多个系统的参与者。在受访国家和地区中,互操作性是最不常见的监管要求,只有 20% 的受访者对支付互操作性出台具体规则,而其适用也根据不同支付服务类型有所差异。很多国家和地区虽然没有明确的互操作性监管规定,但有一些推动实现互操作性的软性要求或正在进行的规划，旨在提高支付体系效率并促进支付服务市场竞争。

第五，风险管理要求。包括内部控制在内的风险管理要求在非银行机构提供的各类支付服务中基本保持一致，要求支付服务机构在法人层面保障运营弹性，并在现场检查中对其监管合规性进行评估。

第六，网络安全要求。非银行支付机构信息及网络安全也是较为普遍的监管要求，支付机构须制定与其业务特征、业务规模、风险状况、交易性质、基础数据敏感度等相匹配的网络安全策略。

第七，数据保护要求。各国数据保护领域的法律法规广泛适用于各类型机构，其中涵盖非银行支付机构。在这类立法中，一般会明确定义"个人数据"和"敏感数据"，对数据处理和传输方面的"同意"标准进行界定，并规定数据主体的权利。

第八，消费者保护要求。针对数字支付服务，大部分法域会要求支付服务提供商为消费者提供用户身份强化认证，保护支付服务用户个人安全证书的机密性与完整性。以欧盟为例，任何在线支付用户都必须使用双因素身份验证。此外，为了增强支付领域消费者权益的保护，有些法域会降低用户非自身责任的损失额度和在直接借记交易中非自身责任获直接退款等措施。

（二）主要代表性法域的规则

1. 美国

美国把互联网和移动支付纳入现有法律法规进行监管，实行功能监管和机构监管相结合的监管方式。互联网和移动支付企业不属于银行类金融机构，而是属于开展货币转移业务的货币服务机构（Money Service Business），主要法律法规包括《金融服务现代化法案》《电子资金划拨法》《真实信贷法》《全球及全国商务电子签名法案》等。监管主体主要包括联邦政府和州两个层面，其中准入及持续监管等职责集中在各州的监管机构。

美国对互联网和移动支付的监管有两大特点。

第一，纳入现有法律法规进行监管。在法律法规层面，美国没有专门针对互联网和移动支付业务的法律法规，主要从现有法律法规寻找监管依据，或者在现有法律法规中增补相关法律条文来作为监管依据。值得注意的是，美国 2000 年统一州法全国委员会制定了《统一货币服务法》，但这一委员会为法学家等群体组成的民间机构，《统一货币服务法》只是一个法规示范，本身不具有法律效力。第二，联邦政府层面的功能监管和州政府层面的机构监管相结合。在联邦层面，各类监管机构分别在各自管辖领域内进行监管：一是联邦存款保险公司（FDIC）负责沉淀资金的监管，虽然支付机构账户中的沉淀资金不属于存款，但 FDIC 建立了存款保险延伸机制（Pass Through Insurance Coverage），单一客户通过互联网支付机构而存在一家银行账户的资金的保险上限为 10 万美元；二是金融消费者保护局负责消费者保护；三是财政部金融犯罪执法网络（FinCEN）负责反洗钱及金融反恐监管，根据美国《爱国者法案》规定，所有货币服务机构要在 FinCEN 履行登记程序，记录和保存所有交易，及时汇报可疑交易；四是联邦通信委员会、联邦贸易委员会以及美国国税局在移动支付、商业行为以及税务信息披露等方面实施监管。

在各州层面，各州对机构发放牌照，同时明确规定初始资本金、业务范围限制、记录和报告制度、反洗钱等方面内容。牌照须每年更新，如 PayPal 需要在各个州获得经营货币转移的牌照，并每年更新一次。开办支付机构，需要符合各州对于投资主体、营业场所和资本的要求，后续经营中还须持续满足流动性等要求，并接受州监管部门的非现场监管和现场检查。

2. 欧盟

欧盟和欧洲中央银行分别于 2000 年、2007 年、2009 年和 2013 年颁布了《电子货币指令》《支付服务指令》《欧盟跨国界支付条例》《关于移动支付安全性的建议》等法律文件，从移动支付市场的准入退出、业务经营、内部控制、资金安全、消费者权益保护和打击金融犯罪等方面进行规定，构建了完善的法律框架。因此，欧盟对互联网支付主要采取的是在现有法律框架下重新修订一部分法律文件，使规则更适应金融科技的发展（廖岷和万建华，2017）。

2009年修订了《电子货币指令》（以下简称《指令Ⅱ》）。《指令Ⅱ》对支付机构提出了资本金、业务范围、公司治理、内控机制、信息披露、消费者保护等一系列审慎性要求。其中，《指令Ⅱ》虽然要求降低资本金至35万欧元，但整体上延续了审慎监管的原则和要求。

2015年欧盟重新修订了《支付服务指令》（Payment Services Directive，PSD），发布了《支付服务指令第二版》（PSD2）[①]。2018年1月13日，欧盟在成员国正式推行PSD2，并于2019年陆续生效。PSD2有三大新规。（1）强制要求信贷机构对第三方支付服务提供商（TPP）开放用户账户信息权限以及提供必要的应用程序编程接口（API），该规定旨在为支付服务市场创造竞争环境，鼓励新市场参与者在移动支付和网络支付领域开展创新，从而提高支付服务的效率、可选择性、透明度和安全性。（2）强化电子支付市场的消费者保护。具体措施包括：PSD2禁止商家将支付服务费用转嫁给消费者；引入支付账户身份强化认证制度[②]，以降低消费者财产损失风险；降低用户非自身责任的损失额度和在直接借记交易中非自身责任获直接退款等措施强化消费

[①] 全称为：DIRECTIVE（EU）2015/2366 of the European Parliament and of the Council on Payment Service in the Internal Market，该指令由欧洲议会和欧洲理事会于2015年12月修订发布，2016年1月12日生效，2018年1月13日在欧盟成员国内列入各国法律体系，并于2019年陆续生效。

[②] 为了加强对线上消费者权益的保护，PSD2规定了三种情形，支付服务提供商应为付款者提供用户身份强化认证。第一种情形：用户在线访问其支付账户时，支付服务提供商应采取适当措施保护支付服务用户个人安全证书的机密性与完整性。上述措施包括：基于付款人的读卡器、手机等个人设备建立加密系统，或由付款人的支付账户服务提供商通过短信或邮件等不同渠道提供加密信息给付款人，以一次性密码或验证码的形式，来加强支付交易的安全性。第二种情形：用户发起电子支付交易时，支付服务提供商应提供对特定金额与特定收款人交易的动态链接。第三种情形：客户通过远程渠道发起支付指令，可能因支付欺诈或其他非法行为而产生支付风险时，支付服务提供商应加强客户真实性认证。此外，任何在线支付用户都必须使用双因素身份验证，以有效防范信用卡盗刷等支付欺诈行为，为欧盟范围内的线上卖家和买家提供更安全的支付服务保障。

者权益保护[①]。(3) 强化欧洲银行管理局监管职能。具体措施包括：建立一个可公开访问的注册中心，由欧盟各国监管当局及时进行登记被批准的支付机构；负责协助解决欧盟各国之间的支付交易争端；制定有关安全通信渠道的监管技术标准，并督促所有支付服务提供商严格遵守该标准；加强与监管当局之间的合作和信息交流。

3. 新加坡

2020年1月28日，新加坡金融管理局（Monetary Authority of Singapore, MAS）宣布，《支付服务法案》（Payment Services Act, PS Act）正式生效。新的《支付服务法案》将改善新加坡支付服务的监管框架，加强消费者保护，并增强人们对使用电子支付的信心。《支付服务法案》采用了基于活动的许可框架，以便更好地识别各种活动和支付服务的新发展。此外，《支付服务法》还扩大了MAS的监管范围，将数字支付令牌服务等新型支付服务也纳入其中。在《支付服务法案》制定过程中，MAS通过对话和公众咨询与业界进行了紧密沟通。为了支持支付服务公司向新的《支付服务法案》过渡，MAS已启动了支付监管评估计划，以帮助他们与法律服务提供商建立联系。随着《支付服务法案》的生效，新加坡原有的《货币兑换和汇款业务法案》（Money-changing and Remittance Businesses Act）已经废除。

4. 中国

我国对非银行支付机构的监管由中国人民银行承担。2010年，中国人民银行发布《非金融机构支付服务管理办法》，该办法的业务包括网络支付、预付卡的发行与受理、银行卡收单及其他支付服务。

在准入要求上，主要实施支付业务许可证管理，申请许可证需要具备如下条件：一是主体为非金融机构有限责任公司或股份有限公司；二是在全国

[①] 当发生非自身过错的支付风险时，消费者自身需要承担的责任额度由150欧元降至50欧元。同时，在欧盟区所有欧元直接借记交易中，若出现未经授权或执行错误的情形，消费者将享有无条件退款的权利。

范围和省级范围内从事支付业务，对注册资本要求不同，分别不低于 1 亿元和不低于 3 000 万元；三是申请人的实际控制人和占比 10% 以上的主要出资人保持连续 2 年以上实现盈利，且具备连续 2 年以上为金融机构和电子商务活动提供信息处理支持服务的经历，申请人、申请人的实际控制人、主要出资人以及高级管理人员最近 3 年内未涉及支付业务的犯罪或受到处罚。此外，要有 5 名以上熟悉支付业务的高级管理人员、有符合要求的反洗钱措施及支付业务设施。在机构准入方面，要有完善的组织、内控制度和风险管理措施以及符合要求的营业场所和安保措施（林宜，2010）。

在机构退出方面，可以由机构提出申请，并提交营业执照、支付许可证等复印件，同时审查客户权益保障方案和支付业务的信息处理方案，由中国人民银行批复并收回许可证。在日常监管中，主要是按照审慎经营要求，相关的业务办法、内控措施、服务协议文本、备付金存管协议文本等，要向中国人民银行及其分支机构备案，应公开披露收费项目和收费标准，定期向中国人民银行及其分支机构报送各类支付统计表、财务报告，实缴货币资本与客户备付金日均余额比例不低于 10%。第三方支付机构具体由中国人民银行及其分支机构进行现场检查和非现场监管，并可以根据不同情形进行处罚，还有权责令终止业务。

2020 年 1 月 20 日，中国人民银行发布《非银行支付机构条例（征求意见稿）》，主要变化有三点。一是牌照类型优化。此次征求意见稿划分标准为储值账户运营与支付交易处理两大类；此外，意见稿的第六章附则部分明确支付信息服务机构的备案要求，为收单外包服务机构备案提供了明确法规框架。二是准入要求升级。进一步完善"先证后照"制度，关键调整在于：（1）不再区分全国性牌照与地区性牌照，注资资本均明确为 1 亿元（后续储值账户经营、支付交易处理机构资本准入门槛或做进一步区分）；（2）对于控股股东与非主要股东均实施执行正面清单与负面清单机制，明确同一法人不得持有两个及以上非银支付机构 10% 以上的股权，禁止控股股东 3 年内转让非银支付机构股份；

（3）不再采用5年一申请制度，而是采用分类评级的动态监管方式。三是监管要求完善，包括以下五点：（1）明确从事储值账户运营机构不得就支付账户余额或预付价值余额支付期限有关的利息等收益；（2）明确非银支付机构对于客户信息收集、使用与处理的流程与边界要求；（3）明确非银支付机构不得直接或变相开展清算业务；（4）明确市场支配地位情形认定以及市场支配地位预警措施；（5）明确备付金管理要求、存放要求和规模控制。

2021年7月23日，中国人民银行印发了《非银行支付机构重大事项报告管理办法》，进一步加强对非银行支付机构的管理。

2021年10月13日，中国人民银行发布了《关于加强支付受理终端及相关业务管理的通知》，进一步维护支付市场秩序，保护消费者合法权益。

三、数字银行场景

本研究将数字银行（Digital Banking）定义为参加存款保险计划并主要通过互联网或其他形式的电子传送渠道而非实体分行提供银行服务且接受存款的机构。与传统银行相比，数字银行的特点是其商业模式更依赖于技术。

与传统银行一样，数字银行同样需要承担流动性风险、信用风险以及收集信息做好风险定价的职责。在数字化背景下，新技术对银行现行风险定价和风险管理框架可能产生冲击和不确定性，这主要体现在以下两方面。一是数字银行对信息系统这类基础设施运行的不稳定要付出更大的代价。当传统银行遇到信息系统故障的时候，客户可以去实体柜面，但假如数字银行发生信息系统故障时，客户彻底无法联系到银行，这对商誉会产生极大的冲击。二是数字银行关于技术风险的敞口更大。由于数字银行没有实体分行提供银行服务，数字银行必须面对更大的技术风险，具体包括但不限于算法歧视风险、算法黑箱风险、数据泄露风险、数据非法篡改风险、信息安全风险。

（一）数字银行规则概览

大多数法域将现行银行法律法规适用于数字银行，即金融科技商业模式的银行牌照申请者需要通过与传统商业模式申请者相同的许可流程，面临相同的监管要求（Ehrentraud 等，2020）。有些法域针对数字银行设立了具体许可制度，例如中国香港和新加坡。有些法域建立新银行提供便利的举措，降低进入银行业门槛。虽然这些措施并不是针对数字银行而设立的，但新设的数字银行因此而受惠，所以本书认为这些便利措施是适用于数字银行的规则。

（二）主要代表性法域的规则

1. 中国香港

香港金融管理局（以下简称"金管局"）于2018年5月公布经修订的《虚拟银行认可指引》列明金管局在决定是否认可"虚拟银行"申请在香港经营银行业务时会考虑的11大原则。一是确定其符合"银行业条例"的最低认可准则。二是对促进香港普惠金融有推动作用，因此虚拟银行不可设立最低户口结余要求或征收低户口结余收费。三是所有权方面的要求，须以本地注册银行的形式运作，并有母公司承诺及有能力支持该银行。四是监管预期，鉴于虚拟银行以科技为本的商业模式，监管规定会以风险为本及科技中立的原则做出区别于传统银行的调整。五是关于实体办事处，在香港设立实体办事处作为其主要营业地点，但没有分行。六是强调技术风险，银行备有的安全及科技相关管控措施应"适切需要"。七是建立适当的风险管理机制，特别是就技术、流动资金、业务运作（包括保障客户资料）及声誉风险而言。八是对掠夺式扩张表示反对，强调在业务计划的基础上运作，在扩大市场份额和赚取合理的资产和股本回报率之间取得适当的平衡。九是退场计划，要求虚拟银行申请人提交退场计划，以应付一旦其商业模式最终并不可行的情况。退场计划应涵盖的事宜包括启动计划的条件、启动计划的授权、退款予存户的渠道以及退款的资金来源。十是在消费者保护方面，虚拟银行应公平对待其客户，并遵守"公平对待客户宪章"。十一是对外包业务有严格的规定。虚拟银行遵守《监管政策手册》中关于SA-2"外包"指引所载的原则，特别强调对客户资料的保密性及完整性的保护。

2. 新加坡

MAS 于 2019 年 6 月公布了一个新的数字银行架构。该架构包括两个牌照：一是数字全银行（Digital Full Bank，DFB）牌照，容许持牌机构提供广泛的金融服务及接受零售客户的存款；二是数字批发银行（Digital Wholesale Bank，DWB）牌照，容许持牌机构为中小型企业及其他业务提供服务，但不能接受个人以新加坡元为存款（不少于 25 万新加坡元的定期存款除外）。发牌制度为 DWB 牌照提供了一个逐步实施的方法：DWB 将作为"受限制的 DFB"开始运营，活动受到限制，实收资本相应较低，待发展成为功能全面的 DFB，活动范围和要求与其他正式银行相同。对于 DFB 牌照，MAS 只考虑总部设在新加坡、由新加坡人控制的申请者。要获得数字银行牌照，申请者（或其母集团）必须拥有在技术或电子商务领域经营现有业务的记录，就如何服务于现有的未得到满足或服务不足的需求提供明确的合理主张，并证明其拥有可持续的数字银行业务模式。数字银行必须在新加坡注册成立，遵守与现有银行相同的一套审慎规则，并在必要时提供可行的退出计划，以促进有序清盘。此外，DFB 银行亦须参与新加坡存款保险公司提供的存款保险计划。截至 2020 年 1 月，MAS 共收到 21 个数字银行牌照申请，其中包括 7 个全面数字银行牌照申请和 14 个批发数字银行牌照申请。2020 年 6 月 18 日，MAS 宣布已根据 2019 年 8 月 29 日发布的资格标准对所有申请进行了审核。其中，共有 14 个数字银行牌照申请通过初步审核，包括 5 个全面数字银行牌照申请和 9 个批发数字银行牌照申请。在下一阶段评估中，MAS 将邀请 14 个申请机构通过虚拟会议的方式提交数字银行构建提案，包括：一是结合创新技术应用的价值主张和商业模式；二是管理审慎和可持续数字银行业务的能力；三是增长前景和其他对新加坡金融中心地位的贡献。

3. 瑞士

2019 年，瑞士议会在银行法案的框架内引入了新的金融科技许可证制度，并授权给瑞士金融市场管理局颁发许可证。持证机构被允许接受不超过 1 亿瑞士法郎或等价加密货币资产的公众存款且不能利用上述资金投资或支付利息。获得许可证的机构须遵守瑞士银行法案和瑞士银行业条例规定并开展部分银行业务，但其可接受的客户资产有额度限制，且不得从事涉及期限转换的商业银行业务，也不得利用客户存款投资或向客户支付利息①。2020年，瑞士金融市场管理局向数字银行Yapeal颁发了首张金融科技许可证（FinTech License）。Yapeal是一家总部位于苏黎世的独立运营的数字银行，提供包括瑞士活期账户、借记卡、信用卡、外汇、付款、转账等在内的数字化银行服务。

4.澳大利亚

澳大利亚审慎监管当局（APRA）于2018年5月建立了新的发牌制度，允许符合条件的申请人在两年内开展有限的银行业务，而不受全套审慎要求的约束。

澳大利亚有限制的许可存款机构（Authorized Deposit-taking Institutions，ADI）的许可框架。针对金融实体的新许可制度允许受限制的ADI在两年内开展有限数量的低风险业务。但限制性ADI的资产负债表预计不会超过1亿澳元，受保护账户的存款总额将低于200万澳元。两年后，牌照持有者必须符合全面的审慎框架或者结束他们的银行业务。该框架不是引入一个要求宽松的新牌照，而是旨在帮助潜在的银行业新进入者。虽然有限制的亚洲开发银行牌照并不局限于具有金融科技商业模式的实体的申请，但第一个这样的牌照授予了数字银行。

5.英国

2016年，英国审慎监管管理局（PRA）和金融市场行为监管局（FCA）成立了新银行设立工作组②（New Bank Start-up Unit），并出版了一份将持续更新的指南，帮助包括金融科技公司在内的公司了解作为银行的监管要求，并提供申请过程的实用信息，以确保公司拥有关于监管要求的最新信息。它还

---

① 参见 https://www.finma.ch/en/authorisation/fintech/fintech-bewilligung/。
② 参见 https://www.bankofengland.co.uk/prudential-regulation/new-bank-start-up-unit。

经常举办研讨会，帮助公司了解监管预期。虽然总体上并不局限于数字银行或金融科技公司，但均受益于监管机构旨在降低进入银行业门槛的举措。这些措施旨在使潜在申请者能够了解和适应发牌过程，或让其有充分时间去全面满足审慎框架的要求。

6. 中国

我国对数字银行的监管模式是许可模式，即向监管当局申请牌照，批准后可以获得牌照，具体的路径有两种：一是申请独立法人直销银行牌照；二是申请民营银行牌照，聚焦于数字银行的民营银行被称为"互联网民营银行"。表 7-3 对上述两类数字银行从股权背景、监管机构等方面进行了比较。

表 7-3　我国两类数字银行的比较

项目	独立法人直销银行	互联网民营银行
股权背景	国有银行为第一大股东	科技公司为第一大股东
监管机构	参照母行由中央层面的银保监局	地方层面的银保监局
经营限制	（1）不允许远程开设一类户 （2）无物理网点	（1）不允许远程开设一类户 （2）一城一店
监管规则	参照母行	《中国银监会关于民营银行监管的指导意见》（银监发〔2016〕57号）

资料来源：陈龙强、刘峻榜（2020），上海发展研究基金会。

就股权背景而言，独立法人直销银行是由国有控股银行和大型科技公司共同出资设立，包含了国有资本和民营资本，其性质不属于民营银行。陈龙强、刘峻榜（2020）的文章写道：按照监管要求，独立法人直销银行发起人单一股东及关联股东的持股比例不高于30%，即大型科技公司的股权比例不高于30%，国有银行有70%的第一大股东；互联网民营银行则由大型科技公司担任第一大股东。

就监管机构而言，独立法人直销银行由国有银行控股，对其监管的机构是监管母行的机构，即中央层面的银保监局，受到的监管也参照母行；互联网民营银行均属于城商行,由地方银保监局直接监管,在经营范围上受区域性约束。

就经营限制而言,独立法人直销银行无法开设一类户且无物理网点;互联网民营银行不允许远程开设一类户,物理网点要求一城一店。

四、智能投资顾问场景

智能投资顾问(Robo-Advice)指完全或者部分依靠人工智能、机器学习等技术自动执行客户咨询过程,并通过基于算法的工具生成财务投资建议的活动。与传统投资顾问相比,智能投资顾问的特点是在顾客资产配置、管理和优化环节中人工干预的比例被显著降低,由于成本的降低,使更多的人能够享受到投资顾问服务。

全球智能投资顾问服务的市场规模增长迅猛。根据 Statista 的统计,2020 年智能投资顾问管理的资产规模为 1.07 万亿美元,市场预测到 2025 年资产规模将增至 2.85 万亿美元(European Parliament,2021)。

当智能投资顾问开始服务市场之后,规则制定者注意到该场景下可能有潜在的四大风险。一是当大量投资者被智能投资顾问引导到相同的投资标的时,可能会触发羊群效应,使金融市场的过度波动,带来金融风险。二是智能投资顾问底层的赋能技术——人工智能或机器学习技术存在算法黑箱风险,导致投资决策无法被解释和评估,这样可能会损害投资者的利益。三是当智能投资顾问推荐的投资发生重大损失时,存在责任分配问题。例如,如果投资损失是通过基于人工智能系统发生的,那么系统设计者或投资经理是否应该承担责任和惩罚[①]?四是智能投资顾问有内生的结构性利益冲突问题。智能投资顾问通常附属于实体金融机构,在这种情况下,智能投顾可能成为实体金融机构发行或销售的金融产品,从而损害客户的利益。

---

① 参见https://www.bloomberglaw.com/document/XA51N7GO000000?bna_news_filter=bnking-law&jcsearch=BNA%25200000016a8ce4d6bfadfb9cee2ed10000#jcite。

（一）智能投资顾问规则概览

截至目前，澳大利亚、加拿大、中国、英国、中国香港、美国等法域已经发布了针对智能投资顾问活动的指导意见并设定了监管预期，以保护客户权益和维护公平竞争的环境（Ehrentraud 等，2020）。

这些规则一般涵盖五个要素。

第一，持有执照的要求。提供金融投资咨询的人需要持有财务顾问执照。如果智能投资顾问也提供执行资本市场产品的平台，则需要持有资本市场服务（Capital Markets Services，CMS）牌照来交易资本市场产品。如果智能投资顾问在投资组合再平衡之外对客户投资组合的管理拥有自由裁量权，则需要持有基金管理方面的 CMS 牌照。

第二，履行为客户最佳利益行事义务的规则。这一规则旨在保障客户的利益，要求智能投资顾问被期望在推荐任何投资产品之前，必须收集充足和可靠的信息。只有用于收集客户信息的工具（如在线调查问卷）清晰且不言自明，具有解决客户回答不一致的机制，并包含识别不适合使用智能投资顾问客户的机制，信息才是可靠的。考虑到全自动模型面临的挑战，一些监管者认为，如果没有人类顾问的参与，很难实现建议的适当性。

第三，合理使用算法的规则。这一规则旨在确保用于生成建议的算法正在做它应该做的事情。智能投资顾问业务模型的核心是一种将客户信息转化为可操作建议的算法。算法中的编码错误或偏差可能会伤害许多客户，因为它可能导致金融产品的系统性不当销售和意外损失。为了减少这种风险，一些监管机构要求智能投资顾问为算法制定公司治理和监督安排（最终责任分配给董事会或高级管理层）。这些安排考虑的方面包括：是否有足够合格的人员参与开发和运行算法；对照最佳市场实践定期审查算法的方法；监测生成的咨询意见的质量；以及内部流程和程序。例如批准方法更改或在检测到错误时暂停算法。

第四，风险披露声明的规则。由于智能投资顾问没有考虑客户财务状况的所有方面，自动生成的建议往往有局限性。该规则要求智能投资顾问以发布风险披露声明的形式来提示风险。

第五，关于信息披露的规则。该规则阐明了需要披露哪些信息以及应如何提供这些信息，以此保障智能投资顾问向客户提供足够的信息（信息应该简单、容易理解、清晰、没有误导），使他们能够做出明智的决定。有些法域还规定要披露有关商业模式、咨询服务范围和潜在利益冲突的信息。

（二）主要代表性法域的规则

大多数国家都是在不用大幅改变现行监管框架的前提下，秉承"技术中立原则"，持牌展业，信息披露，保护投资者，将现有的投资顾问、资产管理等行业的监管规则拓展于智能投顾业务的监管。此外，各国还根据智能投顾的发展状况，通过概念发布、征求意见稿、对监管条例解读等方式进行有针对性的监管。在表7-4中，我们对不同国家智能投顾的相关规则进行了汇总。

表7-4 主要代表性法域智能投顾规则

法域	规则名称	出台年份	适用范围	监管者	目的
美国	《网络自动咨询服务（智能投顾）合规监管指南》	2017	人机混合模式和纯自动模式	金融业监管局	保护投资者权益
澳大利亚	《向零售客户提供数字金融产品建议监管指引》（监管指引255号）	2016	人机混合模式和纯自动模式	证券与投资委员会	让产业能健康且稳健地发展
加拿大	《关于组合经理线上建议的指引》（31-342号CSA通知）	2015	人机混合模式	证券管理局	保护投资者权益
新加坡	《新加坡金融科技沙盒监管指导方针》	2016	允许测试属于监管灰色地带的业务	金融管理局	促进市场创新与发展
中国	《关于规范金融机构资产管理业务的指导意见》	2018	纯自动模式	中国人民银行、中国银行保险监督管理委员会、中国证券监督管理委员会、国家外汇管理局	维护市场稳定

续表

法域	规则名称	出台年份	适用范围	监管者	目的
中国	《公开募集证券投资基金投资顾问服务协议内容与格式指引（征求意见稿）》《公开募集证券投资基金投资顾问服务风险揭示书内容与格式指引（征求意见稿）》	2021	人机混合模式	中国证券投资基金协会	规范市场

资料来源：上海发展研究基金会。

总体而言，加拿大是最早出台相应规则的国家，随后2016年新加坡和澳大利亚纷纷出台相似的规则，美国和我国分别在2017年和2018年出台相关规则，与上述其他国家相比，美国和我国在这一领域的指南出台时间较晚。从适用范围看，加拿大的规则仅适用于人机混合的智能投顾，其他国家的规则同时适用于纯自动和人机混合两种智能投顾模式。从规则制定方式看，我国采用的是多部门共同制定规则的模式，其他法域均采用单一制定者的模式。从立法目的看，我国更注重维护金融市场稳定，美国和加拿大侧重于对投资者的保护，澳大利亚聚焦于促进产业能健康且稳步发展，新加坡更注重促进金融科技的发展。

1.美国

在美国，智能投顾受美国证券交易委员会监管，与传统投资顾问一样，受美国1940年《投资顾问法》（Investment Advisers Act）的约束。根据该法案，通过网络开展业务的投资顾问公司，无论管理资产规模大小，都必须成为SEC的注册投资顾问。《投资顾问法》对投资顾问提出了五方面的要求：一是对客户的诚信义务（Fiduciary Duties to Clients）；二是重要的禁止行为和要求；三是合同要求；四是记录要求；五是监管要求。机器人投顾同样也受上述监管要求的约束。获得投资顾问资格的公司既可以为客户提供投资建议服务，也可以直接管理客户的资产。

根据上述法案，智能投顾企业需要额外遵循以下三个规则。第一，对客户做详细的信息披露,让客户能够充分地理解智能投顾的运行方式、潜在的利益冲突和可能的风险。企业也必须界定清楚自己的服务范围,人在其中扮演的角色等。所有信息披露必须清晰可见,不能存在任何误导。第二,必须给客户提供合适的建议。投资者的投资组合与问卷测试等不一致时,智能投顾公司需要履行提示的义务。第三,要进行有效的合规规划,以确保其所有的相关行为都符合相关的法律法规。

2015年以来,美国政策制定者关注到智能投顾场景下的潜在风险,发布了公告、研究报告和指南,提示投资者防范算法等新技术带来的风险。2015年5月8日,美国证券交易委员会和金融业监管局(FINRA)两个机构联合发布了《关于自动化投资工具给投资者的公告》(Investor Alert: Automated Investment Tools),提出"自动化投资工具"概念,提醒投资者在投资之前应当了解产品的相关条款、技术局限、关键假设、个人信息保密性等。2016年3月,FINRA发布了《数字化投资顾问报告》(Digital Investment Advice Report),提出数字化投顾和智能投顾的概念,指出投资顾问的价值链包含用户档案创建和分析、资产配置、投资组合选择、交易执行、投资组合再平衡、税收损失收割和投资组合分析七个方面。报告指出:算法是智能投顾的核心,因此监管机构在监管过程中需要关注算法,定期对算法和智能投顾工具输出的信息进行测试,以便评估信息,看其是否达到预先设定的目标。

FINRA在2016年10月发布的《数字化投顾建议》中提到"应加强直接影响结果的算法、模型、程序和智能体等环节的管理和评估"。2017年2月,发布了智能投顾的升级指导意见《网络自动咨询服务(智能投顾)合规监管指南》(Guidance Update: Robo-Advisers),要求进一步加强对平台信息披露的监管,保护消费者权益。该意见指出,智能投顾的主体必须为注册投资顾问,必须是向SEC提交过投资顾问表完成注册的投资顾问,这样就可以消除依托互联网导致的跨地域性和服务规模不可控性等特征。

SEC在2019年发布《最佳利益规则》(Regulation Best Interest,Reg BI),

该标准对财富管理机构的信息披露义务、审慎义务、消除利益冲突等义务都有明确要求。

2. 澳大利亚

澳大利亚对智能投资顾问采取现有监管框架加特殊监管要求的模式。2016年3月，澳大利亚证券和投资委员会（ASIC）发布关于智能投顾的监管指引征求意见稿。同年8月30日，ASIC正式发布监管指引255号《向零售客户提供数字金融产品建议》。这是当时全球范围内针对智能投顾发布的最成体系的监管政策，也是监管当局迅速应对市场发展，在现有监管框架上增加特殊监管要求的良好实践。

首先，监管指引255号明确将智能投顾纳入现有监管框架，需满足一般金融监管要求，即智能投顾适用澳大利亚金融牌照（AFSL）体系的监管要求，且适用于提供金融信息和建议相关的监管指引。指引中使用了"数字建议"（Digital Advice）这一名称来指代智能投顾，正如该指引明确表示，数字建议也称为机器人建议、自动建议，即运用算法和技术自动提供金融产品建议，其中不涉及真人投资顾问的直接介入。金融科技初创企业如果想从事智能投顾业务，必须申请金融牌照或者获得AFSL持牌机构的代理授权。但如果仅仅提供事实性信息（Factual Information），则无须申请金融牌照。对于持金融牌照的智能投顾机构一方面必须满足对AFSL的一系列要求，另一方面也需要满足与提供金融信息和建议相关的监管指引，如监管指引36号《申请牌照：金融产品建议和交易》、175号《申请牌照：金融产品咨询提供者——行为和披露》、221号《在线金融服务披露的便利化》、224号《提供信息、通用建议和有限建议》等。

其次，监管指引255号作为专门针对智能投顾的监管指引，对其提出了具有针对性的微观审慎监管要求，即必须具备充分的资金、技术和人力资源来开展业务并满足监管要求，必须建立并维护完备的风险管理系统，面向个人客户的机构必须建立恰当的客户赔偿安排。

就资源而言，指引关注人力资源和技术资源。在人力资源方面，必须配备理解智能投顾所适用的技术和算法，能定期审查由算法生成的数字建议的人员，即使是相关功能外包，也必须在本机构内部配备此类人员。并非所有智能投顾机构都必须配备懂得算法的编程人员，但必须至少配备一名懂得算法背后的原理、风险和规则的人员，以进行定期审查工作。在技术资源方面，须能够记录客户的信息和数据并负有保密义务，建立业务连续性方案、灾备计划。

在风险管理系统方面，指引对监测算法、防范网络风险保护客户信息安全提出了具体的要求。尤其是对于智能投顾的技术核心，算法给出了明确的监管期望。主要包括：系统设计留有记录，列明算法的目的、范围和设计；测试策略留有记录，列明算法测试的计划、结果、问题处置和最终结论；算法变动需经过恰当的流程审批；能控制、监测并记录过去 7 年所有的算法变动；市场或法规变化时能重审并更新算法；算法出现问题可能导致客户损失或违规操作，应停止向客户提供建议服务；有足够的人力和技术资源对算法生成的建议进行充分的定期重审，从而监测并监督算法的表现；有可靠的合规安排，定期对向客户提供的建议进行监测和合规测试。

在赔偿安排方面，指引明确智能投顾机构应当为客户办理专业责任强制保险（Professional Indemnity Insurance）。

3. 加拿大

加拿大的指引仅适用于混合式投资顾问模式。2015 年 9 月，加拿大证券监管局（Canadian Securities Administration，CSA）发布《关于组合经理线上建议的指引》（31-342 号通知），针对的是已注册的组合经理（Portfolio Manager，PM）和投资顾问代表（Advising Representative，AR）通过互动式网站向零售投资者提供投资管理服务，即并非完全自动提供投资建议，而是一种混合式的智能投顾。在 CSA 31-342 号通知发布之前，加拿大安大略省证券委员会（OSC）于 2014 年 9 月发布了《关于交易商、投资顾问和投资基金经理的年度总结报告——合规与注册规制》(33-745号通知),31-342号通知中的主要监管要求已经体现在安大略的33-745号通知中。

针对智能投顾,31-342号通知也明确了其中新出现的权利与义务的关系。

第一,明确了投资顾问代表在混合智能投顾模式下的应尽职责。在加拿大混合智能投顾模式下,机构可借助互动网站,通过在线问卷收集KYC信息。31-342号通知明确,投资顾问代表应负责:一是确保获得足够的KYC信息以进行恰当性评估;二是审查并判断向客户推荐的投资组合是否真正适合该客户。因此,在大多数情况下,投资顾问代表会在KYC流程完成之前联系客户。有时,投资顾问代表会在客户提交信息出现不一致等情况时,联系客户以确定或修正其提交的信息。而客户始终有权联系投资顾问代表,以明确其通过问卷提交的信息内容。电话、视频、邮件都是可接受的联络方式。

第二,明确了在线KYC流程中的应尽职责。在线投资顾问的KYC流程必须相当于与(潜在)客户进行了一次有意义的讨论,在线问卷和系统应包括但不限于:(1)关于客户投资行为的问题,已评估客户风险成熟能力,并获得其他的KYC信息;(2)确保客户回答所有问题后才能进入下一流程的功能设置;(3)识别客户答案中的不一致的功能,以及问题不解决无法完成问卷的设置;(4)将客户答案中的不一致或矛盾作为投资顾问代表致电客户的触发点的设置;(5)对涉及的术语和概念提供教育性信息;(6)告知客户全流程均可求助投资顾问代表的提示;(7)督促客户至少每年更新重大信息(如婚姻状况、就业状况等)的设置。

第三,明确了软件生成的投资决策的责任仍由投资顾问代表承担。在完成KYC流程后,软件会初步推荐适合客户的投资组合。31-342号通知明确,投资顾问代表须对推荐给客户的投资组合的恰当性负责,只有在投资顾问代表审核并通过软件的投资推荐后,客户的交易才得以在系统中执行。

第四,明确了拟开展智能投顾业务的机构的报告义务。机构在拟开展智能投顾业务之前,应向CSA递交相关报告,包括在线KYC问卷、投资者状况、模型组合、尽职审查的相关流程细节等。而 CSA 在审查中将重点关注：（1）系统是否能够识别出需要人工干预的情况，即需要投资顾问代表与潜在客户进行沟通的情况；（2）是否视情况建议机构仅通过智能投顾向客户提供相对简单的投资产品；（3）当前定义的术语和情形是否能够适应机构未来发展可能出现的新运营模式。

4. 新加坡

新加坡的智能投顾监管具备科技前瞻性和适变的能力。MAS 提出了最新监管方法，在欢迎智能咨询服务的同时，仍坚持以监管传统金融顾问和基金经理的监管框架为主导。截至 2017 年底，MAS 已经开放首批三张智能投顾牌照，StashAway 成为首家获得该牌照，可服务零售财富客户的财富科技公司。陆金所旗下的陆国际在 2017 年 7 月获得 MAS 批准的资本市场服务牌照，通过多技术的叠加应用，在远程开户、反欺诈、反洗钱上实现创新落地。2019 年 3 月，品钛旗下在新加坡设立的金融科技公司 PIVOT 也获得了资本市场服务牌照。

在新加坡，智能投顾应按照《证券及期货法》（Securities and Futures Act, SFA）进行投资，对客户的款项或资产，应遵照 SFA 进行基金管理。除非有特殊情况并获得豁免，否则智能投顾必须持有资本市场服务（Capital Markets Services, CMS）牌照。根据《财务顾问法》（Financial Advisers Act, FAA）第 23（1）（d）条的规定，在 SFA 下持有执照的数字顾问应作为受豁免的财务顾问，并遵守 FAA 中的商业行为规范。

同时，智能投顾需要满足另外的一些要求，例如，只提供简单的产品多元化组合（挂牌基金和股票），主要管理层人员必须拥有丰富的基金管理和科技经验，运作一年内对智能投资顾问业务进行独立的审计。智能投顾中的财务顾问角色则需要满足 FAA 的相关要求，这样他们才被允许协助客户执行投资交易，并可以无须获得 SFA 额外许可证，就可为客户重新规划投资组合方案。智能投顾服务可以豁免于 FAA 所必需的客户财务状况信息调查。前提是他们需要证明其能够在有限的客户信息中降低提供不当建议的风险。MAS 指出：市场上存在一些智能投顾仅部分受到 SFA 的管制。例如，一些在提供财务咨询服务时附带的活动，包括投资顾问在向客户提出意见后向经纪公司传递客户的交易订单以及调整客户的投资组合，使其回到最初推荐的配置（此处所说的传递客户订单与之前所述的执行客户的订单不同）。

在以上情况中，MAS 提议允许该类智能投顾作为有执照的财务顾问或者在 FAA 中受豁免的财务顾问（受豁免的财务顾问包括持牌银行、商业银行、金融公司、保险公司及保险经纪人）运作，不需要在 SFA 获得额外的许可，但是需要有一些特定的保障措施。MAS 认为，在线咨询过程中由于缺乏人工干预，故智能投顾的业务模式与普通投资顾问的商业模式存在一些差异。MAS 允许智能投顾在对传统衍生品提供咨询意见的前提下，根据某些条件，可向投资顾问提供获得关于投资产品建议所规定的、关于客户财务状况的全部资料的许可，以此作为个案豁免的条件。一些智能投顾平台可能会寻找第三方服务商进行合作，进行面向客户的工具和算法的开发，如果第三方服务商仅负责技术开发，不直接向客户提供投资等咨询服务，就不需要由 MAS 授权。针对不同的投资业务，新加坡的智能投顾平台需要向相关监管机构申请相关不同的资格牌照。

MAS 也会对一些全自动智能投顾给予个案豁免。这些智能投顾在为传统衍生品投资组合提供建议时不需要收集 FAA-N16 的所有信息。当处理对"FAA-N16 豁免"的申请时，MAS 需要考察智能投顾对于客户的线上评估和算法是否会受到客户投资金额的影响。另外，MAS 还会要求智能投顾说明其使用的淘汰制度或门槛问题能够有效过滤不符合要求的客户从而降低风险。为确保客户能够充分意识到使用全自动模型的智能投顾所提供的投资建议的局限性，投资顾问在申请"FAA-N16 豁免"时需要向客户出具一份风险披露声明，提醒客户投资建议并未考虑客户的财务状况、现有的投资组合以及客户对于此次投资活动的支付能力。MAS 要求智能投顾平台能识别客户提供的不一致的信息，在客户填写问卷时通过弹窗等方式向客户提示，并使用后台数据处理系统标出不一致信息由智能投顾平台进行进一步跟踪处理。

5. 中国

2018年4月，中国人民银行等四部门联合发布《关于规范金融机构资产管理业务的指导意见》，其中第二十三条是国内首个针对智能投顾监管的条款，涉及经营资质、投资者保护、金融风险管理等方面。具体条款包括：

（1）运用人工智能技术开展投资顾问业务应当取得投资顾问资质，非金融机构不得借助智能投资顾问超范围经营或者变相开展资产管理业务。

（2）金融机构运用人工智能技术开展资产管理业务应当严格遵守本意见有关投资者适当性、投资范围、信息披露、风险隔离等一般性规定，不得借助人工智能业务夸大宣传资产管理产品或者误导投资者。

（3）金融机构应当向金融监督管理部门报备人工智能模型的主要参数以及资产配置的主要逻辑，为投资者单独设立智能管理账户，充分提示人工智能算法的固有缺陷和使用风险，明晰交易流程，强化留痕管理，严格监控智能管理账户的交易头寸、风险限额、交易种类、价格权限等。

（4）金融机构因违法违规或者管理不当造成投资者损失的，应当依法承担损害赔偿责任。

（5）金融机构应当根据不同产品投资策略研发对应的人工智能算法或者程序化交易，避免算法同质化加剧投资行为的顺周期性，并针对由此可能引发的市场波动风险制定应对预案。因算法同质化、编程设计错误、对数据利用深度不够等人工智能算法模型缺陷或者系统异常，导致羊群效应、影响金融市场稳定运行的，金融机构应当及时采取人工干预措施，强制调整或者终止人工智能业务。

此外，2021年末中基协发布了《公开募集证券投资基金投资顾问服务协议内容与格式指引（征求意见稿）》和《公开募集证券投资基金投资顾问服务风险揭示书内容与格式指引（征求意见稿）》。其中，在《服务协议内容与格式指引（征求意见稿）》中，对基金投顾人员的定义中包含着设计、运维与基金投资组合策略建议相关的算法、模型的人员等，这意味着基金投资组合策略建议可以是人机混合形成的。而根据意见稿，基金投资组合策略建议的生成和调整由基金投顾机构集中、统一实施；委托其他基金投顾机构提供基金投资组合策略建议的，应建立尽职调查等管理制度，并有效执行，这说明机构要承担对人机混合形成建议的管理责任。

五、保险科技应用场景

金融科技在保险领域的应用即为保险科技（InsurTech），这具体涉及大数据、云计算、物联网、人工智能、区块链等技术在保险中的应用。保险科技业务模式是指在两个主要保险领域出现的技术驱动的创新模式：一是分销（Distribution），如入口比较（Comparison Portals）和数字经纪；二是承保（Underwriting），如移动、按需、基于使用情况或技术赋能的点对点及参数保险（Parametric Insurance）。

保险科技诸多技术分支都是围绕数据来源的拓展、数据存储、使用规则的创新以及数据分析方法的丰富展开的。人工智能技术可以在厘定保险费率、个性化评估风险、提高精算和实际风险水平的契合度方面有较大的应用空间。车联网应用在车险的费率厘定，能够更精准地进行保险定价和风险管控，同时更加细分了车险市场；在人身险的应用中，可穿戴设备应用到医疗设备上，通过收集被保险人身体状况的数据，对被保险人的健康进行管理，降低发病率和死亡率，实现主动风险管理的目的。在财产险方面，保险公司可以通过智能家居和移动设备的组合运用，对家庭财产进行事前风险防范，事中监督，打通保险的全流程服务。通过和物联网、生物识别等技术的结合应用，区块链技术在确认风险事件发生的时间、空间以及保险标的的唯一性方面的探索已经开始。未来，基于区块链建立的投保人可信信息系统将对保险行业风险定价发挥更为重要的作用。

根据 Ehrentraud 等（2020）的调查，考虑现有的发牌制度和监管框架，足以应对保险提供中出现的创新商业模式的特点和风险，目前没有法域在传统监管框架外提出针对保险科技业务模式的特殊许可制度或其他要求，然而我们注意到 2021 年我国出台了《银行保险机构信息科技外包风险监管办法》（银保监办发〔2021〕141 号），在传统金融监管框架内把信息科技外包风险监管规则的适用范围从银行业扩展到保险业。

此外，大部分法域的规则制定者对数字化保险带来的风险高度关注，他们通过成立保险科技研究中心和发布研究报告的方式[①]来密切关注科技对保险产业价值链的影响，以及这些影响对消费者和市场带来的潜在风险。其中，国际保险监督官协会（International Association of Insurance Supervisors，IAIS）的研究（IAIS，2017）认为保险科技带来的挑战包括但不限于以下四个方面。

一是保险科技的应用使保险公司对客户越来越了解，显著降低了公司和客户之间的信息不对称性。传统保险公司按照大数定理算出平均风险概率，由此为保险服务做出基准定价。但是保险科技使保险公司可以利用大数据更精细地评估出每一个人的出现概率，虽然这样可以做到完全的定制化，但是这可能导致歧视现象，出现概率高的人群可能会因为巨额的保费而退出保险市场。

二是规则制定者对于技术将在多大程度上重塑保险的价值链知之甚少，这导致规则制定者无法对金融科技带来的新产品和商业模式进行充分的风险评估。

---

① 2020 年 5 月 7 日，加拿大保险监督管理委员会（CCIR）和加拿大保险服务监管机构 CISRO 成立了 CCIR CISRO 金融科技保险科技咨询中心（CCIR CISRO FinTech/Insurtech Advisory Hub）。该咨询中心将提高金融科技和其他希望开发创新产品和服务的企业的监管可见性，为所有司法管辖区提供一个公共接入点以便金融科技公司和其他企业访问监管机构，使企业在各司法管辖区推出产品和服务之前获得有关保险法规的澄清和指示。该咨询中心将不提供上市前测试、监管或许可要求豁免、财务支持或具有约束力的建议等。

三是保险科技的应用对保险公司的风险管理框架产生了影响，例如算法被用来做承保环节的风险评估，由此会引入相应的技术风险。此外，有些保险公司可能会选择技术外包，当保险公司与第三方进行合作时，外包带来的风险也给规则制定者带来了一定的挑战。

四是由于保险科技大量应用到大数据，因此可能会对消费者保护和公平对待客户造成负面影响。

六、总结和建议

（一）通过确立原则性规则制定框架来引导市场

为了防止我国"一管就死"和"一放就乱"的现象，建议确立清楚针对金融科技应用场景的原则性监管框架，这样可以在鼓励创新的同时，适度引导市场，在具体规则出台前就设立可预测的规则预期。具体而言，我国原则性规则制定框架至少应该包括以下 5 个原则。

一是连贯性原则。要保障规则的连贯性和一致性，避免"运动式"监管。2016 年 10 月 13 日，国务院办公厅正式发布《互联网金融风险专项整治工作实施方案》。随后，掀起了一场互联网金融领域的运动式监管，即一种国家强制主导的、短期的、阶段性的金融治理运动。这样的运动式监管，具有仓促性、被动性、整治结果的反弹性等弊端，使得其监管绩效大打折扣（许多奇，2018）。

二是实质重于形式原则。金融科技活动的本质是金融，虽然金融科技创新呈现出一些新特征，但目前金融基本模式仍然是存款、贷款、支付、证券发行、投资咨询、资产管理等金融业务，因此我国金融机构应遵循现行的法律监管框架，按照"实质重于形式"的原则进行穿透式监管，根据金融业务的本质引入分类实施准入管理和风险监管管理。

三是技术中性原则。按照技术中性的原则，规则制定者对技术的发展路线和产品不持有方向性的态度。正如周小川所言，要服从"实践检验真理"

的标准，在竞争和试点中观察哪些技术最有潜力，能促进金融服务业提升质量增加效率（杨燕青、周徐，2019）。

四是恰当监管原则。恰当监管原则又称比例监管原则，被用来限制在规则制定、制裁和监管过程中的公权力。在金融科技监管的语境下，所谓恰当的监管就是避免规则在制定和实施的过程中对金融市场造成扭曲，进而限制市场的发展、遏制有益的竞争、阻碍市场参与者多样化、侵犯消费者的个人隐私。

五是功能性监管原则。我国传统的监管模式是机构式监管（Institutional Regulation），即在分业经营框架下，监管部门对各自管辖的金融机构行使监管职权，包括市场准入、持续经营、风险管控、风险处置、市场退出等。至今，这套监管模式仍有实际的价值，也有提升和改善的空间。但是，在金融科技公司跨行业、跨市场的平台式发展背景下，机构监管模式明显不适应新形势的要求，这点已经成为市场共识。改革方向应是功能监管与机构监管相结合，特别要重视功能监管（吴晓灵、丁安华，2021）。

（二）优化完善现有规则

一是建议通过上位法来确定特定金融科技应用场景的立法框架和一个规则制定机构，然后由规则制定机构制定更有操作性和专业性的细则。在立法框架内，规则制定机构有权根据宏观经济形式来调整融资额度等量化指标，这样可以在保障规则连贯性的前提下，有一定的灵活性和弹性。

二是建议按照不同金融科技活动的风险等级，采取分类监管的思路。以金融科技平台融资场景为例，针对金融科技资产负债表贷款，可以在传统监管框架内使用功能监管的方法去监管；针对众筹，尤其是商业众筹可以借鉴欧盟的方式，构建专门的法律框架。

三是对特定金融科技应用场景可以在原有规则框架内引入豁免制度，以降低立法成本并鼓励金融科技创新。以股权众筹为例，由于这个活动构成了证券公开发行，公开发行条件的高门槛与股权众筹的小规模之间形成了显著的冲突，建议对此予以豁免，使初创中小企业能够在适当的门槛要求下使其融资行为变为可能（刘玉，2019）。

四是在提供投资收益的金融科技应用场景下，建议应用投资者适当性原则，按照投资者风险承担能力的强弱，匹配适合的投资产品与服务，可以考虑对投资规模、产品种类等做出一定差异化限制，这样可以在保护消费者和鼓励创新之间取得平衡。

五是对金融科技服务提供商的内部治理制度进行规制。金融科技服务提供商需要拥有用于控制和保护数据处理系统的系统、资源和程序；有一套不损害投资者利益的外包安排；业务连续性计划；提供对平台操作风险的评估；不相容岗位分离；防范利益冲突；监测和管理项目投资风险的机制；有能力对平台提供的项目进行最小限度的尽职调查；有完善的处理投诉的机制。

（三）积极参与金融科技应用场景规则制定的国际合作

如今，金融科技应用场景越来越丰富，规则制定者对于这些场景下金融产业链的影响及其风险点了解甚少，因此要加强国际合作，交流在金融科技监管方面的知识和经验。另外考虑到金融科技活动的跨境溢出效应，在金融科技应用领域的规则要提升互操作性和规则的一致性，这样可以增加监管的效率并且防止监管套利。

第二节 关于赋能技术的规则

赋能技术是那些在提供金融服务方面实现创新的技术，它们被应用在不同金融科技活动中。目前，被应用在金融部门的赋能技术包括但不限于云计算（Cloud Computing，CC）、人工智能（Artificial Intelligence，AI）、分布式分类账技术（Distributed Ledger Technology，DLT）和应用编程接口

（Application Programming Interfaces，API）。这些技术被应用在银行、券商、保险和资产/财富管理行业，推动了这些金融子行业的数字化、智能化和开放化发展，成为驱动金融产业效率提升的核心动力。

赋能技术在带来诸多好处的同时，其广泛应用也使金融企业面临着更大的技术风险敞口，包括算法歧视和算法黑箱风险、数据泄露和数据非法篡改风险、技术故障威胁系统性金融安全的风险以及扩大市场波动带来的金融风险等。具体体现在以下方面。

一是算法歧视风险和算法黑箱风险。具体来说，人工智能会带来算法歧视风险，这些歧视风险可能是算法编写者造成的，但是也可能是由于训练的数据瑕疵造成的。例如，某家企业在过去的招聘中无意识地倾向于某种性别或种族，那么机器在综合学习了这些数据后会延续这种偏差。此外，人工智能存在算法黑箱风险。由于机器学习系统通常具有较低的"可解释性"，这会让监管和归责成为一个难题。

二是数据泄露和数据被非法篡改风险。不管是云计算还是应用程序接口，这些技术的载体都是数据，然而，在数据使用中缺乏规范，容易造成数据泄露风险。Verizon 在 2021 年发布的全球调研报告 2021 *Data Breach Investigations Report* 显示，在 2021 年近 3 万起的事故中，被确认为数据泄露的事件达到 5 258 起，导致泄露的三大原因是使用了钓鱼网站、系统受到攻击和各式各样的错误。此外，金融科技的赋能技术对数据进行处理应用时，存在非法篡改数据的问题。以云计算为例，由于数据不位于本地或用户拥有或受控的数据服务器上，外部人员和受信任的内部人员可能故意非法篡改客户的数据，以谋取某种利益。

三是技术故障威胁系统性金融安全的风险。云计算服务具有高集中度、规模性等特征，多数金融机构可能同时使用相同的"云"，风险的关联性随之大幅提升。如果发生网络攻击或其他技术中断可能会同时影响多家公司，严重的可能造成系统性金融风险。

四是自动化程序运行中的不可知风险。人工智能中自动化程序在运行的过程中可能会出现不可预见的错误，这会造成巨大的市场波动，带来金融风险。例如，2010年5月6日道琼斯工业平均指数在盘中交易下跌约1 000点，该事件由于自动化期货销售计划而触发的（Bartlett等，2019）。

五是算法趋同引发风险共振。Magnuson（2018）的研究指出趋同的算法决策和自动化交易会加剧市场波动、形成风险共振。王怀勇、邓若翰（2021）认为，算法自主学习和自动化决策能力的增强趋势，算法决策策略和逻辑的趋同走势，以及算法类金融科技业务规模的扩大态势将不断强化系统性风险的发生可能性和市场破坏力。例如，我国2016年5月曾发生卖盘冲击触发程序化空单、跟单和多单止损导致期货市场大幅下挫和市场恐慌的事件。

一、云计算技术

（一）云计算规则概览

云计算是一种新兴的商业计算模型，能自动地将计算任务分配至被称为"云"的大量计算设施构成的共享资源池中，使各种应用系统能够经济有效地获取所需的计算能力、储存空间和软件服务。根据美国国家标准与技术研究院（Mell 和 Grance，2011）的观点，云计算是一种模型，它允许无处不在地、方便地并随需应变地通过网络访问可配置的共享计算资源池（如网络、服务器、存储、应用程序和服务），这些资源可以在最少的管理工作和交互下发布与提供。云计算具有五个基本特征：按需自助服务、广泛的网络接入、资源池、快速扩展以及可度量的服务。

根据 Ehrentraud 等（2020）的调研，几乎所有接受调查的法域都对云计算更新了现有的监管框架或监管预期。具体而言，规则制定者在外包、数据治理、风险管理和网络安全框架方面列入了具体要求或公布了对金融机构和云服务提供商之间提供材料或关键服务的安排的期望。

因为云计算服务的跨境和集中度高的特性使监管变得复杂。对金融服务提供者在使用云计算服务时，监管者[①]通常从以下四个维度进行评估：（1）信息安全、数据机密性和可用性的充分性；（2）云服务提供商的信息技术和网络安全能力的实力；（3）云计算服务恢复能力的有效性；（4）监管机构获取文件和信息的能力，以及提供商进行现场检查的能力。

（二）我国的具体规则

根据《金融科技发展规划（2019—2021年）》（银发〔2019〕209号），我国金融机构在搭建安全可控的金融云服务平台的过程中应遵循合法合规、场景适配、安全优先等原则。合法合规是指严格遵守《中华人民共和国网络安全法》等法律法规、监管部门相关要求、云计算国家标准及金融行业信息系统建设相关标准；场景适配是指与金融服务模式、互联网交易特征相适应，统筹考虑金融机构自身云计算应用不同需求，集中式与分布式相协调；安全优先是指强化云环境下信息保护与交易安全，确保风险防范措施精准有效。

具体而言，2018年，我国发布了一系列云计算技术金融应用相关的规则[②]，主要针对三种不同的场景做了规定，即私有云、团体云和公有云。在私有云方面，应在规划、实施、运维过程中严格落实相关要求，采取有效措施防范云服务集中风险，保障业务连续性和安全性。在团体云方面，其实质属于信息技术外包范畴，除参照私有云要求做好技术风险防控和业务连续性保障外，还必须严格遵守金融管理部门相关规则。在公有云方面，对于发生故障时可能造成较大经济损失，对公共利益和经济秩序损害较为严重甚至影响金融稳定的重要信息系统，不宜采用社会化的云计算服务（李伟等，2020）。

---

① 2020年6月3日，欧盟证券市场监管机构——欧洲证券和市场管理局（ESMA）就云服务商外包指南征求意见，旨在为金融市场参与者外包到云服务商的要求提供指导，特别是帮助企业和主管部门识别、解决和监控云外包带来的风险和挑战。拟议的指南包括：公司应建立的治理、文档记录、监督和监测机制；外包前的评估和尽职调查；外包和分包协议应包括的最低要求；退出策略及需满足的访问权和审计权；向主管部门报告；主管部门的监督。拟议的指南与欧洲银行业管理局（EBA）及欧洲保险和职业养老金管理局（EIOPA）发布的相关云外包指南一致。征求意见持续到2020年9月1日，ESMA将在2021年第一季度之前发布最终指南。

② 《云计算技术金融应用规范 技术架构》（JR/T 0166—2018）、《云计算技术金融应用规范 安全技术要求》（JR/T 0167—2018）、《云计算技术金融应用规范 容灾》（JR/T 0168—2018）。

2021年12月底发布的《金融科技发展规划（2022—2025年）》（银发〔2021〕335号）中提出，强化云计算标准符合性与安全性管理，规范金融团体云应用，通过负面清单、尽职调查、风险补偿、退出预案等措施加强第三方算力设施集中度风险管控，防范外部云服务缺陷引发的风险向金融领域传导。

二、人工智能技术

（一）人工智能规则概览

人工智能是研究、开发用于模拟、延伸和扩展人的智能的理论、方法、技术及应用系统的一门新的技术科学。1950年，被称为"人工智能之父"的马文·明斯基（Marvin Minsky）和邓恩·埃德蒙（Dean Edmunds）共同建造了世界上第一台神经网络计算机，被看作人工智能的起点。

神经网络技术[①]发展，推动人工智能技术开始进入快速发展期。当前人工智能技术具备五个主要特征：一是从人工知识表达到大数据驱动的知识学习技术；二是从分类型处理的多媒体数据转向跨媒体的认知、学习、推理；三是从追求智能机器到高水平的人机、脑机相互协同融合；四是从聚焦个体智能到基于互联网和大数据的群体智能；五是从拟人化的机器人转向更加广阔的智能自主系统（李铮等，2021）。同时，人工智能在金融业的应用场景也开始变得丰富，特别是在信用风险评估、高频交易和智能顾问等领域。

一些法域出台人工智能应用的伦理规范来辅助法律监管，通过金融科技伦理调节实现除市场调节和政府调节之外的第三种调节。2018年开始，新加坡、欧盟和中国香港先后发布了旨在促进金融机构负责任和合乎道德地使用人工智能的原则，这些伦理原则是通过自律与他律的方式对行为主体实施的一种软约束，不具备法律规则所具备的强约束。

---

① 2006年，杰弗里·辛顿（Geoffrey Hinton）在《科学》杂志发表论文，标志着神经网络的深度学习领域取得突破。

2018年11月新加坡发布了促进人工智能使用的FEAT原则，规定了公平、道德、问责和透明度（Fairness、Ethics、Accountability and Transparency）四个方面的要求。2019年11月MAS与金融行业合作创建Veritas评估框架，帮助金融机构根据FEAT原则评估其人工智能与大数据分析解决方案。2020年5月，MAS启动Veritas第一阶段，制定信用风险评分和客户营销两个场景的公平性指标，帮助金融机构评估其人工智能与大数据分析解决方案的公平性情况。2021年1月，MAS发布《FEAT公平性原则评估方法》，该评估方法主要从系统目标、数据和模型、系统影响度量、个人数据使用、持续监测五个方面开展公平性评估。

2019年4月欧盟委员会人工智能高级专家组制定了《可信人工智能伦理准则》（Ethics Guidelines for Trustworthy AI），主要包括以下伦理要求。（1）人的管理和监督。人工智能系统应受人的基本管理并维护人的基本权利，从而使公平社会得以实现，而不是减少、限制或误导人类自治。（2）稳健性和安全性。可信赖的人工智能要求算法足够安全、可靠和稳健，能够处理人工智能系统在各周期阶段的错误或不一致问题。（3）隐私和数据治理。公民应对自己的数据拥有完全控制权，且这些数据不会被用来伤害他们。此外，还应设置适当的数据治理机制，实现数据合法访问。（4）透明度。应确保人工智能系统的可追溯性，人工智能系统及其决策应以合适方式向利益相关者进行解释，使其意识到在与人工智能系统交互。（5）多样性、非歧视性和公平性。人工智能系统应考虑人类的各种能力、技能和需求，避免偏见和不公平，并确保其系统的可访问性。（6）社会和环境福祉。应通过人工智能系统促进积极的社会变革，增强可持续性，加大生态责任。（7）问责制。应建立机制确保人工智能系统及其结果的可问责性，确保有充分的无障碍补救措施。

2019年11月，香港金融管理局发布了《应用人工智能的高层次原则》，其主要内容包括：在治理方面，银行董事会及高管须为应用人工智能而导致的结果负责；在程序设计开发方面，银行应具备足够的专业知识，确保程序有恰当的可解释性，采用高质量数据，严格核实模型，确保程序的可审计性，对第三方供应商实施有效管理以及秉持道德操守、公正及透明度；持续监察及维护方面，银行须定期检视并持续监察程序运作，遵守数据保护规定，实施有效的网络安全措施以及风险缓释措施和应急计划。

2021年5月，欧盟发布了《人工智能法案》的草案，这成为世界上第一个专门针对人工智能开发和使用的法律规范的草案，试图构建一个重视风险且审慎的监管框架（中国电子信息产业发展研究院，2021）。该草案有五大核心规则。一是基于不同应用场景的风险差异性，将AI系统分为"不可接受、高、有限、极小"四个风险等级，并针对不同级别风险实施不同程度的规制，从而构建起以风险为基础的分级治理体系。二是为在特定领域提供"高风险"AI系统的企业提出"全生命周期"式的多重合规要求，旨在增强AI产品及服务的透明度。三是通过建立欧洲人工智能委员会，推动AI新规则的实施完善，以及后续AI标准的制定出台，并借此构建各国监管部门的联络渠道，协调欧盟层面的AI监管政策，以保持AI监管体系的统一性。四是明确了AI系统的数据治理要求。五是建立AI监管沙盒，探索监管人工智能风险的新模式[①]。

（二）中国的具体规则

现阶段我国对于人工智能技术的态度是，更倾向于鼓励技术创新和发展，防范风险的政策目标让位于经济的发展。

从政策出台的脉络看，2015年5月国务院出台的《中国制造2025》提出发展智能装备、智能产品和生产过程智能化，随后人工智能相关政策进入密集出台期。2016年3月，十二届全国人大四次会议通过《中华人民共和国国民经济和社会发展第十三个五年规划纲要》，将人工智能写入"十三五"规划纲要。2017年7月，国务院印发《新一代人工智能发展规划》（国发〔2017〕35号）。2017年10月，人工智能写进十九大报告，鼓励推动互联网、

[①] 参见 https://mp.weixin.qq.com/s/GWIDpSedLXYuzZVhGG8VzA。

大数据、人工智能和实体经济深度融合。2017年12月出台的《新一代AI产业发展三年行动计划（2018—2020年）》重点扶持神经网络芯片，人工智能芯片在国内实现规模化应用。2019年3月，中央全国深化改革委员会第七次会议审议通过《关于促进人工智能和实体经济深度融合的指导意见》。2020年7月中央网信办等五部门发布的《国家新一代人工智能标准体系建设指南》明确提出，到2023年，初步建立人工智能标准体系，重点研制数据、算法、系统、服务等重点急需标准，并率先在制造、交通、金融、安防、家居、养老、环保、教育、医疗健康、司法等重点行业和领域推进。2021年9月，国家新一代人工智能治理专业委员会发布《新一代人工智能伦理规范》旨在将伦理道德融入人工智能全生命周期，为从事人工智能相关活动的自然人、法人和其他相关机构等提供伦理指引，这标志着人工智能政策已从推进应用期逐渐转入重点监管期，确保人工智能处于人类控制之下。

三、分布式记账技术

（一）分布式记账技术规则概览

分布式记账[①]的定义是"在分布于多个地点、机构或地域的网络中自愿共享和同步的数据库"，允许交易有（多个私人或）公共"证人"。数据共享的结果是分布于服务器网络中的有顺序的数据库，它们共同发挥账本的功能，因此，它们是"分布式"的，即对某一信息记录的授权来自许多数据存储点（节点）的共识。再加上加密解决方案，这些特点减少了数据被操纵的风险，从而解决了必须信任任何第三方数据存储服务提供商的问题。此外，由于所有节点都运行相同的软件代码，原则上存储相同的数据，所有节点都可以同时访问存储的数据，从而提高了数据表的透明度。如果一个分类账承诺重写数据，其他分类账运营商可以观察到，因此只有在大多数分类账同意的情况

---

① 公众熟悉的区块链是分布式记账技术、点对点通信技术、非对称加密技术、共识机制、智能合约等一系列技术的集成应用。换言之，区块链中的底层核心赋能技术是分布式记账技术。

下（这通常是通过预先定义的共识机制发生的），数据集才能被修改。最后，所有分类账都运行相同的代码，这可能会帮助交易的快速进行。

目前，只有少数几个法域发布了具体的分布式记账技术法规。这项技术的应用主要涉及加密资产的创建。然而，分布式记账技术也可用于外汇汇款、证券结算系统、债务发行计划、参数保险和数字身份等领域中。在全球范围内，分布式记账技术还被应用于支持私人证券交易、银行间支付以及回购和外汇市场的净额结算服务。从规则视角看，大多数法域仍在通过探索性分析和讨论文件探索潜在的政策回应，这些文件分析了它的独特特征、机会和风险、不同的使用案例、对金融市场的潜在影响以及监管方面的考虑因素。2020年6月，澳大利亚成立"国家区块链路线图指导委员会"，该委员会由13名技术专家组成，主要负责帮助澳大利亚在未来五年建立对区块链技术的支持。

尽管分布式记账技术还处于采用的早期阶段，但一些法域已经在其法律框架中纳入了具体的分布式记账技术条款。例如，法国法律首次引入分布式分类账的概念，允许将分布式记账技术用于记录迷你债券（Minibonds）的发行和销售，随后将其扩展到记录非上市金融证券的发行和销售。同样，卢森堡议会通过了一项法律法案，增加了一项关于证券流通的新条款。这项修正案的目的是通过明确允许证券通过安全的电子登记设备（包括分布式电子登记册或数据库）登记和持有，从而提供额外的法律确定性。部分法域正在为分布式记账技术和区块链应用制定具体框架的法域。例如，2019年3月，瑞士联邦委员会根据分布式记账技术方面的发展，提交了新的联邦法律修正案初稿。草案旨在通过增加法律确定性，消除基于分布式记账技术的应用的障碍，并限制滥用风险，进一步完善瑞士分布式记账技术的监管框架。

总体而言，根据分布式记账技术的应用情况，金融机构或中介机构使用分布式记账技术可能会受到各种规定的约束。例如，民法管理基本所有权、知识产权以及智能合同的有效性，而金融法则规定该行业如何处理通过这项技术传输的证券交易、支付和客户数据，以及如何确保网络韧性、数据隐私和安全。

（二）中国的具体规则

2020年2月，中国人民银行正式发布《金融分布式账本技术安全规范》（以下简称《规范》）金融行业标准，规定了金融分布式账本技术的安全体系，包括基础硬件、基础软件、密码算法、节点通信、账本数据、共识协议、智能合约、身份管理、隐私保护、监管支撑、运维要求和治理机制等方面。标准适用于在金融领域从事分布式账本系统建设或服务运营的机构。

《规范》要求，在系统监管上，应支持监管机构接入，以满足信息审计和披露的要求；应支持监管部门的监管活动，包括但不限于设置监管规则，提取交易记录，按需查询、分析特定业务数据等；应支持监管机构访问最底层数据，实现穿透式监管。2020年6月30日，北京市人民政府办公厅印发《北京市区块链创新发展行动计划（2020—2022年）》。该计划提出，要加强组织领导，成立由市领导牵头的区块链工作推进小组，协调解决区块链技术和产业发展中的重大问题。强化资金支持，市区两级财政加大支持力度，坚持长短期投入相结合，鼓励创新主体积极参与产业基地建设，为区块链技术和产业发展提供有力保障。

四、应用程序接口技术

（一）应用程序接口规则概览

应用程序接口（API）是从外部系统获取数据和算法资源，并将资源发送回内部的一种途径。目前围绕应用编程接口的规则通常是作为开放银行（Open Banking）倡议的一部分。几十年来，API一直被用来促进系统之间的数据流通。近年来当局将注意力集中在API上，因为它们提供了一种银行和第三方之间的互动手段，用于共享客户许可的银行持有的数据，而这是开放银行框架的关键要素（见图7-2）。

一些法域已经要求银行建立机制，允许第三方访问他们的数据。欧盟内部的情况就是如此，在这些法域，PSD2 和关于严格客户身份验证以及共同和安全通信的补充监管技术标准对账户信息服务提供商、支付发起服务提供商和支付服务提供商的接口提出了具体要求。同样，在墨西哥，金融科技法明确指出，自 2020 年起允许金融科技机构、票据交换所、传统金融机构开发互联互通的 API。其他法域也已提供指引，鼓励和促进 API 的采用，以促进金融服务的创新。在新加坡，MAS 与新加坡银行协会一起出版了一本 API Playbook，其中提供了针对有意使用 API 的利益相关者（包括提供商、消费者、金融技术公司和开发人员社区）的 API 设计和使用的高级指南，包括 API 的设计、实施和使用等方面的最佳实践。同样，香港金管局现正进行公众咨询，准备在中国香港实施开放的 API 架构，以促进银行界发展和采用 API。

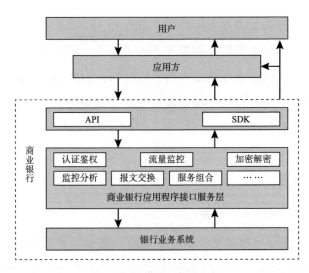

图 7-2　银行 API 逻辑结构

资料来源：中国人民银行发布的《商业银行应用程序接口安全管理规范》（JR/T 0185—2020）。

（二）我国的具体规则

2020 年 2 月 13 日，中国人民银行发布《商业银行应用程序接口安全管理规范》（JR/T 0185—2020），在技术上迈出了开放银行监管的第一步，为开放银行的发展提供了制度保障。

根据该规范，API按照应用集成方式，分为服务端对服务端集成方式与移动终端对服务端集成方式两种。同时，标准还在平衡服务快速响应与金融信息保护能力基础上，详细规定了商业银行应用程序接口相关的六方面要求。

一是安全设计的要求，包括身份安全认证、接口交互安全等接口安全设计，以及授权管理、攻击防护、安全监控、密钥管理等服务安全设计。

二是网络安全部署的内容，包括商业银行与应用方应遵循商业银行应用程序接口网络部署逻辑结构示意图，进行商业银行应用程序接口的安全部署。商业银行与应用方都应在互联网边界部署如防火墙、IDS/IPS、DDoS防护等具备访问控制、入侵防范相关安全防护能力的网络安全防护措施。

三是系统安全集成的要素，包括应用方准入、身份核验等应用方审核，身份认证、安全传输等接入安全控制，用户身份认证、权限控制、数据安全、应用方安全能力、应用方接口集成等安全运行。

四是系统安全运维的机制，包括运维监测、异常监测等安全监测，服务风险控制、交易流程控制、交易风险监控等风险控制。

五是服务终止与系统下线的管理，包括提前告知、注销申请、数据归档、数据删除（销毁）、个人金融信息保护、消费者权益保护等事项的协商和确责。

六是接口安全管理体系的保障，包括管理制度、应用安全责任、安全审计等要求。

此外，该规范还对相关参与方的作用进行了规定。该规范指出，商业银行应用程序接口服务的主要参与方有用户、应用方及商业银行，并界定了各方扮演的角色及承担的责任。用户发起商业银行应用程序接口应用请求，并接收应用方和商业银行返回的处理结果。应用方负责接收并处理用户请求，通过应用程序接口向商业银行提交相关请求、接收返还结果，依照流程进行服务请求处理或反馈用户。商业银行通过API直接连接或用SDK间接连接的方式向应用方和用户提供应用程序接口服务，实现商业银行服务的对外输出。

五、总结和建议

中国人民银行在 2019 年 8 月发布了《金融科技（Fintech）发展规划（2019—2021 年）》（以下简称《规划》），指出金融科技发展要遵循"守正创新、安全可控、普惠民生、开放共赢"的基本原则，其中守正创新和开放共赢这两条基本原则对赋能技术的适用性更高。基于《规划》的定调，建议针对赋能技术采取开放包容的态度和审慎有效的原则，围绕技术加强立法研究和规划工作，同时积极参与赋能技术规范的国际治理。

（一）针对赋能技术采取开放包容的态度和审慎有效的原则

虽然我国在赋能技术领域发展形势良好，但与全球技术领先国家相比依然有诸多短板。与此同时，近年来世界主要经济体纷纷出台涉及赋能技术的产业发展政策，赋能技术的发展程度成为衡量国家竞争力的一个维度。考虑到以上两个原因，建议我国在赋能技术立法方面，需要采取开放包容的态度和审慎有效的原则。一方面，明确监管的主体，使用原则性监管的思路去规范赋能技术的发展，防止出现"无人监管"的现象，营造良性技术发展的环境；另一方面，围绕赋能技术的诸多理论和实践问题尚未被厘清，应该避免仓促出台法律法规，警惕出现"一管就死"的现象，促进科学技术的发展。

（二）围绕赋能技术加强立法研究和规划

金融科技中的赋能技术一般属于通用性技术，涉及面广，应用领域宽，所涉及的诸多立法问题在现有的法律框架和制度体系下难以找到答案，需要综合考虑公众、社会团体、产业界、政府机构等多方的利益。同时，赋能技术带来的很多法律问题属于跨领域问题，涉及技术标准、国家安全、伦理道德等，需要召集技术领域、法律领域、行业领域、经济领域的专家共同研究论证。因此，应加强跨部门、跨行业协作，推动金融科技赋能技术领域的立法。

此外，围绕赋能技术的立法既涉及对技术问题，又包括社会伦理问题、经济问题和数据治理问题,不同的问题归属不同的立法范畴。这就需要国家层面来统筹规划,在总体立法尚不成熟时,具体应用领域立法不应停滞,应成熟一项、出台一项,先易后难,逐步形成体系。

(三)积极参与赋能技术规范的国际合作

作为通用性技术,赋能技术需要制定一套国际标准,这样可以加速技术的应用和发展。考虑到上述背景,加快国际合作,共同制定发展规范是大势所趋。除应重视技术发展外,还应加强与各国的合作,积极参与相关国际规范制定。当前,国际社会普遍关注网络安全和数据隐私,以及赋能技术对社会伦理的影响,要主动加强在国际产业、智库、学者层面的沟通交流,提供我国经验和我国解决方案。此外,我国的大市场为发展赋能技术提供了广阔的应用场景,在保障国家安全的前提下,应积极参与赋能技术规范的国际合作。

第三节 关于市场主体的规则

从全球视野看,金融科技服务提供商主要可以分为三类市场主体,第一类主体脱胎于传统的金融机构,主要以金融机构子公司的形式存在,这类机构金融领域经验丰富,但是与互联网企业相比,这类企业的治理和管理模式更为传统,而且缺乏在科技和互联网领域的经验;第二类是细分市场金融科技公司[①],这类公司一般规模不大,致力于在某个细分的金融领域中运作;第三类是大型科技公司(Big Techs),这类公司拥有稳定的客户流量和技术竞争优势,通常开展金融领域的跨界经营。

[①] 部分研究中将金融科技颠覆者作为金融科技服务商的一类独立的市场主体,本书所指的细分市场金融科技公司,不再对此进行区分。

目前，国际上对上述三类市场主体的监管预期是不同的。第一类金融科技主体主要受其母公司（传统金融机构）的影响，被现行针对传统金融机构的规则所覆盖，监管预期是稳定的。第二类是细分市场金融科技公司，自2008年金融危机之后，由于大型金融机构受到更严格的监管，资本开始青睐于投资这类企业，当前各国政府主要通过设置创新中心及监管沙盒的方式支持其发展，监管预期是鼓励创新与发展。第三类大型科技公司在发展模式上有诸多特点，使其在涉足金融业后对行业有很大的影响力，对此各国监管当局都高度重视，监管预期是日趋严格的。

然而差异化的监管预期落实到出台的规则上并不是完全泾渭分明的。尽管我们下文主要对大型科技公司涉及的规则进行梳理分析，然而这些规则可能有一部分是针对大型科技公司的，但总体上也适用于其他两类市场主体。

大型科技公司这类金融科技服务提供商的特点是，能形成"数据（Data）—网络（Network）—金融业务行为（Financial Activities）"循环，从而在金融业获得显著的竞争优势。具体而言，大型科技公司原本就具有技术优势和渠道优势，它们能够利用原有业务中的用户数据快速进入金融行业，并借助数字服务中固有的网络效应实现快速扩张。与此同时，扩张带来了更多的用户活动产生更多的数据，进一步强化网络效应带来的优势。

大型科技公司涉足金融业引起了规则制定者的高度关注，它们不仅会带来金融风险、消费者保护等传统问题，而且带来了数据治理和市场权力集中度过高相关问题，这在一定程度上影响了金融市场的稳定性。

目前，多数国家通过对特定业务发放经营许可证的方式实现对金融业的监管，但缺少基于实体的监管规则，无法解决"大型科技企业潜在的系统性影响"。Carstens等（2021）建议，央行应与其他金融监管及数据治理机构在开放银行和数据转移规则、数据传输协议、公共基础设施等方面加强监管协调；借鉴欧盟《数字市场法》、我国《互联网平台反垄断指南》等制定基于实体的规则以补充现有的监管框架。

一、代表性法域的规则

（一）欧盟的《数字服务法》和《数字市场法》

为确保数字市场的公平性和可竞争性，进而重塑欧洲的数字未来①，欧盟议会分别于2021年12月15日和2022年1月20日通过了两大法案——《数字市场法》（Digital Market Act，DMA）②和《数字服务法》（Digital Service Act，DSA）③。这两个法案均针对大型科技公司出台了特别化的规则。其中，《数字市场法》提出了"守门人"的概念④，强调要加强对"守门人"的规制与监管，遏制他们的不正当竞争及垄断行为，确保数字市场的公平性和可竞争性；《数字服务法》提出了"超大型平台"的概念，从内容、商品和服务等维度对"超大型平台"提出了额外的责任和义务，并且特设欧洲数字服务委员会加强对超大型平台的监督和执法，来构建一个安全可靠的线上服务环境。两个法案的具体内容详见下文。

1. 特别化、前置化和动态化是DMA的三大特征

DMA通过创新性的立法来实现以下三大目的：确保数字市场的竞争性并鼓励创新，解决市场失灵；防止"守门人"的不公平行为；增强在线平台环境的一致性和法律确定性从而维护欧盟内部市场（李世刚、包丁裕睿，2021）。通过表7-5可以看到，对不同市场主体而言，DMA会带来不同的福利。

---

① 参见 https://ec.europa.eu/info/strategy/priorities-2019-2024/europe-fit-digital-age_en。
② 参见《欧洲议会和欧洲理事会关于数字部门竞争性和公平市场的条例的立法建议》，https://ec.europa.eu/info/strategy/priorities-2019-2024/europe-fit-digital-age/digital-markets-act-ensuring-fair-and-open-digital-markets_en。
③ 参见《欧洲议会和欧洲理事会关于数字服务的单一市场的条例并废除第2000/31/EC号指令的立法建议》，https://ec.europa.eu/info/strategy/priorities-2019-2024/europe-fit-digital-age/digital-services-act-ensuring-safe-and-accountable-online-environment_en。
④ "守门人"指针对通过核心数字平台服务建立聚合型生态系统，作为企业用户和消费者用户之间的枢纽，拥有了强大的经济实力和控制整个数字平台生态系统能力的数字平台企业。

概括来看，DMA 具有特别化、前置化、动态化的立法特征。一是跳出了传统竞争法框架，提出"守门人"概念，并针对"守门人"特别立法；二是构建了对"守门人"的事前规制模式；三是引入动态监管模式。

表 7-5　DMA 给不同市场主体带来的福利

不同市场主体	DMA 带来的福利
"守门人"	保有创新和提供新服务的所有机会，但是不允许他们对商业用户和消费者用户施加不公平行为来获得不正当的竞争优势
商户用户	获得一个更公平的商业环境
消费者用户	能够选择到更多和更好的数字服务，能如愿切换数字服务提供商，能直接获得服务并享受到更公平的价格
创新者和技术初创企业	不必遵守限制其发展的不公平条款和条件，从而更好地参与竞争并进行创新

资料来源：欧盟委员会[①]，上海发展研究基金会。

在立法模式方面，DMA 跳出了传统竞争法框架，采取了特别、独立的规制路径。符合以下三个标准且无充分证据证明相反情况，则推定该大型数字平台为"守门人"。第一，影响力巨大。如果公司过去三个财政年度在欧洲经济区实现的年营业额等于或高于 65 亿欧元，或者在上一个财政年度平均市值或等值的公平市值达到 650 亿欧元，并在至少三个成员国提供核心平台服务，可推定其达到了影响内部市场的规模。第二，不可替代的中介地位。如果公司经营的核心平台服务在上一财年的月活跃终端用户超过 4 500 万，且年活跃企业用户超过 1 万人，可推定其控制着企业用户走向最终消费者的重要通道。第三，根深蒂固的持久地位。如果公司在过去三个财政年度中的每一年都符合其他两个标准，则被推定具有根深蒂固的持久地位。若未达到以上所有标准，欧盟委员会可在为指定"守门人"进行的市场调查中，对某一数字平台的具体情况进行定性评估，决定是否将其确定为"守门人"（曹博，2021）。

---

① 参见 https://ec.europa.eu/info/strategy/priorities-2019–2024/europe-fit-digital-age/digital-markets-act-ensuring-fair-and-open-digital-markets_en。

在规制方式方面，其构建了对平台的事前规制模式，"守门人"在日常运作中需要履行一系列义务，设置了"积极性义务"和"禁止性义务"（见表 7-6）。

表 7-6　DMA 中"守门人"要履行的一系列义务

积极性义务	禁止性义务
在某些特定情况下，"守门人"需要允许第三方与"守门人"自己的服务进行交互操作	不得再阻止用户卸载任何预装的软件或应用
需要向在其平台上投放广告的公司提供访问"守门人"绩效衡量工具的权限以及必要的信息，以便广告商和出版商对其由"守门人"托管的广告进行独立验证	不得使用从其商业用户那里获得的数据与这些商业用户竞争
需要允许其商业用户在"守门人"平台之外推广他们的报价并与客户签订合同	不得限制用户使用其在"守门人"平台之外获得的服务等
需要向其商业用户提供访问其在"守门人"平台上的活动所产生的数据	—

资料来源：欧盟委员会[①]，上海发展研究基金会。

在规制体系方面，动态监管模式体现了监管的灵活性。为确保 DMA 适应数字市场变化快、行为模式复杂的特点，欧盟委员会将市场调查作为执法的必要步骤。首先，执法机关通过市场调查确定特定核心平台服务提供者是否属于"守门人"。其次，执法机关对市场中的新型服务和新型市场行为进行调查，动态更新"守门人"的义务规则。最后，执法机关需要进行市场调查判断"守门人"是否存在对义务的"系统性违反"（Systematic Infringements）。

DMA 为确保规则的有效性，丰富了对"守门人"不遵守禁令和义务的行为进行制裁的工具箱。如果"守门人"不遵守规则，欧盟委员会可对其处以最高达企业全球年营业额10%的罚款，并定期支付最高达企业全球年营业额5%的罚款。对于系统性违法行为，委员会可以采取额外的补救措施。在必要的情况下，这些措施可以包括非金融补救措施，如责成"守门人"出售企业或部分企业。

---

① 参见 https://ec.europa.eu/info/strategy/priorities-2019–2024/europe-fit-digital-age/digital-markets-act-ensuring-fair-and-open-digital-markets_en。

2. 创新性和差异化是 DSA 的两大立法特征

DSA 旨在对消费者的线上基本权利提供更强的保护，对线上平台构建一个透明可靠的框架并且鼓励创新、增长和竞争（见表 7-7）。

表 7-7　DSA 给不同市场主体带来的福利

不同市场主体	DSA 带来的福利
消费者用户	更多选择、更低价格
	免受非法商品、内容或服务的侵害
	基本权利得到更好的保护
商户用户	更多选择、更低价格
	在欧盟统一市场数字平台内不必要的壁垒被打破
	更公平的竞争环境
数字服务的提供者	法律的确定性和规则的一致性
	有利于初创企业的发展
社会整体	对系统性平台有更民主的监管
	降低系统性风险

资料来源：欧盟委员会[①]，上海发展研究基金会。

概括来看，DSA 立法内容有七大创新性。

从立法模式上，DSA 采取差异化的方法，基于中介服务提供商对数字生态系统影响力的大小，它们需要承担相应程度的义务（见表 7-8）。具体分为四类网络服务提供商：一是提供网络基础结构的中介服务提供商，即互联网访问提供商和域名注册商提供的服务；二是托管服务提供商，包括云服务和网页托管服务；三是线上平台，包括在线市场、应用商店、协作经济平台和社交媒体平台等；四是超大型平台，即用户数量超过欧盟 4.5 亿总消费人数 10% 的大型线上平台（见图 7-3）。其中超大型平台要承担的义务是最多的，尤其要额外承担以下六项义务：风险管理义务和合规管理人员的配置、外部

---

① 参见 https://ec.europa.eu/info/strategy/priorities-2019-2024/europe-fit-digital-age/digital-services-act-ensuring-safe-and-accountable-online-environment_en。

风险审计、推荐算法系统的透明度和保障用户信息访问权的制度、向当局和研究人员共享数据、应对非法内容和系统性风险的行为守则、应对公共安全或公共健康危机的响应机制及与当局合作的机制。

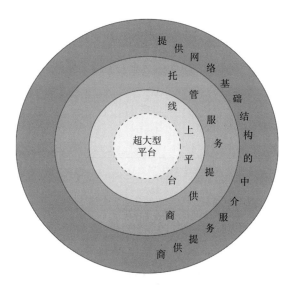

图 7-3　DSA 中 4 类网络服务供应商的包含关系

资料来源：上海发展研究基金会。

表 7-8　DSA 中 4 类网络服务供应商承担的差异化义务

义务	提供网络基础结构的中介服务提供商	托管服务提供商	线上平台	超大型平台
透明度报告	√	√	√	√
对服务条款的要求	√	√	√	√
按照指令与当局的合作义务	√	√	√	√
法律事务联络点或法律代表人的设置	√	√	√	√
通知义务	—	√	√	√
申诉和补救机制及庭外争议解决机制	—	—	√	√
与可信举报者的合作机制	—	—	√	√
对滥用通知等不当行为的规制措施	—	—	√	√
面向用户的在线广告透明度	—	—	√	√

续表

义务	提供网络基础结构的中介服务提供商	托管服务提供商	线上平台	超大型平台
刑事犯罪举报义务	—	—	√	√
风险管理义务和合规管理人员的配置	—	—	—	√
外部风险审计	—	—	—	√
推荐算法系统的透明度和保障用户信息访问权的制度	—	—	—	√
向当局和研究人员共享数据	—	—	—	√
应对非法内容和系统性风险的行为守则	—	—	√	√
应对公共安全或公共健康危机的响应机制及与当局合作的机制	—	—	—	√

资料来源：欧盟委员会[①]，上海发展研究基金会。

DSA的规则创新体现在以下七个方面：一是引入用户举报线上非法内容的机制以及平台与"受信任举报者"合作的机制，来打击线上非法商品、服务的非法内容；二是设立可追溯的平台交易人，帮助识别销售非法商品的卖家；三是对平台内容的审核决策提出质疑的可能性，来保障用户的基本权利；四是要求在线平台对广告来源和数据访问、推荐算法等采取透明度措施；五是引入针对超大型平台的风险管理和风险审计制度来防止其对系统的滥用；六是确保研究人员和当局对超大型平台的关键数据有访问权，以此保障研究人员和当局能了解这些平台及能及时预警系统性风险；七是特别设立欧洲数字服务委员会加强对超大型平台的监督和执法，以此解决欧盟内部现有监督结构复杂的难题。

最后，DSA特别设置了惩罚和执法监督机制来保障DSA的有效性。DSA对未履行义务的线上平台实施最高不超过年收入6%的惩罚，此外，依托欧洲数字服务委员会（European Board for Digital Services），欧盟成员国承担主

---

① 参见https://ec.europa.eu/info/strategy/priorities-2019-2024/europe-fit-digital-age/digital-services-act-ensuring-safe-and-accountable-online-environment_en。

要监管责任,欧盟委员会加强了对大型在线平台的执法和监督作用。

(二)美国的一揽子法案

2021年6月24日,美国众议院司法委员会通过了关于加强反垄断执法和恢复在线竞争的一揽子法案,下一步将提交给众议院、参议院进行审议。六项反垄断法案在众议院司法委员会以微弱优势通过,可以预见其在未来推进过程中将面临重重阻碍。六项法案具体包括:《2021年合并申请费现代化法案》(the Merger Filing Fee Modernization Act of 2021)、《2021年国家反垄断执法场所法案》(the State Antitrust Enforcement Venue Act of 2021)、《2021年通过服务转换增强兼容性和竞争性法案》(the Augmenting Compatibility and Competition by Enabling Service Switching Act of 2021,ACCESS法案)、《2021年平台竞争和机会法案》(the Platform Competition and Opportunity Act of 2021)和《终止平台垄断法案》(the Ending Platform Monopolies Act)和《美国创新与选择在线法案》(the American Choice and Innovation Online Act)。

其中,2021年10月14日,美国参议院反垄断和消费者权利小组委员会主席、民主党人艾米·克洛布查(Amy Klobuchar)和参议员、共和党人查克·格拉斯利(Chuck Grassley)共同向参议院推进《美国创新与选择在线法案》的立法。这个法案是一项针对大型科技公司的重大反垄断法案,旨在规制大型科技公司,涵盖其实施的自我优待行为,保护在平台上开展业务的经营者利益,维护竞争秩序。

这个法案旨在规制大型科技公司,涵盖其实施的自我优待行为,保护在平台上开展业务的经营者利益,维护竞争秩序。该法案共分为6节,内容主要包括平台的指定及司法审查程序、自我优待行为的违法性认定标准与具体表现、平台实施非法歧视性行为后应当承担的法律责任、因歧视性行为受损害者的救济、委员会和司法局等各部门的执法权限以及该法案的实施和解释规则等。

(三)中国的规则

目前,我国针对大型科技公司的规则秉持着三大原则:一是始终坚持"两个毫不动摇",支持民营经济、互联网经济和数字经济健康发展。二是不断增强政策透明度和可预期性,保护产权、知识产权和隐私,促进公平竞争。三是坚持市场化、法治化、国际化方向,创造良好营商环境,扩大高水平对外开放,在数字领域强化科技创新国际合作(易纲,2021)。在金融科技领域,在规制大型科技公司的实践中,当局明确了以下监管预期:一是必须持牌经营;二是建立适当的防火墙,避免金融风险跨部门、跨行业传播;三是断开金融信息和商业信息之间的不当连接,防止"数据—网络—金融业务行为"的循环效应产生垄断。

就具体规则而言,主要涉及反垄断、数据治理、金融监管和审慎监管等方面。

在反垄断方面,2021年2月,国务院发布《关于平台经济领域的反垄断指南》,对互联网平台公司的垄断行为进行了界定,如滥用市场支配地位、设定不公平价格、低于成本销售、拒绝或限定交易等。同时,金融科技行业的管理条例中也加入了反垄断相关内容,如人民银行正在制定的《非银行支付机构条例》,将建立对非银支付机构垄断的预警和审查机制,并提出按照支付业务类型拆分非银行支付机构等监管措施。

在数据治理方面,2021年6月,我国发布《数据安全法》,对数据安全制度等提出原则性规定。8月,又发布了《个人信息保护法》,规定了数据处理机构的义务,如数据收集和处理必须是出于合理且必要的目的、定期进行风险评估、对敏感信息进行匿名处理等,以及个人作为数据主体的权利,如知情权、查阅权、更正及补充权、删除权、解释权、撤销权、转移权。同时,一些与金融科技相关的行业法规也包含数据保护相关内容,如人民银行正在制定的《征信业务管理办法》就明确了征信机构采集或提供个人信息必须得到用户提议,个人对其征信信息有知情权、查阅权等。

在金融监管方面，在支付业务和金融控股平台都出台了细则：2016年中国人民银行要求切断支付机构与商业银行的"两两直连"，以提升支付交易透明度，跨商业银行清算必须通过央行的基础设施来完成。2020年底以来，金融监管机构要求断开支付工具与其平台上的其他金融产品的不当连接，使支付业务回归本源。

2020年7月，中国人民银行发布《金融控股公司监督管理试行办法》，一是要求非金融企业若要从事金融业务，必须申请设立金融控股公司，必须遵守审慎监管要求，严格落实资本金、杠杆率和投资入股金融机构"两参一控"等规定，必须落实金融业务与科技服务隔离措施。二是互联网平台公司必须持牌经营征信等金融业务，并由相应的金融管理部门负责监管。以个人征信为例，人民银行要求平台公司全面剥离与个人征信相关的业务，通过持牌个人征信机构向金融机构提供信用信息服务，化信息垄断为信息共享。三是要求平台公司必须合规审慎开展互联网存贷款和保险业务，严防风险传染。

二、总结和建议

尽管使用基于实体（Entity-based）的方式来规制大型科技公司促进金融稳定和公平竞争已经成为国际共识，但我国相关规则行政色彩强烈且出台速度过快、范围过广、过于严格，因而带来一定的负面影响。黄益平和沈艳（2022）表示过于严厉的监管不但不利于金融科技的发展，而且也不利于消费者，甚至可能浪费我国好不容易发展起来的一些创新成果。对此，我们认为对大型科技公司在金融科技领域的监管应该秉持"包容审慎"和"创新友好"的原则，构建一个适度的监管框架和长效机制，具体可以从以下方面入手。

（一）针对不同市场主体采取差异化的管理措施

当前，金融科技领域市场结构呈现出杠铃化特征，即一侧是一群大型科技公司，另一侧是一群细分市场金融科技公司，传统金融机构衍生出的金融科技业务处于中间。针对这一特征，目前单一的综合牌照管理难以适应这种金融科技深度分工合作的趋势，为平衡好创新和金融稳定之间的关系，建议针对不同市场主体的风险特征，采取分级牌照和资质管理的方式。一是对大型科技公司由高等级管理部门直接监管，因为它们覆盖人群广、业务规模和控制数据量大，对金融系统有高度重要性。二是对细分市场金融科技公司采取针对性监管，可以针对它们业务涉及的金融服务节点采取相应的管理。建议可以先通过发放有限金融牌照的形式，对其展业范围进行限制，这样可以避免形成监管真空。监管当局应根据不同金融科技模式潜在的风险，有针对性地实施穿透式监管。

（二）针对不同市场主体设置差异化的金融科技风险缓冲资本金要求

相较于利基金融科技公司和大型科技公司，传统金融机构受到了更严格的监管，这意味着传统金融机构的合规成本更高、对资本金要求更高、盈利空间更小、资本市场给予的估值更低。因此，我们建议根据开展业务的风险系数和公司规模，设置差异化的金融科技风险缓冲资本金要求，这些储备资本应由当局直接管理，在必要条件下向平台提供资本补充和流动性支持。具体而言，建议对大型科技公司的资本金要求建议参照《巴塞尔协议Ⅲ》的框架中系统性重要银行的要求，对利基金融科技公司可以免征资本金。

（三）加强金融科技反垄断判别标准建设

建议借鉴欧盟在《数字市场法》中以定量标准为主，定性标准为辅的思路去制定符合我国国情的金融科技领域反垄断的判别标准，以此来解决平台经济中难以运用传统反垄断理论界定相关市场与认定市场支配地位的难题。

（四）对大型科技公司采用前置化规制模式来促进市场的可竞争性

当前，大型科技公司在金融基础设施领域影响力显著，包括支付结算系统、征信系统、反洗钱系统、金融交易平台、证券登记结算系统、融资融券系统等，这会影响市场竞争的公平公正。建议对大型科技公司进行动态化的事前规制，不仅设置禁止性义务而且设置积极性义务，来促进数字市场的可竞争性、减少法律执行成本、鼓励高质量竞争和创新。例如，为防止"独家交易",要求大型科技公司允许与第三方交互操作,并不得从技术上限制终端用户利用大型科技公司操作系统在不同的软件应用和服务之间转换等。为防止"歧视性交易、拒绝交易",要求大型科技公司应满足任何第三方网络搜索引擎提供者的要求,以公平、合理、无歧视的条件,向其提供终端用户在大型科技公司网络搜索引擎上免费和付费搜索的数据,并以公平和非歧视性的一般条件向企业用户开放软件应用商店等。

（五）规则体系要保持柔韧性和灵活性

鉴于过于严厉的规则体系可能给创新和增长带来负面冲击,而且缺乏灵活性的规则体系无法适应数字经济时代快速迭代、日趋复杂的平台生态系统。建议借鉴欧盟 DMA 和 DSA 规则体系中有柔韧性和灵活性的立法思路。一是设立当局与被监管者事前进行对话而确定积极性义务的机制；二是针对灵活性强的规则建立申诉、回应和定期复核更新的机制；三是立法留有概括条款,以便根据未来市场变化情况规制新型不公平行为或施加新的竞争促进义务。

（六）采用多元的惩戒机制

建议采取金融和非金融补救措施混合的惩戒机制。实践表明,罚款对大型科技公司的制止和威慑意义不大,建议引入非金融补救措施,如强制剥离部分业务、知识产权、品牌等,从而最大限度消除垄断行为负面影响,保证数字市场公平竞争的良好生态环境。

第八章

数据治理规则

随着数字经济的发展，数据已成为一种新型生产要素，涉及经济生活的方方面面，尤其是金融业，因为金融业更需要高频率、多层次地使用数据。因此，我们将数据治理规则纳入本书。全球数据治理规则的主要载体为法律条文，各经济体数据治理规则的总体设计思路围绕着宏观层面的"国家主权与数据安全"，中观层面的"商业数据流动与消费者保护"，以及微观层面的"个人权利保护"三个层次，与之对应，数据也可分为"国家安全数据""商业数据"以及"个人数据"。各经济体从自身实际出发，制定出相应规则。从规则特征看，不同的经济体侧重点有所不同。例如，欧盟更注重微观个人权利的保护，美国更注重中观层面数据的商业价值及其流通的自由程度，中国则更注重宏观层面的国家数据安全。其中，"个人数据"治理规则更是集中体现了不同经济体相应规则的差异。此外，由于目前还没有全球统一规则，不同经济体的规则在数据监管和跨境等方面有所冲突，解决这些冲突以及探索境内个人数据保护与商业效率更好的平衡是未来数据治理规则构建与协调的关键方向。

第一节　数据治理规则的含义及其针对的主要问题

一、数据治理规则的含义

随着互联网的普及，全球经济数字化程度不断提高，生产和生活效率得到巨大提升。2018 年 11 月，国际数据公司（IDC）发布了《世界的数字化：从边缘到核心》调研报告。该报告指出，全球数据量将从 2018 年的 33 泽字节（ZB）增至 2025 年的 175ZB，复合年均增长率达 26.9%；预计届时中国数据圈数据总量增至 48.6ZB，将占全球 27.8%，成为全球最大的数据圈。中国信通院发布的《中国数字经济发展白皮书（2021 年）》显示，2020 年我国数字经济规模达 39.2 万亿元，占 GDP 比重为 38.6%，数字经济增速达到 GDP 增速 3 倍以上。2021 年 11 月 30 日，工信部发布的《"十四五"大数据产业发展规划》指出，到 2025 年，大数据产业测算规模突破 3 万亿元，年均复合增长率将保持在 25% 左右。显然，数据对于经济发展的重要性在不断上升。

从数据本身经济学含义看，学术界已普遍将数据视为可以驱动经济发展的一种新型生产要素。Jones 和 Tonetti（2020）首先提出了"数据—经济增长"（Data-Growth）模型，认为数据具有其他生产要素无法比拟的优势，即其非竞争与非实体的特性。该特性可以使数据在不受严格转移限制的条件下产生广泛的外部性，从而增加整体经济效益回报[①]。Lin、Xie 等（2021）提出了"数据创新内生增长理论"（Data Innovation Endogenous Growth Theory），进一步细化了数据非竞争性的内涵，将其分为水平、垂直和动态三种非竞争性，并强调了前两种的主导地位，阐述了数据投入创新过程所产生的经济价

---

① Jones C I, Tonetti C. Nonrivalry and the Economics of Data [J]. American Economic Review, 2020, 110 (9): 2819–2858.

值可以更有效地提升长期经济增长率，因此数据作为内生变量可以驱动经济增长[1]。此外，谢丹夏等人（2022）还研究了数据市场和数据流通对金融信贷市场的作用，指出了通过共享不同类型的数据，如财务数据和数字足迹，数据市场可以降低信息不对称的程度，从而促进信贷市场的有效配置，提高福利[2]。

从产业政策看，以美国为代表的部分发达国家早已将大数据作为发展战略方向，早在2012年3月，美国联邦政府便推出了《大数据研究和发展倡议》，以加快创新步伐和加强国家安全。近年来，我国也在加快推进大数据发展和数据产业部署。2019年，党的十九届四中全会首次将数据作为生产要素，并在《中共中央 国务院关于构建更加完善的要素市场化配置的体制机制的意见》文件中，将数据与土地、劳动力、资本、技术一起作为要素领域改革的方向。当前，数据作为生产要素也已发展成为全球共识，同时，数据作为数字经济的核心生产要素，激发其活力也是数字经济健康高速发展的必要条件。

数据治理涵盖数据的整个生命周期，既包括数据的收集、传输和存储，也包括数据的处理、应用和消亡。相应地，数据治理规则是数字治理的全局性、制度性安排，其主要功能是维护数字经济的持续健康发展，保护数字经济各参与主体的权益。然而，全球数据治理明显滞后于数字经济发展，尤其是规则层面的全球分割和缺陷导致了数据安全和个人权利受损等重大问题。因此，制定与出台数据治理规则，以最大限度地减少这些负面影响，显得尤为关键和紧迫。当前，数字经济发展历史还较短，各国发展程度也不一致，但不容否认的是，在大国博弈日趋激烈的背景下，抢占全球数字经济主导地位是主要经济体的博弈目标之一。从目前的情况看，主要经济体都基于自己国家层面，制定了相应规则，全球层面的统一规则还远未形成。

---

[1] Cong L, Wei W S, Xie D X, Zhang L T. Endogenous Growth Under Multiple Uses of Data [J]. Journal of Economic Dynamics and Control, 2022.

[2] 谢丹夏，魏文石，李尧，等.数据要素配置、信贷市场竞争与福利分析[J].中国工业经济，2022，413(08):25-43.

二、数据治理规则主要针对的问题

（一）广义数据安全问题

广义数据安全包括个人层面的隐私安全、商业层面的企业数据安全和国家层面的公共数据安全，目前公共数据安全和隐私安全是突出问题。在个人数据层面，大众普遍对个人信息的安全感到担忧，如身份证号码、征信信息、家庭住址、健康信息、金融资产信息、犯罪记录等遭到泄露，将直接对个人的生命财产安全造成威胁。在商业数据层面，企业担心数据泄露或被非法盗用，导致其利益受损。在国家公共数据层面，重要数据乃至国家机密的外泄可能对国家安全产生严重威胁，事关社会稳定与每一位公民的利益。如何在不损害社会福利的情况下，解决广义数据安全问题，是数据治理规则在当下以及在可预见的未来要应对的首要问题。

（二）数据要素市场建设问题

要想更好地发挥数据作为生产要素驱动生产力发展的作用，必须要激发数据要素的流转能力，而激发这一能力的前提是依靠市场作为数据要素的核心配置机制，因此数据要素市场建设问题是关键问题。数据要素市场建设问题又可以拆解为两大核心问题。第一，市场基本秩序问题。以何种方式进行交易？交易基本流程是哪些？如何保证市场交易的效率与公平？这涉及交易市场基本框架的构建，需要政府相关机构牵头订立数据交易市场标准和规范。第二，数据确权问题。数据权利具体有哪些？其主客体又都是谁？这些数据确权问题是长期困扰数据治理规则制定的核心问题。但其既未在学术界达成理论共识，也在不同经济体的现实处理方式上存在较大差异。我国一直以来对数字经济发展较为宽容，政策监管实际上长期缺位，导致我国数字经济发展粗放无序。发展至今，粗放式数字经济已不能满足我国当前向高质量发展转型的需求，这要求我国需要正面解决数据确权这一核心难题。

三、数据治理规则的分析框架

（一）数据治理规则划分依据

全球数据治理规则主要可以从两个方面展开：一是从数据性质层面，将数据分为宏观层面的"国家安全数据"、中观层面的"商业数据"以及微观层面的"个人数据"三类，相应的规则也围绕这三个层面展开；二是从数据流通方面，可以将数据分为域内数据与跨境数据两类，相应的规则分别为域内治理规则和跨境治理规则，其中，前者适用于经济体境内的数据流动，后者适用于经济体之间的数据跨境流动。

本节主要依据数据性质对规则进行分类。就数据性质方面而言，"国家安全数据"是指与国家安全相关的数据，直接关系国家利益和公共安全，影响力最大，影响范围最广。其按照重要程度又可细分为重要数据（不包含个人数据）[①]和国家秘密[②]，均需要进行最高级别的安全管理；"商业数据"[③]则是通过商业行为产生的、具有商业价值的数据，其域内和跨境流动治理均适用于财产权保护的法律规则；个人数据是指可识别到个人数据主体或与其直接相关的各种数据。

需要注意的是，国家安全数据、商业数据与个人数据之间并非完全割裂的，它们彼此之间存在交集，尤其是在数据量足够大的情况下，商业数据和个人数据可能表现出明显的国家安全属性，从而成为重要数据。具体而言，单条或少量个人数据的影响可能仅在于数据主体本身，但大量个人数据则可反映出一国国民的整体健康状况、经济状况、习惯偏好等，与公共安全密切

[①] 参考《重要数据识别指南（征求意见稿）》对"重要数据"的定义，即"一旦遭到篡改、破坏、泄露或者非法获取、非法利用，可能危害国家安全、公共利益的数据"，不包括国家秘密和个人信息。

[②] 参考《重要数据识别指南（征求意见稿）》对"国家秘密"的定义，即"关系国家安全和利益，依照法定程序确定，在一定时间内只限一定范围的人员知悉的事项"，安全等级最高，不予公开。

[③] 本书所提"商业数据"为狭义商业数据，不包含个人信息。

相关，表现出"量变产生质变"的结果。同样地，从大量的商业数据中可分析出一国各经济部门的强弱、供应链韧性、技术优劣等，而这与一国的战略紧密相关，因此大量商业数据同样影响国家安全。因此，在大数据时代，个人数据或商业数据在数量足够大的情况下也同时成为国家安全数据。

上述分类中，微观层面的个人数据治理是数据治理体系的基础，对中观、宏观的数据治理有根本性的影响。由于个人数据的权利关系十分复杂，导致各经济体数据治理规则在个人数据方面的分歧最大。具体而言，个人数据不仅关系到隐私权、公民人格权等数据主体基本权利，同时它还具有商业价值——在大数据时代，个人数据是大数据价值链的起点。然而，个人数据的财产属性与个人权利属性不具备统一界定标准，这直接导致了全球个人数据治理规则的分歧。

因此，个人数据治理规则是当前数据治理规则体系的重难点，一旦个人数据治理规则完善，中观、宏观层面规则的矛盾也将得到较大程度的缓解。而设立个人数据治理规则的核心宗旨是，明确与数据相关的主体对象[1]的权利与义务的关系，为不同主体对象的权利设置基础性的边界[2]，并可以据此保护各方权益[3]。因此，就主体对象的权利关系而言，个人数据治理规则可以分为两个层面：一是经济体内部的个人及组织层面，其又可具体划分为个人与企业的权利范围界定和不同个人之间的权利范围界定；二是国家或地区层面，用于界定各个国家或地区之间的数据权利范围。

中观层面的商业数据和宏观层面的国家数据，相对于微观层面的个人数据而言，争议较小。商业数据适用于财产性权利保护规则以及其他商业性规则，国家安全数据则一般以国家安全为最高优先级。当国家安全数据规则与

---

[1] 包括数据主体（用户）、数据控制者和数据处理者。
[2] 基础性的边界意味着这种边界是法律意义上的基础性规则，属于底层约束，但不同主体对象在不逾越基础性边界的基础上，依然可通过合同、许可协议等市场自主约定行为，对各方权益做出更为明确、细化的安排。
[3] 权益包括权利与法益。

其他规则发生冲突时，以国家安全规则为优先规则。

（二）分析框架

本节对数据治理规则的划分以数据性质为主要视角，以数据流通范围为次要视角。基于此逻辑，具体的数据治理规则框架如图 8-1 所示，其中，个人数据治理规则是数据治理规则体系的基石，也是本节的分析重点。

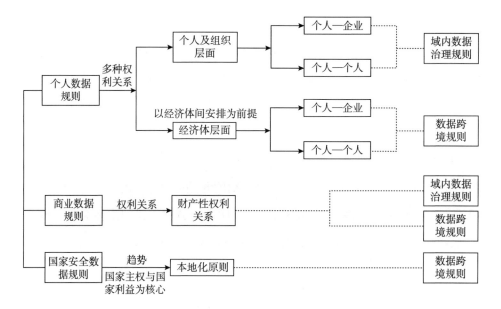

图 8-1　全球数据治理规则的分析框架

资料来源：上海发展研究基金会。

第二节　全球主要经济体的数据治理法律规则体系

一、欧盟《通用数据保护条例》："星系结构"规则体系

《通用数据保护条例》（General Data Protection Regulation，GDPR）在 2016 年 4 月 27 日出台，经过两年的缓冲期，于 2018 年 5 月 25 日在欧盟全体成员国

正式生效,取代了欧盟在 1995 年出台的《关于涉及个人数据处理的个人保护以及此类数据自由流动的第 95/46/EC 号指令》(Directive on the Protection of Individuals with regard to the Processing of Personal Data and on the Free Movement of such Data),即"95 指令",成为欧盟数据治理规则的核心,被认为是"史上最严格的综合性数据治理法律"。

GDPR 是一部具有开创性意义的数据法典,其详尽地阐述并规定了当代数据生活方方面面的法律关系,对全球其他国家和地区的数据立法产生了巨大的影响。在域内数据治理方面,GDPR 详细地规定了数据活动中相关主体的各项权利和义务,使欧盟内部的数据活动规范程度不断提高;在数据跨境治理方面,GDPR 同样给出了数据跨境流动的原则及具体工具。总体来看,欧盟的数据法律体系结构可总结为"星系结构",即以 GDPR 为数据法律体系主要组成部分,欧盟委员会、欧盟法院、欧洲数据保护委员会(EDPB)出具的相关条例、解释、指南等作为补充(见图 8-2)。

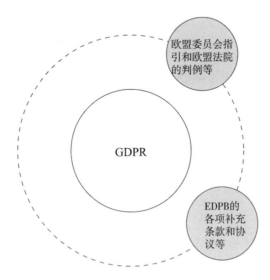

图 8-2 欧盟数据法律的"星系结构"

资料来源:上海发展研究基金会。

二、美国的数据立法组合:"蜂巢结构"规则体系

美国的数据立法较为特殊,其在联邦层面尚不存在统一的数据法典,而是以"联邦立法+州立法"的分散式立法形式建立数据治理规则。联邦立法通常以行业为单位,涉及包括数据隐私在内的诸多行业规范,由联邦统一立法并实施分业监管。而州立法通常并不针对行业,而是更偏向于法典化的数据立法,对个人隐私进行更为全面的保护。州法律管辖的范围虽然有限,但各州立法大同小异,其中《加州消费者隐私法案》(CCPA)是州立法的标杆,对美国各州数据立法影响较大。

(一)联邦层面的行业立法

美国在联邦层面针对不同行业的数据分别制定了相关的数据治理法案,包括:保护金融数据的《格雷姆-里奇-比利雷法案》;旨在保护受保护的健康信息的《健康保险流通和责任法案》;旨在确保信用报告机构报告中消费者信用信息准确性的《公平信用报告法》;旨在保护租赁、买卖或交付录像带和视听资料过程中个人隐私的《视频隐私保护法》;旨在保护教育机构收集的教育信息的《家庭教育权和隐私权法》;要求公司应采取防止数据泄露的控制措施的《联邦证券法》;旨在保护在线收集13岁以下儿童个人信息的《儿童在线隐私保护法》;旨在规制窃听、电子监听行为的《电子通信隐私法》;旨在规制未经授权侵入计算机行为的《计算机欺诈和滥用法》;旨在监管线上消费者隐私和数据安全问题的《联邦贸易委员会法》。

(二)联邦层面的数据跨境法律:《云法案》

《云法案》全称为《澄清境外数据的合法使用法》(Clarifying Lawful Overseas Use of Data Act,CLOUD),其目的单纯是扩大美国联邦政府的数据管辖范围,加强美国的"长臂管辖"能力。《云法案》明确规定,在美国政府提出要求时,任何在云上存储数据的美国公司都要将数据转交给美国政府。而位于美国境外的公司,只要被美国法院认为"与美国有足够联系且受美国

管辖",也适用于上述规定。此外,公司位于美国境内而数据中心在境外的企业,也必须遵守此要求。

(三)州层面个人数据保护法典(以 CCPA 为代表)

CCPA 于 2018 年 6 月在加州议会上通过并成为加州法律,于 2020 年 1 月正式生效,由于其率先加强了对个人信息的保护和广泛的管辖范围,迅速对美国各州的数据立法产生了示范效应。其虽为州法律,但其法律管辖范围较广,法律体系较为完备,立法精神及大量具体法律规定具有一般性,因此能够在很大程度上代表美国前沿的州数据立法模式。

美国的数据法律体系呈现"蜂巢"式结构,即由联邦层面的行业法律、州层面的数据法典、联邦层面的数据跨境传输法律以及大量判例法构成,表现出立法层面分散化的特点(见图 8-3)。

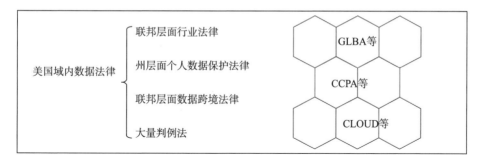

图 8-3 美国数据法律体系结构

资料来源:上海发展研究基金会。

(四)未来可能达成的新法律框架:《数据隐私和保护法》

《数据隐私和保护法》(ADPPA)已于 2022 年 6 月公开发布,该法案是美国近年来最有可能通过的全国性数据保护法律规则框架。ADPPA 核心在于忠诚义务(Duty of Loyalty)[①]。其中数据最小化原则规定,数据控制者和处理者

---

① 参见 ADPPA 草案第一章第 101 条,https://www.commerce.senate.gov/services/files/6CB3B500-3DB4-4FCC-BB15-9E6A52738B6C。

所收集、处理和转让的用户数据仅限于满足"合理必要、相称和有限"原则，任何不符合该原则的数据活动都是违法的。对于该原则的具体解释说明将由联邦贸易委员会通过指导意见说明。此外，ADPPA尤其注重对个人敏感信息的保护，如社会安全号码、生物识别信息、未经同意的私密图像和遗传信息等，未经用户允许不得收集。

ADPPA目前尚未在参议院得到两党支持，但已是近年来两党分歧最小的联邦性数据法案，未来国会两院若达成两党协议，其极有可能正式通过成为法律。一旦ADPPA正式生效，美国目前主要依靠州法律为基础的个人信息保护规则框架将发生重大改变。因为ADPPA优先级高于州法律，即便对已经生效的州法律有大量豁免，也会影响个人信息保护不够全面的州出台后续法律的效力，即大多数州可能都将以ADPPA为总体法律框架。这也标志着美国个人信息保护正朝着更加严格的方向转变。

三、中国数据立法："1+3+N"金字塔结构的规则体系

欧美国家和研究机构对于数据治理相关的法律研究和出台乃至现实应用都走在世界前列。而近年来我国数字经济持续高速发展，在党的十九大全面推进依法治国的要求下，数字领域法制建设取得了突破性的成果，形成了目前"1+3+N"的数据治理法律规则格局。其中"1"指的是代表我国总体国家安全观的《中华人民共和国国家安全法》（以下简称《国安法》）；"3"分别指《中华人民共和国网络安全法》（以下简称《网安法》）、《中华人民共和国数据安全法》（以下简称《数安法》）和《中华人民共和国个人信息保护法》（以下简称《个保法》）三部数字领域上位法；"N"指数字领域的法律法规、地方性法规以及部门规章制度等。它们相互补充，构成了一个有机整体，填补了我国数据治理法律规则的空白（见图8-4）。

第八章 数据治理规则

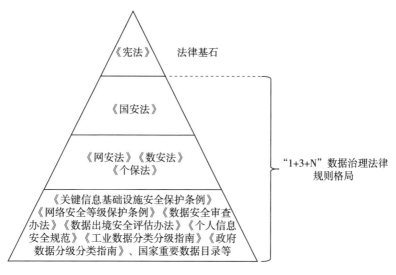

图 8-4 我国数据法律体系层级结构

资料来源：上海发展研究基金会。

四、小结

总体来看，在短期视角下，由于各经济体的数据治理思路仍有较大差异，因此，当前各经济体的数据治理规则也各不相同。但从长期视角来看，随着数字经济的发展以及规则的全球性协调，数据治理或将从当前的单一经济体分散治理形式演变为全球统一治理格局。但这一转变需要大量时间，短期内仍将保持各经济体分散治理的局面。

第三节 国家安全数据与商业数据治理规则

一、国家安全数据规则：严格管理，一般不出境

国家安全数据与国家安全密切相关，一旦处理不慎，将会对国家安全、

公共利益或者个人、组织合法权益造成严重威胁。因此，主要经济体对国家安全数据的治理趋紧趋严，尤其是在跨境传输层面，除了"五眼联盟"等盟国之间的特殊关系下共享部分国家安全数据外，大多数国家都遵循国家安全数据"本地化存储"的数据治理规则。

在国家核心数据方面，原则上完全由国家管理且严格保密。我国方面，《数安法》第二十一条明确指出要采取比重要数据更为严格的管理制度，其中最为清晰的规则为数据存储的"本地化原则"。《网安法》第三十七条规定，要求关键信息基础设施的运营者在中华人民共和国境内运营中收集和产生的个人信息和重要数据应当在境内存储。国外方面，部分主要国家有着更为强烈的数据本地化存储诉求。以美国为例，2015年，美国国防部要求所有为其工作的云计算服务商仅在美国国内存储数据。2016年，美国国家税务局发布《联邦、州和本地机构税务信息安全指南》，要求联邦机构必须将接收、处理、存储、传输联邦税务信息的信息系统的地理位置限制在美国领土。

在重要数据跨境方面，2021年10月29日，国家网信办发布《数据出境安全评估办法（征求意见稿）》，数据处理者向境外传输重要数据要经过一系列流程，包括风险自评估与安全评估：通过所在地省级网信部门向国家网信部门申报数据出境安全评估；数据处理者在向境外提供数据前，应事先开展数据出境风险自评估。评估的内容围绕着数据出境的目的、必要性、数据处理者的风险保障能力、出境数据的敏感程度、数据接收者所在地的法律是否能充分保护数据安全等方面（见表8-1）。国外仍以美国为例，美国在重要数据跨境问题上十分谨慎，对重要技术数据进行了出口管制。美国商务部工业与安全局根据产品和技术的类型和性能来确定出口控制的级别，并设计了"出口管制分类编码"（Export Control Classification Number，ECCN），限制电信与信息安全类、电子类、计算机类等技术类别的数据出口。此外，美国还对外国投资进行安全审查，以确保高新技术及相关数据不会外流。其中最具代表性的法案为2018年出台的《外国投资风险审查现代化法案》（Foreign

Investment Risk Review Modernization Act, FIRRMA)。该法案规定审查机构"美国外国投资委员会"(Committee on Foreign Investment in the United States, CFIUS)有权审查外国人对设计、测试、制造、生成或开发一项或多项新兴技术的美国企业的投资。一旦审查认定该投资"可能影响美国国家安全",CFIUS 有权要求其撤资,该外国人将无法获得关键技术数据[①]。

表 8-1 我国重要数据出境的评估环节

重要数据出境评估环节	评估事项
风险自评估	数据出境及境外接收方处理数据的目的、范围、方式等的合法性、正当性、必要性
	出境数据的数量、范围、种类、敏感程度,数据出境可能对国家安全、公共利益、个人或者组织合法权益带来的风险
	数据处理者在数据转移环节的管理和技术措施、能力等能否防范数据泄露、毁损等风险
	境外接收方承诺承担的责任义务,以及履行责任义务的管理和技术措施、能力等能否保障出境数据的安全
	数据出境和再转移后泄露、毁损、篡改、滥用等风险,个人维护个人信息权益的渠道是否通畅等
	与境外接收方订立的数据出境相关合同是否充分约定了数据安全保护责任义务
安全评估	数据出境的目的、范围、方式等的合法性、正当性、必要性
	境外接收方所在国家或者地区的数据安全保护政策法规及网络安全环境对出境数据安全的影响;境外接收方的数据保护水平是否达到中华人民共和国法律、行政法规规定和强制性国家标准的要求
	出境数据的数量、范围、种类、敏感程度,出境中和出境后泄露、篡改、丢失、破坏、转移或者被非法获取、非法利用等风险
	数据安全和个人信息权益是否能够得到充分有效保障
	数据处理者与境外接收方订立的合同中是否充分约定了数据安全保护责任义务
	遵守中国法律、行政法规、部门规章情况
	国家网信部门认为需要评估的其他事项

资料来源:国家网信办,上海发展研究基金会。

---

① 何渊. 数据法学[M]. 北京:北京大学出版社,2020.

据统计，目前全球有超过 60 个国家提出了数据本地化存储的要求，既包括中国、俄罗斯、尼日利亚、印度等发展中国家，也涉及加拿大、澳大利亚等发达国家和地区。相较于发达国家，新兴发展中国家的规制更为严格，而各国通过立法要求数据本地化存储的趋势在 2000 年以后呈现显著上升的趋势。

二、商业数据规则：以保护财产性权利为核心

商业数据[①]毫无争议是生产要素，是大数据时代数据价值的主要载体。这些数据包含直接的商业数据和通过特定算法从基础数据分析后得出的高阶数据。这些商业数据的所有权与使用权主体一致，遵循一般的财产性权利的保护规则，包括私人财产保护、公司财产保护、知识产权保护等方面的相关法律，属于成熟的国际通用规则，本书不做赘述。

第四节 个人数据域内治理规则

一、个人数据国际通行的定义与发展情况

1969 年，联合国国际人权会议首次提出"数据保护"的概念，随后"个人信息"的用法在立法中较为普遍。在信息数据化的时代，"个人信息"和"个人数据"的界限比较模糊，往往被视为同一个概念，可以相互替代使用[②]。个人信息存在三种定义模式，分别为"隐私型""关联型"和"识别型"。其中，"隐私型"定义主要受英国和美国"隐私权"理论的影响，将个人信息狭隘地等同于个人隐私，不利于保护非隐私性的个人信息；"关联型"定义则

---

① 本书所指的商业数据是狭义商业数据，即与国家安全、个人信息相分离的纯商业数据。
② 但需要注意的是，个人数据本质上是包含个人信息的载体，在数字时代之前，"个人信息"一词使用较多，因此下文对规则理论的讨论多用"个人信息"一词，在当今绝大多数语境下，二者可混用而无须做太多区分。本文在无特殊说明时，对二者不做区分。

过于宽泛，认为一切与个人相关的信息都属于个人信息，否定了个人信息的社会属性。就最新的规则而言，目前，中国、美国和欧盟普遍采用的定义为综合"识别型"与"关联型"（可识别性为主导），即信息要能凭借信息识别到具体个人，或已经识别到个人后与之相关的信息[①]。我国《个保法》第四条将"个人信息"定义为："以电子或者其他方式记录的与已识别或者可识别的自然人有关的各种信息，不包括匿名化处理后的信息。"这与 GDPR 中"个人数据指的是任何已识别或可识别的自然人相关的信息"的个人信息定义基本一致，均明确了个人信息定义的"可识别 + 关联性"原则。相比之下，CCPA 将个人数据定义为"能够直接或间接地识别、描述与特定的消费者或家庭相关或合理相关的信息"，更偏向于识别型原则。

从规则视角看，各主要经济体都存在个人数据规则制定滞后于数字经济发展的情况。各主要经济体试图通过建立个人数据域内治理规则平衡数字经济中的个人安全性和效率，其中主要涉及政府与企业之间的博弈。具体来看，制定规则是要从根本上解决数字经济交易成本不断抬升的潜在趋势问题。互联网应用端蓬勃发展，网络基础设施不断完善，促成了数字经济的繁荣。但政府对新兴行业的监管是滞后于行业发展的，因此早期数字经济的繁荣一定程度上透支了行业内企业对信息的使用权，包含着隐性监管套利，导致了信息泄露和信息滥用等问题，个人消费者在此过程中承担了实际的负外部效应。若监管不到位，长此以往，消费者的行为策略会因此发生改变，将选择更少的信息利用以降低负外部效应带来的损失，从而导致社会整体信息利用率降低，交易成本提升，社会整体福利下降。因此，政府需要制定并实施数据治理规则，使数字经济在明确规则下有序运行，并长期保持活力和高效。

[①] 参见《个人信息安全规范》附录 A "个人信息示例"。

二、个人数据治理规则的理论基础

个人数据治理规则是数据治理规则的基石，而其背后的理论又是个人数据治理规则形成的基础。个人数据理论最早起源于19世纪英国关于个人隐私权利的讨论和司法判例，并经历了从隐私权到基本权利的发展过程。在此过程中，形成了多种理论学说，其中三大主流理论分别为财产权说、隐私权说和一般人格权说。

（一）财产权说

1967年，美国学者艾伦·F. 威斯汀（Alan F. Westin）在《隐私与自由》一书中首次提出，应将"信息性隐私权"（Right to Information Privacy）视作一项财产权，并表示"自然人享有决定在何时、以何种方式以及何种程度将个人信息向别人公开的权利"。财产权说启发了后世对于个人信息或隐私是否属于个人财产的激烈讨论。但过度的"个人信息泛财产化"容易导致将人格尊严物化的后果，导致人格权利与财产权利界限不清，不仅不符合现存法律体系规则，同时也不具备在司法实践中的可行性，因此该说法争议较大。

（二）隐私权说

"隐私权"一词的公认起源是1890年美国学者塞缪尔·沃伦（Samuel Warren）和路易斯布·兰代斯（Louis Brandeis）在《哈佛法律评论》上发表的世纪论文《隐私权》，作者开创性地提出了基于"独处权"的隐私权，启发了后世对于隐私权的持续研究，并在立法中不断完善。隐私权说对于美国的影响较大，经过不断发展完善，成为美国宪法隐私权的一部分。但站在中国的角度，隐私权说在中国的适用性并不强。我国缺乏信息隐私权的公法基础，并不存在一个类似美国宪法的隐私权，缺乏将其培育的公法土壤。相比之下，中国的隐私权法律内涵更窄，因此将隐私权说作为定义中国法中隐私权利的基础理论是不现实的。

（三）一般人格权说

与发源于美国的隐私权说自下而上的发展路径不同，源于德国的一般人格权说走的是从公法定位到私法保护的自上而下的道路。《德国基本法》构建出"人格自由发展"的核心价值，其具体体现为"一般人格权"。德国联邦宪法法院对其解读可概括为，每个人都拥有形成安宁的私人生活、发展及保护其个人自主领域的权利。这种自由在数据领域也不例外，简而言之，将个人信息当作一项一般人格利益，认定个人信息权为人格权，自然人可以自由且不受约束地处理自己所有的信息，不受他人的干涉。

总体来看，三大理论中，隐私权说和一般人格权说在全球司法实践中的影响力较大，分别为信息隐私权模式和个人信息自决权模式提供了理论基础，形成了当今世界上个人信息属性的两种流行法律范式。其中，前者将个人信息归入隐私权，后者则归入一般人格权。

三、个人数据权利的宪法解释

上述理论在欧美各国的司法判例过程中不断深化，使得个人信息权利成了一项基本权利并写入宪法。我国对个人信息保护的研究晚于欧美，但发展较快。我国在实现个人信息的宪法保护时，以我国基本国情为基础，吸取了欧美经验。需要强调的是，20世纪60—70年代才兴起的计算机及网络技术对隐私法的完善与深化起到了不可替代的加速作用，以下是对美国、欧盟、中国的个人信息保护宪法实现路径的比较。

（一）美国：隐私权从私法到公法的扩充

美国对隐私权法律从私法到公法的扩充，是以法律学术研究和司法判例交叉促进实现的。沃伦和布兰代斯首次提出隐私权后，美国隐私法的奠基人威廉·L. 普罗瑟（William L. Prosser）教授进一步丰富了隐私权内涵。普罗瑟于1960年在《加利福尼亚法律评论》上发表了《隐私》（*Privacy*）一文，提出了影响极为深远的"四分法"理论。该理论以"隐私侵权"为切入点，将隐私侵权行为系统性地归为四种类型，为隐私保护提供了制度化基础。但"四分法"对法律救济范围限制过多，无法解决IT时代的数据法律问题。此后，1967年威斯汀又提出了隐私控制理论，该理论主张隐私权为个人控制的选择权。

学术界在不断丰富隐私权理论的同时，美国司法界在隐私判例中完成了从认可一般隐私权到宪法隐私权的实务转变。最早用宪法对隐私权加以保护源自1965年的"格鲁沃德诉康涅狄格州"案，美国联邦最高法院依据"半影理论"（Penumbra Theory）对第五修正案（The Fifth Fmendment to the Constitution of America）做了创新性的解释，首次承认了公民的宪法性隐私权。随后1977年的"惠伦诉罗伊"一案，美国联邦最高法院确认了个人信息隐私权属于宪法上的基本权利。

（二）欧盟：基于一般人格权的信息自决权

欧盟国家对于个人信息保护的司法实践最早始于德国，其司法解释后作为一般惯例被欧盟整体立法所继承。德国关于个人信息法律保护不同于美国理论与司法实践的相互促进，而是由德国联邦法院代表性的司法判例直接给出个人信息的相关法律权利。在1983年由德国联邦法院在"人口普查案"中，根据《德国基本法》的"人性尊严条款"和"一般人格条款"等概括性的条款，德国联邦法院创造性地推导出了"信息自决权"的概念。自此，欧洲法学界走向了将个人信息权利作为个人基本权利的道路。可以看出，欧洲将个人信息权利定位于"一般人格"，而非美国式的"基本隐私"，这造成了欧洲对于个人信息权利侧重主体、司法解释等方面与美国的本质性差异。从权利主体来看，欧洲数据法律体系更注重数据主体的权利，是一种主动性的权利；而美国更注重对"隐私侵犯行为"的禁止，更侧重于数据控制者等非数据主体的权利边界，而对于数据主体而言，更强调被动维权，其主动性不及欧洲法。值得注意的是，突出数据主体权利（信息自决权）需要有一定限度，不然容易造成个人信息边界的无限扩张问题。对于这一点，德国联邦法院给出了相关解释，其以"个人是在社会共同体之下发展其个性"为理由，认为"个人信息同样也是社会事实的反映"，强调"为了迫切的公共利益，个人在原则上必须接受其信息自决权的某种限制"，即明确了"信息自决权"的边界。

（三）中国：个人信息权利的宪法定位尚不明确

我国对于个人信息或隐私的研究和立法晚于欧美，《中华人民共和国宪法》（以下简称《宪法》）并未给出个人信息权利的明确定位，在司法实践中对个人信息权利属性的定位也模糊不清：许多刑事案件法律直接将侵犯公民个人信息罪的犯罪行为描述为"侵害了公民的个人信息权"，但并未进一步描述何为个人信息权；在涉及个人信息的民事纠纷中，大多数法院又将个人信息划归至名誉权或隐私权保护的范畴。但我国《宪法》留下了解释空间，《宪法》第三十八条明确规定了有关人格尊严的条款，可看成与个人信息保护最为直接的条款，为个人信息权利预留了基于"人格尊严"的宪法解释空间[①]。

四、比较分析

域内数据治理规则的核心在于调节数据主体与数据控制者、处理者之间的权利关系，主要体现于数据主体的权利与数据控制者、处理者的义务等。主要经济体的域内数据治理规则呈现出一定差异与共性，从规则构建的出发点到具体权利规定都有着相应的异同，下文采用比较性视角阐述这些异同。

（一）中国、美国、欧洲数据法律的理论基础侧重点有所不同

欧洲基于对人格尊严的保护，形成了个人信息的个人信息自决论，以实

---

① 事实上，我国在《中华人民共和国民法典》（以下简称《民法典》）的编撰过程中，曾有是否将"个人信息权"加入其中的讨论。但最终被否定，并强调了"个人信息保护"，但不设绝对性的"个人信息权"的立法思维。

现个人自治、保护人的基本权利。美国基于个人自由不受他人干扰的保护，形成了隐私权理论并不断丰富。我国的数据立法，在个人信息保护方面参考借鉴了欧美法律将个人隐私权利定位于个人基本权利的主张。《宪法》中并没有明确个人信息权利定位，但一般倾向于将其归为一般人格权，与欧盟更为接近。此外，我国在具体数据立法中，也体现了个人信息权利的边界性。我国法律界不少学者认为，个人信息保护并不是个人的一项绝对性权利。若将个人信息定义为绝对支配性权利，势必会导致信息流通不畅，与经济数字化转型的社会发展规律相违背。我国的数据立法正是考虑了这一点，强调了个人信息的隐私属性与公共属性并存的双重特征，体现了数据保护与数据要素自由流通相平衡的立法精神。仅从扶持与规范产业发展的角度来看，我国数据立法的出发点与美国更相似，但我国对于个人信息保护的程度要强于美国，更接近于欧洲。

（二）个人数据权利所属的宪法解释

从各国数据法律体系框架以及宪法解释来看，欧洲将个人数据权利归为"一般人格权"，更偏向于数据主体。美国将个人数据权利归为"隐私权"，更偏向于数据控制者或处理者，形式上表现为防止其侵犯个人"隐私权"的禁止性法律。"隐私权"与"一般人格权"构成了个人数据/信息宪法解释的两种主流范式。目前我国对于个人数据权利的宪法性解释并不清晰，但可能更偏向于欧洲式的"一般人格权"。

（三）数据主体的法定权利对比

总体来说，我国《个保法》所规定的数据主体的权利最为全面，与欧盟GDPR相似性更高，而美国的CCPA对数据主体所着的笔墨最少，个人数据的保障程度也是三者中最低的，这与美国法律体系架构和"境内数据自由流通"的立法思路有关（见表8-2）。

表8-2 主要数据法律规定的数据主体权利统计

数据主体权利	GDPR	CCPA	《个保法》
知情权	√	√	√
决定权	—	—	√
限制处理权	√	√	√
拒绝权	√	—	√
访问权	√	√	√（查阅权+复制权）
可携带权	√		√
更正权	√	√	√
删除权	√（被遗忘权）	√	√
自动化测决策选择权	√	—	√
拒绝出售个人信息	默认禁止出售	√	默认禁止出售

资料来源：各法律文本，上海发展研究基金会。

《个保法》第四章规定了个人在个人信息处理活动中的权利。其中第四十四条规定了数据主体的知情权、决定权、限制权和拒绝权，第四十五条规定了查阅权、复制权、可携带权，第四十六条规定了更正权，第四十七条规定了删除权。其中知情权、查阅权、复制权、更正权是较为基本的权利，而删除权也已出现在《民法典》中，《个保法》明确了这些权利在个人信息保护中的基础性地位。此外，本次《个保法》的重要突破在于引入了欧美数据法律中的可携带权，即"个人请求将个人信息转移至其指定的个人信息处理者，符合国家网信部门规定条件的，个人信息处理者应当提供转移的途径"。这体现了我国数据确权的初步尝试，明确了个人数据的控制权与使用权相分离，将有益于数据确权的推进与完善。

GDPR第三章的第13至第20条规定了数据主体的知情权、访问权、更正权、擦除权（Right to Be Forgotten，又称"被遗忘权"）、限制处理权、数据可携带权。这些权利与《个保法》的覆盖范围大体一致，而具体权利又有些许差别。首先，GDPR中的访问权与我国《个保法》中的查阅权类似，但又与删除权、决定权和限制权有一定交叉。数据主体依此权利不仅可以要求访问其存储于数据控制者的个人数据，还可以要求删除或限制处理个人数据。其次，《个保法》中的删除权与 GDPR 的擦除权（被遗忘权）相比，相当于缩小版的后者。删除权是"一对一"，数据主体对于数据控制者违法或违约收集使用信息时提出要求。而被遗忘权是"一对多"，不仅包含传统的删除权的权利要求，还包括要求数据控制者负责将其已经扩散出去的个人数据采取必要的措施予以消除，且数据主体要求删除数据的理由也不仅限于违法或者违约[①]。

CCPA 则与上述两部法律差别较大，对限制权、拒绝权、更正权都没有明确规定。此外，CCPA 对于个人信息权利属性的界定与中国和欧盟的法律有着本质区别。在 CCPA 中，企业在数据主体的授权下，可以合法地售卖其个人信息。此外，CCPA 明确规定了"拒绝出售个人信息"（Right to Opt-Out of the Sale of Personal Information）条款，即数据主体有权决定其个人信息是否可被数据控制者或处理者售卖，从侧面反映了美国州法律支持个人信息的财产性权利，而中国和欧盟的法律直接否定了该权利。例如，我国《刑法》修正案第九条明确规定了出售个人信息属于犯罪行为："违反国家有关规定，向他人出售或者提供公民个人信息，情节严重的，处三年以下有期徒刑或者拘役，并处或者单处罚金；情节特别严重的，处三年以上七年以下有期徒刑，并处罚金。"

总体来看，我国与欧盟法律赋予了数据主体较多的权利，而美国在境内数据流动方面的规定则更遵循商业效率和自由原则，消费者受到的保护相对较少。在数据立法层面，我国和欧盟无论是从法律框架上还是具体细则上都更加接近。

（四）数据主体在自动化决策方面的相关权利

在自动化决策方面，我国同欧盟的法律均规定了数据主体的相关权利，

---

① 摘自吕忠梅在"学习民法典"读书群中的发言内容："民法典规定了'被遗忘权'吗？"参见 https://baijiahao.baidu.com/s?id=1692466493839383702&wfr=spider&for=pc。

而美国 CCPA 在这一领域基本空白。《个保法》第二十四条规定:"个人信息处理者利用个人信息进行自动化决策,应当保证决策的透明度和结果公平、公正,不得对个人在交易价格等交易条件上实行不合理的差别待遇。"相较于 GDPR 第 21 条至第 22 条"反对自动化决策的权利"的表述,《个保法》更注重结果公平、公正,带有更多的价值判断,"大数据杀熟"在此条款下被明确判定为非法行为。

(五)个人数据处理原则大致相同

我国《个保法》总则中第五条至第九条规定了个人信息处理的原则,包括正当诚信原则、处理必要原则(最小化原则)、目的特定原则、知情同意原则、个体参与原则、保证质量原则、公开透明原则、安全保障原则和信息存储最短时间原则(第十九条);欧盟 GDPR 第 5 条规定了合法公平透明原则、特定明确性原则、最小化原则、准确及时原则、信息存储最短时间原则、完整保密原则和控制者自证原则;CCPA 第 999.305 条并未专门规定个人信息处理原则,但从其对数据主体权利的规定来看,其不成文的原则可以归纳为知情同意原则、最小化原则、目的特定原则、公开透明原则等。

总体来看,按照数据控制者及处理者受到个人数据处理原则限制的程度划分,中国和欧盟较为接近,与美国差异则较大。在中国和欧盟的个人数据处理中,对数据处理者的限制性原则较多且严。以共有的"信息存储最短时间原则"为例,该原则规定"对能够识别数据主体的个人数据,其储存时间不得超过实现其处理目的所必需的时间"。这意味着在 GDPR 以及《个保法》的管辖下,数据控制者和处理者对数据的使用权存在明确期限。从结果来看,一方面,数据主体的安全性得到了极大保障;但另一方面,很大程度上限制了数据境内流通,或将对欧盟数据产业发展造成阻碍。而美国 CCPA 中未见相关表述,其对于数据处理的宽容度也最高,数据处理者除了一些基本的原则需要满足以外,并不受额外的原则约束。

（六）数据控制者和处理者的法律义务对比

数据控制者法律义务方面，相较于美国，欧盟与我国的数据法律要求数据控制者及处理者履行的义务种类更为全面。我国《个保法》从管理制度、组织架构和保护要求三个层面规定了企业在处理数据时应尽的义务。在管理制度方面，第五十一条规定，企业应当结合开展个人信息处理活动的具体情况，制定内部管理制度和操作规程。第五十四条要求个人信息处理者应当定期对其个人信息处理行为进行合规审计。在组织架构方面，第五十二条规定，处理个人信息若达到国家网信部门规定的数量，则须"指定个人信息保护负责人，负责对个人信息处理活动以及采取的保护措施等进行监督"。在保护要求方面，第五十一条至第五十九条规定的义务包括：防止未经授权的访问以及个人信息泄露、篡改、丢失；个人信息保护影响评估；大型数据处理者的内控及接受外部监督义务；制定并组织实施个人信息安全事件应急预案；定期对从业人员进行安全教育和培训等。

GDPR 的第四章分别详细阐述了数据控制者和处理者的义务，机构上同样可分为三部分。在组织架构层面，第 37 条规定了数据处理者要指定数据保护官，负责处理与个人数据保护有关的所有问题。在管理制度方面，第 42 条规定了"数据保护认证机制"，要求数据控制者及处理者要通过数据保护认证，以证明其处理个人数据的业务遵守 GDPR 的各项规定。具体义务层面，GDPR 第四章其他条款规定了最小化收集数据义务、假名化处理义务、保密义务、安全保护义务、处理授权义务、处理记录义务、泄露通报义务（监管部门与数据主体）、保护影响评估义务等。

CCPA 在第 3 条"处理消费者请求的商业惯例"中，要求企业在处理个人数据时，履行如下具体义务：在保护要求方面，要保证用户的知情权、提交悉知请求和删除请求的方法、回应消费者请求、保存企业与消费者隐私实践相关记录。在管理制度方面，CCPA 第 999.3171 条要求对数据处理者进行合规培训。

（七）个人数据相关违法行为的违法成本都较高

中国、美国、欧盟对个人数据相关违法行为的处罚都十分严厉。GDPR规定，企业会面临最高处以 2 000 万欧元或上一财年全球营业额 4% 的行政处罚（以较高者为准）；而 CCPA 规定，企业会面临支付给每位消费者最高 750 美元的赔偿金以及最高 7 500 美元的罚款，对于科技巨头而言，其较大的用户体量令其面临的赔款及罚款的双重惩罚几乎没有上限。相比于欧盟与美国，中国政府对于企业数据违法行为的容忍度则要高得多。我国分别在《网安法》和《个保法》中对个人数据违法行为的处罚做出了规定。《网安法》第六十四条规定："侵害个人信息依法得到保护的权利的，由有关主管部门责令改正，可以根据情节单处或者并处警告、没收违法所得、处违法所得一倍以上十倍以下罚款，没有违法所得的，处一百万元以下罚款，对直接负责的主管人员和其他直接责任人员处一万元以上十万元以下罚款；情节严重的，并可以责令暂停相关业务、停业整顿、关闭网站、吊销相关业务许可证或者吊销营业执照。"《个保法》规定的处罚则更为严厉，第六十六条规定，对于严重侵犯个人信息权利的违法行为，"由省级以上履行个人信息保护职责的部门责令改正，没收违法所得，并处五千万元以下或者上一年度营业额百分之五以下罚款，并可以责令暂停相关业务或者停业整顿、通报有关主管部门吊销相关业务许可或者吊销营业执照"。

不难看出，中国、美国、欧盟对于个人数据保护的力度不断加大，个人数据相关违法犯罪成本已经达到一个较高的水平。尤其是中国后来居上，在 2021 年通过的《个保法》中实行了不低于欧盟 GDPR 严厉程度的处罚标准，体现了中国对于处理多年来个人信息滥用乱象的坚定决心。

（八）管辖原则：域内差异较大，域外皆为长臂管辖

GDPR 的管辖原则为"属地管辖""属人管辖"和"保护性管辖"三者的结合，其特征是规定复杂，而且覆盖面广；我国在多部数据法律中均体现了"属地管辖"和"属人管辖"的双重管辖原则，与欧盟相似度较高；相比之

下，CCPA 的管辖原则是从风险影响程度出发，聚焦重点，逻辑简明。

1. GDPR 管辖原则的三重标准

一是属地管辖——"实体"标准。GDPR 第 3 条第 1 款规定，GDPR 适用于在欧盟境内有实体的控制者或处理者。欧盟数据保护委员会据此运用"三不法"判断数据控制者或处理者是否适用 GDPR，即确认该实体是否在 GDPR 定义的"实体"范围内，判断该实体是否"在其活动范围内对个人数据进行处理"。满足这两点，无论该实体的数据处理行为是否发生于欧盟境内，都将适用 GDPR。

二是属人管辖——"针对性"标准。GDPR 对于没有在欧盟境内设立实体的数据控制者及处理者，只要其处理行为与欧盟境内数据主体的个人数据有关或与监视数据主体在欧盟境内行为有关，就适用 GDPR。

三是保护性管辖——遵循"国际公法"规则。GDPR 第 3 条第 3 款规定其适用于"虽在欧盟境外设立，但基于国际公法仍适用成员国法律的控制者的个人数据处理行为"。这要求欧盟成员国位于欧盟境外的大使馆和领事馆所进行的个人数据处理行为必须满足 GDPR。

2. 中国数据法规定的管辖范围双重管辖原则

《个保法》第三条明确规定，该法适用于在中华人民共和国境内处理自然人个人信息的活动的个人及组织。并且规定，在中国境内自然人个人信息的活动，只要满足下列条件之一，即适用于《个保法》：一是以向境内自然人提供产品或者服务为目的；二是分析、评估境内自然人的行为；三是法律、行政法规规定的其他情形。

《数安法》第二条第二款明确规定："在中华人民共和国境外开展数据处理活动，损害中华人民共和国国家安全、公共利益或者公民、组织合法权益的，依法追究法律责任。"该款中的"境外开展数据处理活动"的主体既包括位于中国境外的数据处理者，也包括位于中国境内的数据处理者，但其数据处理行为在境外，这两类数据处理者的行为只要损害了我国国家安全、公共利益以及公民和组织的合法数据权益，均由我国法律管辖，并追究法律责任。

3. 美国 CCPA+《云法案》是带有门槛的管辖原则

CCPA 主要针对境内管辖。相较于 GDPR 复杂且覆盖面广的管辖规则，CCPA 的管辖逻辑简明精炼。CCPA 第 1798.140 条规定，CCPA 聚焦于管辖"以商业目的处理加州居民个人信息的企业"。CCPA 还设置了包括"年收入门槛""数量门槛""收入比例门槛"在内的多个门槛，只要企业满足至少一个门槛，并满足第 1798.140 条的"商业目的性"规定，就适用 CCPA 管辖。CCPA 注重对于风险影响程度和范围较大的实体进行管辖，这有利于增强执法的针对性，但这也使得其境内适用面较小，无法覆盖越来越多的信息处理个人。

《云法案》则针对数据跨境，其管辖范围可能是主要经济体中最广的：只要被美国法院认为"与美国有足够联系"即受美国管辖。这意味着，实质上只有完全不参与涉及美国人及在美国相关业务的企业才不受《云法案》管辖。

4. 小结

总体来说，从域内数据管辖原则来看，欧盟法律最为复杂，涉及面最广。我国其次，适用于一般性的属地原则与属人原则。美国最为宽松，以 CCPA 为代表的州法只监管满足一定条件的企业。从域外管辖原则来看，中国、美国、欧盟法律对域外管辖范围的表述虽有不同，但本质十分相似，都有极广的管辖权，原则上只有满足"双不"条件，即不在其域内且不处理任何与其个人及组织相关的信息才在中国、美国、欧盟数据法律体系的管辖范围外。

第五节 个人数据跨境流动治理规则

一、个人数据跨境规则的重要性

个人数据跨境规则的重要性体现在以下两个方面：第一，个人是组成国家的最基本单位，大量的个人数据与公共安全甚至国家安全紧密相关；第二，个人数据经过处理可以生成高阶数据，是数据要素价值的起点之一，个人数据跨境流动是大数据时代经济全球化的重要支柱。个人数据涉及国家安全与要素价值开发的矛盾，而个人数据跨境规则的意义，就是在这二者之间寻找平衡。

二、数据跨境规则发展的脉络

由于在信息技术领域的先发优势，欧盟和美国率先形成了各自具有代表性的数据跨境规则体系，分别为欧盟 GDPR 体系和美国主导下的亚太经合组织（APEC）"跨境隐私规则"（CBPRs）体系。然而，两大体系之间较大的差异使得欧盟与美国不得不寻求二者的协调机制，因此诞生了《安全港协议》（Safe Harbor Framework）和《隐私盾协议》（Privacy Shield Framework）。除了专门的数据跨境规则外，作为不同国家和地区之间的贸易谈判成果的自由贸易协定（FTAs）也包含了数据跨境条款，成为双边及多边的数据跨境规则的重要载体，并被越来越多的国家和地区接受。综上所述，两大体系、FTAs 与众多国内法一起形成了意义上的全球数据跨境流动规则，虽然规则较为分散且存在不少矛盾，但构建出了全球数据流动的基础秩序。

欧盟作为数据跨境规则的先行者，早在 1981 年欧共体时期就已出台了《有关个人数据自动化处理的个人保护公约》（Convention for the Protection of

Individuals with regard to Automatic Processing of Personal Data，以下简称《公约》）。《公约》通过确立统一的数据保护基本原则以降低跨境数据流动法律壁垒，但其不具备法律约束力，只是要求各成员国在 3 年内将其转化为国内法，试图通过各成员国的国内法赋予其法律效力。然而，《公约》并没有有效解决欧盟成员国之间数据跨境往来的问题。因此，欧洲议会以及欧盟理事会（The Council of European Union）于 1995 年出台了"95 指令"。相较于《公约》，"95 指令"在法律约束力、数据跨境标准、数据跨境工具、数据职能机构等方面都有重大改进。《公约》向"95 指令"演变的过程反映了欧洲从欧共体迈向欧盟的历史进程中，深刻的全球化和区域一体化的影子。21 年后，于 2016 年通过、2018 年正式生效的 GDPR 则接过了"95 指令"的大旗，继承并更新了其在跨境数据流动方面的法律规定。

美国在数据跨境规则制定方面则起步较晚，2004 年才通过其在 APEC 中的影响力，首次主导并确立了跨境数据流动规则体系，即"跨境隐私规则"（CBPR）。相较于欧盟对于个人数据权利的全面保护，美国主导的数据跨境规则具有明显不同的价值导向，更注重于数据跨境的自由与便利，以服务于全球最为发达的数字经济。据 APEC 官方描述，CBPR 是一个自愿的、以问责为基础，促进 APEC 经济体之间尊重隐私的数据流动规则体系。此外，美国和欧盟的数据跨境规则导向具有明显差异，因此无法实现规则互认或互通，于是双方经过谈判先后形成了《安全港协议》和《隐私盾协议》这两个欧美双边数据跨境规则，虽后被欧盟法院废止，但仍对跨境规则产生了重要的影响。

在欧盟和美国之外的其他国家之间的数据跨境活动中，若采用 GDPR 高标准，数据合规成本可能大于数据跨境收益；同时，CBPR 成效不佳，加入其中可能收效不大。因此，双边乃至多边 FTAs 的灵活性较大的规则，成为目前重要的数据跨境规则载体。

三、现行数据跨境流动治理规则

当前，国际数据跨境规则按照主导者可分为以欧盟 GDPR 为代表的"域内高标准，跨境严限制"体系、以美国主导的 APEC 跨境隐私规则"自由数据跨境流动"体系和嵌入 FTAs 的多边"区域数据跨境自由"体系三种类型。目前，FTAs 由于其多边治理原则以及协议的灵活性、扩张的便利性，得到了许多国家的认同，预计将会有更多的数据跨境规则通过嵌入 FTAs 签订或作为单独协议签订。

（一）欧盟 GDPR 规定的各种数据跨境工具

对于在欧盟收集、处理个人数据的外国公司而言，无论是否在欧盟境内设立实体，都直接受 GDPR 的管辖，该公司将数据转移至实体所在国的服务器上的行为因适用 GDPR，而无须其他跨境传输协议。而对于将数据传输至不在"充分性认定"白名单国家内且不直接适用 GDPR 的实体时，则需要借助"适当保障"（Appropriate Safeguards）工具。

GDPR 第五章详细规定了欧盟数据跨境传输的原则和具体方式（见图 8-5）。其中，第 44 条规定了欧盟数据跨境传输总原则，简单来说，即要求境外数据接收者满足"数据充分保护"条件，确保其管理的数据不受其所在国家或地区的境内法律干涉。第 45 条、46 条规定了数据跨境具体方式，其中第 45 条规定了国家间一般性的自由数据跨境流动规则，第 46 条则阐述了不符合第 45 条条件的其他数据跨境传输工具。

GDPR 第五章规定的数据出境规则可以分为以下三种。第一，最高级别自由度的"充分性认定"（Adequacy Decision）[①]。当接收数据的第三国的国内数据保护标准与欧盟内部水平实时性相当时，欧盟委员会可通过"充分性认定"表示对该国境内数据保护规则的认可。在此条件下，欧盟允许个人数据

---

① 参见 GDPR 第 44 条、第 45 条。

自由流向该国。第二,"适当保障措施"。在确保相关数据得到适当保护的前提下,允许欧盟个人数据向未获得"充分性认定"的国家和地区转移。第三,特殊情况下的减损条款。允许个人数据在表达言论自由、公开查阅官方文件、处理国家识别号码、处理就业相关内容以及为了公共利益、科学、历史研究或统计目的处理档案等特殊目的行为中跨境流动①。下文重点讨论前两种规则(见表8-3)。

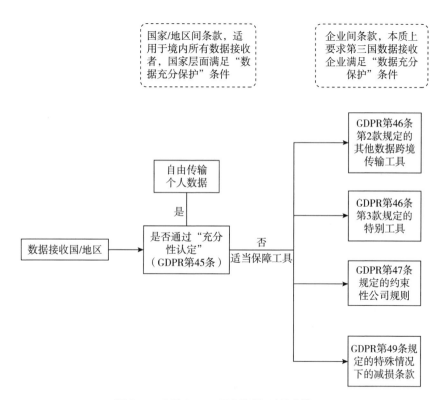

图 8-5　欧盟 GDPR 规定的数据跨境传输工具

资料来源:GDPR 官网,上海发展研究基金会。

---

① 参见 GDPR 第九章"与特定处理情况有关的规定"(Provisions Relating to Specific Processing Situations)第85—89条。

表 8-3 欧盟 GDPR 规定的各种数据跨境规则

性质	规则名称	主要要求
国家层面	充分性认定	如果委员会决定第三国、该第三国境内的领土或一个或多个指定部门或有关国际组织确保充分的保护水平，可向第三国或国际组织传输个人数据，此类转让不需要任何具体授权
企业层面	公共当局文书	公共当局或机构之间具有法律约束力和可执行的文书，主要为政府当局之间的协调安排
企业层面	标准合同条款	企业间签订标准化的双边数据跨境合同条款，包括四个模块下的数据传输双方需要履行的义务，如目的限制、透明度要求、数据传输最小化限制、存储限制、安全处理等（传输至第三国可能要求补充条款，遵循逐案分析原则）
企业层面	行为守则或认证机制下的保护性承诺	在满足 GDPR 第 40 条行为守则或第 42 条认证机制条件的条件下，第三国的数据控制者或处理者对使用适当保障措施的具有包括数据主体的权利在内的约束和可执行的承诺
企业层面	主管监督当局授权下的特别适当保障措施	经欧盟数据主管部门授权的商业组织或公共部门之间数据跨境传输
企业层面	约束性公司规则	在从事联合经济活动的企业集团或企业集团内部，需要审核以确保存在具有约束力的机制。这种机制应当包括数据保护审计和确保采纳纠正措施以保护数据主体权利的方法。上述核查结果应当告知指定的数据保护官或监督机构，以及企业集团的控制企业董事会，或者从事联合经济活动的企业集团的董事会
	特殊情况下的减损条款	允许个人数据在表达言论自由、公开查阅官方文件、处理国家识别号码、处理就业相关内容以及为了公共利益、科学、历史研究或统计目的处理档案等特殊目的行为中跨境流动

注："Schrems II"①案判决明确表示，GDPR 第 46 条中适当保障措施的标准是"本质等效"。
资料来源：GDPR，欧盟官网，上海发展研究基金会。

1. "充分性认定"——国家层面的普遍性规则

根据 GDPR 第 45 条规定，欧盟委员会在评估第三国个人数据保护水平是否充分时的重点考察因素包括法治、尊重人权和基本自由、有关一般性和部门性立法与执行情况、独立的监督机构的存在和有效运作、与个人数据有关的国际承诺等。"充分性认定"本质上是个人数据跨境的"白名单"机制，欧盟成员国与该"白名单"之内国家可实现自由数据跨境，且无须任何具体授权。截至 2021 年 10 月 1 日，共有 12 个国家和地区获得认证，包括安道尔、

---

① 详见下文"已失效但具有重大影响力的欧美双边协议"小节。

阿根廷、加拿大（仅适用于私有商业机构）、法罗群岛、根西岛、以色列、马恩岛、日本、泽西岛、新西兰、瑞士及乌拉圭[①]。欧盟与韩国之间的"充分性认定"谈判已于 2021 年 3 月 30 日结束，欧盟委员会将在欧盟内部的相应程序完成后正式做出针对韩国的"充分性认定"。

欧盟在世界经济上的重要地位和在数据规则上的领先地位，使得欧盟数据跨境规则（至少是同一保护标准的规则）为许多其他国家所接受并可能成为全球性规则，这为数据跨境规则在长期内趋于一致提供了可能性。

2. 标准合同条款

标准合同条款（SCCSs）是一种标准化的双边数据跨境合同条款，该条款诞生于"95 指令"，被用于不满足欧盟"充分性认定"要求的国家或地区的境内企业接收欧盟个人数据的场景。由于满足"充分性认定"的国家较少，SCCSs 一直是重要的欧盟数据出境规则，其地位在"Schrems II"案中得到了进一步提升。国际隐私专业人员协会（IAPP）联合安永出具的《2019 年年度治理报告》中显示，在调查的 370 名隐私专业人士（来自欧盟和美国）中，88% 的受访者采取 SCCSs 路径实现数据跨境传输。

欧盟委员会于 2021 年 6 月 4 日公布了新版的 SCCSs 并于当天生效，新版 SCCSs 旨在使数据发送者和接收者都能符合且遵守 GDPR 第 46 条"传输所需的适当安全措施"的要求，从而保护用户的个人数据（此前的 SCCSs 属于"95 指令"框架下的产物）。根据新版 SCCSs 第 7 条规定，只要数据输出方（Exporter）受 GDPR 管辖，且数据输入方（Importer）不受 GDPR 管辖，二者之间的数据传输行为就适用于 SCCSs 条款。这可能是因为 SCCSs 的目的是确保出口数据的处理标准与 GDPR 基本相当，如果数据输入方的处理已经

---

① 2021 年 9 月 24 日，EDPB 发布的《关于欧盟委员会根据（EU）2016/679 号法规制定的关于韩国个人数据充分保护的实施决定草案的第 32/2021 号意见》中，EDPB 还需要韩国在 2021-1 号通知与其他一些问题方面详细澄清和说明，以证明其数据法律框架与欧盟保持一致。韩国将大概率将成为第 13 个加入"充分性认定"白名单的国家。参见 https://edpb.europa.eu/our-work-tools/our-documents/opinion-art-70/opinion-322021-regarding-european-commission-draft_en。

受制于 GDPR，那么 SCCSs 在这种情况下是多余的。此外，如果数据输入方国内法不能保证传输的数据得到充分保护，那么受 GDPR 直接管辖并不能保障数据被"充分保护"，仍需要 SCCSs 及补充条款发挥作用。

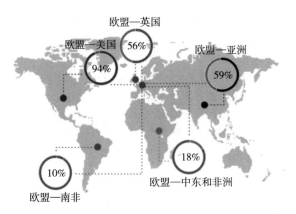

图 8-6　数字欧洲调查：SCCSs 在欧盟的双边数据跨境中的使用比例

资料来源：Cory N, Dick E, Castro D. The Role and Value of Standard Contractual Clauses in EU-U.S. Digital Trade［Z/OL］. https://itif.org/publications/2020/12/17/role-and-value-standard-contractual-clauses-eu-us-digital-trade。

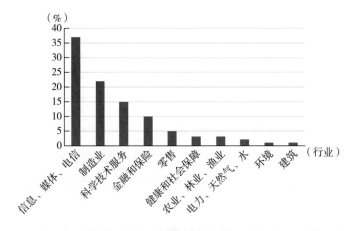

图 8-7　数字欧洲调查：受调查的 SCCSs 用户所属行业占比

资料来源：Cory N, Dick E, Castro D. The Role and Value of Standard Contractual Clauses in EU-U.S. Digital Trade［Z/OL］. https://itif.org/publications/2020/12/17/role-and-value-standard-contractual-clauses-eu-us-digital-trade。

SCCSs 属于标准化的双边数据跨境合同条款，是欧盟委员会批准的一套标准条款，除部分实际处理细节以外，原则上不得修改。SCCSs 既可以作为独立协议签署，也可以作为各适用合同的附件或纳入合同中，条款对欧洲经济区以外的组织设置了特定的数据保护和安全义务。其将旧版 SCCSs 条款的三种文本合同范式合为一种，并划分为四个模块：第一，一个数据控制者到另一个数据控制者（C2C）；第二，数据控制者到数据处理者（C2P）；第三，一个数据处理者到另一个数据处理者（P2P）；第四，数据处理者到指定的数据控制者（P2C）。基于以上四个模块，新版 SCCSs 纳入了 GDPR 中的数据主体权利，并做出了详细规定。新版 SCCSs 考虑了"Schrems II"案的判决，新增了包括"问责制"原则在内的多项原则，主要有：数据输出方（在数据输入方的协助下）有义务考虑第三国的个人数据保护水平、数据输入方有义务将数据输入方无法遵守标准合同条款的情况通知数据输出方、数据输出方有暂停数据传输或终止协议的相应义务等。同时，新版 SCCSs 还引入了"对接条款"，即原本静态的 SCCSs 双方条款可以随着时间的推移增加新的签署方，为协议的扩充提供了极大便利。

3.约束性公司规则

约束性公司规则（BCRSs）最早是在"95 指令"实施以后，由第 29 条工作组建立的针对跨国公司跨境传输数据的一项规则。该工作组在 2018 年 4 月 11 日通过了 WP263，规定了 BCRSs 跨境工具申请的详细步骤，其特点是申请者需要频繁地同欧盟相关国家的数据保护当局（DPAs）打交道，包括但不限于提交材料并申请审核。在该跨国公司通过 DPAs 的审核后，允许其将个人数据信息从其欧盟境内主体传输至欧盟境外的主体。GDPR 第 47 条第 2 款则规定了 BCRSs 需要符合 GDRP 的数据保护原则，且强调了对数据主体权利保护。BCRSs 使跨国企业位于欧盟以外的公司强制实施欧盟隐私标准，就算关联企业位于一些隐私法保护较弱的国家，也必须实施最严格的个人数据的欧盟标准[①]。总体来说，BCRSs 强调跨国公司应直接符合 GDPR 的原则和相关规定，其审批流程冗长、复杂且昂贵，对跨国公司的内部资源、外部法律支出及时间成本的消耗极大，故其应用范围和实际效果有限。

4. 已失效但具有重大影响力的欧美双边协议

由于欧盟与美国的数据流通法律差异巨大，自由流动的数据跨境规则导向使得美国无法直接通过欧盟"95 指令"下的"充分保护"认定。双方在数字经济发展的客观需求下不得不走向谈判桌，《安全港协议》与《隐私盾协议》在此背景下诞生，但随后却毁于美国对个人数据的"越界"行为。《安全港协议》签订于 2000 年 12 月，主要用于解决个人数据保护差异与数据跨境需求之间的矛盾。其规定在美国商务部建立一个公共目录，美国公司遵守七条隐私原则和一定的义务并且加入这个目录就可以申请成为"安全港"的一员，从而获得从欧盟境内向美国传输数据的资格。然而，受到 2013 年的"棱镜门"的影响，美国在欧洲的信誉大打折扣，"Schrems I"案获胜[②]，欧盟法院裁定《安全港协议》无效。类似地，《隐私盾协议》属于欧盟与美国之间第二轮协商产物，该协议继承了《安全港协议》中的大部分条款，同时对少部分条款做了修改。但该协议的缺陷仍十分明显，最为突出的是，该协议未纳入欧盟法律对数据保护的关键原则，缺乏持续性数据跨境传输保护，且个人的救济手段太过复杂。此外，该协议并未对美国情报机构大规模收集数据进行排除和限制，埋下了与欧洲数据法律冲突的伏笔。"Schrems II"案（C-311/18）[③]中，经过长时间审理，欧盟法院于 2020 年 7 月判决《隐私盾协议》无效。

---

① "Schrems II"案对 BCRSs 也具有较大影响，欧盟法院判决 C-311/18 中指出，若第三国的法律针对基本权利产生干涉影响，则"公司须评估是否能提供补偿性措施来确保达到与欧盟等同的保护水平"。

② 奥地利人 Schrems 认为其存储在 Facebook 上的个人数据被转移到了 Facebook 美国总部，受到了美国政府的监控，因此向有关当局提出了多次申诉与诉讼，并最终在 2015 年取得胜利。欧盟法院认为，一旦个人数据被转移到美国，在大规模以及不加选择的监控和拦截过程中，美国国家安全局（NSA）、美国联邦调查局（FBI）等联邦机构就可能侵入这些数据，所以美国对个人数据没能够提供充分保护。

③ 由于该案的重点为解决"Schrems I"案的遗留问题，因此被称为"Schrems II"案。

通过上述两个协议，可以看出美国向欧盟法律的妥协，一定程度上反映了数据规则的"向上黏性"规律，即法律要求的低标准要受制于高标准，并可能呈现出不断向高标准靠拢的趋势。此外，"Schrems"案对于欧盟数据法律的影响是极为深远的，主要体现于 EDPB 的指引性文件和欧盟法院的解释中，二者都强调了欧盟数据跨境要严格遵循 GDPR 标准。目前欧盟与美国之间的跨境传输采用 SCCSs 工具，但不排除第三次协议安排的可能性。

（二）美国主导的 APEC-CBPR 数据跨境框架

美国关于个人数据保护要求，属于典型的"以组织机构为基准"的行业自律模式。该模式依据"问责制"原则，以数据自由跨境流动为前提，要求数据掌握者在经营中对所掌握的数据安全采取合理合法的措施予以保障。美国主导的 APEC 下设的 CBPR 制度可以看作上述"美国模式"的国际化。APEC 于 2012 年推出 CBPR 制度，该制度一般被认为与 OECD 于 1980 年发布的《关于隐私保护与个人数据跨境流动的指南》关系较深，后者为全球最早的指导性数据跨境规则。

APEC 成员经济体加入 CBPR 应经过三个流程：成员经济体加入、问责代理机构加入、企业加入。成员经济体申请加入前，需要设置至少一个隐私执法机构（PEA）加入跨境隐私执法安排（CPEA），该机构具备执法能力，以监督申请国落实 CBPR 的各项要求。成员经济体加入 CBPR 体系后，还应推荐至少一个问责代理机构（Accountability Agent）加入该体系，后者的作用是对后续该经济体内的企业申请加入 CBPR 进行审核和认证，经认证的企业最终成为 CBPR 的参与者。截至 2021 年 10 月 1 日，有 9 个经济体参与亚太经合组织 CBPR 体系，包括美国、墨西哥、日本、加拿大、新加坡、韩国、澳大利亚、中国台湾和菲律宾。

CBPR 是一个旨在促进个人数据自由流动的规则体系，其基本逻辑是，若处于不同国家的不同公司，统一承诺并遵循 APEC 隐私框架提出的九大个人信息保护原则，则个人数据在这些公司之间流动就应该不受阻碍。从内容上看,CBPR 的法律标准远低于欧盟 GDPR 第 46 条规定的任何适当保障措施（包括 SCCSs 及 BCRSs 等）。

最后,从结果来看,CBPR 取得的成绩并不尽如人意,远无法与 GDPR 相比。截至 2021 年 10 月 1 日,CBPR 体系成立 9 年来,总共仅有 43 家公司加入其中,除了新加坡有 5 家、日本有 2 家,其余的 36 家均为美国公司,其他加入 CBPR 体系中的经济体均无任何企业入驻。其主要原因有两点：首先,已加入 CBPR 的经济体域内个人数据法律标准已明显高于 CBPR 的要求,企业加入 CBPR 需要付出的额外成本可能高于其预期收益；其次,CBPR 要求经济体管控个人信息出境时,不得要求第三国的数据接收方提供超过 APEC 的保护水平,这是对主权的显著限制,因此推广速度缓慢。

（三）自由贸易协定包含的数据治理规则

由于全球各经济体的发展状况不一,发达国家率先制定的框架性规则及其相关标准并不适应大量发展中国家的现实需求和治理水平,因此 GDPR 和 CBPR 等规则在发展中国家并未得到广泛应用。在短期内全球各国难以达成统一数据跨境规则的背景下,部分发达国家主导并推进不同的数据跨境流动规则嵌入它们之间的自由贸易协定中,但其对全球以后形成数据治理规则的作用还有待观察,以下是相关实例。

1.《美韩自由贸易协定》

2012 年,美国和韩国签订的《美韩自由贸易协定》（KORUS FTA）正式生效。该协议第 15.8 条"跨境信息流动"规定,"双方应尽力避免对电子信息跨境流动施加或维持不必要的障碍",但并未明确说明何谓"不必要的障碍"。同时,第 13 章"金融服务"的 13-B 附件中规定"双方应允许另一方的金融机构出于一般商业以电子或其他形式将信息转移到其境内或境外,以便在该机构的正常业务过程中需要进行数据处理时进行数据处理"。但这一章同样并未给出"正常业务"的定义。综合来看,美韩自贸区协定关于数据跨进流动的条款更倾向于原则性表述。

2.《跨太平洋伙伴关系协定》与《全面进步的跨太平洋伙伴关系协定》

2016年美国牵头签订的《跨太平洋伙伴关系协定》(TPP)在第14章"电子商务"中在数据跨境传输的多方面问题上实现了较大突破。第一，个人信息保护的国内法律需要考虑各方的兼容性。第14.8条"个人信息保护"第2款和第5款强调了各缔约方在"考虑相关国际机构的原则和指导方针""增强不同体制之间的兼容性"的前提下，"采取或维持保护电子商务用户个人信息的法律框架"。第二，除公共政策目标外，不得限制基于业务处理的跨境数据传输。第14.11条第2款规定："当通过电子方式跨境传输信息是为涵盖的人（Covered Person）执行其业务时，缔约方应允许此跨境传输，包括个人信息。"第三，除公共政策目标外，不得限制计算设施本地化。第14.13条第2款规定："缔约方不得要求涵盖的人使用缔约方领土内的计算设施或将设施置于领土之内作为在其领土内从事经营的条件。"第四，注重数据跨境流动中的知识版权保护。第14.17条规定："缔约方不得以公布软件源代码作为在其境内进口、销售、分销或使用该软件或相关产品的条件，除非该软件为公共基础设施所使用。"但囿于政见分歧，在奥巴马任期内美国两党一直未就TPP部分条款达成一致，因此并未达到TPP文本规定的"要求至少占到TPP经济总量（参考2013年的GDP）的85%的6个成员国通过批准"的规定，导致美国主导下的TPP协议从未真正落地。

特朗普上台后，美国开始实施逆全球化政策，并立刻退出了TPP协议。TPP从美国主导转向日本主导，并在2018年3月8日签订了新的贸易协定，新名称为《全面进步的跨太平洋伙伴关系协定》(CPTPP)，并已于2018年12月30日正式生效。相较于TPP，CPTPP的改动主要表现为以下三个方面。一是协定生效条件进一步放松。修改后生效条款为"至少6个成员国或者是超过50%的成员国批准就可以生效，不管国家大小"。二是修改和增加了一些附件，对成员国之间的利益博弈进行了更好地协调。三是启用"暂停条款"，对22条富有争议的条款进行搁置。仅数据跨境规则而言，CPTPP沿用了TPP

规则，商业数据自由化传输以及个人信息在尊重国内法的条件下有序传输的理念被继承下来。2021年9月16日，我国正式提出申请加入CPTPP，这是我国不断深化全球化理念的又一重大举措。

3.《美墨加协定》

2018年11月美国、加拿大、墨西哥签署了《美墨加协定》，该协定被认为是《北美自由贸易协定》（NAFTA）的2.0版本。其中第19章"数字贸易"规定了美国、加拿大、墨西哥数据跨境的相关事宜。简单来说，该章节是修改版的TPP"电子商务"章节，且修改幅度不大，具体情况如下：删除了原TPP中的第14.12条"互联网互通费用分摊"，新增了第19.17条"交互式计算机服务"以及第19.18条"开放政府数据"，新增条款为重点，其他条款与TPP几乎完全一致。新增条款中，第19.17条第1款强调了17条规则的制定目的为"促进交互式计算机服务"，因其"对数字贸易的增长至关重要"。第2款规定，为实现上述目的，保护数据服务供应商及交互式计算机服务本身的原则。第3款则详细阐述了数据供应商保护规则，即数据服务供应商及用户的权利保护，在特定情况下不受到公权力的干扰。此规定使得跨国公司的权利扩大，在一定程度上，其行为将免受公权力的干涉。第19.18条强调了开放政府数据"有助于经济和社会发展，能促进竞争力和创新"，一方面规定了政府数据开放要具备"机器可读"属性，另一方面则鼓励政府间的数据开放合作。

4.《美日数字贸易协定》

与美国主导下的其他嵌入FTAs中的数据跨境规则一样，《美日数字贸易协定》（UJDTA）服务于商业便利，强调信息的自由流动。第11条"电子信息跨境转移"第1款规定，只要是为了满足开展个人业务的需求，缔约方不得禁止或限制通过电子手段进行信息（包括个人信息）的跨境转移；但同时在第2款中对公共政策目标所需的措施进行了豁免。第12条、第13条和第17条则对缔约方经济环境的宽松程度提出了要求。具体而言，缔约方不得附加计算设施（尤其是金融服务计算设施）本地化或软件源代码本地化作为开展业务的限制条件；缔约方金融监管当局对金融服务提供商的基础业务信息拥有充分知情权。这意味着跨境经营机构的这些信息要无条件地进行双边跨境流动。UJDTA 对个人信息保护的力度则较为宽松，第 15 条"个人信息保护"只对个人信息保护进行了原则性的陈述，并未详细规定保护的范围和力度，留下了极大的司法解释空间。需要特别注意的是，UJDTA 第 6 条强调缔约方针对数字产品和服务征收国内税需基于非歧视原则，这是对 USMCA 和 TPP 在数字产品和服务方面的扩展。第 21 条对密码或密钥算法提供了特殊保护，要求缔约国不得要求制造商转让关于密码或密钥算法的信息，作为销售或进口使用 ICT 产品的条件。

总体来看，UJDTA 是对 USMCA 和 TPP 进一步增补后的"升级版"，对数据跨境具体业务层面进行了更为细致的描述。但其总体精神并未改变，要求尽可能宽松的数据跨境条件以及营商环境，服务于跨境自由贸易的商业利益。

5.《区域全面经济伙伴关系协定》

《区域全面经济伙伴关系协定》（RCEP）于 2020 年 11 月 15 日正式签署，签署国家包括中国、日本、韩国、澳大利亚、新加坡及东盟十国共 15 个国家，生效后标志着东亚—太平洋超大型自贸区初步建成。RCEP 作为东亚开创性的自贸协定，其第 12 章"电子商务"进一步细化了跨境数据流动的相关规则。第一，鼓励商业贸易数据跨境流动，推动贸易便利化。第 12.5 条"致力于实施旨在使用无纸化贸易的倡议"并强调"努力使电子形式的贸易管理文件可公开获得"，即要推动合同文本形式的数据跨境流动。第二，鼓励个人信息安全传输与输入国保护义务。第 12.8 条第 1 款规定"每一缔约方应当采取或维持保证电子商务用户个人信息受到保护的法律框架"，第 5 款规定"缔约方应当在可能的范围内合作，以保护从另一缔约方转移来的个人信息"。第三，注重各国在网络安全方面的合作。第 12.13 条规定，"利用现有合作机制，在与网络安全相关的事项开展合作"。第四，除基本安全利益考虑外，各缔约方不得限制计算设施本地化。第 12.14 条规定，"缔约方不得将计算机设备的部署地点作为在其领土内开展业务的条件"，但出于公共政策目标或安全利益的措施除外，并强调了"其他缔约方不得对此类措施提出异议"。第五，除公共政策目标和安全利益措施外，商业数据跨境传输不应受到限制。第 12.15 条规定，"缔约方不得阻止涵盖的人为进行商业行为而通过电子方式跨境传输信息"。

6.《数字经济伙伴关系协定》

新加坡、智利和新西兰最早于 2019 年 5 月启动并于 2020 年 6 月正式签署《数字经济伙伴关系协定》（DEPA）。该协议旨在加强三国间数字贸易合作并建立相关规范的数字贸易协定。2021 年 11 月 1 日，我国商务部向 DEPA 保存方新西兰正式提出加入申请。

DEPA 以电子商务便利化、数据转移自由化、个人信息安全化为主旨，可以视作数字经济层面的自由贸易协定。由于新加坡、智利和新西兰同为 CPTPP 的成员，DEPA 深度借鉴了 CPTPP，同时 DEPA 也参考了欧洲的数据治理模式，并重点就加强人工智能、金融科技等领域的合作进行了创新性的规定。具体来看，DEPA 总共包含 16 个模块，涉及数字经济的多个方面，其中与个人数据跨境传输直接相关的条款主要有第 4.3 条"通过电子方式的信息跨境传输"、第 9.4 条"数据创新"、第 9.5 条"开放政府数据"。

具体来看，第 4.3 条要求缔约国允许个人数据在受到保护的前提下进行跨境传输，只要该数据传输行为是出于商业需要；第 9.4 条要求缔约国在数据监管沙盒（Regulatory Data Sandboxes）[①] 环境下，根据各自的法律法规要求，由企业共享包括个人数据在内的一系列数据，以鼓励数据驱动的创新；第 9.5 条

---

① 监管沙盒是 2015 年 11 月英国金融监管局率先提出的创新监管理念。监管沙盒作为一个受监督的安全测试区，通过设立限制性条件和制定风险管理措施，允许企业在真实的市场环境中，以真实的个人用户与企业用户为对象测试创新产品、服务和商业模式，有助于减少创新理念进入市场的时间与潜在成本，并降低监管的不确定性。

要求缔约国尽可能提高政府数据的公开程度和可得性，并努力展开合作，以扩增公开数据的获取途径和使用方式。此外，值得注意的是，DEPA 数据跨境条款普遍保留了豁免条款，为缔约国保护国家利益留有余地。例如，为实现国内公共政策目标时，若不构成实质上的贸易歧视以及对数据传输的限制不超过该公共政策目标实现所需，则可以限制数据跨境流动。

在上述各项 FTAs 中，与我国利益直接相关的有 RCEP、CPTPP 和 DEPA。我国已于 2020 年 11 月 15 日加入了 RCEP，并在 2021 年 9 月 16 日正式提交了加入 CPTPP 的申请。通过对 RCEP 与 CPTPP 在数据跨境传输条款的对比可以看出二者之间的异同，一方面，二者对于商业数据跨境传输原则皆为不加限制的自由化传输原则；另一方面，RCEP 将国家安全因素置于更高位置。尤其体现在其对个人信息跨境传输的要求稍有降低，采取了更为谨慎的措辞，明确了各缔约国个人信息保护规则较高的优先级，并强调了个人数据接收国对个人数据入境后的保护义务。

综合而言，FTAs 中数据跨境流动规则可以分为"美国主导"和"非美国主导"两大类型。"美国主导"FTAs 中的数据跨境条款十分明显地表现出为美国利益服务的痕迹，简单来说，即为服务于其全球互联网巨头，要求数据尽可能自由跨境流动的"低标准"；而"非美国主导"的 FTAs 则明显受到了欧盟 GDPR 的影响，在 2018 年 GDPR 生效后出台的规则相比 2018 年之前出台的规则更注重数据安全与个人数据保护，对于数据跨境的态度也更为谨慎和保守，要求"高标准"。

（四）针对性的数据跨境多边协议——G7 贸易部长数字贸易原则

2021 年 10 月 22 日，G7 贸易部长就规制数字贸易和数据跨境的各项原则达成合议，这些原则涵盖数字市场的开放、数据跨境流动、劳动者、消费者和企业的保障措施、数字交易系统以及公平和包容性全球治理（见表 8-4）。下文重点对数据跨境流动方面的原则进行阐述与分析。

表 8-4　G7 可信任的数据自由流动原则特点及原文表述

核心要点	原文表述
"可信任"为数据自由跨境流动的前提	为了利用数字经济的机遇并支持商品和服务贸易，数据应该能够在可信任（包括个人和企业的信任）的状态下自由跨境流动
反对数据本地化、强调"民主"价值观	我们对数据本地化要求被用于保护主义和歧视目的以及破坏开放社会和民主价值（包括言论自由）的情况感到担忧
排除跨境流动"不合理"障碍	我们应该解决数据跨境流动的不合理障碍，同时持续回应隐私、数据保护、知识产权保护和安全问题
个人数据跨境需要一套高度可执行的水准	个人数据必须受到具有高度可执行水准的保护，涵盖跨境传输的场景。我们认同在数据治理和数据保护方面加强合作并发现克服差异之机会的重要性。我们将合作探索规制路径的共同点，并提高 G7 成员国之间的互操作性
合作、互操作标准统一	
知识产权、商业机密等非个人数据的保护	非个人数据应受到保护，包括所有可以适用的知识产权保护，例如商业秘密保护
建立"可信"政府访问私营企业保管的个人数据原则	就可信政府访问私营部门持有的个人数据的共同原则达成共识，将有助于提高透明度和法律确定性。它将支持商业实体在不同法域之间传输数据，并产生积极的经济和社会影响。鉴于正当访问（数据）对于保护公民和维护国家安全的重要性，我们支持 OECD 发展上述原则
开放政府数据要实现匿名化、开发性、可互操作、可访问等特性	开放政府数据可以在数字贸易中发挥重要作用。在合乎比例要求的情况下，公共部门数据集应以匿名化的、开放的、可互操作的和可访问的形式予以公布

资料来源：G7 贸易部长数字贸易原则（中文译文）。

可信任的数据自由流动原则相比以往的数据跨境规则，有以下特点：第一，G7 的数字贸易原则较为明显地体现了西方民主价值观，夹杂着十分强烈的意识形态与政治色彩；第二，该原则贯彻了美国的数据治理思路，即强调数据自由跨境流动，彰显了美国在 G7 的主导地位；第三，考虑到数据自由跨境与欧盟法律冲突，因此该原则寻求建立可互操作的、具有现实执行力的数据保护标准；第四，该原则保留政府部门访问私营企业持有的个人数据的权利，并试图推广至更大范围；第五，该原则要求公共部门数据应公之于众，并规定了公布的前提标准。总体来看，G7 这份数据跨境流动原则主要服务于西方的意识形态、价值观与美国的经济利益，欧盟与美国可能在此基础上进行"第三轮"数据跨境规则谈判。虽然生于"大国博弈"背景下,代表西方少数发达国家的利益的这一产物难以成为全球普遍规则,但我们需要警惕以美国为首的部分西方国家将数据跨境规则"武器化",服务于其意识形态之争。

(五)我国个人数据出境审查规则——个人数据出境的前置条件

2021年10月29日,国家网信办下发了《数据出境安全评估办法(征求意见稿)》(以下简称《评估办法》),该办法明确了我国个人信息出境的条件和流程。简单来说,《评估办法》要求,个人数据处理者在跨境传输个人数据前需要通过双重评估体系,包括自评估和安全评估。自评估属于境内数据控制者、处理者的内审项目,原则上所有数据出境都要进行,而安全评估是由网信部门制定的"专门机构"进行,且并非用于所有数据出境,只针对满足一定条件的个人数据。在通过评估后,个人数据处理者才能跨境传输个人数据。该规则生效后,我国的数据出境管理将变得更为严格,该规则可视为数据出境的前置条件,即决定个人数据是否可以出境。通过该规则之后,境内个人数据才能够经过FTAs或合同协议等工具出境。个人数据出境评估流程如图8-8所示。

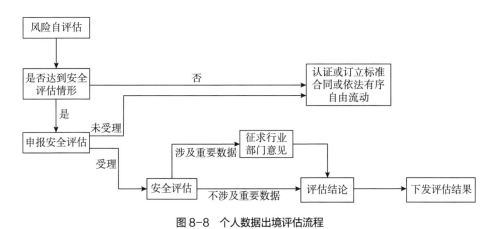

图8-8 个人数据出境评估流程

资料来源:数据出境"安检"新规——《数据出境安全评估办法(征求意见稿)》深度解读,德恒研究。

根据《评估办法》第4条，个人数据出境只要满足主体条件、客体条件和其他条件之一，需要向相关部门申报并进行安全评估。具体而言，主体条件为关键信息基础设施的运营者，或处理个人信息达到100万人的个人信息处理者；客体条件为累计向境外提供超过10万人以上的个人信息，或累计向境外提供超过1万人以上的敏感个人信息；其他条件为国家网信部门规定的其他需要安全评估的情形。

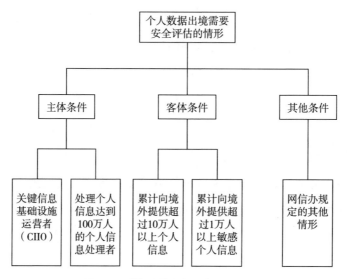

图8-9　数据出境安全评估的适用范围

资料来源：上海发展研究基金会。

值得注意的是，根据《个保法》第三十八条第一款第三项规定，如果中国企业需要将处理后的数据传输至境外，中国企业需要和数据接收方订立合同，相当于"中国版SCCSs"。总体来说，我国数据跨境规则整体较严，且在与公共安全可能存在关联的数据上，表现出十分明显的本地化存储倾向。当且仅当数量较少的个人数据在经过非CIIO时，只需要数据主体授权后即可出境。

表8-5 主要经济体的重要多边数据跨境规则总结

区域	数据跨境规则
欧盟—其他经济体	GDPR第46条第2款下的各种数据跨境工具（主要有"充分性认定"、SCCSs、BCRSs）
欧盟—美国	《安全港协议》（失效）、《隐私盾协议》（失效），目前主要通过SCCSs，后续可能开启新一轮安排
APEC成员间	CBPRs
除欧盟外的其他经济体之间	FTAs（RCEP、CPTPP、DEPA与我国直接相关）
G7成员间	G7贸易部长数字贸易原则

注：截至2021年12月，我国尚未正式加入CPTPP、DEPA。
资料来源：上海发展研究基金会。

四、比较分析

现行各经济体数据跨境规则差异较大，其根本原因在于规则的建构思路不同，具体体现在以下几个方面。

（一）从官方指引来看欧盟"高标准、严要求"的数据跨境原则

"Schrems II"案后，EDPB为解决企业对数据跨境规则的疑惑，发布了《EDPB关于Schrems II案件的相关回答》（以下简称《回答》）报告。在《回答》中，EDPB提供了数据输出方输出数据的相关步骤和建议，其中第四步和第六步集中体现了欧盟数据跨境规则的基本思路，要求"使传输数据的保护水平达到欧盟的基本等同标准""应每隔适当时间重新评估向第三国转移的数据所提供的保护水平"。简单来说，EDPB要求从欧盟出境的数据必须得到至少与GDPR同等标准的保护。

综合上述EDPB指引性文件以及欧盟GDPR第五章主旨性规定中不难看出，欧盟的数据跨境本质上是其域内数据治理规则的外部扩张。只有在数据接收地的数据保护法律接近或达到欧盟标准时，欧盟才允许数据自由跨境；若不满足数据保护法律条件，则必须通过包括合同条款在内的其他手

段，以保证数据接收者个体达到欧盟的数据保护要求，才能进行数据跨境转移。因此，欧盟的数据跨境规则可视为其域内规则的线性外推，且由于欧盟在全球经济中占据重要地位，欧盟的数据跨境规则将不可避免地提高跨国公司数据合规要求，从而间接对各国数据域内法律带来强烈而深远的影响。

（二）从解释性法规来看我国数据出境的"安全优先"原则

我国数据出境在数据跨境规则可总结为"数据审查＋跨境工具"的组合。在数据审查方面，我国数据出境安全评估制度以国家安全为基本原则，决定数据是否可以出境；跨境工具则借鉴了欧盟经验，整体思路与欧盟基本一致，即保证数据接收方能以不低于我国境内的标准对接收的数据进行保护。

从整体数据出境规则来看，我国数据出境规则的严格程度甚至不亚于欧洲。尤其是我国即将推出的数据出境安全评估制度，将从源头上降低我国未来的数据出境环节爆发公共安全风险的概率，集中体现了我国数据出境的"安全优先"原则。但这一规则客观上也将不可避免地提升数据跨境流动的成本，包括时间成本和资金成本。数据安全虽然是数据治理的核心议题之一，但我国在具体政策上需要注意安全与效率的平衡，避免天平过于倾向安全而导致对数字经济效率的负面影响，进而阻碍数字经济的发展。同时，在政策执行层面提高审批等环节的效率，提高企业与监管的对话效率，在保证数据安全的前提下，尽可能激发数据要素的活力。

（三）从多规则来看美国商业数据的"自由跨境"原则

上述与美国相关的主要跨境流动规则中，APEC-CBPR、《美韩自贸区协议》《加美墨协定》以及 G7 贸易部长数字贸易原则等与美国直接相关。这些规则具有明显共性，其中最为关键的是，因商业需要导致的个人数据跨境流动需求应是无条件自由的。这一点对于美国而言至关重要，其作用是提高美国跨国公司的个人数据使用便利，消除后者在全球经营的法律障碍，更好地服务于美国跨国公司的利益。因此，只要美国跨国公司在全球企业中占据优势地位,美国商业驱动下的"数据跨境自由"原则将持续存在于美国数据跨境治理规则中。

(四)小结

根据以上内容,我们可以得出个人数据跨境规则的规律:规则对于个人数据跨境的限制程度与各经济体域内个人数据治理规则的差异程度呈负相关关系。而域内个人数据治理规则可能将随着数字经济的全球化发展逐渐减小,个人数据跨境或将由此变得越发规范、有序和自由。

第六节 数据治理规则的发展趋势与当前存在的缺陷

一、数据治理规则的发展趋势

当前,数据治理规则呈现各经济体"各自为战"的局面,在数据跨境流通领域的分歧十分明显,这种分歧来源于各国之间的相互不信任,以及保护主义和孤立主义思潮的兴起。而当今世界的逆全球化趋势愈演愈烈,至今未见回暖迹象,在此情况下,数据治理规则分歧的根源或难以出现较大转变。因此,各经济体数据治理规则的分歧在可预见的未来或将长期存在。

二、现行数据治理规则的难点与缺陷

(一)国际层面

1. 数据确权问题——必要性与现实难度之间的矛盾

一是有必要从立法目标角度论证数据确权。数据确权涉及的核心权利主要有四类:管辖权、所有权、使用权、收益权。对于传统的生产要素,上述权利是容易区分与界定的。但数据的一系列特性,包括零损耗和零成本无限可复制性、数据商业价值随着使用程度的加深而提高、零成本传输性、使用

时非完全排他性等，使得数据流动中的各个主体对于各自拥有的权利难以达成共识，导致数据要素市场的有序发展受到阻碍。数据确权问题尤其在数据交易中表现得十分明显。由于各方数据权利不清晰，导致企业参与数据交易的积极性不够高，数据要素市场活跃度较低，不符合数字经济发展的要求，因此数据确权是目前当务之急。

二是数据确权面临一系列现实困难。数据确权客观上存在现实必要性，但数据权利的确定有着较高的难度，全球各经济体都在探索该问题的解决路径，且解决思路未达成共识。一方面，个人数据的个人人格属性与社会公共属性并存，增加了所有权适用的难度；另一方面，非个人数据作为新型生产要素却在支配上无法实现完全的排他性，增加了财产性权利的保护难度。而从目前各国已出台的数据法对数据的权利规定来看，美国与中国和欧盟的差别较大，且存在一定的模糊性。美国数据法律CCPA的特点之一是允许个人数据交易，直接明确了企业可以拥有个人数据的所有权。而欧盟GDPR则对数据的流通和交易采取模糊态度，并未对上述环节进行规定性描述。中国虽然在《个保法》和《民法典》中规定"不得非法买卖、提供或者公开他人个人信息"，但并未说明何为"非法"行为，模糊的法律规定不仅增加了司法实践的难度，还使得数据要素流动缺乏完善的法律依据。

2. 数据规则缺乏全球整体性，管辖范围存在冲突

主要经济体的数据治理法律普遍具有"长臂管辖"特征，这将不可避免地导致管辖冲突，即不同国家的司法机关同时根据本国或国际已有的立法，对某项或某类数据主张本国具有司法管辖权。例如，A公司总部设于亚洲某国但同时在欧盟和美国提供数据服务，其收集而来的数据存储于总部的服务器上。根据GDPR第3条规定，该公司直接受GDPR的管辖，因此其收集于欧盟的数据应受到严格保护。同时该公司又满足了《云法案》的管辖条件，因此美国政府有权要求该公司交出相关数据，包括但不限于姓名、手机号码、

个人支付信息、个人健康数据等①。上述情形构成了欧盟与美国之间的数据管辖冲突，类似地，我国与欧盟、美国之间同样可能形成这样的管辖冲突。数据管辖冲突会给国家数据安全带来不可测的风险，并且很容易成为霸权主义实现其政治目标的工具。对我国而言，数据管辖冲突增加了本土企业走向海外的难度，对数据安全的保护提出了更高的要求。

3. 数据跨境规则尚未形成全球统一范式，数据跨境成本较高

当前全球的数据跨境规则仍是基于各经济体自身利益，而非基于全球整体利益。因此数据跨境规则呈现出多个维度上的巨大差异，包括数据跨境自由度、数据跨境复杂度、数据跨境保护要求等。较大的规则差异使不同经济体之间的数据跨境成本较高，包括跨境审批的时间成本、法律咨询资金成本等。高昂的数据跨境成本可能成为经济全球化的阻力并加剧巨头垄断：规模较小的企业相较于大企业的劣势无形增加，小企业走向海外的成本或将提升至其难以负担的地步，导致其成为全球化企业的概率降低；相反，巨型科技公司将有机会进一步扩大市场份额，从而加剧全球垄断。

（二）国内层面

1. 数据交易环节仍面临技术困境

《数安法》第十九条明确指出："国家建立健全数据交易管理制度，规范数据交易行为，培育数据交易市场。"数据交易市场化与规模化离不开数据交易所，其在数据交易中发挥着平台功能。我国数据交易起步于2015年，在政府主导下，成立了数家大数据交易平台，包括贵阳大数据交易所、东湖大数据交易中心、北京国际大数据交易所、上海数据交易中心。同时民营企业也在需求和技术的驱动下成立了多个数据交易平台，其中具有代表性的有京东万象、天元数据网等（见表8-6）。

---

① 虽然《云法案》给企业提供了基于"礼让原则"的抗辩渠道，但需要满足两方面严苛的要求，且最终决定权仍在美国手里，这对于几乎不可能被认定为"适格外国政府"（qualifying foreign governments）的我国形成了巨大的数据安全威胁。

目前数据交易环节除确权以外，其本身存在着以下问题：第一，交易过程难以记录和保护；第二，交易结果难以溯源。

首先，数据本身容易被复制，一旦被复制且泄露后会造成数据价值的降低。而目前的数据交易平台的管理参差不齐，数据交易过程没有严格的记录和保护措施。出于数据交易安全的担忧，目前国内的数据交易并不活跃。

表8-6 中国现有的主要数据交易平台

平台性质	平台名称	交易内容
政府主导	贵阳大数据交易所	API、数据包
	东湖大数据交易中心	数据包、解决方案
	北京国际大数据交易所	API、数据包、数据服务、数据报告
	上海数据交易中心	API、数据包、数据服务
	华中大数据交易所	API、数据包
	华东江苏大数据交易中心	数据包、解决方案
	浙江大数据交易中心	数据包、解决方案
民营企业自营	京东万象	API、数据包、数据服务、解决方案
	天元数据网	API、数据包、数据服务、数据报告
	数据堂	数据包、数据解决方案、数据定制服务

资料来源：上海发展研究基金会。

其次，交易结果难溯源同样是数据交易中买方权利保护的"拦路虎"。目前交易后的数据资源在流通过程中面临"追踪难"的问题，存在数据泄露、数据盗用等安全隐患，且难以给出侵权证据。因此数据买方交易后权利保护、权利被侵犯后的维权行为难以开展，从而造成数据交易市场混乱的局面。

2.数据交易准则不统一

数据交易准则不统一主要表现在两个维度上：一是数据产品分类标准不统一；二是数据产品定价标准不统一。具体而言，目前各数据交易平台并没有统一的分类标准，同一数据产品在不同的交易平台上存在不同的数据类型划分，导致数据定价标准不统一，从而使得不同的交易平台之间存在着套利空间和不合理定价，这将严重制约数据要素市场的供给意愿，从而导致交易效率低下、交易不活跃、数据价格波动大以及交易市场混乱等问题。

3. 个人数据可携带权可能加剧数据垄断问题

欧盟 GDPR 最先提出了对个人数据可携带权的保护，但就其近五年的经验来看，GDPR 对于该权利的保护反而降低了个人数据在平台企业流动的频率，加深了科技巨头对于个人数据的垄断程度。

理想状态下，个人用户有权利在不同的数据控制者之间选择存储、索取其个人数据[①]，因此用户对个人数据的可支配程度较高。但从已有的现实经验来看，欧盟至今未建立起转移个人数据的统一技术标准和便捷操作模式，导致大多数用户在缺乏对企业的技术和安全保障能力的认知的情况下，选择将数据长期存储于资信能力高的科技巨头，客观上反而抑制了数据主体灵活转移其个人数据的动力，弱化了个人数据的活力。随着 2021 年 11 月 1 日《个保法》正式生效，我国数据主体的可携带权也将进入落实保护阶段，而该权利在操作层面上或导致个人数据存放的"马太效应"：大型平台具有明显信用优势，个人出于信任和操作便利考虑，可能会选择将个人数据存储于大型互联网平台公司，从而加剧数据垄断。

4. 数据监管机制过于烦冗，监管效率或将受到影响

《个保法》第六十条规定，"国家网信部门负责统筹协调个人信息保护工作和相关监督管理工作。国务院有关部门依照本法和有关法律、行政法规的规定，在各自职责范围内负责个人信息保护和监督管理工作。"虽然这一法条

---

① 与 GDPR 类似，《个保法》赋予个人数据可携带权的主要目的是加强个人数据主体对其自身个人数据的控制，并以此为基础加大数据的流通（限制数据控制者对用户个人数据的独占，包括基础性个人数据和在企业提供的产品和服务中生成的个人数据），因此用户有权决定个人数据的存放和索取等相关事宜。需要注意的是，数据非有体物，个人数据可携带权并非属于物权框架下的所有权的衍生权利。可携带权是要强调一般情况下（《个保法》规定的特殊情形除外）个人作为数据主体对其个人数据的完整控制，而这种控制性权利与物权框架下的所有权有一定的相似性。不可否认，法学界至今对个人是否应该完全控制个人数据存在不同意见。我们认为，可携带权的落实还需要进一步细化规定，关键的一点就是要更加明确可携带权的客体范围，否则容易造成资源的浪费，这可能需要后期有关部门出台细则进行更详细的解释。

使数据监管有了统筹机构,但仍未改变多年以来我国数据监管权力过于分散、涉及部门过多、如何进行监管和分工仍不明晰的问题。这将不可避免地延续监管及行政效率低下的现状。此外,政府等公权力机关在信息收集和处理中同样缺乏监督和管理,信息监管体制的重塑仍是重要且迫切的任务。

5. 企业数据违法存在隐蔽性

数据服务提供商尤其是大型平台的数据算法是其核心竞争力所在,因此也是其核心机密,但这也为数据违法蒙上了一层黑布。监管部门无法直接审查企业算法,因此无法直接识别企业是否滥用市场支配地位进行"大数据杀熟"等违法活动,企业的违法活动存在一定隐蔽性。某些企业在利用监管难度较大、违法行为隐蔽性强等因素,仍开展违反《个保法》等数据安全法律法规的活动,对个人数据安全构成威胁。

第七节 政策建议

一、加强数据治理规则的国际合作,力争达到统一规则框架

(一)加强国际沟通,减少国际数据法律管辖冲突

数据管辖冲突本质来源为各经济体的整体安全观在数据规则上的分歧,因此解决管辖冲突也必须依靠各经济体之间的深入交流互信合作,否则数据管辖冲突将大大增加企业的合规成本,抑制数据全球化乃至经济全球化。要加强国际沟通,在主要经济体主导下,建立全球数据治理冲突协调机制,妥善平稳处理数据法律管辖问题。

(二)积极践行多边主义全球数据治理观

我们要积极参与全球数据治理,增强数据治理规则制定的国际合作,在全球数据标准中发挥出与自身经济实力相匹配的影响力。要积极推动国内数

据市场标准国际化，密切与各个国际组织、主要经济体数据监管机构的沟通协作，通过磋商和谈判建立数据互信机制，强化国际协调，深入参与制定数据跨境流动规则。就数据治理规则操作难题以及操作经验进行广泛深入的国际交流，推动数据治理规则框架不断完善。

目前我国在全球数据治理上的主要贡献有ITU-T F.743.20大数据基础设施评测框架（Assessment Framework For Big Data Infrastructure）和ITU-T F.743.21数据资产管理框架（Framework For Data Asset Management）两项数据国际标准。前者主要标准化了大数据基础设施的整体架构、服务方式以及各项技术能力；后者主要定义了数据资产的基本概念，梳理了数据资产管理的需求，提出了数据资产管理的框架[1]。今后要继续加强国际合作，在数据跨境流通、算法监管、跨境数据交易等更多方面提出更多的中国方案，在深化多边治理体系上做出更多贡献。

二、优化完善我国现有数据治理相关规则

（一）从数据价值链出发，构建以衍生数据为"财产性权利客体"的数据确权规则

个人数据确权的难题在于，在传统思维惯性下，个人信息通常既被当作一般人格权/隐私权的权利客体，又被当作商业属性对应的财产权客体。而个人信息的基本隐私属性与商业价值属性并不能完全分割，导致其无法对应上述两种权利划分出清晰合理的界限。若按照传统思维，数据确权将走进"死胡同"。对此的解决之道是基于分析法学理论的价值链分析。在大数据时代，数据之所以成为新型要素，不是因为原始数据（个人数据与其他数据）本身的价值，而是厂商基于原始数据通过投入算法处理后产生的"衍生数据"（大数据、高阶数据等）所具备的价值。"衍生数据"而非原始数据的价值是今时

---

[1] 这两项国际标准，是在中国通信标准化协会大数据技术标准推进委员会（CCSA TC601）相关研究和行业标准基础上提出的。

今日所谓"数据价值"的本意,而"算法处理"是数据赋能环节,是数据价值增值的核心步骤。因此,数据确权要针对"算法处理"这一数字经济发展的关键环节,要以算法作为数据财产性权利的客体,淡化个人数据的商业属性及其对应财产性权利,避免陷入对原始数据两种属性边界的无休止讨论中(见图8-10)。

算法赋能的视角有利于明确数据权利主客体。在该视角下,数据本身可分为原始数据(包含个人数据)和衍生数据。原始数据产生于数据主体的活动,其权利主体为数据主体本身。原始数据的权利客体则是基于数据主体活动以及涉及主体隐私的各种数据。衍生数据虽离不开原始数据,但更重要的是其基于算法赋能后的增量信息,且已失去"可识别性"。因此,衍生数据的权利主体是利用算法处理的组织或个人,而权利客体则是经算法赋能后失去"可识别性"的衍生数据。对于用户使用商品和服务产生的非隐私信息,要强调其公共属性和非竞争性,限制商品或服务提供商对该类数据独占使用,将其充分开放给此厂商的竞争对手和产业链上下游使用,从而提高数据的非竞争性使用率,激发数据要素的活力,达到降低信息不对称、降低交易成本和提高资源配置效率的目的。

此外,个人数据的社会性也可以成为上述思路的论据。事实上,任何个人信息都不可能完全脱离社会而存在,都具有公共性、社会性的影子。根据社会法学理论,分割个人信息的所有权与使用权能够在保护个人信息安全的同时,发挥其潜在价值,个人信息的人格属性与其潜在的商业价值属性就可以较好地分割[①]。

在我国司法实践中,其实已经出现了对上述观点的支持性判例。在2018年8月"淘宝诉美景案"中,一审法院认为"单个用户信息尚无独立的财产

---

① 受我国学者创造性地将"权能分离"理论引入数据权利的启发,该部分内容的中心思想为数据所有权和数据用益权的二元结构:原发者享有数据所有权,采集者享有数据用益权,包括数据控制权、数据开发权、数据许可权、数据转让权等。但不可否认的是,该方案仍存在子母权利和权利派生等缺陷。

第八章 数据治理规则

权或财产性权益可言",且强调"数据产品系淘宝公司的劳动成果",即变相指出了数据的财产性权利主体是能对原始数据进行整体加工、处理、分析的数据控制者或处理者,而个人只能是非财产性数据权利的主体。

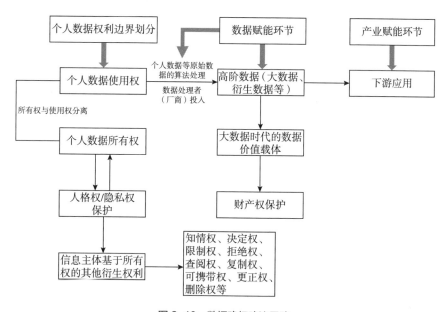

图 8-10 数据确权建议思路

资料来源:上海发展研究基金会。

(二)明确界定数据流通中各项基本权利的主客体范围

"1+3+N"的数据法律治理体系中,"1+3"的核心部分即上位法已经完成,而剩下的"N"即地方性的法律法规及部门规章制度等还有待完善。其作用是在上位法的基础上,对数据法律的某些细节问题给予解答、对行为进行规范。数据确权的重要任务需要由此部分规则实现。下文以五项基本数据权利为切入点,给出确权的思路。

1. 管辖权

数据是一个国家的新型基础性资源,具有高度价值,对经济发展、社会治理、人民生活都产生重大而深刻的影响,这意味着任何主体对数据的非法收集、传输、使用都可能构成对国家核心利益的侵害[①]。因此，数据的管辖权应当属于国家。

2. 交易权

个人数据无交易权，交易权的客体是具有财产属性的商品，而个人数据不属于商品，因此个人数据无法交易。对于基于个人数据处理后的脱敏衍生数据等商业数据而言，其交易权来源于数据的生产行为，是一种基于数据知识产权的衍生权利。因此，商业数据（必须与原始数据有明确区分，至少完成脱敏处理）的交易权的主体天然是数据的生产者，而不一定是数据的所有者。此外，由于交易权基于知识产权，而知识产权可以合法交易，因此，数据交易权可以通过知识产权的交易而转移。

3. 使用权

数据的使用权有两大基本获得途径：授权与交易。对个人数据而言，数据主体天然具有个人数据的使用权，其他组织或个人除政府的必要数据要求外（如身份认证、身份核实等），获取个人数据的使用权必须经过数据主体的授权。对于商业数据而言，数据处理者可以通过数据交易获得数据的使用权，此时使用权与所有权同时扩散。

4. 收益权

收益权是指获取基于所有者财产而产生的经济利益的可能性，属于所有权在经济上的实现形式。个人数据虽是所有权的客体，但我们认为个人数据等单纯的原始数据本身几乎不存在财产性价值，后者主要是数据处理者经过算法处理后生成的高阶数据才具备的新属性，与原始数据产生了隔离，因此个人数据等原始数据不能成为收益权的客体。从反面来看，若给予原始数据收益权，则必然会产生个人数据非法买卖等问题，与三部数据上位法对于个人数据的表述相矛盾。因此个人不享有个人数据的收益权，经处理后产生的

[①] 参考黄奇帆在外滩金融峰会上关于数据治理的发言，参见 https://mp.weixin.qq.com/s/HFpuDiYwr4C5CNMsGkIjxQ。

商业数据的所有者可以利用数据创造经济价值，因此享有数据的收益权。

(三)加快建立数据分类分级标准，落实数据分级管理制度

对数据进行明确的分类分级，是维护数据安全和保护数据权利必不可少的一环。要明确掌握数据资源的企业及组织、数据服务机构以及政府部门的数据分类分级管理主体责任，根据各行业数据资源特点分业制定本行业的数据分类分级安全管理规则。《数安法》第二十一条规定："国家建立数据分类分级保护制度，根据数据在经济社会发展中的重要程度，以及一旦遭到篡改、破坏、泄露或者非法获取、非法利用，对国家安全、公共利益或者个人、组织合法权益造成的危害程度，对数据实行分类分级保护。"可以看出，数据分类分级的基本原则为数据的重要程度与安全级别。考虑到数据较强的行业属性，可以按行业进行分类、按数据的公共属性与潜在安全威胁进行分级，并在国家层面编制一套完整的数据分类分级标准。其中数据按行业分类的标准要参考数据的互通性和可理解性，例如，将数据分为工业、金融、医疗、农业、餐饮、信息技术、零售批发等多种行业大类，再根据细分行业细化数据分类；数据分级则要综合考虑数据的公共属性和潜在安全威胁，分别设立由低到高的数据安全级别。对于关键领域的高安全级别数据，要着重加大保护力度，提高违法犯罪成本。重点是要明确重要数据与国家核心数据，加快制定重要数据名录，尤其要加快关键信息基础设施运营者（CIIO）的认定。这要求国家行业主管或监管部门按照国家网信部门与国务院电信主管部门、公安部门等部门发布的《关键信息基础设施确定指南》，识别本行业、本领域的关键信息基础设施。此外，监管部门要紧随信息技术发展，不断深化对新型数据业务的数据流通场景、载体、参与主体的理解，及时补充更新数据分类分级管理规则，并推动数据流转，各方积极发挥创新能力，推动数据分类分级产品的开发与应用。

(四)事前事后措施并举，构建明确的算法监管规则

防范打击平台企业违法经营与垄断市场是我国维护经济公平的重要举措，

要达到该目的，需要从多方面入手，形成明确的算法监管规则。

算法在经济活动中的重要性日益凸显，拓展了互联网经济的深度与广度，甚至出现了以算法为核心的新经济模式，大幅改善了市场经济的匹配效率和交易成本。但同时要注意到算法背后同样蕴含的大量风险，例如算法滥用、算法歧视、信息茧房和羊群效应等。因此，对算法的监管要跟上其应用发展，减少算法的负外部性，使算法更好地为经济发展服务。然而，算法监管的难点在于：由于算法作为平台企业的核心资产与知识产权，是平台企业的核心竞争力所在，属于企业的商业机密，因此算法监管并不能采用直接审查的方式，这对形成监管规则提出了更高的要求。

可将算法监管按照监管流程的时间顺序，分为事前监管和事后监管。其中，事前监管是监管单位对平台企业算法进行初步了解和记录。根据证监会科技监管局局长姚前对算法监管环节的归纳，我们认为算法的事前监管包括下列重点部分：第一，信息披露，即作为算法的设计者和控制方，相关主体及利益相关者应该披露算法设计、执行、使用过程中可能存在的偏见和漏洞、数据来源以及可能对个人和社会造成的潜在危害；第二，解释，即作为采用算法自动化决策的机构，相关主体及利益相关者有义务解释算法运行原理；第三，留痕与可审计，即算法系统的设计、测试、运行表现及变动留有记录，全程监测，并可审计[①]。事前监管旨在对算法进行备案，保证算法目的及初步执行结果无明显负面影响。

事后监管旨在当实质违法行为或其他负外部效应产生后，算法及其控制主体能够得到及时纠偏，以保证算法事实上的合法合规，遏制隐蔽性违法活动的发生。其本质为强化社会监管机制，核心环节在于畅通用户举报申诉渠道。事前监管只能保证算法目的非恶意，但不能保证实际执行结果没有负面影响。因此，要采取"事后举证"的监管思路，作为支撑算法监管有效性的

---

① 参考姚前在"2021中国国际金融科技论坛"上的发言，参见 https://mp.weixin.qq.com/s/oQN8PvxjHfvNs-u4Hvu9Jg。

坚实后盾。具体而言，用户在发现自身权益受到算法侵害后，可以向监管机构反馈，监管机构就用户反映较多的问题进行集中调查，对切实存在的违法行为启动法律程序申诉，依法处罚，对违规行为进行行政处罚并责令整改。因此，要建立畅通的"用户—监管"沟通渠道，如此一来，才能使事后社会监管的及时性和有效性得到保障。

（五）加快建立全国统一的数据交易规则以及交易平台

要化解当前我国数据交易中明显制约数据供给的因素，我国要尽快建立全国统一的数据交易规则以及交易平台。具体来说，一是要建立数据产品的分类标准：该分类标准可基于行业领域、用途。二是要建立数据定价标准体系：数据产品交易的定价标准要基于市场化原则，可以参考一般产品的"成本＋市场供求"定价方法。数据交易平台引导数据供给方，基于数据获取成本与市场供求关系合理定价。此外，市场化的定价基准要求交易必须十分活跃，只有交易量足够大才不会出现明显错误定价或操纵市场等情况。因此，要整合当前地方交易平台资源，设立全国统一的交易市场。相较于目前地方性分散的交易形式，数据交易集中化有如下优势：一是能减少数据交易资源分散，能有效降低长期交易成本；二是交易集中化可以增加交易的流动性，市场定价更充分，套利空间更小，价格更为公允有效。

（六）形成明确的政府数据开放规则

政府作为市场的组织者和管理者，天生拥有普通市场参与者不具备的全局性视角，而在此视角下积累的大量数据具有极高的使用价值。因此，在安全可控的前提下，开放政府数据对提高企业的宏观判断和分析能力具有重大意义。

根据复旦大学联合国家信息中心数字中国研究院发布的《中国地方政府数据开放报告：指标体系与省域标杆》报告，截至2021年4月底，我国已有174个省市的地方政府上线了数据开放平台，其中省级平台18个（含省和自治区，不包括直辖市和港澳台），城市平台156个（含直辖市、副省级与地级行政区）。与 2020 年下半年相比，新增 32 个地方平台，其中包含 1 个省级平台和 31 个城市平台。

政府数据开放是有条件的开放，而并非完全开放，对于涉及国家机密的数据要严格保护。数据开放共享程度依据政府数据分级标准，一般来说，至少可以将政府数据分为三类：公开数据、内部数据和涉密数据。其中，公开数据可以完全开放，无条件共享；内部数据在不违反国家法律法规的条件下，可以开放共享；涉密数据原则上不开放，在符合国家法律法规的条件下，可以在严格脱敏及类型控制下进行有条件的共享。

表 8-7 贵州省政府数据分级以及管控要求

数据等级	数据等级管控要求
公开数据	政府部门无条件共享；可以完全开放
内部数据	原则上政府部门无条件共享，部分涉及公民、法人和其他组织权益的敏感数据可在政府部门有条件共享；按国家法律法规决定是否开放，原则上不违反国家法律法规的条件下，予以开放或脱敏开放
涉密数据	按国家法律法规处理，决定是否共享，可根据要求选择政府部门条件共享或不予共享；原则上不允许开放，对于部分需要开放的数据，需要进行脱敏处理，且控制数据分析类型

资料来源：贵州省政府数据分类分级指南。

对于涉密数据，要严格管控，以数据安全为管控主旨，原则上不允许数据开放；对于内部数据，在合法合规的情况下，满足安全条件后，尽可能地提供数据共享便利，使内部数据产生更大的价值。对于公开数据，要进一步提高其获取便利性，加大数据的更新频率，提升数据的及时性与有效性，使其作为基础公共数据的作用得到发挥，公众获得后形成更多的衍生数据以及分析内容，创造出更大的价值。此外，政府数据还需要针对行业进行分类处理，具体来说，要采取上述数据分类管理思路，进行大类行业以及细分行业分类，增加政府数据的精度和质量。

三、提高数字治理相关规则制定实施的效率

当前我国数据治理规则仍有部分盲区,为进一步完善规则框架,我们可以从以下方面做出改进,使规则运行更加高效。

(一)建立数据监管专门机构,明确监管职责

我国目前数据监管主体众多且分散,监管权力重叠,监管义务也没有明确划分。这将不可避免地导致我国数据监管占用资源多,而效率低下的尴尬局面。因此要设立全国范围内的数据监管专门机构,对已经分类分级的数据进行统一监管。设立专门的数据监管机构,一方面可以减少公共资源浪费和政府部门之间的监管责任冲突;另一方面可以提高监管效率,降低企业合规成本。

设立专门监管机构时,要明确监管职责:第一,加强境内经营企业合规指引,监督企业合法合规、落实主体责任,重点加强对平台型公司隐私政策的监管力度,督促其履行法律义务;第二,畅通个人用户的投诉渠道,保障用户正当行使其合法权利;第三,规范并落实数据出境流程,加强数据出境操作的规范性。按照国家网信办《数据出境安全评估办法》,建立标准化的数据出境安全评估流程,使不该出境的数据无法出境,可以出境的数据高效出境。

(二)监管机构应加强自身技术赋能,提升监管效率

在保护用户权利以及维护国家安全的重要目标上,我们不但要推动法律体系不断完善,更为关键的是要落实法律的监督与调节作用,维护法律权威。在大数据时代,数据的总量以及复杂程度都在快速提升,这对监管部门形成了较大挑战,对监管部门的技术应用提出了较高的要求。具体来讲,监管部门不仅要懂技术,还要将技术运用于具体的监管行为中,如利用大数据、AI技术筛查海量出境数据中是否存在违法违规传输未成年人敏感数据等。监管机构要加深对新型数据流通业务、场景及参与主体的理解,补充监管工具,

对数据流通新变化做出及时响应。总体来说，只有加强技术赋能，监管才能满足技术发展的要求，监管效率才能得到提升，法律的有效性才不会打折扣。

（三）加快推动平台企业之间的数据互操作性，防止平台企业垄断

谢丹夏等（2022）通过构建异质数据背景下的金融科技公司和银行之间的非对称信贷竞争模型发现，数据共享与否与数据市场竞争格局以及借款者福利显著相关。具体而言，强制性数据共享会打破非对称竞争格局，提高信用借款者获得贷款的概率并降低贷款利率，从而提高借款者福利。跳出信贷市场，上述结论对于宏观经济整体而言也具有较强的指导意义。因此，无论以何种方式，应尽量破除基础数据共享的壁垒，围绕不同行业业态培育数据市场，充分发掘数据的经济价值，尤其要通过加强互操作性禁止平台企业通过优势地位形成数据垄断，避免其为了追逐局部最优解而舍弃全局最优解的行为发生。

互操作性是指不同数字服务之间进行相互通信、协同工作的能力。推动不同平台之间的互操作性，旨在消除用户跨平台操作的障碍，更好地实现功能互补，避免恶性竞争带来的资源浪费，让用户的使用体验更佳。

在具体实践方面，我国已逐渐开展平台企业的生态开放。例如，2021年9月，工信部开展了整治"屏蔽外部链接"的一系列活动，包括但不限于行政指导会，旨在破除互联网平台企业的链接屏蔽，提高平台间互操作性。经过初步整改，在购物方面，目前微信账号之间可以分享并打开淘宝链接，但仅限链接复制途径，离无障碍分享仍有较大差距。此外，社交、支付等平台间的壁垒仍无明显松动迹象，跨平台数据交互仍十分困难。下一步，要重点推动平台间互操作性，实现购物、社交、支付等主要平台功能间的互通，加大数据共享的便利性，减少用户跨平台操作的障碍，防止平台企业滥用市场支配地位、垄断资源，使我国互联网经济呈现良性竞争的市场格局。

（四）建立个人数据流通技术标准体系，加快形成个人数据托管规范

对于个人数据，我国《个保法》已赋予数据主体可携带权，这要求个人

数据可以高效、快捷、安全地在不同的数据控制者、处理者之间转移；全球数据法律中，数据主体的可携带权已成为主要经济体的共识，我国在操作层面可以适当参考借鉴国外优秀经验。例如欧盟 GDPR 第 20 条规定，要求所转移的个人数据是结构化、通用的和机器可读的格式（并非要求只形成一种统一的格式）。我国行业主管部门可以按照本行业的要求，推动企业存储、传输个人信息要尽可能使用行业通用、普遍可读格式，达到结构化、通用的和机器可读的要求，形成个人数据托管规范，以强化数据处理者之间提供数据的可操作性，避免转移过程中造成不必要的成本转换。

（五）引入个人数据去标识化规则，加强对应用场景的识别

加强对个人数据保护的同时，不能明显损害数据正常流通分享的效率。不妨采用"去标识化制度规则"提升非识别型个人数据流通效率。去标识化技术旨在平衡数据隐私目的和数据价值之间的利益冲突，去标识后的个人信息仍然可以用于识别分析，但须适用《个保法》规定。对于如何确定非识别型个人数据，则主要通过加强对应用场景的识别能力来实现：去标识后的个人数据应当分场景适用同意规则，具体而言，对于需要身份识别的应用场景，需要取得主体同意后才能使用个人数据；当不需要识别身份时，则不需要数据主体的单独同意。

（六）利用新兴技术为数据搜集、交易、分析等赋能

要完善数据交易平台的交易记录及溯源功能，可以利用区块链技术克服当前数据交易中的交易记录和溯源问题。区块链的本质是去中心化的分布式数据库，其技术核心特点为去中心化、难以篡改和群体信任。可以利用区块链的这些特点，在监管部门的支持和监督下，建立主要共识记账节点，利用准入特性和共治能力共同管理交易市场。对于数据交易安全和可追溯性的要求，可以在交易前采用一定的规范对交易数据进行身份性描述，并将其描述和样本存储记录在数据权属链上，这样就能保证数据权属清晰。同时让区块链记录交易过程中的重要信息内容，并利用区块链的难篡改性质保证这些信

息的准确性、完整性以及数据交易的可追溯性。

还可以利用隐私计算（Privacy Compute）技术解决传统数据计算中面临的数据泄露威胁。隐私计算是指在保护数据本身不对外泄露的前提下实现数据分析计算的技术集合，即通过隐私计算可实现数据的"可用不可见"。隐私计算包含三种主要的技术流派，分别为联邦学习（Federal Learning，FL）、可信执行环境（Trusted Execution Environment，TEE）和多方安全计算（Secure Multi-Party Computation，MPC）（见表8-8）。

表8-8 隐私计算的分类

隐私计算三大技术流派	具体路线
联邦学习	横向联邦学习、纵向联邦学习、联邦迁移学习
可信执行环境	GP TEE
多方安全计算	姚氏加密电路、BMR、GMW、BGW、SPDZ等

资料来源：张辰雨（2021）。

隐私计算主要应用于设计重要敏感数据的领域。加大该技术的研究与应用，或将在未来改变个人数据流动趋势。该技术成熟后，大部分企业在不需要直接接触敏感个人数据的条件下，以存储于数据控制者的个人数据为基础，通过主流的隐私计算框架分析计算出其想要的衍生高阶数据。如此，个人数据泄露的风险将大大降低。

（七）加快建设工业数据互联互通机制，充分发挥工业互联网平台枢纽作用

工业企业是实体经济的核心主体，我国是全球第一制造大国，工业大数据资源极为丰富。近年来，随着新一代信息技术与工业融合不断深化，在需求分析、流程优化、预测运维、能源管理等环节，数据驱动的工业新模式、新业态不断涌现。但相比于互联网服务领域逐渐成熟的大数据应用，工业大数据更为复杂，目前仍面临数据采集汇聚不全面、流通共享不充分、开发应用不深化、治理安全短板突出等问题。"中国智造"的工业企业智能化转型目

标，要求生产、仓储、销售等众多环节的工业数据在产业链上下游无障碍流动，使得数据要素价值得到充分利用。

各细分行业的主管部门可以根据行业特点，设立行业数据规范，鼓励企业参与建设工业数据共享平台。产业链上下游企业间可以通过平台内免费共享或支付对价的方式，交流生产、采购、仓储、物流等标准化数据，逐步实现"产线、工厂、企业、产业、跨行业"五层次的工业数据共享，形成全国范围内研发、生产、运输、原材料供应、销售等一体化的创新发展新局面。

第九章

数字货币规则

数字货币起源于2009年的比特币（Bitcoin），经过十余年的发展已经对法定货币形态和金融市场产生了深远影响，并引发了人们对货币更深层次的思考。私人数字货币包括虚拟货币和稳定币（Stablecoin）数年来在无规则状态下"野蛮生长"，给金融体系稳定带来了隐患。全球主要国际组织和经济体也逐渐重视这一问题，开始建立各自的私人数字货币规则，以防范其潜在风险。同时，各央行也受到了分布式账本技术和区块链等新兴技术的启发，试图将这些新兴技术所具备的某些优势移植到法定货币上，实现法定货币的数字化。在此过程中，各央行和国际金融组织经大量理论和实践探索，不断形成央行数字货币（CBDC）规则，从而使得央行数字货币能更好地发挥其优势。本章将数字货币分为虚拟货币、稳定币和央行数字货币三类，对每一类数字货币的现有或正在形成中的规则按照国际组织和经济体内部两个层次进行梳理和分析，总结出各规则的特点和不足，并对这些规则在不断完善过程中面临的关键问题进行了提炼总结，最后提出了相关政策建议。

第一节　数字货币及其规则概述

一、数字货币的定义及分类

数字货币起源于 2009 年发行的比特币，在 10 余年的发展中，其内涵与外延在不断丰富，当前学界对其称谓和定义都还未形成统一标准。其中，反洗钱金融行动特别工作组通常使用"虚拟货币"一词来表达此概念，并将其定义为"价值的数字表现形式"。国际货币基金组织同样将"虚拟货币"定义为"价值的数字表现形式"，但进一步与电子货币做了明确区分。市场基础设施委员会率先使用了"数字货币"一词，并指出基于 DLT 的加密货币属于数字货币范畴，但未给出具体定义。国际证监会组织认为代币化（Tokenization）是以数字形式表现某种资产的过程，并用"虚拟货币"（Crypto Asset）来描述这种资产。国际清算银行 2017 年对数字货币的全貌进行了归纳分析，即"货币之花"体系（见图 9-1），并于 2018 年做了修正，这一体系对学术界影响较大[①]。我们认为数字货币是基于数字加密算法、节点网络，以电子形式进行管理、存储或交换的数字价值符号。为了避免混淆，在以下不加说明的情况下，"加密资产""加密货币"及"虚拟货币"表示同一概念。

数字货币可以根据其发行方性质分为私人数字货币和央行数字货币（见图 9-2）。其中，私人数字货币按照其是否与法定货币或其他重要资产挂钩可以进一步分为虚拟货币与稳定币两大类。

[①] IMF 的分类方式与 BIS 不同，其按照由大到小的包含关系将数字货币分为数字货币、虚拟货币、可转换货币（Convertible）、去中心化货币（Decentralized）和加密货币五类。参见：IMF. Virtual Currencies and Beyond：Initial Considerations，March 2016。

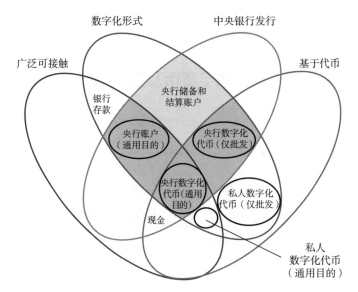

图9-1 BIS的"货币之花"体系,圆圈的五个子项目一同构成"数字货币"

资料来源:BIS。

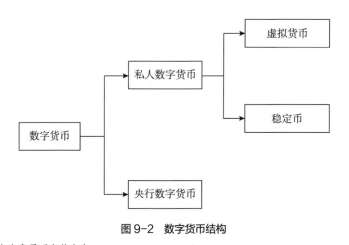

图9-2 数字货币结构

资料来源:上海发展研究基金会。

虚拟货币是私人基于算法发行的、基于密码学以及某种数据结构(例如区块链)的加密代币。其以法定货币衡量的价值取决于市场交易行为,通常波动极大。金融稳定委员会认为,虚拟货币价格极大的波动性使其很难实现货币的流通手段职能与价值贮藏职能；虚拟货币没有政府或其他当局作背书，不具备法定货币地位，因此虚拟货币的本质是资产而非货币。

稳定币则是与法定货币（或大宗商品、贵金属等）保持名义稳定兑换关系的私人数字货币。稳定币的"稳定性"使其能替代价格波动剧烈的虚拟货币，承担数字货币市场的"通货"职能，满足投资者对于虚拟货币价值贮藏、交易便利以及兑换法定货币等需求。同时其常见的抵押发行机制，使其成为虚拟货币与法定货币之间的桥梁。

CBDC 是一国或地区的央行通过信息技术手段，以数字化形式表现的央行负债，其主要作用为达到普惠金融、便捷交易和提升结算效率等。央行数字货币可分为零售型和批发型两种。零售型央行数字货币对全体公众开放，用于零售交易，且一般被认为是数字化的法定货币[①]；批发型数字货币则不直接触达公众，而是更多应用于金融机构间批发交易的支付结算。

二、数字货币的演变历程

数字货币的演变可以总结为四个阶段：比特币诞生、虚拟货币井喷、稳定币诞生与快速发展和 CBDC 的研发与推出。

（一）第一阶段：比特币诞生

比特币诞生于 2009 年，其创始人为数字货币之父——中本聪（Satoshi Nakamoto）。在 2008 年次贷危机的余波仍未完全消散之时，中本聪在 2009 年 11 月 1 日发布了比特币白皮书《比特币：一种点对点的电子现金系统》，其中指出比特币为其开发的一种点对点的电子现金系统，最终是为了解决传统基于第三方中介电子交易的"信任"问题。虽然存在并发交易量小、成交速度

[①] 根据 2021 年 7 月发布的《中国数字人民币的研发进展白皮书》，我国的零售型 CBDC 定位于 M0，属于数字化法定货币。但国际上对 CBDC 是否属于法定货币仍有争议，美联储 2022 年 1 月发布的数字货币公开征询意见稿 *Money and Payments：The U.S.Dollar in the Age of Digital Transformation* 抛出 22 个寻求公众给予讨论和回答的题目，其中一个就是："CBDC 应该是法定货币吗？"

慢等诸多缺陷，但比特币凭借其去中心化、交易匿名等优势，得到了大量拥趸，并掀起了区块链以及数字货币的浪潮。

（二）第二阶段：虚拟货币井喷

加密货币原本被设计成具有货币职能的"一般等价物"，但这种初衷太过理想，最终未能实现。其原因主要是，虚拟货币非抵押发行，没有价值之"锚"，而纯粹由市场交易定价，并以法定货币来衡量其价格，这导致其价格波动剧烈，无法满足货币价格稳定的内在要求。因此，加密货币最终脱离了"货币"属性，市场也逐渐达成加密货币是一种"资产"的共识。

（三）第三阶段：稳定币诞生与快速发展

随着市场上虚拟货币数量呈井喷式发展，为满足交易需求，虚拟货币交易平台应运而生，同时，为满足虚拟货币价值贮藏、交易便利以及兑换法定货币等需求，稳定币随之出现。稳定币的"稳定"体现在其与法定货币的挂钩，即基本实现了相对价值的稳定。为了实现这一特性，稳定币发行者进行了不同技术层面上的尝试，并形成了数种稳定币发行机制，诞生了 USDT、USDC、BUSD、DAI 等稳定币。截至 2022 年 7 月底，全球私人数字货币总市值约为 1.08 万亿美元，仅为 2021 年 11 月高点的 1/3（见图 9-3）。

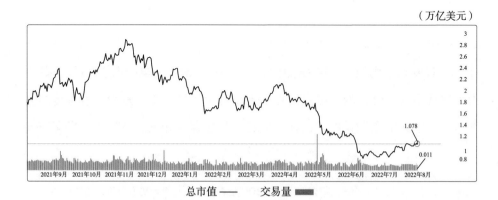

图 9-3　全球私人数字货币总市值

资料来源：TradingView。

（四）第四阶段：CBDC 的研发与推出

央行参与数字货币研究晚于市场，在明确私人数字货币中所使用的区块链、分布式记账、智能合约等技术具有广阔的应用前景后，全球各国央行纷纷开启了对 CBDC 的研究与试验。截至 2020 年底，已经有 86% 的央行加紧对 CBDC 进行研究。截至 2022 年 7 月底，巴拿马、牙买加、尼日利亚和 8 个东加勒比岛国正式推出了 CBDC，还有 14 家央行正在开展试点[①]。然而，截至目前，各国尚未就发行 CBDC 的必要性达成广泛共识。我国早在 2014 年就开始了 CBDC 的研发工作，并于 2019 年底开始在多城市试点，已取得了丰富的实践经验。

三、数字货币规则的内涵

数字货币规则是对数字货币市场结构、参与主体行为的规范性指令，主要作用是形成数字货币在发行、流通、支付等各个环节的秩序，规范行业监管。按照其适用客体的不同可以分为虚拟货币规则、稳定币规则和 CBDC 规则。

第二节　虚拟货币规则

一、国际组织制定的虚拟货币规则

当前，国际金融组织是研究制定虚拟货币规则的主要主体，致力于制定出在全球层面普遍适用的一般性规则。主要的国际金融组织包括金融稳定委员会、反洗钱金融行动特别工作组、巴塞尔银行监管委员会、国际证监会组织、市场基础设施委员会等机构。

---

① 参见 https://www.atlanticcouncil.org/cbdctracker/。

(一)FSB 的虚拟货币监管框架——基于金融稳定视角

2017 年,FSB 在 G20 轮值主席国德国的要求下,从金融稳定的角度开始了私人数字货币和分布式批发支付系统的研究。虽然虚拟货币尚未对金融稳定构成实质性风险,但由于其发展太过迅速,FSB 认为其未来可能通过信心效应、金融机构虚拟货币敞口、市场容量和支付结算等渠道对金融稳定产生较大影响。在此背景下,FSB 与 CPMI 共同制定了一套虚拟货币监测框架,采用市值与银行虚拟货币敞口两大指标类别进行数据监测,其中,市值指标包含主要风险/基础市场统计数据、信心效应、财富效应/市值、价格和机构风险;银行虚拟货币敞口指标包含支付结算和比较指标(见表 9-1)。

表 9-1 FSB 的虚拟货币监测框架(2018 年)

指标	衡量标准	数据收集与来源
市值指标		
主要风险/基础市场统计数据	主要虚拟货币的市值(规模和增长率)、价格水平和波动率	BIS、IMF,基于公开数据来源
信心效应	定性的市场情报收集	FSB 定期收集,来源于成员的定期通话和会议
财富效应/市值	市值指标: 1. 规模和增长率 2. ICO 发行 3. 法定货币流入流出虚拟货币数量	BIS,基于公开数据来源
价格	价格指标: 1. 价格水平 2. 价格波动率 3. 价格增长率	BIS,基于公开数据来源
机构风险	衍生品指标: 1. 交易量 2. 价格水平和未平仓头寸 3. 结算的数量和类型 4. 边际	FSB 和成员当局,来源于公开可得的中央交易对手(CCP)的披露数据或公开可得的市场数据

续表

指标	衡量标准	数据收集与来源
银行对虚拟货币的敞口		
支付和结算	在支付和结算的广泛应用	CPMI，来源于成员和集体信息收集
比较指标	比较主要虚拟货币与黄金、货币、股票等其他类别资产间的波动性与相关性	BIS，基于公共数据来源

资料来源：FSB. Crypto-asset Markets：Potential Channels for Future Financial Stability Implications，October 10，2018。

（二）FATF 的虚拟货币监管框架——基于反洗钱与反恐怖融资的视角

FATF 从 2014 年就开始研究虚拟货币在反洗钱与反恐怖融资领域的潜在风险，指出虚拟货币的分布式交易系统监管难度大，给反洗钱/反恐怖主义融资监管带来了巨大挑战。

2015 年 6 月，FATF 发布了《虚拟货币基于风险的方法指南》，旨在将虚拟货币纳入其反洗钱与反恐怖融资监管框架，帮助各国政府明确监管措施并加强国际监管合作。该指南给出了一系列针对虚拟货币支付产品和服务（VCPPS）的监管措施，并建议将虚拟货币交易所作为主要监管目标。FATF 建议各国对交易所采用授权经营或登记许可措施，交易所在必要条件下对客户进行尽职调查。

2018 年 10 月，FATF 对"虚拟资产"（VA）和"虚拟资产服务提供商"（VASP）概念进行了明确，并在 2019 年 6 月发布了针对二者的监管指南，更新了监管标准。该指南阐明，要使用"基于风险的方法"（Risk-based Approaches，RBAs）对 VASP 进行监管，令其尽到反洗钱与反恐怖融资的义务。同时，该指南还设置了 1 000 美元或欧元的偶发交易阈值，对于超过该阈值的偶发交易，VASP 必须对客户进行尽职调查并留存记录，并在必要条件下提交可疑交易报告（STRs）。鉴于 VASP 的活动具有越来越明显的跨境倾向，FATF 建议所有司法管辖区对金融机构和包括 VASP 在内的非金融企业和专业人员实施特定的反洗钱与反恐怖融资要求。

FATF 于 2021 年 7 月发布的审查报告显示，全球已有 58 个司法管辖区落实了新版监管标准，其中 52 个对 VASP 进行监管，其余 6 个禁止其在境内运营。

（三）BCBS 的虚拟货币监管框架——基于风险管理

2019 年 12 月，BCBS 发布了"加密资产审慎处理的设计"讨论文件，开始制定虚拟货币的审慎处理框架（见表 9-2）。文件披露了 BCBS 在制定框架上的主要工作：一是监测虚拟货币市场的发展，并评估其对银行系统的影响；二是通过定期数据收集，量化银行对虚拟货币和相关服务的直接和间接敞口；三是评估银行对虚拟货币敞口的适当审慎处理，以及基于不同的虚拟货币应该审慎处理的程度。

BCBS 还设计了审慎处理的三个原则。第一，相同处理原则。虚拟货币与"传统"资产在其他方面的经济功能是相同的，出于谨慎的目的，不应区别对待它们构成的风险。第二，简单性原则。某些类型的虚拟货币可能变得具有系统重要性，审慎处理的设计本质上应该简单灵活[①]。第三，最低标准原则。BCBS 对虚拟货币的任何具体审慎处理都将构成最低标准，各司法管辖区可以采取更为严格的措施。2021 年 6 月，BCBS 发布了虚拟货币风险敞口审慎处理办法的咨询文件，披露了更为详细的审慎处理办法流程，并征求利益相关方对虚拟货币审慎监管初步的意见。

表 9-2　BCBS 的虚拟货币审慎要求

审慎要求	第一组加密资产		第二组加密资产
	代币化的传统资产	具有稳定机制的加密资产（稳定币）	不属于第一组的加密资产（如比特币）
信用和市场风险要求	资本要求不低于传统资产（进一步考虑资本附加）	关于应用现行规则以捕获与稳定机制有关的风险的新指南（进一步考虑资本附加）	新的保守审慎处理，基于 1 250% 的风险权重，应用于最大的多头和空头头寸

---

① 例如，不应使用复杂的建模方法来设计监管要求，并在适当情况下，审慎处理应建立在现有框架基础上。

续表

审慎要求	第一组加密资产		第二组加密资产
	代币化的传统资产	具有稳定机制的加密资产（稳定币）	不属于第一组的加密资产（如比特币）
其他最低要求（杠杆率、风险敞口、流动性比率）	适用现有的巴塞尔框架要求，并在适用时提供额外指导		
监督检查	额外指导，以确保评估、管理和适当减轻（包括通过附加资本）未根据最低要求捕获的风险		
信息披露	要求银行定期披露加密资产敞口信息的新要求		

资料来源：BCBS. Consultative Document- Prudential Treatment of Cryptoasset Exposures，June 2021。

（四）IOSCO——针对虚拟货币交易的监管

2020年2月，IOSCO发布的一份报告探讨了关于与虚拟货币平台相关的风险和监管问题，并给出了政策建议。IOSCO主要针对虚拟货币交易环节，包括8个关键事项，分别为访问加密资产交易平台（CTPs）、保护交易者资产安全、利益冲突、CTPs的操作、市场诚信、价格发现、技术、清算和结算。IOSCO在上述关键事项中分别给出了具有针对性的"工具箱"建议。但这些建议大多是方向性的指导意见，几乎没有可量化的指标，也不具备强制性约束力。

二、全球主要经济体的虚拟货币监管规则

对于虚拟货币的监管，各国态度差异较大。在主要经济体中，我国已实施全面禁止虚拟货币交易和开采的措施[①]。而其他国家虽一般不承认虚拟货币的货币属性，但通常对其持肯定态度，允许虚拟货币的开采、持有和交易。

（一）我国监管逐步升级，现已禁止任何虚拟货币交易

我国对虚拟货币的监管始于2013年，中国人民银行等五部委发布了《关

---

① 主要经济体中，印度央行曾在2018年发文禁止银行为加密货币交易提供便利，但在2020年被最高法院否决，又恢复了虚拟货币交易。

于防范比特币风险的通知》，该文件明确了比特币的虚拟商品性质，比特币交易作为一种互联网上的商品买卖行为，普通民众在自担风险的前提下可自由参与。

2017年9月4日，中国人民银行等七部委发布《关于防范代币发行融资风险的公告》，明令禁止首次代币发行（ICO），但未禁止比特币交易。

2021年9月24日，中国人民银行首次联合公检法等十部门联合发布《关于进一步防范和处置虚拟货币交易炒作风险的通知》，再次强调虚拟货币相关业务活动属于非法金融活动，还明确了境外虚拟货币交易所通过互联网向我国境内居民提供服务同样属于非法金融活动。在2021年底之前，15家虚拟货币交易所纷纷注销在我国境内的主体并退出中国。

2021年12月31日，中国人民银行等七部门联合发布了《金融产品网络营销管理办法（征求意见稿）》（以下简称《办法》），这是我国首部涉及虚拟货币的部门规章。《办法》第六条首次将"虚拟货币交易"规定为"非法金融活动"，这预示着我国境内的虚拟货币活动将快速走向终结。

（二）美国的双层监管规则

美国对虚拟货币的监管规则包括联邦和州两个层面。就联邦层面而言，目前尚不存在统一的监管框架，且多个全国性的监管机构正在竞争虚拟货币的管辖权。美国证券交易委员会、美国商品期货交易委员会（CFTC）、金融犯罪执法网络以及美国财政部外国资产管制办公室（OFAC）都出台了联邦层面上的虚拟货币监管规则。州层面的监管思路则存在较大区别，有些州监管较严，而有些州监管则较松甚至鼓励虚拟货币发展。

1. 联邦层面的多机构组合监管

SEC下属的创新和金融技术战略中心（FinHub）在2019年4月发布了"数字资产投资合同分析框架"，将"豪威测试"（Howey Test）等投资合同分析应用于数字资产，以"帮助市场参与者评估联邦证券法是否适用于特定数字资产的要约、销售或释放"。SEC根据上述测试结果，判断一个虚拟货币是否属于"证券"范畴。若 SEC 认定某一虚拟货币为"证券",则会对该虚拟货币按照《证券和投资法》进行监管,并且多数情况下将追究其发行人的"证券欺诈"行为。其中,影响力最大的案例当属瑞波币(XRP)案,SEC 将瑞波币认定为证券,并在 2020 年 12 月以"出售未注册的证券"罪名起诉瑞波币发行机构 Ripple 及其两名高管[①],这场官司目前还未得到明确的判决结果。SEC 公司财务证券部主管威廉·辛曼(William Hinman)曾特别强调,SEC 将加密代币的中心化程度作为判断其是否属于"证券"的重要依据。换言之,SEC 的监管思路是确保虚拟货币是基于去中心化的技术手段实现的,不会被单个机构或个人操控,以防名不副实的代币非法发行与诈骗。

FinCEN 对虚拟货币的监管主要集中于反洗钱与反恐怖融资(AML/CFT)领域。2020 年,美国国会通过了《2020 年反洗钱法》(AMLA 2020),扩大了《银行保密法》(BSA)下"金融机构"的范畴,将之扩展至"交换或参与加密货币传输的企业"以及"从事文物贸易的人",并明确了 FinCEN 有权对数字货币进行监管。因此,任何虚拟货币交易所和兑换商都要以"金融机构"的身份在 FinCEN 注册,获取"货币服务业务"(MSB)牌照,并遵守 AML/CFT 义务,同时还需要提交涉及数字艺术品和其他非同质化代币(NFT)资产交易的"可疑活动报告"(SARs)。此外,由于 FinCEN 的部分监管规则较为激进,在实施中出现了一定争议,如在超过 3 000 美元的非托管钱包交易中,要求记录交易对手的名称和实际地址。这引发了虚拟货币行业的不满。在 2020 年 12 月 18 日 FinCEN 发布"规章制定建议通知"(NPRM)后,业内人士普遍表示新规则不仅将大大提高企业合规成本,还抹杀了新技术的特点,从而遏制了虚拟货币市场在美国的发展。考虑到业内人士意见,FinCEN 的监管规则或将有所调整,但整体而言,严监管的趋势将持续。

CFTC 则将某些虚拟货币视为商品,不仅负责监管虚拟货币的衍生品交

[①] 根据 CryptoCap,瑞波币在被 SEC 起诉时的流通市值在加密资产中排第三位,仅次于比特币和以太坊。

易,并声称对虚拟货币本身的交易具有反欺诈和操纵权,对洲际贸易中任何存在欺诈或操纵行为都可以开展民事执法行动。被认定为商品并受到《商品交易法》管辖的虚拟货币,一旦涉及任何欺诈或操纵行为,CFTC 便有资格对其采取法律措施。具有代表性的案例是,CFTC 于 2021 年 3 月对虚拟货币交易平台 Coinbase 提起诉讼,并对其展开执法行动,原因是在该平台存在虚拟货币现货交易的虚假、误导和不准确的报告,以及前雇员的清洗交易(Wash Trading)[①]。

CFTC 强调,其对虚拟货币的监管条件为满足"实际交付"(客户拥有和控制虚拟货币)的"零售商品交易",并在 2020 年 3 月发布了最终解释指南,明确了上述术语的含义(见表 9-3):客户是否能够在交易后 28 天内拥有和控制所购买的虚拟货币的全部数量(包括保证金、杠杆或融资部分),并在此后的任何时候在没有卖方的情况下自由使用[②]。

表 9-3 CFTC 关于监管条件的详细解释

监管条件	内容
客户拥有和控制的证明	虚拟货币从卖方或交易平台转移,并通过零售客户保持唯一拥有和控制的单独区块链地址接收;或者由零售客户选择的单独、独立和适当许可的存管机构
	零售客户有能力在技术上可行的情况下尽快在商业中自由使用虚拟货币
	卖方、交易平台或融资提供商(或其任何关联公司或代理商)均不保留对所转让虚拟货币的任何利益,包括合法权利或控制权

资料来源:https://www.cftc.gov/sites/default/files/idc/groups/public/@newsroom/documents/file/federalregister121517.pdf。

美国国税局认为虚拟货币是一种金融资产,与大多数投资一样,若通过出售或交易加密货币获得资本收益,就需要向政府缴税。2014 年,美国国税局发布了关于虚拟货币税收的通知,并提供了适用于涉及财产交易的长期税收原则如何适用于虚拟货币的示例(见表 9-4)。虚拟货币交易以及"挖矿"收益

---

① 参见 https://www.cftc.gov/PressRoom/PressReleases/8369-21。
② 对于目前主流的交易,即在中心化交易所的加密资产交易,客户的加密资产并不转移出交易所的私钥,不满足"实际交付"条件,因而 CFTC 无管辖权。

皆须缴纳资本收益税；若虚拟货币用于支付工资或劳务报酬，则需要缴纳所得税。上述税收皆以虚拟货币的美元价格计算①。

表9-4 美国虚拟货币相关税种和应税事件

虚拟货币相关税种	应税事件
资本利得税	以法定货币出售加密货币
	使用加密货币购买商品/服务
	将一种虚拟货币交换或交易为另一种虚拟货币
所得税	从分散式金融（DeFi）贷款中赚取加密利息
	通过空投接收加密货币
	接收执行任务的加密付款（包括错误赏金）
	从质押和流动性池中赚取加密货币
	从交易费用和区块奖励中赚取加密采矿收入

资料来源：Taxbit，上海发展研究基金会。

此外，OFAC拥有对涉及外国资本的虚拟货币的制裁权。OFAC在2021年10月15日发布了《虚拟货币行业的制裁合规指南》，在该指南中，OFAC概述了其监管框架的五个主要部分：管理承诺、风险评估、内部控制、测试和审计以及培训。在美国从事虚拟货币行业的组织都需要认真评估其业务活动，确保符合OFAC监管要求，以避免受到OFAC的制裁。

2. 州层面的监管思路差别较大

美国各州在监管虚拟货币交易等行为上制定了大量法律，不同州的监管思路有较大差别，具有代表性的三类如下：第一类是建立完全独立的监管制度；第二类是修订现有法律，将虚拟货币监管纳入现有监管框架；第三类是提供监管沙盒，允许公司在无许可证的情况下，从事有限的虚拟货币活动。

第一类完全独立的监管制度的典型代表是纽约州的BitLicense。纽约州是美国最早开始制定监管虚拟货币法规的州之一。早在2014年1月，纽约州金

---

① 参见 https://www.irs.gov/pub/irs-drop/n-14-21.pdf。

融服务部（NYDFS）就针对虚拟货币法规举行了公开听证会，并在同年 7 月出台了 BitLicense 法律监管框架。该框架主要包含三个部分：虚拟货币业务的消费者保护、反洗钱和网络安全，在纽约州经营虚拟货币业务的公司必须取得 NYDFS 授予的 BitLicense 牌照。其中，获得该牌照的条件主要包括：保护消费者资产、虚拟货币收据、消费者投诉与重要信息披露、反洗钱合规、网络安全计划、财报披露等[①]。

第二类试图将虚拟货币纳入现有监管框架的典型代表为加利福尼亚州，其自 2015 年就开始起草法案监管虚拟货币行业，包括 AB1326（2015）、AB1123（2017）、AB953（2019）、AB1489（2019）和 AB3090（2020），还包括《虚拟货币法》（Virtual Currency Act）和《加州虚拟货币统一监管法》（Uniform Regulation of Virtual Currency Businesses Act of California）。主要监管规则涵盖但不限于：第一，从事虚拟货币业务的组织都必须登记注册，并获得许可证，且禁止个人参与虚拟货币商业活动；第二，从事虚拟货币业务的机构要保证其业务要以合法、安全的方式开展，若被业务监督专员（Commissioner of Business Oversight）认定为不合格，其经营许可证将被撤销；第三，在每个季度结束后的规定期限内，从业机构要向业务监督专员提供审计报告；第四，违法后的具体民事处罚等；第五，将部分新法律补充进《统一商法典》（Uniform Commercial Code）和《金融法典》（Financial Code）[②]，将虚拟货币监管纳入现有框架。需要注意的是，上述法案均未通过并成为有效力的法律，但也在一定程度上表明了加利福尼亚州的虚拟货币监管思路。

也有一些州采用第三种监管思路，试图通过较为宽松的监管政策甚至激励政策，吸引虚拟货币企业搬到该州，怀俄明州就是其中的代表。2019 年 2 月，怀俄明州 HB62 和 SF125 两份法案正式签署生效，规定虚拟货币受《统一商

---

① 参见 https://www.dfs.ny.gov/reports_and_publications/press_releases/pr1407171。
② AB1489 第 7 章（从第 8701 条开始）添加到《统一商法典》，并将第 1.25 章（从第 3101 条开始）添加到《金融法典》。

法典》管辖，并允许虚拟货币公司设立特殊目的存款机构（SPDI），使其豁免于货币传输法律。怀俄明州银行可以作为虚拟货币的"合格托管人"，并创建一个金融科技沙盒，供企业进行金融创新[①]。2021年4月，第38号法案（NO. SF0038）[②]签署生效，该法案明确了"去中心化自治组织"（DAOs）属于有限责任公司范畴，鼓励了以DAOs为代表的组织创新，消除了加密货币公司新型组织架构的无限责任风险。

（三）欧盟逐渐成形的虚拟货币监管框架

欧盟的虚拟货币规则主要是依据具体行为分别制定的，是全球领先的虚拟货币监管框架之一，主要包括对市场参与主体行为的监管、对洗钱/恐怖融资的监管规则以及税收规则。

1. 对市场参与主体行为的监管规则

欧盟委员会于2020年9月起草了"加密资产市场监管法规"（Regulation on Markets in Crypto-Assets，MiCA），该法规得到了欧洲理事会的支持，未来将成为欧盟监管私人数字货币的统一框架。

MiCA将"加密资产"定义为"价值或权利的数字表示，可以使用DLT或类似技术以电子方式传输和存储"。该定义较为宽泛，包含文本分类下的私人数字货币。在该法律下，"虚拟货币"分为三个类别：一是"资产参考代币"（Asset-referenced Token）；二是"电子货币代币"（E-money Token）；三是"实用型代币"（Utility Token）。具体而言，资产参考代币通过引入法定货币、一种或几种商品或虚拟货币来稳定其价值，类似于稳定币概念；电子货币代币的主要目的是作为一种交换工具，通过参考法定货币的价值来维持稳定的价值，比如支付公司的支付代币；实用型代币主要提供对商品或服务的数字访问，可在DLT上使用，并且仅由该代币的发行人接收，对应前述的虚拟货币

[①] 参见 https://www.wyoleg.gov/Legislation/2019/SF0125, https://www.wyoleg.gov/Legislation/2019/HB0062。

[②] 参见 https://wyoleg.gov/Legislation/2021/SF0038。

概念。总结而言,"资产参考代币""实用型代币"以及部分电子货币代币共同构成私人数字货币范畴[①]。

MiCA 在以下五个方面制定了私人数字货币的统一规则[②]:第一,发行和交易的透明度和披露要求;第二,授权和监督加密资产服务提供商(CASP)和代币发行人;第三,发行人和服务提供商的运营、组织和治理;第四,发行、交易和保管的消费者保护规则;第五,防止市场滥用,以确保市场诚信。

MiCA 的监管客体是在欧洲或向欧洲提供私人数字货币服务或发行私人数字货币的任何人。前者被定义为"加密资产服务提供商"(CASP),只要其业务是在专业基础上向第三方提供一项或多项虚拟货币服务,均属于 CASP。CASP 的概念范围明显大于 FATF 规定的 VASP(见表9-5),其将私人数字货币的咨询服务提供方和订单信息传输机构也纳入了"服务提供商"范畴。对于符合 CASP 定义的机构而言,其必须在欧盟成员国注册法人实体,并获得该国主管当局的 CASP 授权。

表9-5 MiCA 的 CASP 与 FATF 的 VASP 的概念对比

行为满足下列条件之一即属于 CASP(MiCA)	行为满足下列条件之一即属于 VASP(FATF)
代表第三方保管和管理虚拟货币	虚拟资产与法定货币的交易
运营加密资产交易平台	提供一种或多种形式的虚拟资产之间的交换服务
加密资产交换为法定货币	虚拟资产的转让
不同加密资产之间的交换	保管或管理虚拟资产或控制虚拟资产的工具

---

① 按照 MiCA 的定义,电子货币代币是与法定货币关联的"硬币和钞票的电子替代品",是一种支付手段。部分电子货币代币属于稳定币范畴,如基于电子货币协议(E-money 协议)发行的稳定币,但并非所有的电子货币代币都属于本文视角下的数字货币范畴。理论上,满足欧洲议会和欧洲理事会指令 2009/110/EC 第2章第2条,以电子方式存储并在支付交易中转移的货币价值都属于电子货币,以此为基础发行的代币即为电子货币代币。

② 参见 MiCA 第1章第1条,https://eur-lex.europa.eu/legalcontent/EN/TXT/?uri=CELEX%3A52020PC0593。

续表

行为满足下列条件之一即属于 CASP（MiCA）	行为满足下列条件之一即属于 VASP（FATF）
代表第三方执行虚拟货币订单	参与或提供发行人发售或出售与虚拟资产有关的金融服务
加密资产的处置	
代表第三方接收和传输加密资产订单	
提供加密资产相关的咨询或建议	

注：上述"加密资产"及"虚拟资产"可近似理解为"私人数字货币"。
资料来源：EUR-Lex，FATF，上海发展研究基金会。

相较于普通的 CASP，MiCA 对于虚拟货币发行人的法律要求则更为严格，受到更多监管条款的限制，主要包括发布项目白皮书、公平营销和诚信行事等。

首先，发行人发行虚拟货币时一般需要发布项目白皮书（满足特定要求除外[①]），且遵循形式和内容上的具体要求，披露资产、发行程序和发行人本身的详细信息，以便投资者能够充分了解与发行相关的风险。但与传统金融中对应概念"首次公开募股"（IPO）不同的是，虚拟货币 ICO 时，只需提交满足条件的白皮书即可发行代币，而无须像 IPO 时必须由证监会审核招股书并通过后才具备发行资格。

其次，发行人在销售其发行的数字货币时必须保证公平，遵循清晰且不具误导性的营销标准。

最后，发行人必须诚实、公平和专业地行事，以公平、清晰且不误导的方式与虚拟货币的持有人进行沟通。要预防、识别、管理和披露可能出现的利益冲突，维持有效的行政安排，并以适当的标准维护其所有系统和安全访问协议。

MiCA 很大程度上受到欧洲金融工具市场指令的启发，CASP 被认为具有

---

① 如果加密资产符合以下条件，则无须发布白皮书：（1）在每个成员国仅对合格投资者或少于 150 名投资者发行；（2）在 12 个月内募集资金不超过 100 万欧元；（3）提供免费的加密资产（空投）；（4）发行"挖矿"奖励；（5）发行前在欧盟已经有可用的加密资产。

明显的金融机构属性，因此受到简化版的金融工具市场法规即"Mini-MiFID"的约束，其主要约束内容如表9-6所示。

表9-6 MiCA对于CASP基于Mini-MiFID法规的约束

在欧盟注册并获得经营许可证	满足最低和持续的资本要求
遵守各种组织要求，例如确保管理层具备必要的技能和经验并享有良好的声誉、采用适当的系统和控制措施来维护ICT安全、记录保存和遵守反洗钱要求	遵守客户资产和资金规则，其中服务提供商的商业模式要求他们持有属于客户的资金，包括将所有客户资金存放在中央银行或信贷机构，且与任何自有资金分开识别
为客户提供清晰、准确和非误导性的信息，特别是在营销通信中，并适当警告客户与购买加密资产相关的风险，并且不会被自我感觉误导	具备投诉处理程序
维护和实施有效的政策，以防止利益冲突	在外包时采取合理措施避免运营风险，并确保服务提供商仍然全权负责履行其在 MiCA 下的义务

资料来源：EUR-Lex，上海发展研究基金会。

2. 对反洗钱与反恐怖融资的监管规则

在反洗钱与反恐怖融资方面，欧盟推出了新法律，将加密资产（此概念同 MiCA）纳入监管。受2016年巴黎、尼斯等地的恐袭事件影响，欧盟开始密切关注加密资产在恐怖主义活动以及相关洗钱行为中所起到的资金支持作用，并着手制定相关法律法规，限制加密资产为上述犯罪行为提供便利。2018年欧洲议会和欧盟理事会通过了第5版反洗钱指令（AMLD5，2015/849），将加密资产纳入反洗钱法律规制范围。

AMLD5对加密资产的主要监管措施如下：要求加密资产交易所和托管服务提供商向当地监管机构进行注册，并证明其符合KYC和AML程序；禁止在加密资产交易所进行匿名交易；对"高风险"的第三国引入了更严格的尽职调查制度，若第三国的AML/CFT制度存在重大缺陷时，来自第三国的客户如被认为会带来更大的风险，将受到更详细的背景调查。

2021年7月，欧盟委员会提出了新的反洗钱和反恐怖融资草案（AMLD6），以进一步加大规则力度。该草案计划将AML/CFT规则全面适用于加密资产领域，强调规则的制定与FATF的建议保持一致，并彻底取代AMLD5。该提案在加密资产方面的具体监管规则主要包括以下三点。第一，CASP有义务对其客户进行尽职调查，确保KYC义务得到执行。尽职调查须涵盖发送者和接收者的各种个人数据，包括姓名、身份证件号码、账户以及交易信息等。第二，禁止使用"加密资产匿名钱包"，以确保加密资产不会被用于犯罪活动中。第三，在欧盟层面建立一个反洗钱与反恐怖融资机构，全局性处理欧盟的AML/CFT事务[①]。但该计划中的具体法律仍需后续讨论和审议，预计在2024年之后才会生效。

3.税收规则

在税收方面，欧盟各成员国在涉及虚拟货币纳税或披露拥有权时往往采用不同的法规，部分成员国甚至没有相应的法规规范，这易于引发国税收漏报的风险，进而造成税收损失。近年来虚拟货币市场迅速膨胀，欧盟担心分散的、部分匿名的加密资产为"影子经济"提供发展渠道并削弱传统金融市场，于是积极推动新法律出台，以完善加密资产收入披露与税收规则，《欧盟行政合作指令》第八版（DAC8）即是在此背景下出台的。DAC8的目标是在成员国内部建立统一的透明度标准，并为CASP和发行人建立披露要求，以确保公平税收。

根据欧盟委员会发布的一份关于虚拟货币税收的技术报告，2020年全年仅对比特币征收资本利得税的税收潜力就达到8.4亿—9亿欧元，相当于当年欧盟财产税税收总额的0.3%。欧盟或将对虚拟货币征税资本利得税，且该税种的增长潜力大，一旦开征可能为欧盟各国财政带来长期增长的收入。2021年3月10日，欧盟委员会启动公众咨询，其咨询结果已成为DAC8的制定依据，但其具体细节仍在讨论中，预计这项法律将在未来的一年半内正式

---

① 参见AMLD6提案原文，https://eur-lex.europa.eu/legal-content/EN/TXT/?uri=CELEX%3A52021PC0423。

生效[1]。

(四) 英国侧重监管衍生品交易

1. 对市场参与主体行为的监管规则

英国对虚拟货币的实质性监管是从 2018 年 4 月开始的，彼时 FCA 宣布，提供加密货币衍生品的公司需要其授权。2018 年 8 月，FCA 与来自世界各地的 12 家金融监管机构合作，成立了国际金融机构监管集团——全球金融创新网络（GFIN），以促进金融监管合作与金融创新发展，英国的虚拟货币监管规则开始逐渐清晰。2019 年 7 月，FCA 最终确定并发布了一份全面的政策声明，将虚拟货币区按照其功能分为证券型代币（Security Tokens）、交易代币（Exchange Tokens）和实用型代币（见表 9-7）。其中，交易型代币和部分满足条件的实用型代币受到 FCA 监管，而与本文虚拟货币概念更为接近的"交易代币"却不在监管范围内。

表 9-7 英国的虚拟货币分类

虚拟货币	监管状态	定义
证券型代币	完全监管	提供类似于特定投资权利和义务，在监管范围内
交易代币	不受监管	不由任何中央权威机构发行或背书，主要承担交换工具的职能；通常作为没有传统第三方交易中介的去中心化交易中使用的交易工具，不在监管范围内（如 Bitcoin、ETH 等）
实用型代币	部分监管（电子货币代币类型）	授予持有人对当前和预期产品或服务的访问权；在某些条件下满足电子货币的定义，并受监管

资料来源：FCA，上海发展研究基金会。

其中，证券型代币因具有与传统金融工具如股票、债券等相同特征，因此受到"受管制的活动指令"（Regulated Activities Order, RAO）以及金融工具市场指令的监管；实用型代币中的"电子货币"受"电子货币法规"（EMRs）的监管。

---

[1] 参见 https://www.tmf-group.com/zh-cn/news-insights/articles/2021/october/dac8-creating-a-clearer-picture-around-cryptocurrencies/。

但未来英国或将逐渐开展对虚拟货币本身的监管。从FCA发布的2021—2022年商业计划书（Business Plan 2021/22）来看，新任（2020年9月上任）FCA的首席执行官尼克尔·亚迪（Nikhil Rathi）明确表达了收紧虚拟货币监管的信号，因为虚拟货币的高风险及其潜在的金融犯罪用途可能给消费者和市场诚信带来重大风险[①]。Nikhil Rathi还表示，FCA正在转型，以更好地实现其目标，使市场更好地运作，阻止和防止导致伤害的严重不当行为。

目前，FCA虽对虚拟货币交易本身持开放态度，但已严令禁止其衍生品交易。2020年6月，FCA发布规则，禁止向零售消费者出售涉及某些类型的虚拟货币的衍生品和交易所交易票据（ETN）[②]。FCA认为消费者无法对虚拟货币衍生品进行估价，可能会带来严重损失。2021年6月，FCA发布了一项调查报告，结果显示越来越多的英国人听说过虚拟货币，但公众对虚拟货币的平均认识水平却有所下降。FCA出于对消费者保护的考虑，坚持禁止虚拟货币衍生品交易政策。然而，这些限制并没有真正奏效，因为投资者仍然可以在国外购买此类衍生品，或者通过监管机构无法控制的迂回方式购买，与政策初衷背道而驰[③]。

2. 对洗钱/恐怖融资的监管规则

在反洗钱方面，英国沿用了欧洲的监管框架，并加入了一些额外监管措施。英国财政部2020年3月开始执行AMLD5，同时制定了KYC、AML和CFT相关的加密货币特定要求，并要求加密货币交易所必须向FCA注册。此外，英国并不会执行欧洲的反洗钱新框架AMLD6，主要原因是其在AMLD5框架下额外制定的相关规则标准，在许多方面已不低于AMLD6。

3. 税收规则

在税收方面，英国与美国的处理规则十分相似，同样分为资本利得税与

---

① 参见FCA Business Plan 2021/22, https://www.fca.org.uk/publication/business-plans/business-plan-2021-22.pdf。

② 参见 https://www.fca.org.uk/news/press-releases/fca-bans-sale-crypto-derivatives-retail-consumers。

③ 参见 https://www.ft.com/content/6e79e3e0-c7c9-4577-998c-5c79d24cf1d2。

所得税，但应税事件和税率有所不同（见表9-8）。

表9-8 英国虚拟货币主要税种及其应税事件

虚拟货币相关税种	应税事件
资本利得税	以英镑或其他法定货币出售加密货币
	用加密货币换取加密货币
	在商品和服务上花费加密货币
	赠送加密货币（赠送给配偶除外）
所得税	加密货币的支付行为
	质押奖励
	从质押和流动性池中赚取加密货币
	从空投中获取代币
	部分 DeFi 投资

资料来源：Koinly，上海发展研究基金会。

（五）日本侧重保护用户

1.对市场参与主体行为的监管规则

日本尚未出台针对虚拟货币监管的综合性法规，虚拟货币在日本的法律地位是根据其功能和用途决定的，监管总体透露出对虚拟货币的友好态度。

日本监管当局对虚拟货币的性质认定经历了由"货币"到"资产"的转变。日本国会于2016年5月25日通过了《资金结算法》修正案（2017年6月2日号外法律第49号，已于2017年4月1日正式实施），正式承认虚拟货币为合法支付手段并将其纳入法律规制体系。在此基础上，日本政府相应修订了《资金结算法施行令》（2017年3月24日号外政令第47号）并颁布《虚拟货币兑换业者内阁府令》（2017年内阁府令第7号）。日本金融厅（FSA）也在2017年4月宣布将虚拟货币视为与法定货币具有同等地位的支付手段，并概述了地方对于加密货币交易所和ICO的监管措施，尤其是在日本经营的虚拟货币交易所需要持证经营。2018年8月，日本虚拟货币交易协会（JVCEA）向FSA申请成为自律机构，行业自律规则形成雏形。2019年3月，情况发生了转变。日本通过了管理加密货币保证金交易规则的修正案，该修正案将虚拟货币的定位从"货币"调整为"虚拟货币",并将保证金交易额度限制在初始存款的2—4倍,且虚拟货币交易所产生的利益所得划分为"杂项收入",所得税最高达45%。

监管客体主要为虚拟货币交换服务提供商(CAESP)。PAS规定,从事购买、出售或交换虚拟货币业务,以及为他人管理虚拟货币的企业,必须注册为CAESP。由于曾发生一系列CAESP虚拟货币损失事件,因此日本制定了严格法规来保护用户财产和规范CAESP行为(见表9-9)。

表9-9 日本针对CAESP保护用户虚拟货币的法规

法规	内容
用户虚拟货币保护	自有资产与用户资产分离
	用户95%以上的虚拟货币必须在"冷钱包"内管理
	在"热钱包"内管理的用户虚拟货币必须在"冷钱包"中储备完全相同的自有资产作为赎回保证
	用户有权优先赎回隔离的虚拟货币和作为赎回保证的虚拟货币
CAESP行为条例	必须采取必要措施以确保重要信息的安全,如个人信息与虚拟货币私钥;建立风险管理系统并制订应急计划
	必须向客户提供信息,包括但不限于虚拟货币概述、历史交易记录、交易规则和费用
	受虚拟货币交换服务(CAES)广告相关规定的限制,禁止虚假和误导性陈述,以及仅以利润为导向的陈述
	必须建立内控系统,建立完备的争议和投诉解决机制

资料来源:GLI,上海发展研究基金会。

虚拟货币发行在日本同样受到额外监管。JVCEA发布的"销售新虚拟货币的规则"(ICO规则)明确了虚拟货币ICO的监管规则和指南,主要包括:第一,ICO所筹集资金的目标业务审查;第二,代币的信息披露,发行人的发行目的等;第三,ICO筹集资金的隔离管理;第四,ICO筹集资金的适当账户处理和财务披露;第五,新发行虚拟货币、智能合约和钱包等方面的安全保证;第六,对新发行代币的适当估值。

2. 对反洗钱／反恐怖融资的监管规则

在反洗钱／反恐怖融资方面，2019年6月，日本财务省和金融厅在FATF的批准下，开始建立"加密货币支付国际网络"（International Network for Cryptocurrency Payments，INCP），逐步开始参与加密货币的国际反洗钱和反恐怖融资活动。

3. 税收规则

在税收方面，日本国家税务局规定，虚拟货币交易中实现的利润构成"杂项收入"，按累进税率方式计税（税率从5%—45%），并收取利润10%作为"居民税"支付给当地政府。

第三节　稳定币规则

一、稳定币的种类与特点

（一）稳定币的种类

稳定币与虚拟货币同属私人数字货币，发行流程大致相同，一般都要经过发表项目白皮书和公开募集资金等步骤。最大的差异在于发行机制上，稳定币的发行机制主要包括以下四种。

一是法定货币抵押发行。发行人收取用户的法定货币作为抵押，发行稳定币，其币值与用以抵押的法定货币直接挂钩。此发行方式属于中心化抵押发行，即发行人接收用户抵押的法定货币，并负责发行稳定币。稳定币的信用与中心化的发行人直接挂钩。代表性币种为USDT、USDC、BUSD。

二是虚拟货币抵押发行。发行者以去中心化过度抵押的方式收取抵押虚拟货币后发行稳定币。过度抵押的方式使得稳定币能够承受虚拟货币较大的价格波动，从而在智能合约的帮助下实现与法定货币挂钩。此发行方式属于去中心化抵押发行，智能合约代替人承载稳定币信用以及维持币值稳定。代表性的币种为 DAI。

三是商品抵押发行。发行者收取用户的高流动性商品资产为抵押，发行稳定币，其币值与资产按一定比例约定并挂钩。用于抵押的资产通常为贵金属、房地产以及原油等大宗商品。代表性币种为 DGX、TCX、SRC。

四是无抵押发行。发行者发行稳定币无任何资产支持，但其通常仍给出与法定货币的固定兑换比例，维持其"稳定"仅靠算法调整供应量，且必须满足参与者持续增长。这类币通常被称为"算法稳定币"，非抵押稳定币早期尝试的例子是 Basis，其在 ICO 获得超过 1 亿美元的资金后，由于监管限制，该计划被迫在 2018 年宣布停止[①]。但最著名的当属 UST，2022 年 5 月 10 日 UST 闪崩直接引发了私人数字货币市场萧条。

目前稳定币主要采用前两种发行方式，即法定货币抵押发行与虚拟货币抵押发行方式，二者合计市占率超过 99.8%。法定货币抵押发行方式的稳定币绝大多数与单一法定货币挂钩，少数与一篮子法定货币挂钩。其中与单一法定货币美元 1∶1 抵押发行最为常见，其代表性币种 USDT 的交易量占当前全部稳定币相关交易量的 85% 以上。其流通市值占比在最近两年来虽有所下降，但仍稳居稳定币首位，占稳定币总市值比重约为 54%。下文仅对这两种主要发行方式的稳定币展开分析。

（二）稳定币的特点及其规则的必要性

稳定币的流通市值与虚拟货币总市值之间呈现出强正相关性。2021 年 5 月 19 日虚拟货币大跌后，稳定币总市值开始趋于稳定。而此前虚拟货币总市值在"超级牛市"里经历了超过一年时间的暴涨，稳定币流通市值也从 2020 年初的 5.58 亿美元上涨至 105.7 亿美元，涨幅接近 19 倍（见图 9-4）。

[①] 英格兰银行认为，无抵押发行、仅依靠算法的稳定币必须要求公众对其持续保持信心，否则其币值将面临螺旋式下降的风险。而保持持续的信心且不存在抛售行为几乎是不可能的，因此该发行机制下的稳定币将不可避免地走向失败。

长期来看，未来虚拟货币市场大概率进一步膨胀，而稳定币市值以及交易量也将随之上升。因此有必要制定详细的稳定币规则，以防止未来稳定币体量过快膨胀，导致对全球金融稳定产生难以控制的负面影响。

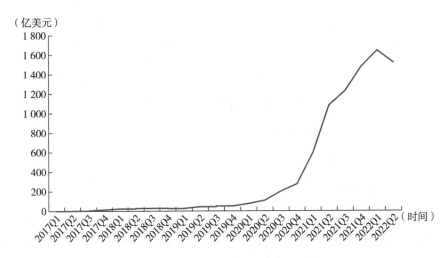

图9-4　市值前十稳定币的总市值变化趋势

资料来源：Statista。

二、国际组织制定的稳定币监管规则

（一）FSB——基于金融稳定视角

2019年10月，FSB发布了稳定币监管问题报告，指出了私人发行的稳定币比虚拟货币对全球金融稳定的威胁更大，可能引发系统性金融风险。FSB认为，稳定币有迅速成长的潜力，其潜在用户群可能很大，比虚拟货币更有可能成为实质上的支付工具，需要实施更为严格的监管。FSB考虑到稳定币监管的跨境属性，倾向于在现有框架下制定稳定币监管方法，并指出了需要考虑的三大监管问题：一是如何将现有监管框架应用于稳定币；二是现有监管框架和相关实践如何在跨境和跨部门背景下相互作用；三是稳定币面对可能在国际层面上带来的监管挑战。

2020年10月，FSB向G20利雅得峰会提交了对全球稳定币（GSCs）安排监管和审查的最终报告，提出了10条高级别监管建议，并表示将在未来三年中参与和协调稳定币的国际标准制定工作。2021年10月最新发布的"全球稳定币监管和审查的高级别建议执行进展报告"显示，欧盟、美国、英国等主要经济体的稳定币监管有了不同程度的进展，但司法层面仍处于初期阶段。

（二）CMPI——具体的稳定币安排

支付与市场基础设施委员会（CPMI）与IOSCO合作完成了将金融市场基础设施原则（PFMI）应用于稳定币安排的咨询报告，给出了PFMI应用于具有系统重要性的稳定币安排（Stablecoin Arrangements，SAs）的指南。该指南要求具有系统重要性影响的稳定币安排须满足四方面条件：一是治理安排，包括明确的稳定币所有权结构和问责机制；二是全面风险控制，对承担金融市场基础设施（PMI）职能或其他SAs职能所依赖的实体，应定期审查其所承受和可能造成的重大风险，并依据适当的风险管理框架来处理这些风险；三是最终处置，明确不可撤销的分类账划转的节点以及相关的结算细节并确保透明度；四是资金清算，包括严格控制稳定币的信用和流动性风险最小化，以及发行人破产清算时，稳定币持有人的权益保护等。

（三）FATF——纳入与虚拟货币相同的监管框架

在2019年6月推出第一个虚拟货币反洗钱与反恐怖融资全球标准后，FATF又注意到稳定币在洗钱方面的风险。2019年10月，FATF给出了稳定币的洗钱风险提示，指出全球稳定币及其全球网络和平台可能会导致虚拟资产生态系统的转变，给洗钱和恐怖融资风险带来新的挑战。FATF表示，全球稳定币及其服务提供商，都将作为虚拟资产（VAs）和虚拟资产服务提供商（VASPs）或作为传统金融资产及其服务提供商受到FATF标准的约束，它们永远不应超出反洗钱控制的范围。这意味着FATF对稳定币的监管将适用于已建立的虚拟货币反洗钱与反恐怖融资框架。

2020年6月，FATF向G20财长和央行行长提交了关于所谓"稳定币"

的报告。报告指出，其匿名性、全球范围和多层转换等特性，以及相较于虚拟货币的更大规模普及潜力，使其具备不亚于虚拟货币的洗钱/恐怖融资风险，并呼吁各国尽快加强对稳定币的监管措施。

三、主要经济体的稳定币监管规则

各经济体对稳定币监管措施的重视程度不亚于加密货币，主要原因在于以下几方面。第一，稳定币多是以法定货币为抵押发行的，监管不到位可能导致用于抵押的法定货币被非法挪用，造成稳定币持有人的损失。第二，稳定币在私人数字货币交易中，发挥着实质性的"通货"作用，地位较高，交易量是私人数字货币交易中最大的，这使得稳定币自身的稳定性成为金融市场风险的一环。第三，稳定币储备资产的赎回可能对银行的流动性冲击较大。稳定币储备资产主要是以美元为代表的法定货币，稳定币一旦大规模赎回，可能造成单一货币短期流动性过剩的问题，加大了央行调节流动性的难度。第四，挂钩非本国法定货币的稳定币对本国货币政策及货币主权的冲击。稳定币的交易不受地域限制，挂钩非本国货币的稳定币将几乎不可避免地给经济体量较小、金融基础薄弱的国家带来货币政策乃至货币主权的巨大挑战。出于对上述问题的考虑，各国的金融监管机构十分重视对稳定币的监管。

（一）欧盟已制定较为完备的监管规则

除虚拟货币外，MiCA 同样对欧盟的稳定币监管做了详细的安排，即与"资产参考代币"和部分电子货币代币相关的规定，主要针对稳定币服务提供商与发行人。

具体而言，稳定币服务提供商属于 CASP 范畴，因此必须满足上述 CASP 一般性的监管要求。而资产参考代币（稳定币）和电子货币代币的发行人除了数字货币发行人的一般性义务外，还要遵循三项额外的附加义务（见表 9-10）：一是发行人必须遵守审慎要求，即以 35 万欧元或平均储备资产金额的 2%，二者中的较高者作为其自由资金储备，并保证其与自有资金隔离且无抵押；二是发行人必须有健全的治理安排、清晰的组织结构、明确界定、一致和透明的责任线、管理、监控和报告风险的有效流程，以及适当的内部控制机制；三是发行人必须提供并发布其重要行为信息，包括与流通中的资产有关的信息，任何可能对其代币价值和利益冲突政策产生重大影响的事件，以及投诉处理义务。值得注意的是，MiCA 并没有限制稳定币的储备资产投资，仅限制了储备资产的投资渠道，规定了稳定币的储备资产只能投资于市场和信用风险最低的高流动性金融工具，且投资应能够迅速清算[①]。

表 9-10　一般数字货币与稳定币发行人的义务

数字货币发行人的一般性义务	稳定币发行人的附加义务
发布项目白皮书	审慎要求（储备资金要求）
公平营销	明确的公司治理机制
诚信行事	信息披露

资料来源：EUR-Lex，上海发展研究基金会。

此外，由于欧盟对于"加密资产"的定义包含私人数字货币，因此在反洗钱与反恐怖融资和税收方面，欧盟将对稳定币与虚拟货币执行相同的监管标准，此处不再赘述。

（二）美国或将建立审慎监管框架

1. 从 Libra 计划的破产看美国稳定币监管

美国对稳定币的监管态度，从社交网络巨头 Facebook（2021 年更名为 Meta）的天秤币（Libra）计划破产一案中可窥见一斑。

2019 年 6 月，社交巨头 Facebook 联合多家支付及科技公司成立 Libra 协会，并公布了数字货币项目 Libra 的白皮书，其目标是建立一个新的去中心化区块链、低波动性的加密货币和智能合约平台。Libra 基于"许可性区块链"技术，其代币价值锚定于以美元、英镑、欧元和日元组成的一篮子货币。与

---

① 详见 MiCA 第 34 条"储备资产投资"。

其他许多稳定币的价格稳定机制类似，Libra 通过建立"低买高卖"的机制以维持币值处于某个区间，进而实现动态的价格稳定。

Libra 自公布以来就受到了美国国内外监管机构的高度关注与严格管控，其中最具代表性的是于 2019 年 7 月召开的两场听证会。会议上，美国监管机构[①]就 Libra 的监管归属如何界定、如何保护用户数据隐私、商业模式细节和是否存在垄断等问题进行了深入询问并表达了质疑。而 Facebook 的回答无法消除监管机构的担心和疑虑，因此未能得到监管机构的发行批准。

究其原因，Libra 与多种货币挂钩且其发行主体具有强大的人群触及能力和号召力，使其在本质上已超越一般稳定币的范畴，最终成为一种没有地域限制的超主权货币。而这触及了主权国家货币发行的核心利益，同时也是对现存货币体系的颠覆，还将在隐私保护、非法交易以及金融稳定等方面造成难以想象的巨大冲击，因此遭到了各国监管机构的一致强烈反对。

迫于监管压力，Libra 协会的多家公司选择退出，而 Facebook 则对 Libra 进行了重新设计，并将其改名为 Diem（2020）。从性质上看，Diem 与单一法定货币即美元挂钩，其技术基础也与其他通过区块链抵押法定货币发行的稳定币基本相同，属于常规意义上的稳定币。尽管 Facebook 一再作出让步以打消美国监管当局的疑虑，但出于维护美元霸权地位的考虑，后者的应对策略是将任何可能对美元地位产生影响的潜在风险扼杀在"摇篮"里，因此同样拒绝了 Diem 的发行申请。2022 年 1 月 31 日，Diem 协会（原 Libra 协会）宣布将其 Diem 资产以 5 000 万美元现金和超过 120 万股的总价（按 1 月 31 日股价计算，合计约 1.82 亿美元）出售给总部位于加利福尼亚州的 Silvergate Capital，该稳定币发行尝试彻底宣告失败。

从上述 Libra 的案例中可以看出，美国对稳定币持十分谨慎的态度，不会

---

① 包括美国参议院银行、住房和城市事务委员会（The U.S. Senate Committee on Banking, Housing, and Urban Affairs）和美国众议院金融服务委员会（The U.S. House Financial Services Committee）。

轻易批准具有较大影响力的公司发行稳定币,以保持货币当局在货币事务上的绝对话语权。

2.美国可能即将推出完整的稳定币监管框架

就目前而言,美国还未出台专门针对稳定币的监管规则,稳定币监管相对缺失,但美国已开始注意到稳定币监管的急迫性。2021年11月,美国总统金融市场工作组(PWG)、联邦存款保险公司(FDIC)和货币监理署(OCC)联合发布了《稳定币报告》(以下简称《报告》),该报告可代表未来美国的稳定币监管方向。

在《报告》中,美国各机构描述了与稳定币使用增加相关的风险,分别为价值损失风险、支付系统风险和规模风险。此外,《报告》还强调了稳定币可能会在反洗钱合规、市场诚信和一般审慎三方面带来负面影响。《报告》指出,未来的稳定币相关立法应建立"适当联邦审慎框架"(Appropriate Federal Prudential Framework)解决上述风险;对于稳定币的不同活动,应与虚拟货币一样,由相应部门监管。《报告》强调稳定币发行应受到限制,并由监管部门制定明确的行业标准。此外,美国稳定币监管可能更多地参考全球标准,主要是FSB的金融稳定监管标准和FATF的反洗钱与反恐怖融资监管标准。

美国稳定币监管规则的发展方向可总结为:建立"适当联邦审慎框架"以加大统一监管力度,规避主要风险;联邦层面具体监管责任将根据监管客体落实到各监管机构;对于金融稳定以及反洗钱与反恐怖融资等需要全球协调的事务,将主要参照国际标准。

此外,2021年11月,美联储委员会(The Board of Governors of The Federal Reserve System)、FDIC和OCC共同发布了《关于加密资产政策冲刺倡议及下一步行动的联合声明》(*Joint Statement on Crypto-Asset Policy Sprint Initiative and Next Steps*)。上述监管机构将重点对银行的稳定币和虚拟货币相关业务进行更为细致的审查,以确保其安全性、可靠性以及对消费者的保护达到现有法律法规的期望。其中，稳定币的发行与分配是重点关注领域①。

（三）英国及日本尚未出台具体规则

英国尚未出台具体的稳定币监管措施，但当局已开始研究和制定相关规则。

英格兰银行下的金融政策委员会（FPC）在2019年12月发布的《金融稳定报告》中指出，稳定币将会越来越多地用于支付，而基于稳定币的支付链将会给监管带来新的问题。英格兰银行在一份讨论文件中阐明，包括稳定币在内的数字货币可能导致金融体系的变化，从而影响信贷的成本和可用性；在此基础上，FPC给出了关于稳定币监管的两个预期。第一，稳定币可能成为常规的零售支付手段，因此稳定币支付链应受到与传统支付链相同标准的监管；对稳定币支付链运作起到关键性作用的公司应该受到相应更严格的监管。第二，仅靠银行的支付制度不足以确保新形式数字货币的安全性。当稳定币在系统性支付链中充当货币时，它们应在价值稳定性、法律索赔稳健性和以法定货币面值赎回能力等方面达到与银行货币（可理解为基于商业银行派生的广义货币）相同的预期效果②。这意味着英国很可能按照现有银行体系的标准对稳定币相关机构进行监管。

未来英国对稳定币的监管规则还可能在很大程度上受到国际组织的影响。英国财政部于2021年1月发布了关于虚拟货币和稳定币监管的咨询文件，首次尝试将稳定币纳入监管框架并听取大众意见。该文件明确指出英国受到监管的稳定币活动与FSB一致，并明确了多个方面的监管要求，包括操作授权、审慎性要求、储备资产管理要求、有序破产要求、风险管理要求、金融犯罪要求和网络安全要求等。

在日本方面，日本金融服务局（FSA）计划在2022年发布对于稳定币的具体监管规则，但目前透露的信息较少。

---

① 参见 https://www.federalreserve.gov/newsevents/pressreleases/files/bcreg20211123a1.pdf。
② 参见 https://www.bankofengland.co.uk/paper/2021/new-forms-of-digital-money。

第四节　CBDC 规则

CBDC 在正式推出之前一般会经历三个阶段，即研究阶段、试验或概念验证（Proofs of Concept）阶段和试点阶段。BIS 在 2020 年第三次全球央行数字货币的调查表明，截至 2020 年底，受调查的 66 家央行中有 86% 正在研究 CBDC 问题，约 60% 的央行正在进行 CBDC 试验或概念验证，14% 的央行正在推进 CBDC 试点工作。截至 2022 年 7 月底，已有 11 个经济体正式发行了 CBDC。

一、国际组织制定的 CBDC 规则

（一）IMF 当前聚焦于零售型 CBDC

2020 年，IMF 在 G20 的要求下，开始研究 CBDC 跨境支付在货币政策传导、金融稳定、资本流动、国际储备四个方面对全球金融体系的影响。总体来说，IMF 认为 CBDC 并没有从质上改变导致货币国际使用的经济力量，但可以从量上强化货币替代和货币国际化背后的动力。CBDC 的使用能促进全球金融一体化，但可能加大发行国受到金融冲击的风险敞口。2020 年，IMF 发布了专门针对零售型 CBDC 的研究报告，探讨了 CBDC 的发行动机、潜在风险、发行条件、设计要点、治理与监管和网络安全等重要问题，并向各国央行提出了发行零售型 CBDC 的一般性参考和具体操作建议。该报告指出，央行在发行零售 CBDC 之前，应当就风险、产品设计、网络安全、运营、技术、法律和监管要求展开全面评估，并在封闭、可控的环境中对不同的组合进行试验，从而切实理解不同设计模式的影响和风险。

（二）BIS 探索 CBDC 的一般性规则和跨境支付安排

1. CBDC 需要具备的核心特征

BIS 对 CBDC 的态度经历了由负面向谨慎积极的转变。2019 年以前，BIS 对 CBDC 持负面态度，认为零售型 CBDC 会从支付、金融稳定与货币政策三方面加大金融脆弱性。然而，BIS 近两年来开始支持 CBDC 的发展。2020 年第一季度，BIS 鼓励各国分享 CBDC 原型试验，这将有利于评价技术是否具有普适性，从而为经济体是否发行以及如何发行 CBDC 提供有效信息。2020 年，BIS 开始与部分发达国家合作，研究 CBDC 的设计方案。BIS 与 G7 于 2020 年 10 月联合发布的报告中指出了 CBDC 需要具备的 14 个核心特征（见图 9-11），同时表示发行 CBDC 应遵循三个基本原则，即不伤害（Do not Harm）、共存（Coexistence）以及创新和效率（Innovation and Efficiency）。

表 9-11　BIS 认为 CBDC 需具备的核心特征

工具特征（Instrument features）	
可转换	为保持货币单一性，CBDC 应与现金或私人货币等值交换
便利	CBDC 的支付应如同现金、刷卡和手机支付一样便利，以方便普及
可接受与可使用	CBDC 应可用于许多与现金相同类型的交易，包括点对点交易，这要求离线交易的能力（可能在有限期间内完成交易，并达到预设的门槛）
低成本	CBDC 的终端用户支付成本要求非常低或为零，同时他们对于 CBDC 支付技术方面的支出也尽可能低
系统特征（System features）	
安全	CBDC 系统的基础设施和参与者都应该对网络攻击和其他威胁具有极强的抵抗力
即时	系统的终端用户应能够获得即时或接近于即时结算的能力
弹性	CBDC 系统应具备面对操作故障、自然灾害、电力中断和其他问题的极强弹性。如果网络不可用，终端用户应具备一定的离线支付能力
全时段可用	系统的终端用户应具备 24/7/365 的全天候支付能力
可扩展	系统应具备处理大量交易的能力
互操作	该系统需要与私营部门数字支付系统建立充分的互动机制，使资金能够在系统之间轻松流动
灵活与适应性	系统应具备灵活性，能适应不断变化的条件和政策要求

续表

机构特征（Institutional features）	
健全的法律框架	中央银行应有明确的权力支持其发行 CBDC
标准	CBDC 系统（基础设施与参与实体）需要符合适当的监管标准（例如提供 CBDC 转账、存储和托管的实体应遵守类似货币服务提供商同等的监管和审慎标准）

资料来源: G7 and BIS. Central Bank Digital Currencies: Foundational Principles and Core Features, October 2020。

2. CBDC 的跨境支付安排

2021 年 3 月，BIS 的一篇工作论文中探讨了 CBDC 与跨境支付未来安排，指出其对于现有代理行安排不佳的新兴市场国家尤为重要。BIS 还强调，必须在 CBDC 设计初期就将跨境支付考虑其中，并建立完善的安排机制，才能实现上述优势。

2021 年 7 月，BIS 创新中心同 IMF、CPMI 和世界银行一起向 G20 提交了关于 CBDC 的跨境支付应用研究报告。该报告指出了 CBDC 跨境支付设计的两条可行思路：一是零售型 CBDC 可供其发行的司法管辖区内外的所有人使用，发行央行之间不需要具体协调；二是以央行间的紧密合作为基础，在不同的零售或批发 CBDC 之间建立准入和结算安排。后者要求建立不同 CBDC 之间的互操作性，标准更高，但这样的多边 CBDC（multi-CBDC，mCBDC）安排或将更好地提高跨境支付效率。该报告还提出了三种具体的 mCBDC 模型：一是通过遵守共同的国际标准来实现独立 CBDC 系统的互操作性，与传统跨境支付安排类似；二是通过一个共享技术接口或共同清算机制，连接不同的 CBDC；三是在全球央行高度合作下，建立单一 mCBDC 系统，CBDC 的跨境结算将完全在系统内部实现，但这一模型的实现难度较大。这三种模型都会对全球金融体系产生影响，主要体现在跨境资本流动的增加、潜在的金融稳定风险和货币替代、储备货币的配置和支持等方面。CBDC 间的互操作性越高，影响就会越显著。

目前 mCBDC 安排的概念已被大多数主要经济体所接受，并已经开始了针对BIS描述的三种mCBDC模式的试验。我国也积极参与了mCBDC试验项目，2021年2月中国人民银行数字货币研究所加入了多边央行数字"货币桥"（mBrige）研究项目，该项目也是基于单一平台多货币系统的mCBDC安排，目前已探索了CBDC在国际贸易结算、跨境电商、供应链金融等15个场景的应用，并取得了一定成果，其中mCBDC结算的通用原型平台在几秒钟内完成了跨境支付和结算操作[①]。

具体而言，货币桥是由2019年泰国央行（BOT）与中国香港金管局（HKMA）之间的"Inthanon-LionRock"批发型CBDC（wCBDC）跨境支付联合研究项目发展而来，货币桥的基本运行原理如图9-5所示。

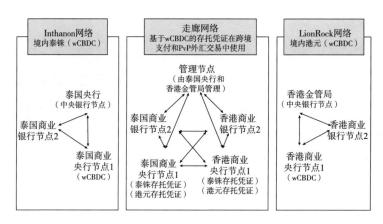

图9-5 货币桥的运行原理

资料来源：泰国央行，香港金管局。

图9-5中左右两侧为泰国和中国香港的wCBDC系统，内部支付结算在各自系统内进行。一旦有银行提出跨境支付结算需求，内部系统的CBDC节点就会注销掉该银行持有的wCBDC，并通过图9-5中央走廊网络（Corridor Network）中的管理节点（Operator Node）发行该币种的存托凭证

---

① 联合试点参与方包括国际清算银行创新中心、中国香港金融管理局、泰国银行、中国人民银行数字货币研究所、阿拉伯联合酋长国中央银行。参见 https://www.bis.org/publ/othp40.pdf。

（Depository Receipt，DR），并在走廊网络中自动寻找最佳的外汇交易报价，不同币种的存托凭证将在走廊网络中进行兑换。该走廊网络是货币桥的核心，可以理解为多央行联合治理的一个司法管辖区，它将两地外汇交易行连接起来，完成 PvP 外汇交易，从而实现耗时短（数秒内便可完成结算）、低成本、无结算风险的跨境支付交易。在我国央行和阿联酋央行加入后，货币桥走廊网络的影响力和活跃度得到了巨大提升，进一步验证了 mCBDC 跨境支付安排模型的现实可行性。

此外，BIS 还与其他许多国家和地区的货币当局开展了深入合作，探索了不同类型 CBDC 的技术理论和应用实践（见表 9-12）。

表 9-12　BIS 已经启动的 CBDC 项目

项目名称	参与方	目的	所处阶段或现有成果
Aurum	BIS 香港创新中心、香港金融管理局和香港应用科技研究院	旨在防止货币过度发行，并灵活适用于不同的 CBDC	原型系统于 2022 年 7 月成功完成。该项目创建了一个由批发银行间系统和零售电子钱包系统组成的技术堆栈，建立了两种不同类型的代币：中介 CBDC 和银行间系统中由 CBDC 支持的稳定币，前者是中央银行的直接负债，后者则是发行银行的负债，其支持资产由中央银行持有。系统遵循安全、灵活和隐私的核心原则
Jura	法兰西银行、国际清算银行创新中心瑞士中心、瑞士国家银行和一个私营部门财团	探索在第三方运营的单一 DLT 平台上，代币化资产和外汇交易以批发型 CBDC 的形式，通过 PvP 和 DvP 机制安全结算	已于 2021 年 12 月完成。该项目验证了中央银行在第三方平台上发行 wCBDC 并转移到其他中央银行的可行性，为包括外汇、证券和其他金融工具在内国际金融交易提供了新方法，同时为跨境支付提供了新的思路
Helvetia	国际清算银行创新中心、瑞士国家银行和金融基础设施运营商 SIX	旨在探索中央银行提供基于 DLT 的代币化金融资产的中央银行货币结算，重点关注运营、法律和政策问题	已完成了两阶段的工作，验证了包括中央银行、商业银行等机构在代币化平台内，参与资产交易和结算的可行性

续表

项目名称	参与方	目的	所处阶段或现有成果
Dunbar	BIS创新中心与澳大利亚储备银行、马来西亚中央银行、新加坡金融管理局和南非储备银行	旨在促进金融机构之间以不同货币进行直接跨境交易,以降低成本并提高速度	该项目已成功开发了两个原型,该平台可以使用多个中央银行发行的数字货币进行国际结算。多币种共同结算平台将使交易各方能够直接以不同的货币相互支付,而无须代理银行等中介机构,一定程度上解决了现有跨境支付缓慢且昂贵的缺陷,但仍有一些问题需要解决
mBridge	BIS香港创新中心、香港金融管理局、泰国银行、中国人民银行数字货币研究所和阿联酋中央银行	旨在探索多个CBDC在单一的通用技术基础设施中直接连接管辖数字货币,促进跨境支付的发展	该项目通过建立基于新区块链的平台,在确保遵守司法管辖区特定的政策和法律要求、法规和治理需求的前提下,实现了CBDC的实时、点对点的跨境支付和外汇交易,为改善当前跨境支付系统提供了全新可能
Mariana	瑞士、新加坡、BIS欧洲创新中心、法国银行、新加坡金融管理局和瑞士国家银行	旨在验证使用自动做市商(AMM)在金融机构之间进行不同币种的批发型CBDC交易的可行性	目前仍在进行中,目标是在2023年中期之前提供概念验证。该项目使用DeFi协议来自动化外汇市场和结算,有可能改善跨境支付
Tourbillon	BIS瑞士创新中心	旨在探索如何在CBDC原型中提高网络弹性、可扩展性和隐私性	目前仍在进行中,预计将于2023年中期完成。该项目通过试验抗量子设计和密码学来实现网络弹性,通过使用与DLT兼容但不基于DLT的架构来实现线性扩展性,通过为保护付款者的信息安全解决隐私问题
Sela	BIS香港创新中心、香港金融管理局和以色列银行	旨在探索双层零售CBDC架构的网络安全和技术可行性	目前仍在进行中,预计将于2023年中期完成。该项目允许商业银行、支付服务提供商和金融科技公司等中介机构在没有任何相关财务风险的情况下提供CBDC服务
Polaris	BIS北欧创新中心	旨在探索建立在离线和在线模式下均能保证安全和弹性的CBDC系统	该项目将于2023年5月上旬启动

续表

项目名称	参与方	目的	所处阶段或现有成果
Rosalind	BIS 伦敦创新中心和英格兰银行	旨在开发一种应用程序编程接口的原型，通过这种接口使中央银行分类账与私营部门服务提供商互动，以安全地提供零售支付	该项目已于 2023 年 2 月进入第二阶段
Icebreaker	BIS、以色列银行、挪威银行和瑞典银行	旨在开辟零售 CBDC 跨境支付的新途径	该项目已于 2023 年 3 月完成，并提供了一套独特的零售 CBDC 跨境支付解决方案，即所谓的中心辐射型解决方案。该方案将跨境交易分为两种国内支付，由活跃于两种国内系统的外汇提供商提供服务，从而使零售 CBDC 永远不需要离开自己的国内系统。项目模型被验证易于扩展且具有较强的互操作性，参与者可使用零售型 CBDC 降低跨境结算风险

注：表内信息截至 2023 年 3 月末。
资料来源：BIS。

可以看到，国际上正在进行的多币种 CBDC 跨境支付项目都是在 BIS 的牵头下启动的，研究进展也从理论验证逐渐向应用实践层面深入。多币种 CBDC 跨境结算的技术标准将有望率先实现全球统一。但需要注意的是，货币的跨境使用主要不是靠技术手段，而是靠制度安排。在货币自由兑换、自由跨境流动的国际制度安排成熟后，mCBDC 的统一技术规则才能更好地发挥其优势。

（三）G7 针对零售型 CBDC 的公共政策原则

G7 在 2021 年 10 月发布了《零售型 CBDC 的公共政策原则》（以下简称《原则》），主要内容如下。

第一，货币和金融稳定为前提。任何 CBDC 的设计应支持公共政策目标的实现，不能妨碍央行执行公共政策，且不能损害金融和货币稳定。

第二，在法律和治理框架内运行。G7对国际货币金融体系的价值观（健全、法治的经济治理和保持适当透明度）应指导CBDC的设计和运行。

第三，保护数据隐私。严格的隐私标准、问责制保护用户数据的制度以及信息保护和使用方式的透明度，是CBDC维持信用的必要条件。

第四，运营弹性和网络安全。必须保证CBDC生态系统的安全，以实现可信、持久和适应性强的数字支付，以及抵御网络欺诈和其他运营风险的能力。

第五，保持竞争。CBDC应与现有支付方式共存，在开放、安全、有弹性、透明和存在竞争的环境中运行，以促进支付方式的多样性发展。

第六，减少非法融资。CBDC监管框架应致力于打击非法融资，遵守AML/CFT义务，并遵循FATF的标准。

第七，减少溢出效应。CBDC的运行应避免对国际货币体系造成负面溢出效应，包括不对其他国家的货币主权和金融稳定产生负面影响。

第八，能源利用与环境保护。CBDC基础设施的能源利用应尽可能高效，以支持国际社会向"净零"经济过渡的共同承诺。

第九，数字经济与创新。CBDC应成为数字经济创新的催化剂，增强不同支付解决方案之间的互操作性。

第十，增强金融包容性。应通过CBDC扩大金融服务覆盖面，使当前被排除在金融系统之外的人获得更多的支付服务等的机会，同时发挥现金的重要作用。

第十一，加强当局使用CBDC的透明度。当局应承诺以一种透明的、法律规定的方式使用CBDC，以保护个人权利并维护社会价值。

第十二，发挥跨境功能。通过广泛的国际合作，充分发挥CBDC在跨境支付中的潜力。

第十三，加大CBDC在国际发展中的应用。在国际发展中使用的CBDC应维护发行国和受援国的关键性公共政策。

G7还在《原则》中指出了共同研究结论：上述13条原则是CBDC得到用户信任所必须满足的基本条件，可以作为任何经济体设计CBDC的参考规则。

二、各经济体的 CBDC 运行规则

（一）CBDC 运行规则的四个维度

BIS 将 CBDC 定义为"中央银行发行的以国家账户单位计价的数字货币，代表中央银行的一种负债"，并对其分类进行了具体说明（见图 9-6），现已得到学界广泛的认同。

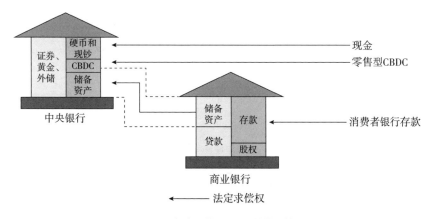

图 9-6 包含零售 CBDC 的货币体系

资料来源：BIS。

CBDC 的运行规则包含运行范围、运行架构、技术基础和所有权验证方式四个基本维度，不同经济体在设计 CBDC 时主要根据其所要实现的首要目标对上述维度做出各自的安排。

第一，CBDC 的运行范围有两种，即国民经济活动和关键金融机构间的经济活动。前者深入至大众的消费支付，覆盖面广；后者仅用于关键金融机构之间的结算活动，覆盖面窄。BIS 的"货币之花"模型将 CBDC 分为零售型与批发型，零售型 CBDC 主要用于提升境内支付结算效率，批发型 CBDC 在跨境结算方面具有明显优势。各经济体根据发行目的选择适合的 CBDC 类型，但也有一些央行同时研发这两种类型的数字货币并在不同领域搭配使用。

第二，CBDC 运行架构有两种，即单层运行架构和双层运行架构（见图 9-7）。其中，单层运行架构对应直接型 CBDC（Direct CBDC）；双层运行架构对应混合型 CBDC（Hybrid CBDC）和间接型 CBDC（Indirect CBDC）。单层运行架构下，央行直接对用户负责，追踪并记录每一项 CBDC 交易的数据信息和用户账户余额，用户对央行具有求偿权；双层运行架构的混合型 CBDC 模型中，央行同样直接对用户负责，用户对央行具有求偿权，但央行不直接处理交易，而是将该权利授予中介机构；双层运行架构的间接 CBDC 模型中，金融机构对用户负责，并负责用户 CBDC 的交易与账户记录，用户对金融机构具有求偿权，而央行只负责金融机构层面的批发交易。

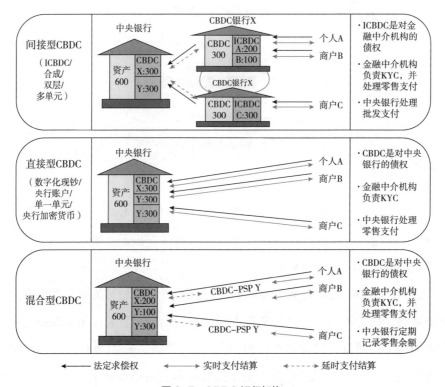

图 9-7 CBDC 运行架构

资料来源：Auer R, Rainer B. The technology of retail central bank digital currency [J]. BIS Quarterly Review, 2020a, 85–100。

第三，CBDC的技术基础有两种，即传统型技术和分布式账本技术两类。前者是中心化的传统技术，可利用现有的中心化支付网络架构实现。而DLT采用了去中心化技术，因此需要搭建新的去中心化支付架构，对支付系统基础设施的要求更高。两种技术基础可同时运用，以满足中心化程度不同的CBDC支付需求。

第四，CBDC的所有权验证方式是验证用户与账户之间关系的桥梁，与用户账户的安全性与匿名程度相关，主要分为基于账户的（Account-based）方式和基于代币的（Token-based）方式，也被称为"账户范式"和"代币范式"（见图9-8）。账户范式的CBDC采用账户式管理，用户需要通过身份认证才能证明其对账户的所有权，因此匿名性较弱；而代币范式的CBDC则通常与区块链、DLT等技术结合，账户与其持有者之间以代码关系取代身份认证关系，匿名性较强。央行也可以同时采用这两种验证方式，满足对匿名性不同程度的需求。

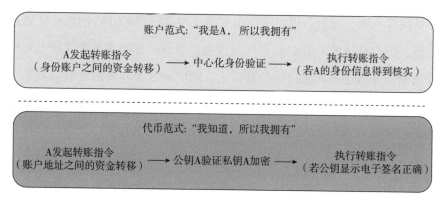

图9-8　账户范式与代币范式的运行逻辑对比

资料来源：Auer, R, Rainer B. The technology of retail central bank digital currency［J］. BIS Quarterly Review, 2020a, 85–100。

此外，CBDC是否计息成为运行规则中的热点问题之一，目前学界对此尚未达成一致。以目前的研究来看，支持CBDC计息的观点认为，若不计息，

CBDC 较银行存款而言具有收益劣势，公众将缺乏将银行存款转化为 CBDC 的动力（Ben Broadbent，2016）。更为重要的是，计息或将使 CBDC 成为货币政策工具，并产生新的货币政策传导路径。反对 CBDC 计息的观点认为，若 CBDC 支付利息，其付息率将是一个从无到有的全新变量，且不可避免地成为该经济体货币体系的基准利率之一，进而直接影响货币政策并改变传导机制。具体而言，CBDC 若计息则意味着央行与商业银行体系直接竞争，银行储户可能将其存款转移至 CBDC 账户中，从而导致金融脱媒，广义货币派生机制以及货币政策传导机制或将失效。这一问题需要得到进一步的研究。

（二）主要经济体的 CBDC 运行规则

除中国外，当前主要经济体在推行 CBDC 事务上表现相对谨慎。

美国监管当局对发行 CBDC 一直持保守态度，相关研究相对滞后，近期才释放出较为积极的信号。2022 年 1 月，美联储发布首份央行数字货币白皮书——《货币与支付：数字化转型时代的美元》，首次表达了美国官方 CBDC 事务行动的大致方向。

从内容上看，该报告仅对美国当前的支付系统和 CBDC 的潜在优劣进行了梳理，但在具体的 CBDC 收益风险权衡以及设计思路等关键议题上并没有明确指向，并将这些问题留给公众讨论。同时，对于外界最看重的数字美元可能有利于金融普惠这一潜在优势，该报告也表示了质疑，并不认为 CBDC 能大幅改善没有银行账户的美国公民的金融服务触及程度。此外，该报告就计息这一设计要点表达了观点，认为计息的 CBDC 有潜力成为新型的货币政策工具，但仍需要大量后续研究明确其如何影响企业和家庭的决策以及货币政策传导机制。综合上述情况，美联储在该报告中并未表达出对 CBDC 的正面或负面倾向，而采取了"不持立场"的态度，也表示并不确定是否最终会推出数字美元。

对比之下，其他主要经济体早已开始进行 CBDC 研究甚至试点，从这一点上看，美联储推出 CBDC 的动力明显不足，这与当前的美元霸权直接相关。

美国当前事实上拥有货币霸权，对全球美元支付清算结算流程拥有巨大的话语权，能轻而易举地对他国进行金融制裁。而 CBDC 在跨境支付结算等方面开辟出了一条全新的道路，从而可能促使货币体系多极化趋势形成，故美联储研发 CBDC 的动力较弱。这一点可从美联储主要官员对 CBDC 的态度中得到印证，除了副主席莱尔·布雷纳德（Lael Brainard）以外，美联储其他主要官员都持保守态度，而研发数字美元可能更多的是迫于其他经济体尤其是中国在 CBDC 的领先地位带来的压力。该报告也明确表示，其他经济体推出的 CBDC 可能减少美元的全球使用，而 CBDC 可能有助于美元保持现有国际地位，美联储在外界压力下不得不准备好 CBDC 的发行条件以应对 CBDC 全球趋势。

总体而言，美联储的这份报告是对美国支付系统以及 CBDC 潜在优劣的简单梳理，而将一些关键问题推给了市场，反映了美联储对于 CBDC 的"被动"态度，预计美国后续将会对 CBDC 采取"以逸待劳"的战略：第一，推进自身的 CBDC 研发进程，保持必要的技术储备，保证美国在技术上不会落后于 CBDC 先发经济体，例如美联储与 BIS 的创新合作以及波士顿联储与麻省理工数字货币研究中心（MIT DCI）合作的汉密尔顿项目（Project Hamilton）[①]；第二，加强与公众沟通，明确市场对 CBDC 的诉求，以及全面权衡 CBDC 优劣；第三，对各国 CBDC 保持密切关注，时刻关注其他 CBDC 的实验成果，尤其是在试点以及正式推出环节的实际应用场景中表现出的优劣。基于以上基础，美联储在 CBDC 技术与市场需求感知等方面将时刻做好充分准备，一旦 CBDC 在现实应用中表现出明显的优势或者 CBDC 的趋势变得难以阻挡，美国再跟进也犹未为晚。

---

① 汉密尔顿项目分为两个阶段：第一阶段主要是解决高性能、可靠交易、可扩展、隐私保护等核心问题，已于 2022 年 2 月完成；第二阶段主要是解决可审计、可编程合约、支持中介层、防攻击、离线交易等关键问题。该项目 CBDC 采用了中心化交易结构，交易通过公私钥机制实现身份校验，但目前还有很多问题没有解决，离落地使用还有很长一段距离。参见 https://www.bostonfed.org/publications/one-time-pubs/project-hamilton-phase-1-executive-summary.aspx。

欧洲央行（ECB）早在2016年12月就与日本银行（BOJ）通过Stella项目，合作研究DLT在大额支付、证券交付/支付以及金融基础设施方面的应用。但由于欧盟对CBDC的评估内容更为复杂，包括欧洲各国接受CBDC的程度与使用范围的考虑等，因此仍处于研究阶段。2021年7月，ECB证实，将开始对数字欧元进行为期两年的调查研究，目标是在2026年正式推出。ECB表示，数字欧元将在维持支付系统稳定方面起到重要作用，并强调最终成型的数字欧元不应介入货币政策传导机制。

（三）当前全球具有代表性的CBDC——按照运行范围分类

1. 零售型——数字人民币（e-CNY）

我国的数字人民币项目启动早，已进入大规模试点阶段。截至2021年6月，数字人民币试点场景超过132万个，应用领域包括生活缴费、餐饮服务、交通出行、购物消费、政务服务等。数字人民币个人钱包开立数量达2 087万余个，对公钱包开立数量达351万余个，累计交易笔数7 075万余笔，金额约345亿元[①]。

在运行范围方面，数字人民币同时采用了零售型与批发型模式，分别服务于国民经济活动与金融机构之间的结算；在运行架构方面，数字人民币采用双层运行架构，第一层是中国人民银行，第二层是商业银行[②]、电信运营商和第三方支付网络平台公司等。中国人民银行负责数字人民币发行、注销、跨机构互联互通和钱包生态管理，商业银行作为指定运营机构，牵头提供数字人民币兑换服务；在技术基础方面，数字人民币研发时不预设技术路径，传统技术与DLT均被采用；在所有权验证方面，数字人民币兼容基于账户（Account-based）、基于准账户（Quasi-account-based）和基于价值（Value-based）三种形式，以加密币串形式实现价值转移。

---

① 参见http://www.gov.cn/xinwen/2021-07/18/content_5625732.htm。
② 指定商业银行包括中国银行、农业银行、工商银行、建设银行、交通银行、邮储银行以及网商银行（支付宝），它们具有为用户提供数字人民币钱包注册服务的资质。

具体而言,银行根据 KYC 程度的不同,开设了 5 类数字人民币钱包(见表 9-13),供用户按需注册。钱包的实名认证要求由一类账户的强实名到五类账户的非实名(五类账户是交通银行针对外籍人士的小额账户)。

数字钱包具有"可控匿名"特性。"可控匿名"包含两层含义:第一层为"匿名",体现数字人民币 M0 的定位,保障公众的匿名交易需求;第二层为"可控",匿名要以可控为前提,以防范洗钱、恐怖融资和逃税等违法犯罪行为,主要针对第四类和第五类钱包(穆长春,2021)。虽然其属于非实名账户,不要求严格身份认证,但手机号/邮箱已基本实现实名制,追踪到使用者身份也并非难事。因此,数字人民币的匿名属于前台匿名、后台实名的非完全匿名模式。

表 9-13　数字人民币钱包体系

数字钱包类型	I 类	II 类	III 类	IV 类	V 类(交通银行)
实名程度	强实名	较强实名	弱实名	非实名	非实名
开立方式	银行面签、人脸识别、身份证件、手机号、银行账户	远程认证、人脸识别、身份证件、手机号、银行账户	远程认证、人脸识别、身份证件、手机号	远程认证、手机号/邮箱	远程认证、手机号(境外)/邮箱
绑定账户	绑定一类本人银行借记卡	绑定一类本人银行借记卡	不可绑定任何账户	不可绑定任何账户	不可绑定任何账户
余额上限	无	50 万元	2 万元	1 万元	1 000 元
单笔限额	无	5 万元	5 000 元	2 000 元	500 元
日累计限额	无	10 万元	1 万元	5 000 元	1 000 元
年累计限额	无	无	无	5 万	1 万元

资料来源:移动支付网,芯芯支付。

与目前居民常用的第三方支付相比,数字人民币支付的优势在于减少了信息流的转移链条,省去了债权在第三方支付机构的流转过程,提升了结算准确度(见图 9-9)。

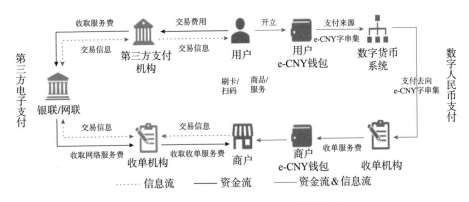

图 9-9 第三方支付与数字人民币支付流程对比

资料来源：艾瑞咨询。

此外，数字人民币智能合约已得到中国人民银行支持，未来或将得到广泛应用。中国人民银行数字货币研究所（以下简称"数研所"）所长穆长春表示，数研所将搭建数字人民币智能合约生态服务平台。

智能合约是一种旨在以信息化方式传播、验证或执行合同的计算机协议。智能合约允许在没有第三方的情况下进行可信交易，这些交易可追踪且不可逆转。其优势在于自动化履约和流程简化，可减少与合约相关的其他交易成本，对于支撑数字经济降本提效、促进服务创新发展等方面具有巨大潜力。要使智能合约得到广泛应用，当前关键点在于建立可信的、开放的生态体系。穆长春表示，接下来要对合约模板实行完善的合规管理，保障其合法性和有效性，同时利用数字人民币的信任优势和互通优势，以坚持开放和开源的原则建设智能合约生态。

但智能合约也存在一些缺陷。如智能合约的可扩展性要求合约模板创建者以代码实现"完美逻辑"，而实现这一点十分困难，同时代码语言本身的不完善也会使智能合约产生漏洞[①]。未来构建智能合约生态时需要注意防范此类风险。

---

① 学界对对智能合约的质疑声，以智能合约的主要阵地以太坊为例，Huashan Chen 等（2020）认为以太坊智能合约有数个严重缺陷。杜克大学金融经济中心（2021）认为，这些缺陷除了以太坊自身的因素外，还与依赖高度透明、紧耦合的智能合约架构有关。这意味着理论上 CBDC 智能合约也会存在一定的缺陷，而这些缺陷或将带来对合约的潜在攻击，从而导致经济损失。

另一个具有代表性的零售型 CBDC 是瑞典的数字克朗，其最大的特点是以区块链和 DLT 作为潜在底层技术，采用了基于代币的所有权验证方式。瑞典央行（Riksbank）开发 CBDC 的原因在于其背负着促进支付体系安全高效的任务，并于 2017 年开启了数字克朗项目，到 2019 年开始试点[①]，目前已完成第二阶段试点，即将进入第三阶段试点。

与现金十分类似，只有瑞典央行可以创造和销毁数字克朗，且每一个代币都是一个唯一可识别的数字单元，带有证明瑞典央行作为其唯一发行人的数字证书。其运行架构与数字人民币类似，也是典型的双层架构：瑞典央行通过其公证节点（Notary Node）创造和销毁代币，通过数字克朗网络发行至该网络上的参与者[②]，再由这些参与者将数字克朗分发给公众用户，用户需要数字钱包才能在本地储存和访问数字克朗。第二阶段的试点表明，支付交易在离线时即可完成，但瑞典央行仍在考虑隐私和安全性问题，并表示需要进一步的风险管理。

由于采用了 DLT 技术，数字克朗并不需要瑞典央行提供中心化数据库，仅在创造和销毁数字克朗时需要中心化处理，这一点与数字人民币的中心化管理模式截然不同。

2. 批发型——新加坡 Ubin 和加拿大 Jasper

新加坡作为离岸金融中心，其 Ubin 项目旨在探索区块链和 DLT 等新兴技术对清算、结算方式改革的可能性。在运行规则上，Ubin 采用了基于代币的所有权验证方式，运行范围限制在金融机构之间，主要用于跨境结算。Ubin 的试验分为五个阶段：第一阶段是将新加坡元（SGD）代币化；第二阶段是重构实时全额支付系统；第三阶段是货银对付；第四阶段是跨境支付；

[①] 2020 年 2 月，瑞典央行与埃森哲签订合同，提供在封闭测试环境中进行试点的技术解决方案。该系统由瑞典央行使用模拟参与者（银行）、最终用户和支付工具进行测试。

[②] 数字克朗网络基于 R3 公司的 Corda 区块链平台，参与者以银行为主，还包括支付服务提供商等。每个参与者都有自己的网络节点，瑞典央行创建适当数量的数字货币，将其分配到参与者的节点，实现数字克朗从央行到商业银行的发行。

第五阶段是促进广泛的生态系统协作[①]。2020年7月,Ubin试验的第五阶段结束,新加坡金融管理局与淡马锡(Temasek)和摩根大通(J.P. Morgan)合作的多货币支付网络原型开发完成,目前已有跨境支付、外币兑换、外币计价证券计算等方面的使用案例。

加拿大 Jasper 项目的试验启动于 2017 年 2 月,分为四个阶段:第一阶段是调查使用 DLT 结算高价值银行间付款的情况;第二阶段是建立 DLT 平台并测试其在清算和结算高价值银行间支付方面的效率;第三阶段是整合 DLT 与证券结算;第四阶段是与新加坡和英国合作,进行 DLT 跨境支付和结算试验。

Jasper 与 Ubin 在运行规则上基本相同,都是基于代币的银行体系内的批发型 CBDC 项目。由于区块链、DLT 等技术用于批发型 CBDC 上时能显著提升跨境结算效率,因此离岸金融市场发达的国家和地区通常倾向于使用该运行架构开发 CBDC 项目。

需要说明的是,上述具有代表性的零售型和批发型 CBDC 仅是基于现阶段情况而言,从发展的眼光看,未来 CBDC 将渗透到零售和批发两个领域,而不会固守于单一领域。如数字人民币已经开始参与货币桥项目,进军批发型跨境支付领域;此前香港金管局认为香港拥有高效且值得信赖的零售支付基础设施,不认为其迫切需要研发零售型 CBDC。但是近期香港特别行政区行政长官李家超已经表示,未来香港会推进探索 CBDC 在零售层面的应用场景。

第五节　现行数字货币规则的主要特征

我们认为,私人数字货币领域已逐渐形成"双层规则体系"。其中,底层是国际组织制定的全球基础性规则,表层是各经济体根据自身各方面条件制

[①] 参见 https://www.mas.gov.sg/schemes-and-initiatives/project-ubin。

定的域内规则。经济体制定的域内监管规则标准要高于全球基础性规则，一定程度上可视为基础性规则的扩展与延伸。其中，基础性规则具有普遍性，需要全球各经济体合作才能达到预期成效，主要体现在 G20 指定的四个方面，即金融稳定、反洗钱与反恐怖融资、风险管理和基础性市场标准。各经济体的域内规则具有特殊性，以自身国情为基本出发点，覆盖范围全面且规定更为细致，涉及虚拟货币相关的各个方面，且标准不低于基础规则。

一、虚拟货币规则的总体特征

（一）国际组织的虚拟货币规则已基本形成框架，但仍需大量细节的完善与补充

目前国际组织的虚拟货币规则是从四个方面研究并制定的，这主要受到 G20 的鼓励和要求。

FSB 的虚拟货币监测框架考虑了虚拟货币可能对金融稳定造成负面影响的多个因素，并将这些因素设置为观察监测指标，动态捕捉其变化。但 FSB 并未给出这些指标的相关预警值，监测框架精确性仍有待提升。且许多指标例如市值指标中的价格指标和财富指标从长期来看大概率是持续上升的，因此，在监测中如何定义这些指标属于"异常"范围就较为困难。此外，相关指标背后的因素对金融稳定影响的定量分析也不明确，因此该监测框架的实际预警作用可能较为有限。

FATF 的监管规则中包含了"基于风险的方法"，并重点对参与主体 VASP 制定了相关要求，且已得到大量国家的支持。FATF 的监管规则是这几个国际组织里最为成熟且接受度最高的，主要因为反洗钱规则本就是重要的国际规则，只是当前它扩大到了虚拟货币领域。该监管规则将明显加强对虚拟货币交易所等重要市场主体的反洗钱控制，但对于新式的去中心化交易平台甚至自治组织的监管效果可能并不明显。

BCBS 的监管规则主要针对银行业的虚拟货币风险管控。银行业在信用货

币体系中起到了派生广义货币的重要作用，银行业风险可控是金融体系稳定的重要组成部分之一。BCBS 将私人数字货币纳入《巴塞尔协议》要求，赋予了虚拟货币 1 250% 的风险权重，这将使银行业能较好地限制虚拟货币风险的内部集聚。

IOSCO 的监管规则几乎是针对虚拟货币交易平台制定的，考虑了处理八大关键事项时可能面临的一系列问题，较为细致和全面。但其提供的工具箱基本上仅停留于方向性建议，并未给出具体量化指标和如何判定相关交易风险是否合理以及应该如何控制。对于不属于证券范围的虚拟货币而言，该规则框架是否有效力监管仍存在疑问。

总体来说，当前国际组织的虚拟货币规则已基本形成框架，但仍需大量细节的完善与补充。一方面，每个国际组织都制定了针对各自领域较为完善的规则框架，为虚拟货币国际监管打下了良好基础；另一方面，国际组织制定的规则绝大部分为事后规则，即针对虚拟货币发行后的交易流通等领域的监管，而事前、事中规则较少，包括规范虚拟货币的发行要求、信息披露规范等，这些规则同样对规范虚拟货币市场具有重要意义。

（二）多数经济体允许虚拟货币的持有和交易，但监管侧重点各有差异

对比上述各国具体的虚拟货币规则，不难看出，大多数国家对虚拟货币表现出了较为中性的态度，一般允许虚拟货币的持有和交易。我们发现，在允许持有和交易虚拟货币的国家和地区，虚拟货币的规则有一定的共性与特性，下文分别从监管主体、监管客体、受监管环节、反洗钱与反恐怖融资和税收这几个方面展开分析。

在监管主体方面，美国较为分散，其他经济体较为集中。美国联邦层面的虚拟货币监管依据被监管环节的性质不同，将其与监管部门的职能匹配，形成了多部门联合管理的局面；欧盟目前主要由欧洲银行管理局（EBA）和欧洲证券市场管理局（ESMA）负责监管规则的制定与执行，未来也将形成欧盟层面的单一监管机构；英国则主要由 FCA、支付系统监管机构（PSR）

以及英格兰银行（BoE）负责监管规则的制定与执行[①]；日本的虚拟货币监管智能同样集中于单一机构，即日本金融厅（FSA）。

在监管客体方面，各经济体大同小异。各经济体的虚拟货币监管客体主要是虚拟货币服务提供商与发行人，其中虚拟货币发行人与虚拟货币交易平台最为关键。主要经济体中，虚拟货币服务提供商均需要在主管部门登记注册。需要注意的是，不同经济体的监管法规对于虚拟货币服务提供商的定义存在区别，如欧盟对应概念CASP所涵盖的范围相较于其他经济体更大。

在受监管环节方面，交易环节普遍受到明确监管，而ICO环节受到监管较少。交易环节可分为现货交易和衍生品交易，各经济体对二者的监管存在较大差异。美国是对虚拟货币交易监管最严的经济体：在现货交易方面，对超过3 000美元的非托管钱包交易，FinCEN要求记录交易对手的名称和实际地址；在衍生品交易方面，CFTC依据《商品交易法》进行全面监管。英国不对虚拟货币现货交易进行监管，但禁止其衍生品交易。欧盟和日本不监管交易本身，只要求交易进行反洗钱与反恐怖融资合规和缴税。而对ICO环节而言，除欧盟MiCA强制要求发行人履行发布白皮书等特定义务外，其他经济体几乎没有对ICO环节的专门监管安排。

在反洗钱与反恐怖融资方面，FATF的框架得到了广泛应用，上述主要经济体均达到了FATF制定的国际标准。相较于其他，反洗钱与反恐怖融资对全球标准与合作的要求更高。因此，在FATF针对虚拟货币制定新的全球反洗钱与反恐怖融资标准后，各国陆续更新了法律法规，以不低于FATF的标准开展反洗钱工作。其中美国的情况较为复杂，虚拟货币服务提供商在联邦层面适用反洗钱与反恐怖融资的具体法律，根据其业务涉及虚拟货币性质的不同而发生变化。若其业务相关的虚拟货币被视为"证券"，则受到SEC的AML/CFT监管；若其交易虚拟货币衍生品或进行商品性质的交易，则需要满

[①] 英国财政部提出，稳定币支付活动中的企业参与方应该受金融行为监管局和支付系统监管机构监管；对于系统性稳定币支付系统及其服务提供商，应该由英格兰银行和支付系统监管机构监管。

足 CFTC 的 AML/CFT 条件。此外，虚拟货币服务提供商一般会被 FinCEN 视为"金融机构"，且适用 BSA 下基于风险的 AML/CFT 要求，与 FATF 的要求基本相同。虽合规条件较多，但上述不同监管机构的 AML/CFT 要求大致相同。其他主要的经济体中，欧盟的 AMLD6 规则与日本的 INCP 规则直接参考了 FATF 的标准并采用了其建议，英国沿用了欧盟的 AMLD5 框架并添加了一些更高程度的标准，与 AMLD6 的效果基本相当，基本满足 FATF 的监管要求。

在税收方面，各国的虚拟货币税收政策区别较大。其中，美国与英国基本相同，其征收的税种为资本利得税与所得税；日本虚拟货币税收包括所得税（交易获利被认为是收入而非资本利得）与居民税；欧盟各国的虚拟货币税收政策差异较大，税种也十分复杂。

（三）我国已完全禁止虚拟货币活动

如上所述，我国对虚拟货币的监管不断加码，在 2021 年底已正式将虚拟货币活动的性质定义为"非法"，这从根源上切断了虚拟货币的市场波动对我国金融市场的传导。此外，由于虚拟货币服务商已从我国全面退出，在我国通过虚拟货币洗钱的难度将会越来越大。

截至 2022 年 7 月底，完全禁止虚拟货币服务的国家有 9 个，除我国外，其他国家分别为阿尔及利亚、孟加拉国、埃及、伊拉克、摩洛哥、尼泊尔、卡塔尔和突尼斯。

二、稳定币规则的总体特征

国际组织较早地意识到了稳定币风险，并开展了一系列研究。与虚拟货币规则有所不同，国际组织主要聚焦于稳定币对金融稳定、反洗钱与反恐怖融资方面的负面影响，并提供了一些政策工具。但规则整体仍处于定性阶段，离成型还有相当长的一段距离。目前主要经济体中，只有欧盟制定了稳定币的完整规则体系即 MiCA 的稳定币章节，重点强调了稳定币发行人的额外义务，包括审慎要求、明确的公司治理机制与信息披露等条件。

虽然当前稳定币规则还远未完善，但可以从稳定币的监管目标及其必要条件出发，探讨监管思路与规则发展的方向。

稳定币规则的总体目标是"维持币值稳定和市场流通正常"。这要求稳定币满足四个条件：一是具有实质发行基础，二是申赎便利，三是储备资产安全，四是高透明度。要实现上述四个条件，稳定币发行人义务是关键，即满足以下四个规则：足额抵押、双向兑换、储备资产托管和信息披露。其中双向兑换为核心规则，足额抵押是前提，储备资产托管与信息披露是保障。

第一，为达到实质性的发行基础，几乎所有的抵押型稳定币都是"足额抵押"或"超额抵押"的。具体而言，对于虚拟货币抵押型稳定币而言，为实现与法定货币币值的相对稳定，通常通过"超额抵押"机制来解决抵押品的法定货币价值波动剧烈的问题。该机制下，用户要获得一单位法定货币价值的稳定币，必须抵押超过一单位法定货币价值的虚拟货币，以防止虚拟货币价格下跌导致"抵押不足"。具体的虚拟货币抵押额由发行商提供的算法规定。但这一机制下的稳定币的稳定性相对较差，且无法消除极端行情下的系统性风险。以最具代表性的虚拟货币 DAI 为例，其法定货币价格波动明显大于以 USDT 为代表的法定货币抵押型稳定币。对于法定货币抵押发行的稳定币而言，其通过"足额抵押"机制（1∶1 抵押）发行，这类稳定币占据了稳定币市场的绝对主导地位，占稳定币总市值的 95% 以上。"足额抵押"是使稳定币不依靠发行人信用而是以储备资产背书、从虚拟货币中独立出来的真正本质因素。

与之相对应的，非"足额抵押"机制下的算法稳定币无价值之锚，或者说其价值完全来源于市场预期，如无源之水，无本之木。一旦市场失去信心，其流动性将顷刻间走向枯竭，价值将无限趋于零。2022 年 5 月爆发的 Luna-UST 闪崩实践几乎完美地诠释了该逻辑并提醒了所有市场参与者面临的巨大信用风险。

第二，"申赎便利"是稳定币最重要的性质。"申赎便利"要求用户可进行便利的双向兑换，同时兑换费用要控制在较低水平。双向可兑换性质是稳定币"稳定"的真正根源。因为只要发行人能够持续履行稳定币赎回承诺，稳定币就能够保持稳定的市场价值预期，并尽可能收窄套利空间，使稳定币能长期保持与储备资产（法定货币）相同的价值。此外，兑换费用不能超出合理范围，否则可兑换性将被削弱。上述机制必须由规则强制保障，以防止稳定币偏离其本质属性，实现其长期稳定的性质。需要强调的是，稳定机制是稳定币规则中的最重要一环，在稳定币的币值稳定预期下，稳定币的主要风险将从稳定币发行人的信用风险收缩至法定货币本身的风险，即以国家信用替代个人信用。

第三，储备资产安全。储备资产安全是"申赎便利"的关键保障，这已成为各地监管当局的共识，但存在两种截然不同的实现路径。一是全额储备，二是部分储备。第一种路径的隐含思路为储备资产不属于稳定币发行人，因此其不具备对储备资产的使用权。该路径必然要求储备资产进行全额储备，并由第三方机构（如银行）进行全额托管。第二种路径则是借鉴了银行的运行机制。储备资产之于发行人相当于存款之于银行，都是其资产负债表中的主要负债项，理论上都要实现最终偿还。但只要机制稳定，有效防范"挤兑"风险，则仅需要部分储备即可。同时考虑到发行人的管理成本与获利需求，因此借鉴银行的部分准备金机制，采用部分储备路径实现储备资产安全是有迹可循的。但需要注意的是，部分储备路径下，必须对用户资金的流向做出严格限制，比如绝大部分只能投向高流动性、低风险的资产。欧盟 MiCA 正是采用了第二种路径的规则。

第四，高透明度是其他规则的重要支撑，能减少稳定币发行人与持有者之间的信息不对称，维持用户信心。高透明度的关键是完善的信息披露机制。具体思路可以借鉴传统金融中较为成熟的信息披露规则。以上市公司披露规则为例，按照信息披露时间固定与否，可将信息披露分为定期信息披露和非定期信息披露。定期信息披露要求上市公司发布季度、年度等审计报告；非定期信息披露要求上市公司在遇到重大事件后出具临时报告。上述信息披露规则对稳定币发行人同样适用，首先要建立完善的私人数字货币审计规则，在此基础上，发布季度报告与年度报告；对于资金操作或某些突发情况，发行人需要出具详细的临时报告。

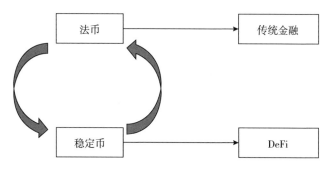

图 9-10　稳定币相当于 DeFi 领域中的法定货币

资料来源：上海发展研究基金会。

三、CBDC 规则的总体特征

CBDC 规则同样可按照适用范围分为两类：一是国际层面上的一般标准和跨境支付安排，二是经济体内部的运行规则。

国际标准目前仍停留在定性阶段，BIS 等国际金融机构和 G7 规定的标准都属于原则性条件，待各国形成共识后，才能够进行下一步更为具体的定量规则制定。

经济体内部的运行规则方面，各经济体采用的具体安排有多种类型，各经济体主要根据自身的 CBDC 发行目的来制定规则并进行搭配。具体而言，在发行范围方面，大多数央行聚焦于零售型 CBDC，目前已有 44 个经济体仅研发零售型 CBDC，相比之下，只有 7 个经济体仅研发批发型 CBDC；在运行架构方面，双层架构为主流，已有 28 家央行确定采用该架构；在技术基础方面，DLT 为主流，已有 30 家央行宣布使用该技术，其中，同时采用传统型技术与 DLT 的央行有 13 家；在所有权验证方面，代币范式略多于账户范式，二者已确定的数量分别为 9 家和 7 家，而两种范式同时使用的经济体最多，为 16 家。对于体量较大的经济体而言，其需要考虑的因素较为复杂，倾向于同时采用不同的运行规则。

此外，CBDC 与稳定币之间存在竞争关系，一旦主要国家（尤其是美国）的 CBDC 陆续推出，稳定币将不可避免地受到影响。但我们认为，这种影响是有限的，并不会动摇稳定币的根基。目前稳定币的存在基于两大支柱，分别为虚拟货币交易和 DeFi。CBDC 的发行仅能取代稳定币在支付和链外融资上的功能，而对于稳定币的两大支柱影响不大，因此稳定币并不会因为 CBDC 的发展而消亡，反而将随着虚拟货币市场和 DeFi 的发展而更加活跃。

总体来看，CBDC 的出现很大程度上是各央行为应对类似私人数字货币在法定货币领域对央行的铸币权的潜在威胁。2019 年 Facebook 计划发行天秤币后，不少国家央行宣布研发 CBDC。但 CBDC 在本质上仍是中心化结构下的产物，与区块链技术引发的 DeFi "浪潮"有本质上的矛盾。去中心化代币发行机制在可以预见的未来仍无法取代央行地位，而上述矛盾大概率将长久存在于未来的金融活动中。对于当前而言，最重要的任务是构建一套全球性规则，协调传统中心化金融与以私人数字货币为代表的去中心化金融之间的关系，让各自在其优势领域发挥作用，同时防止违法犯罪活动的发生。在这个过程中，需要全球经济体尤其是主要经济体开展更多试验和试点，以定量评价各国具体规则所带来的利弊得失，从而制定出更为精细化的国际标准。

第六节　私人数字货币规则面临的挑战

一、虚拟货币的发行无全球性规则，欺诈行为难以得到全面监管

当前，在虚拟货币合法的地区，其他地区监管不足或完全无监管，投资者往往只能依靠个人判断来筛选投资标的。同时，模块化的发币程序使公司甚至个人能够轻松地实现虚拟货币的发行。在监管不足和发行便利的叠加下，大量来路不明的机构甚至个人利用区块链的热度发行了"伪虚拟货币"。这些虚拟货币发币技术路径不清，大部分是"中心化"的，有些币种的发行甚至完全服从于发行人的意愿，成为庞氏骗局的新型手段。Cryptocompare 发布的虚拟货币分类报告显示，到 2018 年下半年，只有约 16% 的虚拟货币是真正去中心化的，纯中心化的虚拟货币高达 54%，这意味着市面上多数虚拟货币容易受到操控，从而导致虚拟货币的诈骗行为横行（见图 9-11）。

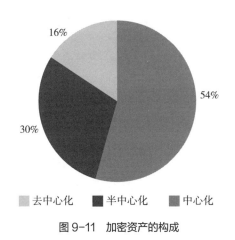

图 9-11　加密资产的构成

资料来源：Cryptocompare。

二、加密货币加大了洗钱监管的难度

即便 FATF 逐渐建立起了全球统一的加密货币反洗钱监管体系，但通过加密货币渠道的洗钱或恐怖融资等仍难以完全杜绝。洗钱者借助名义上能产生现金流入的平台，通过购买虚拟货币将非法收入转化为虚拟货币的形式，再通过多次交易、分散交易以及"混币"等流程，将虚拟货币"洗白"，并择机变现。常见的洗钱平台包括提供虚拟货币选项的赌博平台、地下钱庄和跑分平台等。

虚拟货币的洗钱手法本质上与传统模式别无二致，但其可大额点对点交易、不受地域限制、不与金融中介接触的特点使其交易极难被察觉。目前的监管措施限于银行体系内，监管机构一般仅通过对虚拟货币变现环节的监控实现对虚拟货币洗钱的间接监管，从而导致大部分虚拟货币洗钱能轻易绕过监管。

三、监管规则之外的匿名币

匿名币是近两年开始流行的一种虚拟货币，其匿名性在普通虚拟货币的基础上大大增强。传统的虚拟货币的匿名性主要体现于账户的"去身份性"，简单来说，区块链账户的所有权并不包含所有者的身份信息，而仅凭"私钥"或"助记词"来确定账户的所有权。但监管部门理论上仍可通过区块链公链上记录的交易信息来顺藤摸瓜式地查询到每一笔交易，只要最终对应的地址经过了中心化的交易渠道，其每一笔交易都可以被监管部门察觉。匿名币则摒弃了一般虚拟货币的"化名式匿名"容易被追踪的特性。其采用的方法是在区块链上记录交易时即采用"混币"或"合币"的手段，从而使得外界用户无法判断交易中输入和输出的具体对应关系，导致外界无法查询特定地址的交易记录，从而实现彻底匿名。

匿名币由于上述特性，导致监管难度极大。大量不法分子也看中其完全匿名的特性，倾向于使用匿名交易、储值以及变现，对反洗钱、反恐怖融资、打击非法交易构成了巨大威胁。

四、去中心化交易所或无中心交易的监管难题

去中心化交易所（DEX）的影响力正在变得越来越大，去中心化交易所（CEX）的差距正逐渐缩小。对于当前正在建立的监管框架而言，与中心化交易所不同的是，去中心化交易所难以纳入其中，从而使得监管变得十分困难。

中心化交易所的资产负债与用户直接相关，在用户将其资产转入交易所平台进行交易或者转出时，交易所的资产负债会发生相应的变化。而用户在交易所上的账户则是由交易所提供"账本"，与区块链本身无关，安全性也无法得到保障，而去中心化交易所则可以解决该问题。所谓的"去中心化"是指，去中心化交易所扮演纯中介的角色，提供交易信息披露场所以及保证交易安全。用户在交易时将资产转移至特定的用于交易的钱包地址内，仅用户拥有该钱包的密钥，并通过交易所预先设定的智能合约完成交易。整个交易流程中，用户都拥有其资产的绝对支配权，交易所的资产负债表与用户的交易行为不发生任何关系。去中心化交易所上的交易明显更为隐蔽，用户的匿名性更强，交易所通常并不需要完成KYC流程，因此用户交易的性质是否合法不易查证。

目前全球最大的去中心化交易所为Uniswap，截至2021年9月，其7天交易量已超过125亿美元，距离其2018年11月首次部署到以太坊主网仅过了不到3年（见图9-12）。可以预见的是，去中心化交易所的交易量将持续增长，但目前仍缺乏相关法规对交易进行有效监管。

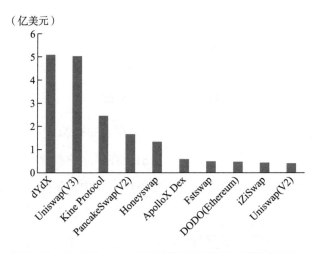

图9-12 全球前十去中心化虚拟货币交易所24小时的交易量

资料来源：Coinmarketcap，数据截至2022年7月，基于24小时交易量排序。

五、USDT储备资产的流动性存在隐患

USDT是由在中国香港注册的公司泰达控股（Tether Holdings Ltd.）发行，是当前流通市值和交易量最大的稳定币，已经成为具有"系统重要性"的数字货币。

在总资产规模方面，截至12月26日，泰达官网显示，公司储备资产99.8%以美元计价，超过780亿美元。其中在以太坊和波场上这两条区块链上授权发行的USTD超过美元计价储备资产的98.8%[①]。

2021年2月，由于8.5亿美元的损失掩盖行为，泰达公司与交易所Bitfinex受到纽约总检察长办公室（NYAG）调查，并支付了1 850万美元的罚款，且同意加强信息披露。泰达公司在2021年3月发布了第一份认证报告，首次披露了USDT的底层储备资产。截至2021年3月31日，泰达的储备由75.85%的现金及其等价物、12.55%的担保贷款、9.96%的公司债券和贵金属

---

① 参见 https://wallet.tether.to/transparency。

以及1.64%的其他投资（包括数字货币）组成。现金及其等价物中，65.39%为商业票据（CP）（包括存款凭证），这也是USDT全部储备资产中最大的一项，占比达49.6%，而现金占全部储备资产比重仅为2.94%（见图9-13）。

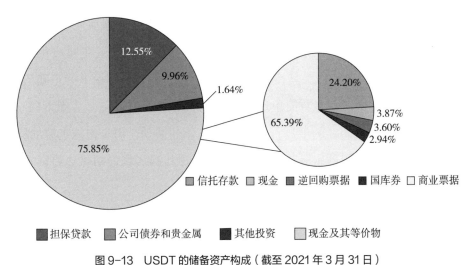

图9-13　USDT的储备资产构成（截至2021年3月31日）

资料来源：Coindesk。

USDT的储备资产接近一半为商业票据，其中约93%被评为A-2及以上，1.5%低于A-3①。换句话说，USDT的储备资产本质上形成了一个杠杆货币市场基金。然而，储备资产的结构并不存在法规上的限制，这意味着泰达公司可能接受更多非现金及其等价物或低评级商业票据作为储备资产，导致储备资产流动性下降，兑付风险不断增大。此外，增大的兑付风险伴随着资产抵押方（交易对手）的杠杆增大，因此同时加大了货币市场基金的风险。

六、预防非同质化代币无序生长，规范数字藏品发行

当前市场上许多人将NFT等同于数字藏品，事实上，二者虽有关联，但

---

① 参见 https://www.coindesk.com/markets/2021/08/09/tether-reveals-more-details-about-its-reserves/。

有根本区别。二者主要关联在于，NFT和数字藏品都具有可溯源、唯一性和稀缺性，这与艺术品等收藏品十分相似，因此适用于艺术藏品的数字化，即通过区块链技术，更好地对艺术品进行价值发现、交易流转以及确权。但NFT的根本属性仍是代币，发行于公链，具有明显的金融投机属性；而数字藏品运行于联盟链，发行和交易都受严格监管，因此是去金融属性的。

总体而言，NFT和数字藏品都是促进艺术品以及广义上非同质化产品数字化、交易形态变革的工具，有其积极的一面。但当前市场上能正确认识NFT的投资人很少，大多数简单地将NFT等同于数字藏品导致大量NFT发行人仅将NFT看作圈钱的工具，使NFT价格剧烈波动，市场泡沫迅速堆积。随着NFT市场容量的迅速提升以及越来越多金融机构入场，NFT或将影响宏观金融市场的稳定。

《金融产品网络营销部门管理办法（征求意见稿）》第六条所规定的"虚拟货币"原则上包括NFT，这意味着NFT在我国禁止发行和交易，因此要打击以NFT为名义的投机炒作活动。因此，要加强投资者教育，向投资者普及NFT与数字藏品的区别与联系。数字藏品由于其去金融属性，更符合"数字化赋能工具"的定位，也更适合我国国情。因此，应进一步规范数字藏品的发行，支持合法合规的数字藏品交易，同时利用区块链可溯源、不可篡改、公开透明的技术手段，促进文化要素流通，优化其交易流程和确权机制。

第七节　政策建议

一、对各经济体私人数字货币规则保持密切关注

如前所述，虚拟货币的快速发展从多方面对当前国际金融体系造成了威胁，国际金融组织也在不断调整其对虚拟货币潜在负面影响的评估。Adrian

等（IMF，2021）表示，虚拟货币正在深刻影响国际货币和金融体系的稳定，虚拟货币以及去中心化金融的发展速度和影响力超出预期，并强调监管要在全球层面统一协调，以克服上述缺陷。

稳定币总市值在疫情期间经历了近19倍的增长，其交易量已超越虚拟货币，成为流动性最强的私人数字货币种类。稳定币市值与交易量的快速上涨趋势甚至超过了虚拟货币，这可能会对全球金融体系带来难以预估的冲击。各经济体已经注意到这个问题，并开始着手制定相关规则。

对于我国而言，虽然我国已禁止私人数字货币交易，但虚拟货币和稳定币具有全球影响力，依然可能对我国金融稳定产生影响。我们一方面要追踪私人数字货币的发展动向，持续评估其风险，积极与国际组织沟通，参与稳定币国际标准的制定；另一方面要对全球各经济体新出台的私人数字货币规则保持密切关注，尤其是美国、欧盟等关键经济体对虚拟货币新兴领域以及稳定币方面的规则。

二、积极参与更多CBDC理论与应用层面的跨境合作

CBDC的研发滞后于私人数字货币，跨境支付结算等重点应用领域还需要各经济体央行的共同合作。在mCBDC跨境合作方面，目前我国已参与了货币桥项目，在CBDC跨境支付结算应用上取得了丰硕的成果。未来要积极组织或参与更多规模更大、范围更广的CBDC跨境合作项目，一方面帮助BIS等国际金融组织确定最佳的mCBDC安排，另一方面争取我国在CBDC跨境支付结算上的优势地位。

在后续的CBDC跨境合作中，可利用跨境电商平台，充分与"一带一路"、RCEP等跨境战略与协议相结合，实现CBDC跨境支付更多、更复杂的场景覆盖，扩大人民币跨境支付的境外试点范围，推动各方共同搭建区域支付清算体系。

此外，还要在货币政策传导机制、金融稳定以及反洗钱与反恐怖融资

等领域，加大与各经济体和国际金融组织的深层次合作。其中，CBDC 的推出对货币政策传导机制是否构成影响以及影响多大是要重点合作研究的理论问题；CBDC 的全球反洗钱与反恐怖融资合作是要加快推进的实践项目。

三、推进研发和制定全球 CBDC 的技术架构与通用行业标准

2022 年 2 月 9 日，中国人民银行、市场监督总局、银保监会、证监会四部门印发《金融标准化"十四五"发展规划》，提出要"稳妥推进法定数字货币标准研制"。技术标准的研制离不开丰富的理论与实践成果，而我国拥有世界领先的 CBDC 理论研究与试点经验。我国可以利用上述优势，推动并主导制定 CBDC 国际标准，加强我国在国际标准制定上的话语权。

附表 9-1 MiCA 的三种"加密资产"的多维度对比

项目	资产参考代币	电子货币代币	实用型代币
特点	通过引入法定货币或其他加密资产的价值来维持其价值稳定	承担价值交换职能，价值与法定货币挂钩	提供对商品或服务的数字访问
发行人实体条件	在欧盟成立法人实体	在欧盟成立法人实体	在任何地方成立法人实体
发行人资质	发行人必须被授权为 MiCA 下的资产参考代币发行人或信贷机构	发行人必须被授权为信贷机构或电子货币机构	无
白皮书要求	白皮书必须满足 MiCA 中规定的所有相关强制披露要求，并在授权过程中获得当局批准	白皮书必须满足 MiCA 中规定的所有相关强制披露要求，并在发布前至少 20 个工作日通知主管当局	白皮书必须满足 MiCA 中规定的所有相关强制披露要求，并在发布前至少 20 个工作日通知主管当局
遵守义务	须遵循最多义务，包括诚信行为、披露要求、治理机制和储备资金管理等	遵循适用于电子货币机构的所有义务	有限义务，包括与行为、利益冲突和网络安全等

续表

项目	资产参考代币	电子货币代币	实用型代币
客户赎回	没有对客户赎回必须赔付的强制性要求,由发行人自行决定,但对于无赎回机制的发行人而言,必须建立流动性保障机制	发行人必须随时以面值赎回代币的法定货币价值	不适用
利息偿付	禁止发行人支付与代币持有时间相关的利息或其他任何利益	禁止发行人支付与代币持有时间相关的利息或其他任何利益	不适用
审慎要求	被欧洲银行管理局认定为"重要"的代币,需要满足其他审慎要求	被欧洲银行管理局认定为"重要"的代币,需要满足其他审慎要求	不适用

资料来源:EUR-Lex,上海发展研究基金会。

附表9-2 全球各CBDC所处阶段及对应数量

CBDC阶段	数量(个)
禁用	2
不活跃	10
研究	47
发展	26
试点	14
正式发布并启用	11

资料来源:Atlantic Council GEOECONOMICS CENTER,数据截至2022年7月底。

附表9-3 全球部分国家和地区具有代表性的CBDC概览

CBDC名称	CBDC类别	运行架构	技术基础	所有权验证方式	阶段
中国 e-CNY	零售兼批发	双层	传统型兼DLT	账户范式兼代币范式	试点中
巴哈马 CBDC	零售型	双层	传统型兼DLT	账户范式兼代币范式	已正式发行
瑞典 E-krona	零售型	双层	DLT	账户范式兼代币范式	试点中
新加坡 Ubin	批发型	未定	DLT	代币范式	试点中
加拿大 Jasper	零售兼批发	双层	传统型兼DLT	账户范式兼代币范式	发展
英国 Digital Pound	零售兼批发	双层	未定	未定	研究

资料来源:Atlantic Council GEOECONOMICS CENTER,上海发展研究基金会。

附表 9-4　CBDC 的潜在优势

潜在优势	具体内容
降低现金成本	某些国家偏远地区的现金管理成本十分高昂，CBDC 可以降低与提供国家支付手段相关的成本
普惠金融	一部分人出于各种各样的原因（例如对银行的不信任），不愿意持有银行账户。或是在银行业渗透率较低的国家，导致金融服务覆盖程度有限。CBDC 在无须开设银行账户的情况下，即可实现数字化普惠金融
支付系统的稳定性	一些中央银行担心支付系统越来越集中在少数科技巨头中。在此背景下，一些央行将 CBDC 视为增强其支付系统弹性的一种手段
市场竞争和纪律	一些央行认为 CBDC 丰富了公众的支付选择，可能会为参与支付的大公司提供竞争，从而增加市场竞争
基于智能合约的自动化支付	一些央行看到了 CBDC 支付基于 DLT 的资产的好处。基于 DLT 的 CBDC 通过智能合约可能降低商品流与现金流的分离程度
货币政策	一些学者将 CBDC 视为加强货币政策传导的一种手段。他们认为，计息 CBDC 将增强经济对政策利率变化的反应

资料来源：IMF. Global Crypto Regulation Should be Comprehensive, Consistent, and Coordinated, DECEMBER 9, 2021. 上海发展研究基金会。

附表 9-5　CBDC 面临的挑战

面临的挑战	具体内容
银行业去中介化	公众若大量持有 CBDC，当前央行—商业银行的二元货币供给体系或将失效。银行体系的货币创造能力可能受到明显制约
运行风险	金融危机时，公众可能将银行存款转为 CBDC，从而放大银行体系流动性风险，导致进一步放大系统性金融风险
央行资产负债表风险	如果公众对 CBDC 的需求很大，央行的资产负债可能剧烈膨胀，不仅要向经历快速和大量资金外流的银行提供流动性，还要向公众直接提供流动性，资产负债表风险较大
央行运行风险	对于央行来说，提供 CBDC 的成本可能非常高昂，同时可能对其信用产生威胁。提供成熟的 CBDC 要求中央银行在支付价值链的几个步骤中保持活跃，可能包括与客户互动、构建前端钱包、选择和维护技术、监控交易以及负责反洗钱和打击恐怖主义融资。由于技术故障、网络攻击或仅仅是人为错误，未能满足这些功能中的任何一项，都可能损害央行的信用

资料来源：IMF. Global Crypto Regulation Should be Comprehensive, Consistent, and Coordinated, DECEMBER 9, 2021. 上海发展研究基金会。

结 语

第一节　现行国际金融规则的总体特征

一、不同领域的国际金融规则形成进度不一

第一，既有领域的国际金融规则形成的周期较长，和国际金融体系演变相伴相生。IMF、世界银行等国际金融组织在既有金融领域规则的制定和执行中发挥了重要的作用，且现行规则更多体现了发达经济体的意志。除了在疫情暴发后，我国积极参与了 G20 主权债务处置框架的制定外，我国在其他既有规则的制定中几乎没有参与。

第二，新兴领域的国际金融规则主要处于形成期，基本还未形成国际通行规则。相对而言，绿色金融规则制定的进度相对较快，ICMA、CBI 等国际组织发起制定的绿色债券、气候债券规则以及给 G20 框架下 TCFD 小组制定的环境信息披露标准，对国际社会的影响力较大，正逐渐成为国际通行规则。金融科技、数据治理以及数字货币三方面的规则制定进度基本还处于初期阶段，以各经济体内部制定的规则为主。其中，数据治理和数字货币领域，各经济体内部也多未形成统一标准。例如，美国在数据治理和数字货币规则制定方面，都呈现出联邦层面和各州层面双层规则制定体系，不同体系下规则制定和监管侧重点不同。

第三，国际金融监管规则是二者兼而有之，既有已形成的国际规则惯例，也有正在形成中的规则。针对银行业、证券业和保险业等具体行业的金融监管规则已基本形成，特别是针对银行业的《巴塞尔协议》系列规则，已经得到国际社会的广泛认同。国际反洗钱规则主要以 FATF 的监管规则为主，由于洗钱活动（特别是为恐怖组织洗钱的活动）直接影响国家利益，各国都积极在 FATF 的框架下，制定反洗钱规则。然而，新技术及数字货币等的快速发

展，给国际反洗钱监管带来新的挑战，因为前者还未形成国际通行规则，这是国际反洗钱在新领域形成新的普遍适用的监管规则面临的重要问题。同样，如何形成对数字金融的有效监管，也是摆在全球规则制定者面前的难题。

二、不同领域的国际金融规则的约束力不同

第一，汇率、跨境资本流动和国际金融监管三方面的规则以国际金融组织为主导，多属于多边官方规则和半官方规则，虽未形成法律性文件，但约束力较强。例如，《国际货币基金协定》中涉及的汇率和跨境资本流动规则，对其成员国具有硬性约束力。

第二，金融科技、数据治理和数字货币三方面的规则，多属于单边规则，通常以法律条款的形式存在，但约束范围仅限于各自法域内。例如，在金融科技方面，主要经济体制定了对大型科技机构的规则，但由于这类市场主体具有明显的跨境业务布局的特征，如何对其实现国际层面的协同监管，目前还未有既定方案。

第三，主权债务规则方面，现行规则对官方债权人有较强的约束力，但是对私人债权人约束力远远不够。例如，IMF对债务国的纾困方案和巴黎俱乐部的主权债务重组机制，协商既定方案之后，债务债权双方须严格按照方案执行。然而，目前国际上还未形成将私人债权人纳入纾困或债务重组的有效方案，虽然第三代CACs条款在发行合同阶段对债权人进行了一定程度的约束，但私人债权人仍有空间和动机拒绝参与主权债务重组。

第四，绿色金融规则方面，多属于非官方规则或双边协定，以参与方自愿遵守为主，不具有法律约束力。其中，《巴黎协定》和《联合国气候变化框架公约》是该领域具有顶层设计的文件，但由于没有强制约束力，签署国具体执行水平并不乐观。例如，《巴黎协定》中，发达经济体承诺向发展中经济体每年提供1 000亿美元适应和减缓气候变化的资金，但实际落实金额有限。同时，"一带一路"沿线地区是亟待绿色转型发展的地区，绿色投融资潜力

巨大，但是还未形成有效的规则。以美国、日本为代表的发达经济体，在沿线地区投资时，竞争意识大于合作意识，规则的协同互认还面临各种复杂的挑战。

三、我国在国际金融规则制定中的参与度还有限

总体而言，我国当前在国际金融规则制定中的参与度还有限（见表10-1）。

第一，在汇率和跨境资本流动规则方面，国际上以IMF制定的规则为主。1980年4月17日，我国恢复在IMF的合法席位。2001年，随着我国特别提款权和投票权份额上升，才开始有权选举自己的执行董事，并设有独立的执董办公室，参与后续IMF关于汇率和跨境资本流动规则的投票和制定。不过仍需进一步指出的是，IMF关于汇率和跨境资本流动的规则框架形成时间较早，且美国作为主导国具有一票否决权，近年来我国在上述规则中的参与也多是在原有框架上的改善。

第二，在国际主权债务规则方面，我国目前是巴黎俱乐部这一官方主权债务重组平台的观察员，但还未正式加入。2020年，我国参与了G20暂停偿债协议及共同框架，这是我国参与多边主权债务处置机制的重要起点。

第三，在国际金融监管规则方面，我国2007年6月28日正式加入FATF，共同开展国际反洗钱工作，并积极借鉴FATF发布的国际反洗钱规则，不断完善调整我国的反洗钱法律法规。

第四，在国际绿色金融规则方面，欧盟是该领域国际规则的重要制定方，我国绿色规则在制定中也借鉴了欧盟的经验和概念，如《中国绿色债券分类目录》中，吸纳了欧盟的"无重大损害"原则。此外，2020年，中欧绿色金融分类共同目录已经成功制定完成，这也是我国参与国际金融规则制定的重要体现。

第五，在金融科技、数据治理和数字货币规则方面，国际通行规则还未形成，我国目前主要以域内治理规则的方式对相应领域的活动进行规范监管。

其中，在数字货币规则方面，我国目前是仅支持央行数字货币发行，禁止私人数字货币发展的状态。而国际上其他经济体对私人数字货币多持中性态度，但是严监管的趋势。

表 10-1　我国在国际金融规则中的参与度

各个领域的国际金融规则		我国的参与度
既有领域	汇率规则	我国在 IMF 设独董办公室后，参与相关议题和规则的讨论和投票
	跨境资本流动规则	我国在 IMF 设独董办公室后，参与相关议题和规则的讨论和投票
	主权债务规则	参与 G20 主权债务处置框架
	金融监管规则	已加入 FATF，参与国际反洗钱监管
新兴领域	绿色金融规则	合作完成中欧绿色金融共同分类目录
	金融科技规则	域内治理规则
	数据治理规则	域内治理规则
	数字货币规则	域内治理规则

资料来源：上海发展研究基金会。

第二节　面临的挑战

一、我国是国际金融规则制定的后来者

相比美国、欧洲等发达经济体，我国在国际金融规则制定方面是后来者，在参与金融全球化进程中，特别是在既有金融领域，更多以熟悉、了解、遵守已有的规则为主。这主要是由于我国经济对外开放的策略步骤决定的。长期以来，我国实施开放战略的着力点是吸引外资，带动国内经济发展。对外开放则按照先实体经济开放、后金融领域开放的步骤，金融领域的开放也主要按照"先开放短期、后开放长期项目"的步伐。这导致我国金融市场的发展滞后于西方发达金融市场，金融专业知识、金融人才等方面的积累还不足，参与国际金

融规则制定的"先天条件"不足。此外，跨境金融机构既是国际金融规则规范约束的对象，也是规则的市场践行者。然而，一直以来，我国金融机构"走出去"步伐相对较慢，据不完全统计，我国"走出去"的实体企业已经覆盖全球189个国家和地区，而中资金融机构仅在60多个国家和地区设点（上海发展研究基金会，2021），我国金融机构在跨境业务中参与度较小，缺乏国际化业务经验，对国际金融规则的运行理念和了解深度不够，对我国参与国际金融规则制定的反馈和促进作用还有限。基于此，我国从国际金融规则的遵守者到制定者的转变，还有较长的路要走。

二、资本账户尚未完全开放对我国全面参与国际金融规则制定形成一定制约

我国在亚洲金融危机之前经常项目已基本实现完全对外开放，但是出于防范系统性金融风险的考虑，我国资本账户还未实现完全开放，其中，资本项下直接投资对外开放较早[①]，而衍生工具和其他工具项目下的四项子项[②]目前都还处于不同程度的管制状态。早在2012年，我国国内就资本账户完全开放时机是否成熟进行了激烈的辩证讨论，中国人民银行统计调查司接连发布的两篇文章彼时认为我国资本账户开放的条件已经成熟，业内专家（如余永定、张明等[③]）则持反对意见，认为贸然开放风险较大，应遵循适当的顺序（上海发展研究基金会，2021）。然而，2015年的汇率风波，资本大规模流出，使我国损失了近1万亿美元的外汇储备。自此，我国监管更加注重风险防范意识，思路向更加稳慎推进资本账户开放转变，以免对国内金融市场造成不可挽回的冲击。资本账户未完全开放，直接限制了我国参与制定或对接国际金

---

① 资本项目下直接投资的对外直接投资和对内直接投资两项子项是较早实现开放的项目。
② 衍生工具和其他工具项目下主要包括非居民境内买卖、非居民境内发行、居民境外买卖、居民境外发行四项。截至目前，四项都存在管制。其中非居民境内买卖和居民境外买卖两项须授权或许可，居民境外发行子项目前处于法无明文禁止的状态，非居民境内发行则处于法有明文禁止的状态。
③ 余永定，中国社科院学部委员；张明，中国社科院金融研究所副所长。

融规则的进程。一方面，和国际高度开放基础上的金融监管规则无法直接衔接；另一方面，资本账户未完全开放直接导致诸多业务难以开展，熟悉相应规则的外资金融机构无法将规则带入国内，中资金融机构无法开展相应业务，也就无法熟悉和参与制定相应规则。

三、地缘政治冲突不断，对我国顺利参与国际金融规则制定带来外部挑战

国际金融规则需要多方合作制定和实施，然而，近年来，全球范围内地缘政治冲突不断，政治意识叠加竞争意识代替了国际合作意识，不断恶化了国际金融规则制定的条件。美国时任总统特朗普在任期间，实施贸易保护主义，悍然发起的对华贸易战，负面冲击从贸易领域蔓延到科技、金融等领域，负面效应延续至今，中美两大国合作困难重重，规则合作更是道阻且长。美国一直致力于保持全球规则特别是金融规则的绝对制定者、优先者地位，其一直奉行的"长臂管辖权原则"扩大了美国的司法管辖权[①]，这种单方面的权限维护了美国的利益，损害了其他国家企业的正当权益。上述规则浓郁的单边主义色彩，给我国参与国际金融规则制定带来严峻的挑战。

综上，积极参与国际金融规则制定是我国深度融入全球治理体系的必由之路，尽管面临上述种种挑战，但我国后发优势也越发明显。一方面，我国对全球经济金融的贡献度越来越大，参与国际金融规则制定的实力与日俱增。根据国家统计局公布的信息，在疫情冲击下，2021年我国GDP同比增长8.1%，稳居世界第二，占全球经济的比重预计超过18%。SWIFT的报告显示，2021年12月，人民币在国际支付中的份额占比高居第四位，这是人民币自2015年以来，首次超过日元，跻身成为全球前四大活跃货币。另一方面，2017年以来，我国金融市场已经进入新一轮开放周期，开放思路也已经从管道式开放转变为制度型开放，海南自由贸易港、上海临港新片区等正在作为

---

① 即使一个被告从未在美国交易过，但只要其产品在美国使用并造成损害及构成美国司法管辖所要求的"最低限度的接触"，美国法院就对此拥有管辖权。

金融高度自由开放的试验场。未来，我国和国际金融规则对接的力度和广度必将更大，为更广泛地参与国际金融规则制定奠定基础。

第三节 在国际金融规则重构中强化中国话语权

一、全球金融规则治理改革中的中国角色与实践

后金融危机时代，我国参与全球金融治理改革面临着复杂的国内外环境。一方面，全球经济复苏势头不稳，跨境资本流动加速，国际金融秩序混乱，国际货币体系无序，国际金融监管乏力，国际金融组织治理低效，国际金融权力失衡，全球金融治理变革需求与期待加大；另一方面，我国已深度融入全球经济体系，从被动参与转变为主动参与国际金融规则的制定，尤其在绿色金融方面，具有一定的先发优势。目前，国内经济发展已进入"新常态"，经济和金融体制改革进入攻坚期和深水区，人民币国际化稳步推进但也面临诸多挑战。在这一背景下，我国如何在全球金融组织治理改革中明确自身定位并发挥积极作用，是突破既有格局和贡献自身智慧的关键。

（一）全球金融规则治理改革中的中国角色

我国在当前全球金融秩序中的地位具有双重特征。一方面，我国是旧有经济与金融组织和规则的融入者和受益者。传统全球金融组织的建立及其所确立的全球经贸和金融规则，对经济全球化的纵深发展起到了重要的推动作用。改革开放以来，我国也正是通过融入这些组织以及由其所制定的全球规则发展开放型市场经济，并取得了举世瞩目的成就，我国对这些组织和规则是主动加入与适应。另一方面，我国也是当前传统的全球经济与金融组织和规则中的弱势方和受损方。我国迅速跃升为世界第二大经济体，并成为当今世界经济增长的重要动力，然而我国在全球金融体系中的地位和话语权仍未

发生根本性的变化。同时，西方发达国家利用现有国际制度和在国际组织中的主导地位，频频使用量化宽松货币政策，严重地冲击了以中国为代表的新兴市场和发展中国家的经济持续稳定发展。这一双重特征决定了我国在全球金融治理改革中的角色与定位。

党的十八大以来，习近平总书记多次在国内外重要场合诠释我国积极参与全球经济治理、推动全球治理体系改革和构建人类命运共同体的政策主张。在G20杭州峰会上，习近平主席明确指出："全球经济治理应该以平等为基础，更好反映世界经济格局新现实，增加新兴市场国家和发展中国家代表性和发言权，确保各国在国际经济合作中权利平等、机会平等、规则平等。"这为构建公平公正、包容并蓄、共建共享、互利共赢的国际金融新秩序指明了新的方向，提供了新的启迪和开辟了新的航路。

一方面，我国应积极推动全球金融规则的"存量"改革，努力贡献中国方案。尽管传统全球金融治理组织和机制弊端重重，但现行国际金融体系和格局尚未到"推倒重来"之时。大幅贸然推动相关改革，不仅可能会导致全球经济秩序紊乱，更会造成我国的利益受损。此外，我国国内经济和金融体制改革尚未完成以及市场经济体制尚未完全健全，也决定了我国在推动全球金融规则改革过程中应遵循循序渐进的原则。因此，当前我国在做好传统全球金融体系和金融组织的维护者和修复者的同时，应充分把握本国利益和广大发展中国家的诉求，利用不断上升的经济实力和影响力，做好传统全球金融治理改革的引领者和建设者。以提高新兴市场和发展中国家的代表性和话语权为优先级，积极推动其朝着公开、公平、公正的方向改革，充分发挥中国智慧与中国领导力，提出全球金融组织和规则改革的中国方案。

另一方面，我国应努力推动全球金融治理"增量"改革，倡导更具包容性的全球金融规则体系。面对当前传统全球金融规则制定进程远远滞后于全球经济力量变化格局的现实，我国应主动承担大国责任和履行大国义务，以传统全球金融规则的不足和困境为立足点，努力寻找新的突破口，积极倡导以发展为导向的全球金融规则观。从思路和格局上，应超越现有利益冲突，尝试建立新型金融机构，发起新的金融合作倡议，为优化调整金融规则注入新的思路。在规则本质上，强调平等合作与对话，反对霸权和等级制，强调不同发展水平的经济体共治、共享、共赢；在规则目标上，强调将发展议题置于全球金融治理的最突出位置，摒弃单一的市场导向治理模式；在规则制定上，强调工具理性，集中探索化解发展瓶颈的有效手段和路径，尊重各国国家主权、发展道路、核心利益和政策空间；在治理实施上，强调考虑发展中国家谋求长远以及提升自我发展能力的需要，反对"一刀切"的高标准主张，强调探索适度的良治标准；在规则方式上，强调多元、灵活，坚持多边主义作为全球金融治理的基石，同时鼓励开展多种形式的单边、双边与区域合作，形成相互补充的全球金融规则体系。

（二）全球金融规则治理改革中的中国实践

在践行发展导向的全球金融治理观与推动全球金融治理改革方面，我国已经开始展现出了充分的意愿和能力，并采取了一系列行动贡献"中国方案"。最为典型的措施就是与其他金砖国家共同建立新开发银行和亚投行，其目的是向新兴市场和其他发展中国家提供中长期基础设施建设及其他生产性领域项目建设融资。此外，金砖五国还共同建立了规模为1 000亿美元的应急储备安排，目的是为成员国在短期国际收支危机时提供流动性支持。

新开发银行、应急储备安排和亚投行的成立意义非凡，不仅标志着新兴市场和发展中国家积极主动参与全球金融治理改革迈出了实质性步伐，也开辟了"南南合作"的新阶段和新模式，更为重要的是，还意味着新兴市场和发展中国家在未来全球金融规则治理中将拥有更多的话语权与决定权，并对以发达国家为主导的传统全球金融组织和金融秩序形成了巨大冲击。

二、通过人民币国际化提升国际金融规则中的影响力

按照罗伯特·吉尔平（Robert Gilpin）的分法，作为全球大国应该且只

需要提供三种关键公共产品：国际贸易制度、国际货币和国际安全。这其中，国际货币提供能力的重要性和影响力可见一斑，其也是影响国际金融规则构建和治理的核心要件。我国应进一步推动人民币国际化，以更好地推进国际金融规则的制定和变革。

（一）进一步提升人民币的全球使用率

第一，提高人民币在跨境贸易中的使用率。充分依托"一带一路"发展倡议、RCEP等机制，提高在跨境贸易中使用人民币结算的比率。其中，可着重推广与金砖国家、东盟自贸区之间的人民币结算。支持境内"走出去"企业进行投资大宗商品交易过程中更多地采用人民币计价结算。第二，与新兴市场的央行开展基于人民币跨境支付的合作。例如，部分发展中经济体金融市场发展滞后，金融基础设施建设能力不足，可以针对性地向其提供基于人民币跨境支付系统（CIPS）的服务，这也有利于进一步加紧双方之间的经贸往来。同时，彭博社的数据显示，2021年9月，人民币与美国明晟公司编制的一项发展中国家货币指数的关联度达到创纪录水平，这一方面说明人民币的国际影响力得到有效提升，特别是在新冠病毒感染疫情全球大流行背景下，我国出口强劲，很大程度上缓解了发展中经济体供应链断裂导致的需求和供给严重不匹配的情况；另一方面关联度的提升也为基于人民币的进一步合作和使用提供了契机。第三，推动"走出去"的中资金融机构提供更专业的人民币融资服务，特别是向"一带一路"沿线地区的中小企业释放更多人民币流动性，也可借此提高沿线地区对人民币流通交易的接受度。第四，重视建立人民币的回流机制。如果人民币只是单纯地"走出去"，却没有相应进行回流的话，则人民币的国际化进程也难以持久。推进境外人民币债券的发行，同时也要拓展境外人民币投资境内等机制。发展和完善人民币的回流机制会为人民币走向国际化创造巨大的发展空间。

（二）提升人民币离岸市场的建设水平

目前，人民币还不能完全自由兑换，若想让境外的投资者和政府主动持有人民币，就需要完善人民币的离岸市场，并提高我国金融机构的金融服务能力。推进人民币国际化，提高我国在国际金融领域的话语权，我国的金融服务机构要保证为国际金融、资产投资和全球经济交易提供托管、资金结算等金融服务的及时性和高效性，否则就会增加境外的企业、政府和金融机构用人民币充当结算、支付和贮藏手段时产生的风险和交易成本。

第一，持续放大香港离岸人民币市场的枢纽作用。香港目前拥有全球最大的离岸人民币资金池，人民币离岸市场系统也更为成熟。随着粤港澳大湾区建设的有序推进，香港离岸人民币发展的优势也能更好地辐射到大湾区乃至内地。在后续发展中，一方面，香港应进一步扩大离岸人民币资金池及以人民币计价的离岸金融投资产品，让持有离岸人民币资金的企业和机构可"一站式"地在港存放、管理、调拨和投资。另一方面，既要使香港、内地适度分离，也要适当地进行渗透，香港金管局和内地人民银行应对香港离岸市场的方向、规则等加强互通。

第二，有序推进上海浦东离岸人民币金融中心建设。2020年，上海国际金融中心已经基本建成，离岸人民币交易市场建设已经提上日程，在持续推进中，既要积蓄上海自身金融力量，加快人民币离岸市场建设，也要积极吸纳境外离岸人民币市场的建设经验。一是要明确临港新片区离岸金融中心新平台的定位，完善制定人民币离岸交易规则，鼓励更多跨境资产管理公司以合资形式落户新片区，鼓励其按照国际最高标准试点运作。二是新加坡、伦敦等境外离岸人民币交易中心在服务人民币境外流转使用方面已经较为成熟，上海应积极与沿线离岸人民币市场或设立人民币清算行的市场进行深度合作，打造离岸金融联盟体系，加强金融基础设施互联互通，鼓励境外金融机构、多边组织、企业等联合发行以人民币计价的债券、股票以及ABS等产品。

第三，积极推进海外人民币离岸市场的建设。中国银行于2011年开始在美国开展人民币业务，人民币可以在美国进行买卖，拉开了人民币业务走向海外的序幕。纽约成为人民币离岸市场建设的美国聚居点，这是提升人民币国际化的又一重要步伐。紧接着，伦敦、新加坡、莫斯科等开始进行人民币清算交易。各国对人民币国际化进程的发展前景十分看好。现阶段我国应努力推进人民币在国际市场上的使用，深入与美国、新加坡、英国、俄罗斯在人民币结算上的合作。借助发达国家先进的金融市场发展更多的人民币金融产品和服务。

第四，充分发挥自贸试验区（港）对人民币离岸市场建设的促进作用。推进我国人民币境外币离岸市场建设的同时，也要注意由于我国目前资本项目没有完全放开，所以在建设人民币境外离岸市场的过程中必然会推进我国资本市场的开放，这就会给我国的金融市场带来风险。而且，人民币离岸市场中的汇率和利率也会对在岸人民币市场造成冲击，削弱我国的货币政策效果。所以这就要求我们完善与人民币离岸市场相关的法律法规，对人民币的汇率机制进行改革，吸取其他国家的经验教训，具体措施有：完善人民币离岸市场的准入规则和监管，实行严格的准入条件，对市场上的金融机构和投资者进行严格的审批；加强对人民币离岸市场中人民币业务的检查力度，严格审核包括资金来源、资金运用和转账等各个方面。

第五，推进人民币金融产品的开发。只有通过不断开发人民币的金融产品，才能提高人民币的流动性，从而扩大人民币的使用范围和被认可的程度。单一的金融产品会抑制市场上对人民币的需求，降低人民币的交易量，从而抑制人民币离岸市场的建设。本书认为，目前我国首要任务是要创造出更多的人民币金融产品，扩大人民币债券的发行规模，积极推进二级市场完善：研发如保险、理财等这类金融产品和人民币期权、期货这类衍生产品，增强人民币的避险能力，增强人民币流动性，从而吸引国际社会开展人民币业务。

三、进一步提高金融开放层次和水平，夯实参与国际金融规则制定的硬实力

习近平总书记多次强调"要提高金融业全球竞争能力，扩大金融高水平

双向开放，提高开放条件下经济金融管理能力和防控风险能力"。一方面应提升本国金融业的国际化程度，更积极、多方位地融入国际金融领域中。另一方面，进一步提高金融业开放层次，更高水平地参与国际金融规则的制定。这两方面的合力会进一步加大我国参与金融话语权的博弈筹码。我国强化自身国际金融规则话语权，需要"扬长补短"，首先需要认清"长"在哪里，"短"在何处。应当承认，与金融发达国家相比，我国参与国际金融治理及金融规则构建尚属于新手。作为新手，想要在国际金融海洋中练就强健的体魄，我国就需要从多方面下功夫。

（一）增强金融信息服务领域话语权

金融信息服务是金融业最主要的本质特征，它通过金融信息的采集、开发、处理和信息平台建设，借助卫星、电缆专线或者互联网等通信技术，向其终端用户提供实时金融资讯、金融风险管理和金融交易平台等服务。其本质上是解决由信息不对称带来的金融市场资源错配问题并避免风险爆发。加强金融信息服务能力，提升金融信息服务业发展水平，对于我国防范化解金融风险、有效应对外部风险传染，以及增强国家竞争力和国际金融规则话语权具有重要的战略意义。健全的资本市场需要完善的金融信息服务提供强大支撑。西方金融信息服务机构，如当前国际上最具代表性的几大金融信息服务商——汤森路透集团、道琼斯公司和彭博资讯，都凭借雄厚的资金、先进的技术、丰富的信息资源、强大的品牌效应和跨境统筹能力，长期立于国际金融信息塔的顶端。目前，我国境内的金融信息服务机构发展呈两极分化形势，即外资金融信息服务机构处于寡头垄断地位，本土金融信息服务机构都还处在发展阶段。可以说，金融信息服务是我国金融建设或者说信息服务短板中的短板。打破外资垄断，推动我国本土金融信息服务业发展壮大并走向世界，需要政府从国家整体发展战略统筹考虑，出台相关举措，将扶持和鼓励中国金融信息服务的发展与信息技术创新、金融市场发展一起纳入统一协调建设中来，统筹国际国内两方资源和两个市场，提升金融信息服务的整体水平和国际化程度，深化与世界各国和国际组织的多层次金融信息服务合作，实现金融资源的有效整合和合理配置。

（二）加强国际金融合作，突破美国金融话语权垄断

在美国掌握国际金融规则建构话语权的情况下，其他国家想通过一己之力与之抗衡是不现实的，但是通过国际合作可以改善自身的不利现状。一是货币政策层面的合作。目前的国际货币体系是以美元为中心、由美国主导的，这种情况下我国应加强与其他国家的货币政策协调，提高抗风险能力。作为在东亚地区具有重大影响力的贸易大国，我国还可以探索建立区域货币体系，通过在区域内拓宽人民币的使用范围，并施行贸易优惠措施，有效减少对美元的依赖，扩大人民币的影响力。二是金融监管层面的合作。当前的国际金融监管体系是在美国的主导下构建的，是主要发达国家之间博弈的结果，更多关注的是主要资本主义国家的利益，而不是实际的监管成效。因为国际金融监管对金融危机具有明显的导向特征，所以危机发生后，金融监管体系可能会有较大的改革。我国应联合其他发展中国家抓住这次机遇，积极参与新一轮规则的建构，扩大在金融监管领域的话语权，与此同时，还应加强与他国在金融监管领域的沟通和合作，提高本国金融监管的水平。三是在传统国际经济组织中的合作。这里主要指的是世界银行、国际货币基金组织和世界贸易组织。虽然我国在这些组织中不是主导者，但也是重要的参与者，拥有投票份额。规则具有时效性，这些组织每几年就会修改一次章程，我国应利用这些规则调整的机会，联合其他国家对主导国家施压，也可以扩大自己的话语权。近年较为成功的案例是 2016 年人民币正式加入 SDR 货币篮子，成为 SDR 参考货币。

（三）加大"互联网+"在金融规则中的应用

"互联网+"在国际金融规则领域也有大显身手之地，它以优化生产要素、更新业务体系、重构商业模式等途径来完成金融服务的转型和升级。这一工具利用得好，可以形成新的经济发展形态。在"互联网+"金融支付工具革

命方面，我国无疑走在了前面。未来当人们越来越多地不再使用货币结算时，传统意义上的货币将变得可有可无。这些都意味着一种新支付方式时代已然到来。结算方式和货币形态的变化，也可能会对以美元为中心的国际货币结算体系造成一定冲击，进而对建立在美元霸权基础上的美国金融霸权造成影响。我们利用这一优势构建局部金融话语权有一定的先手便利。

四、提高参与国际金融规则制定和实施的软实力

国际金融规则话语权是通过话语载体进行传播的，如果话语载体不强大，话语权势必会受到影响，具体措施有：第一，发展媒体集团，发挥媒体的力量，提高我国媒体的传播范围和影响程度，发出属于中国自己的声音；第二，提高媒体人的素质和责任意识，提高我国话语的质量，做到言之有理、言之可信；第三，目前英语作为全球的通用语，要想使我国的声音被更广泛地听到，就必须提高汉英的转换能力，使世界不仅能够听得到，还能听得懂我国的国际金融主张。

（一）借助非官方组织及其他力量

一是发展专业金融媒体。习近平总书记倡导建设新型主流媒体和"外宣"旗舰媒体。在金融信息传播方面，我国也要注重发展有国际影响力的专业金融媒体，这是一项长期工程。从短期看，首要的是建立和组合自己的金融信息数据库，减少对外国的依赖。另外，还可重点扶持现有的财经网站、频道或节目的发展。借助外国的专业金融媒体，通过杂志专栏或特别节目等形式发出自己的声音，也是可以选择的途径。

发展专业金融媒体还需要一定的社会环境辅助，这里主要指金融市场与信息流动环境。就金融市场环境而言，我国的资本项目并未完全放开，可交易的人民币金融资产有限，而且监管较为严苛，这直接影响了我国金融市场的国际影响力。举一个直观的例子，在证券市场，A股是2018年6月才被MSCI纳入新兴市场股票指数，这也意味着对我国国内有巨大影响力的A股

之前对境外投资者并没有起到很大的参考作用。这种情况下，我国金融媒体拓展国际领域会受到内容选择的限制，因其能独家提供的与国际金融业活动者息息相关的有价值的信息并不多。

就信息流动环境而言，居民浏览境外网站受到限制。在这种条件下，我国金融媒体对外发布的一些信息势必要经过更为严格的筛选，这很有可能影响到我国金融媒体的权威性，因为专业金融媒体比其他类型的媒体更强调速度、专业性和中立性。而且有些国家对我国的言论自由持不同态度，这些都会成为让国外受众接受、信任和依赖我国专业金融媒体的障碍。

（二）重视培养国际金融界的意见领袖，开展民间"经济外交"

培养国际金融界的意见领袖是困难而又长期的事情，毕竟巴菲特和索罗斯这样的人物就是在美国也难以复制，还有，在我国严格限制对外直接投资和购买外汇的情况下，我国即使有像巴菲特、索罗斯这样的金融奇才，也难有他们的用武之地。不过，我们可以退一步，通过扶持和包装创业新秀（如互联网金融运营实干家）、跨国企业家以及知名经济学家的方式来输出他们的才识与个人魅力，借助这种民间"经济外交"，达到提高我国话语权的目的。

（三）建立和发展本土化的金融理论

美国的经济学家对世界经济发展做出了不可磨灭的贡献，但是研究者是有一定的价值取向与学术立场的，这意味着他们的研究可能更多考虑的是实现本国利益的最大化，而非帕累托最优。还有，即便是精妙的或创造性的理论与思想，在有些国家付诸实践时也不一定能取得预期效果，甚至还会产生反作用。如，美国经济学家杰弗里·萨克斯（Jeffrey Sachs）提出的著名的"休克疗法"，对20世纪80年代玻利维亚经济的复苏起了巨大的作用，但是对20世纪90年代新生的俄罗斯而言，却几乎带来了经济上的灭顶之灾。总之，鞋子合不合脚，自己穿了才知道。我国对西方的经济金融理论不能盲目照搬，还须结合自己的实际，建立和发展适合自己的一套金融理论。

（四）在文化上对金融话语权的构建

价值观才是国际话语权的核心，文化建设对于国际金融话语权的构建有举足轻重的作用。以亚投行为例，初始成员国的构成很复杂，历史文化的差异使各国有不同的宗教信仰、风俗习惯和社会政治经济制度，这就需要我国通过亚投行构建国际金融话语权时必须进行文化建设。有的国家一直被美国的价值观所主导，是欧美的盟友，对中国等社会主义国家的敌视由来已久，如将中国妖魔化、鼓吹"中国威胁论"等；有的国家具有很强的宗教意识，对无神论的中国存在偏见；有的国家的民众思想观念落后，宁愿在贫困中挣扎，也不愿意搬迁，阻碍基础设施的建设；有的国家的民众在搬迁中以破坏生态环境为借口，狮子大开口索取高昂的补偿。因此，在亚投行的组建和完善过程中，需要加强文化观念的交流沟通，把我国传统文化的精华传播出去，打破西方意识形态和价值观的垄断。另外，还要有针对性地展示我国先进的基础设施成果，如高铁等，来增加我国国际话语权的说服力。

将我国的文化观念进行输出后，就要进行话语内容的传播，包括以下四点：第一，对于传统文化取其精华去其糟粕地借鉴，学习当代先进的科学技术知识和国内外学术成果，将其结合到金融领域进行创新，生产中国式的国际金融思想，建立中国式的国际金融逻辑；第二，借鉴我国的传统文化，对一些金融词汇和概念进行重新定义；第三，通过新型国际组织建立国际金融新秩序，改革游戏规则，对提升我国的金融话语权进行倒逼；第四，在大宗商品定价领域接力争取，决不让步，尤其是农产品、铁矿石等的定价权，利用我国是这类商品的最大进口国的优势，控制它们的价格，提高国际金融话语权。

综上所述，国际金融规则是全球经济治理的关键组成部分，截至目前，已有领域的金融规则已经基本形成，新兴领域的金融规则还处于萌芽期或形成期。由于我国金融市场发展滞后于美国、欧盟等发达经济体，一直以来在国际金融规则制定中的参与度有限。然而，目前，我国已经将积极参与全球经济治理和参与国际金融规则制定提高到国家战略高度，并已经在绿色金融等新兴领域规则制定中和国际社会积极合作，并取得了积极的进展。未来，我国一方面应继续完善国内金融市场建设，稳慎推进金融市场更高水平开放，为更广泛接轨国际金融规则打好基础；另一方面应积极参与双多边国际合作，持续在国际金融规则领域特别是新兴领域贡献中国方案、中国智慧。

致　谢

在本书撰写和修改过程中，诸多专家学者、业内人士给我们提出了宝贵的建议、意见，他们是何知仁、穆长春、苟文均、秦月星、李振华、朴实、王同益、吴雅玲、唐伟城、吴君、李蕊、黄天磊、许多奇、黄梅波，对此我们表示衷心的感谢。当然，本书内容中出现的任何错误和不足之处，都由我们负责。

参考文献

（按字母顺序排列）

前言

[1] 习近平. 国家中长期经济和社会发展战略若干重大问题[J]. 求是，2020（21）.

[2] 习近平："团结行动，共创未来——在二十国集团领导人第十六次峰会第一阶段会议上的讲话[Z/OL]. http://www.gov.cn/xinwen/2021-10/30/content_5647892.htm.

[3] 中共中央关于制定国民经济和社会发展第十四个五年规划和二〇三五年远景目标的建议[Z/OL]. http://www.gov.cn/zhengce/2020-11/03/content_5556991.htm.

第一章

[1] 李晓，冯永琦. 国际货币体系改革的集体行动与二十国集团的作用[J]. 世界经济与政治，2012，（02）：119-145+160.

[2] 刘明志. 国际金融规则及其演进方向[J]. 上海金融，2012（03）：3-7, 116.

[3] 廖凡. 全球金融治理的合法性困局及其应对[J]. 法学研究，2020，42（05）：37-54.

[4] 漆彤. 国际金融软法的效力与发展趋势[J]. 环球法律评论，2012，34（02）：153-160.

[5] 张发林. 全球金融治理体系的政治经济学分析[J]. 国际政治研究，2016，37（04）：63-85, 4-5.

[6] FSB. Ongoing and Recent Work Relevant to Sound Financial Systems[R/OL].（2009-09-11）. https://www.fsb.org/wp-content/uploads/on_090915q.pdf.

[7] FSF. Report of the Financial Stability Forum on Addressing Procyclicality in the Financial System[R/OL].（2009-04-02）. https://www.fsb.org/wp-content/uploads/r_0904a.pdf.

[8] FSB. FSB Framework for Strengthening Adherence to International Standards[R/OL].（2010-01-09）. https://www.fsb.org/wp-content/uploads/r_100109a.pdf?page_moved=1.

[9] FSB. Global adherence to regulatory and supervisory standards on international cooperation and information exchange[R/OL].（2011-11-02）. https://www.fsb.org/wp-content/uploads/r_111102.pdf.

[10] FSB. Charter of the Financial Stability Board[R/OL].（2012-06）. https://www.fsb.org/wp-content/uploads/FSB-Charter-with-revised-Annex-FINAL.pdf.

[11] United Nations. Vienna Convention on the Law of Treaties[R/OL].（1969-05-23）. https://legal.un.org/ilc/texts/instruments/english/conventions/1_1_1969.pdf.

第二章

[1] 刘旭. IMF汇率监督法律制度研究[J]. 中国外汇，2013（19）：70-71.

[2] 美国2015年贸易便捷与贸易促进法案[Z]. 2015.

［3］中美贸易协定［Z］.2020.

［4］左海聪和胡弘志.论《美墨加协定》货币条款及其影响［J］.中国高校社会科学，2020（04）.

［5］左海聪.国际经济法基本问题论纲［J］.法学评论，2009（1）：9.

［6］Ducasse D, Somda M B, Pavot D. Macroeconomic Policies and Exchange Rate Matters［M］. Palgrave Macmillan, Cham, 2022：215–226.

［7］IMF. Jamaica Agreement［Z］. 1976.

［8］IMF. Decision on Bilateral and Multilateral Surveillance［Z］. 2012.

［9］IMF. Integrated Surveillance Decision［Z］. 2012.

［10］IMF. Articles of agreement of the International Monetary Fund：adopted at the United Nations Monetary and Financial Conference, Bretton Woods, New Hampshire, July 22, 1944…amended effective January 26, 2016 by the modifications approved by the Board of Governors in Resolution No. 66–2, adopted December 15, 2010［R］. 2020.

［11］USMCA［Z］. 2020.

第三章

［1］巴曙松，巴晴.跨境资本流动宏观审慎管理的国际经验与中国探索［J］.清华金融评论，2019（08）：23-25. DOI：10. 19409/j. cnki. thf-review. 2019. 08. 005.

［2］公衍照，王鼎.IMF国际资本流动管理框架变迁及启示［J］.山东理工大学学报（社会科学版），2020, 36（03）：13-18.

［3］金满涛.跨境资金流动宏观审慎监管的国际经验及启示［J］.河北金融，2018（12）：4.

［4］乔依德，何知仁.全球金融失衡与治理［M］.北京：中信出版集团，2021.

［5］上海发展研究基金会.我国新一轮对外金融开放：进展、挑战和意义［R］.上海发展研究基金会，2021.

［6］翟超颖，谈叙.IMF与OECD资本流动管理对比分析及启示［J］.武汉金融，2020（09）：18-24.

［7］钟震，张小婉，李红霞.关于资本账户开放标准的文献综述［J］.西部金融，2021（05）：9-13. DOI：10. 16395/j. cnki. 61-1462/f. 2021. 05. 004.

［8］张旭鸣.IMF和OECD跨境资本流动管理框架调整及启示［J］.金融纵横，2021（07）：52-59.

［9］Loungani M P, Mauro M P. Capital flight from Russia［R］. IMF. 2000.

［10］OECD. OECD Codes of Liberalisation［Z/OL］. 1995. http：//www. oecd. org/investment/codes. htm.

［11］Ostry et. al. Managing capital inflows：What tools to use?［R］. IMF. 2011.

［12］OECD. OECD Codes of Liberalisation：User's Guide［Z］. 2021. http：//www. oecd. org/investment/codes. htm.

［13］IMF. The Liberalization and Management of Capital Flows—An Institutional View［R］. 2012.

［14］IMF. Decision on Bilateral and Multilateral Surveillance［Z］. 2012.

［15］IMF. Guidance Note for the Liberalization and Management of Capital Flows［R］. 2013.

［16］IMF. Staff Guidance Note on Macroprudential Policy—Detailed Guidance on Instruments［R］. 2014.

［17］IMF. Managing Capital Outflows—Further Operational Considerations［R］. 2015.

［18］IMF. 2016 Taxonomy of Capital Flow Management Measures［R］. 2016.

［19］IMF. 2018 Taxonomy of Capital Flow Management Measures［R］. 2018.

［20］IMF. Articles of agreement of the International Monetary Fund：adopted at the United Nations

Monetary and Financial Conference, Bretton Woods, New Hampshire, July 22, 1944 … amended effective January 26, 2016 by the modifications approved by the Board of Governors in Resolution No. 66-2, adopted December 15, 2010 [R]. 2020.

［21］IMF. 2020 Taxonomy of Capital Flow Management Measures [R]. 2020.

第四章

［1］财政部."一带一路"债务可持续性分析框架［Z/OL］.（2019-04-25）.http://m.mof.gov.cn/czxw/201904/t20190425_3234663.htm.

［2］弗里德里希·艾伯特基金会（FES），共识构建研究所（CBI）.圆桌会议报告：如何应对新冠疫情带来的债务风险［R/OL］.（2021-07）.http：//www. sdrf. org. cn/upfile/2022/02/21/20220221153741_707.pdf.

［3］吕诗嘉.非洲国家主权债务可持续性及预警机制研究［D］.浙江大学，2020.

［4］蒲大可.非洲外债问题研究［D］.上海师范大学，2020.

［5］王克达.金融危机预警模型与先导指标选择［J］.金融监管研究，2019（08）：84-100. DOI：10.13490/j. cnki. frr. 2019. 08. 006.

［6］熊婉婷，常姝昱，肖立晟.IMF债务可持续性框架：主要内容、问题及启示［J］.国际经济评论，2019（04）：44-62，5.

［7］胥爱欢.巴黎俱乐部的国际债务处理——兼论"一带一路"建设中主权债务风险防范［J］.海外投资与出口信贷，2019（04）：36-41.

［8］杨媛，赵子晗，骆玲.基于"一带一路"倡议下银行对外债权管理研究［J］.西部金融，2019（07）：51-55.

［9］张硕.巴黎俱乐部债务重组对债国经济的影响［J］.国际金融研究，2002（11）：33-38.

［10］赵雅婧，李瑞民.巴黎俱乐部：源起、规则与作用——兼论对中国的启示［J］.国际金融，2017（01）：59-66. DOI：10. 16474/j. cnki. 1673-8489. 2017. 01. 012.

［11］Bon G，Gong C. Chinas debt relief actions overseas and macroeconomic implications［J］. EconomiX Working Papers，2020.

［12］Bove T. What Are Debt-For-Nature Swaps & How Can They Address Countries' Climate and Debt Crisesr［R］.（2021-02-16）.

［13］Cerutti E M，Koch C，Pradhan S K. Banking Across Borders：Are Chinese Banks Different?［J/OL］. IMF working paper, 2020. https://www.imf.org/en/Publications/WP/Issues/2020/11/13/Banking-Across-Borders-Are-Chinese-Banks-Different-49785.

［14］Cheng Gong，Díaz-Cassou J，Erce A. Official Debt Restructurings and Development［J］. World Development 111，2018：181-195.

［15］Chung K，Papaioannou M. Do Enhanced Collective Action Clauses Affect Sovereign Borrowing Costs?［R］.（2020-08-07）.

［16］Eichengreen B，Mody A. Do Collective Action Clauses Raise Borrowing Costs?［J］Economic Journal，2004，114（495），247-264.

［17］European Commission Directorate General for Environment. Polish Ecofund Offers Template For Eco-Innovation Funding. https：//ec. europa. eu/environment/ecoap/about-eco-innovation/business-fundings/poland/225_en.

［18］Fang C，Schumacher J，Trebesch C. Restructuring Sovereign Bonds：Holdouts，Haircuts and the Effectiveness of CACs［J/OL］. ECB Working Paper No 2366. 2020. https：//www. ecb. europa. eu/pub/pdf/scpwps/ecb. wp2366~5317a382b3. en. pdf.

［19］Fioramanti M. Predicting sovereign debt crises using artificial neural networks：A comparative approach[J]. Journal of Financial Stability, 2008, 4（2）, 149-164.

[20] FitchRatings. Sovereign 2020 Transition and Default Study[R/OL].（2021-05-21）. https：//www.fitchratings.com/research/sovereigns/sovereign-2020-transition-default-study-27-05-2021.

[21] Franck R, Schmied A. Predicting Currency Crises Contagion from East Asia to Russia and Brazil：An Artificial Neural Network Approach[J]. AMCB Working Paper. 2003（2）.

[22] G20. Common Framework for Debt Treatments beyond the DSSI[Z/OL]. https：//clubdeparis.org/sites/default/files/annex_common_framework_for_debt_treatments_beyond_the_dssi.pdf.

[23] Horn S, Reinhart C M, Trebesch C. Chinas overseas lending[R]. National Bureau of Economic Research, 2019.

[24] IMF. Catastrophe Containment and Relief Trust：Policy Proposals and Funding Strategy, IMF[R].（2020-04-02）.

[25] IMF. Heavily Indebted Poor Countries（HIPC）Initiative and Multilateral Debt Relief Initiative（MDRI）—Statistical Update[R].（2019-08-06）.

[26] Kratz A, Feng A, Wright L. New Data on the "Debt Trap"[Z/OL].（2019-04-29）. https://rhg.com/research/new-data-on-the-debt-trap-question/

[27] Morris S, Parks B, Gardner A. Chinese and World Bank Lending Terms：A Systematic Comparison Across 157 Countries and 15 Years[R].（2020-04-02）.

[28] Post M. The Debt-for-Nature Swap：A Long-Term Investment for the Economic Stability of Less Developed Countries[J].The International Lawyer, 1990, 24（4）1071-98.

[29] Reinhart C, Rogoff K. Growth in a Time of Debt[J]. American Economic Review, 2010, 100（2）: 573-78.

[30] Ye Y. How to assess Chinas participation in the G20 DSSI[R]. 上海国际问题研究院, 2020.

[31] Yue M, Wang C. Debt-For-Nature Swaps：A Triple-Win Solution for Debt Sustainability and Biodiversity Finance in the Belt and Road Initiative（BRI）?[R].（2021-01）.

<h2 style="text-align:center">第五章</h2>

[1]e租宝非法集资案[Z/OL]. https：//business.sohu.com/20160201/n436519599.shtml.

[2]锁凌燕.系统重要性保险机构国际监管动向及启示[R].中国银行保险报网，2020.

[3]魏国军主编.国际经济法学[M].北京：北京大学出版社，2003.

[4]叶蜀君编著.国际金融[M].北京：清华大学出版社，2005.

[5]《中华人民共和国反洗钱法》[Z/OL]. http：//www.gov.cn/flfg/2006-10/31/content_429381.htm

[6]《中国人民银行 国家发展改革委 财政部 银保监会 证监会关于促进债券市场信用评级行业健康发展的通知》[Z/OL].http：//www.gov.cn/zhengce/zhengceku/2021-08/08/content_5630150.htm.

[7] BCBS. Basel I. International convergence of capital measurement and capital standards[Z/OL]. https：//www.bis.org/publ/bcbs04a.pdf.

[8] BCBS. Basel II：The New Basel Capital Accord[Z/OL]. https：//www.bis.org/bcbs/bcbscp3.pdf.

[9] BCBS. Basel III：Finalising post-crisis reforms[Z/OL]. https：//www.bis.org/bcbs/publ/d424.pdf.

[10] BIS. Basel Committee reports to G20 Leaders on Basel III implementation[R/OL].（2020-09）. https：//www.bis.org/bcbs/publ/d510.pdf.

[11] Department of the Rreasury. Financial Regulatory Reform：A New Foundation：Rebuilding Financial Regulation[R/OL]. https：//www.treasury.gov/initiatives/Documents/FinalReport_web.pdf.

［12］FAFT. Methodology for Assessing Compliance with the FATF 40 Recommendations and FATF 9 Special Recommendations（Z/OL）. http：//www. fatf-gafi. org/media/fatf/documents/reports/methodology. pdf.

［13］FSF Principles for Cross-border Cooperation on Crisis Management［Z/OL］.（2009–04）. https：//www. fsb. org/wp-content/uploads/r_0904c. pdf.

［14］FAFT. Virtual Currencies Key Definitions and Potential AML/CFT Risks［Z/OL］.（2014–06）. http：//www. fatf-gafi. org/media/fatf/documents/reports/Virtual-currency-key-definitions-and-potential-aml-cft-risks. pdf.

［15］FAFT. Guidance For A Risk-Based Approach Virtual Currencies［Z/OL］.（2015–06）. http：//www. fatf-gafi. org/media/fatf/documents/reports/Guidance-RBA-Virtual-Currencies. pdf.

［16］FAFT. Guidance for a Risk-Based Approach to Virtual Assets and Virtual Asset Service Providers［Z/OL］.（2019–06）. http：//www. fatf-gafi. org/media/fatf/documents/recommendations/RBA-VA-VASPs. pdf.

［17］FAFT. China's measures to combat money laundering and terrorist financing［R/OL］.（2019–04）. https：//www. fatf-gafi. org/media/fatf/documents/reports/mer4/MER-China-2019. pdf.

［18］FAFT. International Standards for Combating Money Laundering, Terrorist Financing and Proliferation Financing：FATF Recommendations［Z/OL］.https：//www. fatfgafi. org/media/fatf/documents/recommendations/pdfs/FATF%20Recommendations%202012. pdf.

［19］IOSCO. Principles for Financial Benchmarks（Final Report）［Z/OL］.（2013–07）.https：//www. iosco. org/library/pubdocs/pdf/IOSCOPD415. pdf.

［20］IOSCO. Objectives and Principles of Securities Regulation［Z/OL］.（2017–05）.https：//www. iosco. org/library/pubdocs/pdf/IOSCOPD561. pdf.

［21］IAIS. Insurance Core Principles and Common Framework for the Supervision of Internationally Active Insurance Groups［Z］.（2019–11）.

［22］Reforming financial markets［Z/OL］.https：//assets. publishing. service. gov. uk/government/uploads/system/uploads/attachment_data/file/238578/7667. pdf.

第六章

［1］阿里云，前瞻产业研究院.2021年低碳科技白皮书［R］.（2021–10）.

［2］关于加强上市公司社会责任承担工作暨发布《上海证券交易所上市公司环境信息披露指引》的通知.［EB/OL］.http：//www. sse. com. cn/lawandrules/sserules/listing/stock/c/c_20150912_3985851. shtml.

［3］国家发展改革委办公厅关于印发《绿色债券发行指引》的通知［EB/OL］. https：//www. ndrc. gov. cn/xxgk/zcfb/tz/201601/t20160108_963561. html?code=&state=123.

［4］环境权益融资工具［Z/OL］. https：//www. cfstc. org/bzgk/gk/view/yulan. jsp?i_id=1925&s_file_id=1867.

［5］黄世忠.国际财务报告可持续发展披露准则新动向［J］.财会月刊，2021（24）：3-8. DOI：10. 19641/j. cnki. 42–1290/f. 2021. 24. 001.

［6］绿色债券支持项目目录（2015版）［Z/OL］. http：//www. pbc. gov. cn/goutongjiaoliu/113456/113469/2993398/index. html.

［7］绿色产业指导目录（2019版）［Z/OL］. http：//www. gov. cn/fuwu/2019–03/08/content_5371892. htm.

［8］绿色债券支持项目目录（2021年版）［Z/OL］.http：//www. gov. cn/zhengce/zhengceku/2021–04/22/content_5601284. htm.

［9］美碳关税提案草案［Z/OL］.https：//www. coons. senate. gov/imo/media/doc/GAI21718. pdf

［10］普华永道.碳资产白皮书［R］.2021.

［11］人行国际司青年课题组.界定绿色经济活动的边界：绿色分类标准［N］.第一财经日报，2021–02–25（A11）.

［12］商道融绿.A股上市公司2020年度ESG信息披露统计研究报告［R/OL］.（2021–07）.http：//www. syntaogf. com/Uploads/files/A%E8%82%A1%E4%B8%8A%E5%B8%82%E5%85%AC%E5%8F%B8ESG%E8%AF%84%E7%BA%A7%E5%88%86%E6%9E%90%E6%8A%A5%E5%91%8A2020.pdf.

［13］魏尚进.寻找经济最优解［M］.上海：东方出版中心，2021.

［14］殷红.绿色分类标准及发展［J］.中国金融，2020（09）：65–67.

［15］CBI, Climate Bond Standards［Z/OL］.https：//www. climatebonds. net/climate-bonds-standard-v3.

［16］CDP. CDP Financial Services Disclosure Report 2020［R/OL］. https：//cdn. cdp. net/cdp-production/cms/reports/documents/000/005/741/original/CDP-Financial-Services-Disclosure-Report-2020.pdf?1619537981.

［17］Chu, C. I., Chatterjee, B., & Brown, A. (2013). The current status of greenhouse gas reporting by Chinese companies: A test of legitimacy theory. Managerial Auditing Journal, 28(2), 114–139.

［18］Corporate Value Chain（Scope 3）Accounting and Reporting Standard［Z/OL］. 2011. https：//ghgprotocol. org/sites/default/files/standards/Corporate-Value-Chain-Accounting-Reporing-Standard_041613_2. pdf.

［19］Depoers F, Jeanjean T, Jérôme T. Voluntary Disclosure of Greenhouse Gas Emissions：Contrasting the Carbon Disclosure Project and Corporate Reports［J］. Journal of Business Ethics, 2016, 134（3）.

［20］EP. THE EQUATOR PRINCIPLES［Z/OL］.（2020–07）.https：//www. equator-principles. com.

［21］E3G. E3G Public Bank Climate Tracker Matrix – MDBs［Z/OL］.https：//www. e3g. org/matrix/.

［22］GRI，Consolidated Set of the GRI Standards 2021［Z/OL］. https：//www. globalreporting. org/standards/download-the-standards/.

［23］Global Carbon Budget［R/OL］.https：//www. globalcarbonproject. org/carbonbudget/.

［24］ICMA. Green Bond Principles［Z/OL］. https：//www. icmagroup. org/sustainable-finance/the-principles-guidelines-and-handbooks/green-bond-principles-gbp/.

［25］LMA. Green Loan Principles［Z/OL］.https：//www. lsta. org/content/green-loan-principles/.

［26］PCAF. The Global GHG Accounting and Reporting Standard for the Financial Industry. First edition［Z/OL］. https：//carbonaccountingfinancials. com/files/downloads/PCAF-Global-GHG-Standard.pdf.

［27］SBT. FINANCIAL SECTOR SCIENCE-BASED TARGETS GUIDANCE［Z/OL］. https：//sciencebasedtargets. org/resources/files/Financial-Sector-Science-Based-Targets-Guidance. pdf.

［28］Taxonomy：Final report of the Technical Expert Group on Sustainable Finance［R/OL］. https：//ec. europa. eu/info/sites/default/files/business_economy_euro/banking_and_finance/documents/200309–sustainable-finance-teg-final-report-taxonomy_en. pdf.

［29］TCFD. Final Report：Recommendations of the Task Force on Climate-related Financial Disclosures［R/OL］.https：//www. fsb. org/wp-content/uploads/P290617–5. pdf.

［30］TCFD.Task Force on Climate-related Financial Disclosures 2021 Status Report［R/OL］.https：//www. fsb. org/wp-content/uploads/P141021–1. pdf.

[31] TCFD. Guidance on Metrics, Targets and Transition Plans [Z/OL]. https://assets.bbhub.io/company/sites/60/2021/07/2021–Metrics_Targets_Guidance-1.pdf.

[32] The Greenhouse Gas Protocol——A Corporate Accounting and Reporting Standard [Z/OL]. https://ghgprotocol.org/sites/default/files/standards/ghg-protocol-revised.pdf.

[33] UNEP. PRINCIPLES FOR RESPONSIBLE INVESTMENT [Z/OL]. https://www.unpri.org/pri/about-the-pri.

[34] UNEP. Principles for Responsible Banking [Z/OL]. https://www.unepfi.org/banking/bankingprinciples/.

[35] UNEP. Adaptation Gap Report 2020 [R/OL]. https://www.unep.org/resources/adaptation-gap-report-2021.

[36] UNCTAD, A European Union Carbon Border Adjustment Mechanism: Implications for developing countries [Z/OL]. https://unctad.org/system/files/official-document/osginf2021d2_en.pdf.

第七章

[1] 北京市区块链创新发展行动计划（2020—2022年）[Z].2020.
[2] 陈龙强,刘峻榜.独立法人直销银行面面观[J].银行家,2020(03):14–17.
[3] 曹博.浅析欧盟《数字市场法》——兼评我国立法借鉴[J].网络安全技术与应用,2021(8):3.
[4] 非金融机构支付服务管理办法[Z].2010.
[5] 非银行支付机构条例（征求意见稿）[Z].2020.
[6] 非银行支付机构重大事项报告管理办法[Z].2021.
[7] 关于促进互联网金融健康发展的指导意见[Z].2015.
[8] 关于做好网贷机构分类处置和风险防范工作的意见[Z].2017.
[9] 关于规范金融机构资产管理业务的指导意见[Z].2018.
[10] 关于促进人工智能和实体经济深度融合的指导意见[Z].2019.
[11] 国家新一代人工智能标准体系建设指南[Z].2020.
[12] 关于平台经济领域的反垄断指南[Z].2021.
[13] 个人信息保护法[Z].2021.
[14] 关于加强支付受理终端及相关业务管理的通知[Z].2021.
[15]《公开募集证券投资基金投资顾问服务协议内容与格式指引（征求意见稿）》[Z].2021.
[16]《公开募集证券投资基金投资顾问服务风险揭示书内容与格式指引（征求意见稿）》[Z].2021.
[17] 互联网金融风险专项整治工作实施方案[Z].2016.
[18] 监管政策手册[Z/OL]. https://www.hkma.gov.hk/gb_chi/regulatory-resources/regulatory-guides/supervisory-policy-manual/.
[19] 金融控股公司监督管理试行办法[Z].2020.
[20] 金融分布式账本技术安全规范（JR/T 0184–2020）[S].
[21] 林宜.《非金融机构支付服务管理办法》解读[J].中国信用卡,2010(16):57–59.
[22] 刘玉.美国股权众筹监管立法及其制度启示[J].西南政法大学学报,2019,21(02):42–53.
[23] 李伟.中国金融科技发展报告（2020金融科技蓝皮书）[M].北京:社会科学文献出版社.2020:288.
[24] 李铮等.人工智能导论[M].北京:人民邮电出版社,2021.
[25] 李世刚,包丁裕睿.大型数字平台规制的新方向:特别化、前置化、动态化——欧盟《数字市场法（草案）》解析[J].法学杂志,2021,42(09):77–96.DOI:10.16092/j.cnki.1001-618x.

2021.09.007.

[26] 诺伯特·海林.新货币战争:数字货币与电子支付如何塑造我们的世界[M].北京:中信出版集团,2020.

[27] 商业银行应用程序接口安全管理规范(JR/T 0185-2020)[S].

[28] 数据安全法[Z].2021.

[29] 武长海.P2P网络借贷法律规制研究[M].北京:中国政法大学出版社,2016.

[30] 网络借贷信息中介机构业务活动管理暂行办法[Z].2016.

[31] 网络借贷信息中介机构备案登记管理指引[Z].2016.

[32] 网络借贷资金存管业务指引[Z].2017.

[33] 网络借贷信息中介机构业务活动信息披露指引[Z].2018.

[34] 吴晓灵,丁安华.平台金融时代:数据治理与监管变革[M].北京:中信出版集团,2021.

[35] 王怀勇,邓若翰.算法趋同风险:理论证成与治理逻辑——基于金融市场的分析[J].现代经济探讨,2021(01):113-121.DOI:10.13891/j.cnki.mer.2021.01.014.

[36] 新一代人工智能发展规划[Z].2017.

[37] 新一代AI产业发展三年行动计划(2018-2020年)[Z].2017.

[38] 虚拟银行认可指引[Z/OL].https://www.hkma.gov.hk/gb_chi/news-and-media/press-releases/2018/05/20180530-3/.

[39] 许多奇.互联网金融风险的社会特性与监管创新[J].法学研究,2018,40(5):20.

[40] 新一代人工智能伦理规范[Z].2021.

[41] 易纲.中国大型科技公司监管实践[J].2021.

[42] 杨燕青、周徐.金融基础设施、科技创新与政策响应[M].北京:中国金融出版社.,2019.

[43] 应用人工智能的高层次原则[Z/OL].https://www.hkma.gov.hk/media/chi/doc/key-information/guidelines-and-circular/2019/20191101c1.pdf.

[44] 银行保险机构信息科技外包风险监管办法[Z].2021.

[45] 中国制造2025[Z].2015.

[46] 中华人民共和国国民经济和社会发展第十三个五年规划纲要[Z].2016.

[47] 中国银监会关于民营银行监管的指导意见[Z].2016.

[48] 中国人民银行.金融科技发展规划(2019-2021年)[R].2019.

[49] 中国人民银行.金融科技发展规划(2022-2025年)[R].2022.

[50] 中国电子信息产业发展研究院.欧盟抢跑人工智能立法规制数字技术风险[EB/OL].2021[2022-02-20] https://mp.weixin.qq.com/s/GWIDpSedLXYuzZVhGG8VzA?search_click_id=5616462901304259864-1645670181683-727446.

[51] AFC. The FCA's regulatory approach to crowdfunding over the internet, and the promotion of non-readily realisable securities by other media[J]. Policy Statement, 2014, 14(4).

[52] AFC. Loan-Based ('Peer-to-Peer') and Investment-Based Crowdfunding Platforms: Feedback to CP18/20 and Final Rules. London[J]. 2020.

[53] Bartlett et al. Consumer-Lending Discrimination in the FinTech Era[J]. National Bureau of Economic Research. 2019.

[54] CSA Staff Notice 31-342 - Guidance for Portfolio Managers Regarding Online Advice[Z/OL]. https://www.osc.ca/sites/default/files/pdfs/irps/csa_20150924_31-342_portfolio-managers-online-advice.pdf.

[55] Carstens A, Claessens S, Restoy F, et al. BIS Bulletin[J]. 2021.

[56] Directive(EU)2015/2366[Z].2015.

[57] Digital Market Act[Z/OL]. https://ec.europa.eu/info/strategy/priorities-2019-2024/europe-

fit-digital-age_en.

［58］Digital Service Act［Z/OL］. https：//ec. europa. eu/info/strategy/priorities-2019-2024/europe-fit-digital-age/digital-services-act-ensuring-safe-and-accountable-online-environment_en.

［59］Electronic Records and Signatures in Commerce［Z/OL］. https：//www. law. cornell. edu/uscode/text/15/chapter-96/subchapter-I.

［60］Ethics Guidelines for Trustworthy AI［Z/OL］. https：//www. aepd. es/sites/default/files/2019-12/ai-ethics-guidelines.pdf.

［61］Ehrentraud et al. Policy responses to fintech：a cross-country overview［J］. 2020.

［62］European Parliament. Robo-advisors：How do they fit in the existing EU regulatory framework, in particular with regard to investor protection?［R］. 2021.

［63］Financial Advisers Act［Z］. https：//sso. agc. gov. sg/Act/FAA2001.

［64］FINRA. Report on Digital Investment Advice［R/OL］.https：//www. finra. org/sites/default/files/digital-investment-advice-report. pdf.

［65］FINRA. Advice on Digital Investment Advisers［R］. 2016.

［66］FSB. FinTech［EB/OL］.https：//www. fsb. org/work-of-the-fsb/financial-innovation-and-structural-change/fintech/.

［67］Fair Credit Reporting Act［Z/OL］. https：//www. congress. gov/bill/117th-congress/senate-bill/1343/text?r=8&s=1.

［68］Gramm-Leach-Bliley Act［Z/OL］. 1999. https：//www. ftc. gov/tips-advice/business-center/privacy-and-security/gramm-leach-bliley-act.

［69］Guidance update：Robo-Advisers［R］. 2017.

［70］H. R. 3843, the Merger Filing Fee Modernization Act of 2021［Z/OL］. 2021. https：//www. congress. gov/bill/117th-congress/house-bill/3843.

［71］H. R. 3460, the State Antitrust Enforcement Venue Act of 2021［Z/OL］. 2021. https：//www. congress. gov/bill/117th-congress/house-bill/3460.

［72］H. R. 3849, the Augmenting Compatibility and Competition by Enabling Service Switching Act of 2021［Z/OL］. 2021. https：//www. congress. gov/bill/117th-congress/house-bill/3849.

［73］H. R. 3826, the Platform Competition and Opportunity Act of 2021［Z/OL］. 2021. https：//www. congress. gov/bill/117th-congress/house-bill/3826.

［74］H. R. 3825, the Ending Platform Monopolies Act［Z/OL］. 2021. https：//www. congress. gov/bill/117th-congress/house-bill/3825.

［75］H. R. 3816, the American Choice and Innovation Online Act［Z/OL］. 2021. https：//www. congress. gov/bill/117th-congress/house-bill/3816.

［76］Investment Advisers Act of 1940［Z/OL］. 1940. https：//www. law. cornell. edu/cfr/text/17/part-275.

［77］IAIS. FinTech Developments in the Insurance Industry=［J］. 2017.

［78］Jumpstart Our Business Startups Act［Z/OL］. 2012. https：//www. congress. gov/112/plaws/publ106/PLAW-112publ106. pdf.

［79］Money Services Act［Z/OL］. 2000. https：//www. uniformlaws. org/committees/community-home?CommunityKey=cf8b649a-114c-4bc9-8937-c4ee17148a1b.

［80］Money-changing and Remittance Businesses Act［Z/OL］.2008. https：//sso. agc. gov. sg/Act/MRBA1979/Repealed/20200128?DocDate=20080101.

［81］Mell P, Grance T. The NIST definition of cloud computing［J］. 2011.

［82］Magnuson W. Regulating Fintech［J］. Vanderbilt Law Review, 2018, 71：1167-1126.

[83] OSC Staff Notice 33-745-Annual Summary Report for Dealers, Advisers and Investment Fund Managers: Compliance and Registrant Regulation [Z/OL]. 2014. https://www.osc.ca/sites/default/files/pdfs/irps/sn_33-745_annual-rpt-dealers-advisers-final.pdf.

[84] Payment Services Directive [Z]. 2007.

[85] Providing digital financial product advice to retail clients [Z/OL]. 2016. https://download.asic.gov.au/media/0ylptfow/rg255-published-29-june-2021.pdf.

[86] Principles to Promote Fairness, Ethics, Accountability and Transparency (FEAT) in the Use of Artificial Intelligence and Data Analytics in Singapore's Financial Sector [Z/OL]. 2018. https://www.mas.gov.sg/~/media/MAS/News%20and%20Publications/Monographs%20and%20Information%20Papers/FEAT%20Principles%20Final.pdf.

[87] Payment Services Act [Z/OL]. 2019. https://sso.agc.gov.sg/Acts-Supp/2-2019/Published/20190220?DocDate=20190220.

[88] Proposal for a REGULATION OF THE EUROPEAN PARLIAMENT AND OF THE COUNCIL LAYING DOWN HARMONISED RULES ON ARTIFICIAL INTELLIGENCE (ARTIFICIAL INTELLIGENCE ACT) AND AMENDING CERTAIN UNION LEGISLATIVE ACTS [Z/OL]. 2021. https://eur-lex.europa.eu/legal-content/EN/TXT/?uri=CELEX%3A52021PC0206.

[89] Regulation (EU) 2020/1503 [Z/OL]. https://eur-lex.europa.eu/legal-content/EN/TXT/?uri=CELEX%3A32020R1503.

[90] Securities and Futures Act [Z/OL]. 2001. https://sso.agc.gov.sg/Act/SFA2001.

[91] Schueffel P. Taming the Beast: A Scientific Definition of Fintech [J]. Journal of Innovation Management. 2013.

[92] SEC. "Crowdfunding," 80 Federal Register 71387 [Z/OL] [2015-11-16]. https://www.govinfo.gov/content/pkg/FR-2015-11-16/pdf/2015-28220.pdf.

[93] SEC. Investor Alert: Automated Investment Tools [J]. 2015.

[94] SEC. Regulation Best Interest [Z/OL]. 2019. https://www.finra.org/rules-guidance/key-topics/regulation-best-interest.

[95] The Electronic Fund Transfer Act [Z/OL]. Amended at 2008. https://www.federalreserve.gov/boarddocs/caletters/2008/0807/08-07_attachment.pdf.

[96] USA Patriot Act [Z/OL]. 2001. https://www.congress.gov/107/plaws/publ56/PLAW-107publ56.pdf.

[97] Veritas-Document-1-FEAT-Fairness-Principles-Assessment-Methodology [Z]. 2021. https://www.mas.gov.sg/-/media/MAS/News/Media-Releases/2021/Veritas-Document-1-FEAT-Fairness-Principles-Assessment-Methodology.pdf.

[98] Verizon. 2021 Data Breach Investigations Report [R/OL]. 2021. https://enterprise.verizon.com/content/verizonenterprise/us/en/index/resources/reports/2021-dbir-executive-brief.pdf.

[99] Ziegler T, et al. The global alternative finance market benchmarking report [J/OL]. https://ssrn.com/abstract=3771509.

第八章

[1] 白洁, 苏庆义. CPTPP 的规则、影响及中国对策：基于和 TPP 对比的分析 [J]. 国际经济评论, 2019 (01): 58-76, 6.

[2] 高富平. 个人信息保护：从个人控制到社会控制 [J]. 法学研究, 2018, 40 (03): 84-101.

[3] 工信部.《工业和信息化部关于工业大数据发展的指导意见》解读 [Z/OL]. http://www.cac.gov.cn/2020-05/16/c_1591178516877644.htm.

［4］何渊.数据法学［M］，北京：北京大学出版社，2020：61-64.

［5］刘天骄.数据主权与长臂管辖的理论分野与实践冲突［J］.环球法律评论，2020，42（02）：180-192.

［6］芦亮丛.GDPR与CCPA比较视野下的个人信息保护［D］.山东：山东大学，2020.

［7］许璐.分析区块链在数据交易中的应用［J］.智库时代，2018（44）：38-39.

［8］《有关个人数据自动化处理的个人保护公约》第32条，https：//rm.coe.int/1680078b37.

［9］张源泉.德国之信息自决权［C］.第四届全国公法学博士生论坛.北京大学，2011.

［10］赵宏.信息自决权在我国的保护现状及其立法趋势前瞻［J］.中国法律评论，2017（1）：15.

［11］张舵.跨境数据流动的法律规制问题研究［D］.北京：对外经济贸易大学，2018：75-76.

［12］中国信通院《中国数字经济发展白皮书（2021年）》［Z/OL］.http：//www.caict.ac.cn/kxyj/qwfb/bps/202104/P020210424737615413306.pdf.

［13］AGREEMENT BETWEEN THE UNITED STATES OF AMERICA AND JAPAN CONCERNING DIGITAL TRADE.https://ustr.gov/sites/default/files/files/agreements/japan/Agreement_between_the_United_States_and_Japan_concerning_Digital_Trade.pdf.

［14］CCPA § 999.308. Privacy Policy条款.https：//www.oag.ca.gov/sites/all/files/agweb/pdfs/privacy/oal-sub-final-text-of-regs.pdf.

［15］CPTPP电子商务条款与原TPP条款几乎完全一致.http：//images.mofcom.gov.cn/sms/202101/20210111155726927.pdf.

［16］DIGITAL ECONOMY PARTNERSHIP AGREEMENT. https：//www.mfat.govt.nz/assets/Trade-agreements/DEPA/DEPA-Signing-Text-11-June-2020-GMT-v3.pdf.

［17］EDPB. Frequently Asked Questions on the judgment of the Court of Justice of the European Union in Case C-311/18 - Data Protection Commissioner v Facebook Ireland Ltd and Maximillian Schrems［R/OL］. 2020. https：//edpb.europa.eu/sites/default/files/files/file1/20200724_edpb_faqoncjeuc31118_en.pdf.

［18］GDPR第一章第二条.https：//eurlex.europa.eu/legalcontent/EN/TXT/?uri=uriserv：OJ.L_.2016.119.01.0001.01.ENG&toc=OJ：L：2016：119：TOC.

［19］KORUS FTA.附件13-B. http：//ustr.gov/assets/Trade_Agreements/Bilateral/Republic_of_Korea_FTA/Final_Text/asset_upload_file35_12712.pdf.

［20］KORUS FTA.第15章第八条.https：//ustr.gov/sites/default/files/uploads/agreements/fta/korus/asset_upload_file816_12714.pdf

［21］Phillip Lee，The updated standard contractual clauses — A new hope? IAPP, Jun 2021.

［22］Prosser W. Privacy［J］. California Law Review，1960，48（3）：389.

［23］RCEP电子商务条款.http：//fta.mofcom.gov.cn/rcep/rceppdf/d12z_cn.pdf.

［24］Reinsel D，Gantz J，Rydning J［J］. IDC Paper. 2018. https：//www.seagate.com/files/www-content/our-story/trends/files/idc-seagate-dataage-whitepaper.pdf.

［25］Reynolds O. Administrative Law Review［J］. American Bar Association，1969，22（1）：101-106.

［26］Sana Duncan，施雷姆斯第二案：欧盟-美国隐私盾的安魂曲，King & Wood Mallesons.

［27］THE EUROPEAN OMMISSION IMPLEMENTING DECISION（EU）2021/914. https：//eurlex.europa.eu/eli/dec_impl/2021/914/oj?uri=CELEX%3A32021D0914&locale=en#ntr8-L_2021199EN.01003101-E0008.

［28］TPP电子商务条款. http：//fta.mofcom.gov.cn/inforimages/201512/20151208094431100.pdf.

［29］USMCA19章的数字贸易条款.https：//ustr.gov/sites/default/files/files/agreements/FTA/USMCA/Text/19-Digital-Trade.pdf.

第九章

[1] 李敏. 虚拟货币的反洗钱监管探析及借鉴 [J/OL]. 上海政法学院学报（法治论丛）：1-17 [2022-01-14]. DOI：10.19916/j.cnki.cn31-2011/d.20210723.001.

[2] 乔依德. 为什么 Libra 可能"胎死腹中"——数字货币的走势、货币制度的兴衰与国际货币体系的演化 [J]. 探索与争鸣，2019（11）：34-37.

[3] 乔依德. 货币制度、现代中央银行和数字货币 [J]. 清华金融评论，2021（03）：31-33. DOI：10.19409/j.cnki.thf-review.2021.03.008.

[4] 吴桐，郭建鸾. Facebook 加密货币 Libra 的经济学分析：背景、内涵、影响与挑战 [J]. 贵州社会科学，2019（09）：144-152. DOI：10.13713/j.cnki.cssci.2019.09.021.

[5] 中国人民银行. 中国数字人民币的研发进展白皮书 [R/OL].（2021-07-16）.http://www.pbc.gov.cn/goutongjiaoliu/113456/113469/4293590/2021071614200022055.pdf.

[6] 中国人民银行兰州中心支行课题组，张立民. 虚拟资产反洗钱监管研究 [J]. 甘肃金融，2021（06）：8-12，18.

[7] Auer R，Böhme R. The Technology of Retail Central Bank Digital Currency [J]. BIS Quarterly Review，2020.

[8] BCBS. Designing a Prudential Treatment for Crypto-assets [R].（2019-12-12）.

[9] BIS Innovation Hub. Inthanon-LionRock to mBridge：Building a multi CBDC platform for international payments [R].（2021-09-28）.

[10] BIS. Central bank cryptocurrencies [R].（2017-09-17）.

[11] BIS. Cryptocurrencies：Looking Beyond the Hype [R].（2018-06-17）.

[12] BIS. Multi-CBDC arrangements and the future of cross-border payments [R].（2021-03-19）.

[13] BIS. Ready，steady，go? – Results of the third BIS survey on central bank digital currency [R].（2021-01-27）.

[14] BIS.CPMI. Central Bank Digital Currencies [R].（2018-03-12）.

[15] CPMI and IOSCO. Consultative Report：Application of the Principles for Financial Market Infrastructures to Stablecoin Arrangements [R].（2021-10）.

[16] CPMI，BIS Innovation Hub. IMF and World Bank Group. Central Bank Digital Currencies for Cross-border Payments：Report to the G20 [R].（2021-11）.

[17] CPMI. Digital Currencies [R].（2015-11-23）.

[18] Cryptocompare. Cryptoasset Taxonomy Report [R]. 2018.

[19] DIRECTIVE（EU）2018/843 OF THE EUROPEAN PARLIAMENT AND OF THE COUNCIL of 30 May 2018. https://eur-lex.europa.eu/legal-content/EN/TXT/PDF/?uri=CELEX：32018L0843&from=EN

[20] ECB. Digital currencies around the world– what are the policy implications? https://www.ecb.europa.eu/press/key/date/2021/html/ecb.sp211109~058e03e806.en.pdf?b4ced0233e495b1ca10d51e85c350f25

[21] E-krona pilot phase 2 Report. https://www.riksbank.se/globalassets/media/rapporter/e-krona/2022/e-krona-pilot-phase-2.pdf.

[22] FATF. FATF Report to G20 on So-called Stablecoins [R].（2020-06）.

[23] FATF. Guidance for a Risk-based Approach to Virtual Assets and Virtual Asset Service Providers [R].（2019-06）.

[24] FATF. Guidance for a Risk-Based Approach to Virtual Currencies [R].（2015-06）.

[25] FATF. Money Laundering Risks from "Stablecoins" and Other Emerging Assets [R].（2019-10）.

[26] FATF. Second 12-Month Review of the Revised FATF Standards on Virtual Assets and Virtual

Asset Service Providers［R］.（2021-07）.

［27］FATF. Virtual Currencies Key Defnitons and Potental AML/CFT Risks［R］.（2014-06）.

［28］FATF. Virtual-currency-key-DeFinitions-and-potential-aml-cft-risks［R］.（2014-06）.

［29］FCA. Guidance on Cryptoassets, Feedback and Final Guidance to CP 19/3［R］.（2019-07）.

［30］FED. Money and Payments：The U. S. Dollar in the Age of Digital Transformation［R/OL］. https：//www. federalreserve. gov/publications/files/money-and-payments-20220120. pdf.

［31］FSB . Regulation, Supervision and Oversight of 'Global Stablecoin' Arrangements- Progress Report on the Implementation of the FSB High-Level Recommendations［R］.（2021-10-07）.

［32］FSB. Crypto-asset Markets：Potential Channels for Future Financial Stability Implications,［R］.（2018-10-10）.

［33］FSB. Regulation, Supervision and Oversight of 'Global Stablecoin' Arrangements：Final Report and High-Level Recommendations［R］.（2020-10-13）.

［34］FSB. Regulatory Issue of Stablecoins［R］.（2019-10-18）.

［35］G7. Public Policy Principles for Retail Central Bank Digital Currencies［R/OL］.https：//www. mof. go. jp/english/policy/international_policy/convention/g7/g7_20211013_2. pdf.

［36］HM Treasury. UK regulatory approach to cryptoassets and stablecoins：Consultation and call for evidence［R］.（2021-01）.

［37］IMF. Digital Money Across Borders：Macro-Financial Implications［R］.（2020-10）.

［38］IMF. Global Crypto Regulation Should be Comprehensive, Consistent, and Coordinated［R］.（2021-12-09）.

［39］IMF. Virtual Currencies and Beyond：Initial Considerations［R］.（2026-03）.

［40］IOSCO. Issues, Risks and Regulatory Considerations Relating to Crypto-Asset Trading Platforms［R］.（2020-02）.

［41］Kiff J., J. Alwazir, S. Davidovic, A. Farias, A. Khan, T. Khiaonarong, M. Malaika, H. Monroe, N. Sugimoto, H. Tourpe, and P. Zhou. A Survey of Research on Retail Central Bank Digital Currency［J］. IMF Working Paper 20/104，2020.

［42］OFAC. Sanctions Compliance Guidance For The Virtual Currency Industry［R］.（2021-10）.

［43］Raphael Auer, Jon Frost, Leonardo Gambacorta, Cyril Monnet, Tara Rice and Hyun Song Shin. Monetary and Economic Department［J］. BIS Working Papers，2021.

［44］Sathawornwichit C. m-CBDC Bridge Cross-border payments in central bank money. BIS Innovation Network CBDC WG 1st Meeting. 4 March 2021.

［45］Thiemann A. Cryptocurrencies：An empirical view from a tax perspective［J］. JRC Working Papers on Taxation and Structural Reforms，2021.

［46］U. S. Securities and Exchange Commission. Framework for "Investment Contract" Analysis of Digital Assets［R/OL］. https：//www. sec. gov/corpfin/framework-investment-contract-analysis-digital-assets.

［47］US Treasury Department Report on Stablecoins, October 28, 2021.

结语

［1］罗伯特·吉尔平. 国际关系政治经济学［M］. 上海：上海世纪出版集团，2006.

［2］人民币正式加入SDR货币篮子［Z/OL］. 新华网.2016. http：//www. xinhuanet. com/politics/2016-10/01/c_129308907. htm.

［3］上海发展研究基金会，我国新一轮对外金融开放：进展、挑战和意义［R/OL］.（2021- 01）. http：//www. sdrf. org. cn/upfile/Research/2020%20financial%20opening-up. pdf.

[4] 中国人民银行调查统计司课题组，盛松成. 我国加快资本账户开放的条件基本成熟 [J]. 中国金融，2012（05）：14-17.

[5] 中国人民银行调查统计司课题组，盛松成. 协调推进利率汇率改革和资本账户开放 [J]. 中国金融，2012（09）：9-12.

[6] 习近平在 G20 杭州峰会上的讲话. http：//news. cnr. cn/special/G20hz/zb2/news/20160904/t20160904_523110542. html.

[7] 中行首次在美开放人民币业务 允许公司和个人买卖. http：//finance. ce. cn/rolling/201101/14/t20110114_16493758. shtml.

[8] 在扩大开放中推动金融业高质量发展 [N]. 光明日报，2019-03.